D1725420

Monika Donner

FREIHEUT
Handbuch für den Tiger in dir

Monika Donner

FREIHEUT
HANDBUCH FÜR DEN TIGER IN DIR

www.monithor.at

Haftungsausschluss:
Das vorliegende Buch wurde sorgfältig erarbeitet. Dennoch erfolgen alle Angaben ohne Gewähr. Weder Autorin noch Verlag übernehmen für eventuelle Nachteile oder Schäden, die aus den im Buch gemachten theoretischen Erläuterungen sowie praktischen Hinweisen und Anleitungen resultieren, eine wie auch immer geartete Haftung.

1. Auflage: 11/2022

© Monithor – Akademie für Strategische Bildung
Mag.a iur. Monika Donner
Carl-Appel Straße 7/31/4
1100 Wien
www.monithor.at

Dieses Buch wurde auf Naturpapier gedruckt.
Riedel Druck GmbH: www.riedeldruck.at

PEFC zertifiziert

Dieses Produkt stammt aus nachhaltig bewirtschafteten Wäldern und kontrollierten Quellen

PEFC/06-39-372   www.pefc.at

Lektorat, Satz/Umbruch, Bildbearbeitung: Monithor Verlag
Cover-Gestaltung: Grafik Design Luise Hofer

Sämtliche Ansichten oder Meinungen, die in unseren Büchern stehen, sind die der Autoren und entsprechen nicht notwendigerweise den Ansichten des Monithor Verlags.

ISBN 978-3-9503314-6-2

INHALTSVERZEICHNIS

Für den
Tiger in dir

EINLEITUNG

Du bist frei

Du bist schon frei. Heute. Hier und jetzt. Tief in deinem Inneren weißt du es. Denn dein Inneres ist frei, und zwar unabhängig von äußeren Einflüssen. Es war schon immer frei und wird es auch bleiben. Mit deinem Inneren ist dein Selbst gemeint, deine wahre Natur, die Stimme deines Herzens, dein inneres Kind, deine Seele, deine Anbindung an das große Ganze, Gott oder wie immer du es nennen möchtest. Die Freiheit, die ich meine, ist die Freiheit vom gesellschaftlich antrainierten Gehorsam und seinem ständigen Begleiter: der Angst. Gemeint ist der Tiger, der den Schafspelz ablegt. Es geht um echte Freiheit, nämlich das pure Sein im Hier und Jetzt. Im Mittelpunkt steht die einzige Realität. Das ist die erlebte Einheit mit der Existenz, also dem Leben selbst.

Wahre Freiheit bedeutet, dass der ständig in der Vergangenheit oder Zukunft herumirrende Verstand nicht das Kommando hat, sondern lediglich ein nützliches Werkzeug ist. Bei wirklich freien Menschen ist der innere Chef eine Mischung aus Intuition und Liebe. In dieser Freiheit haben wir als kleine Kinder unbewusst gelebt. Als Erwachsene können wir sie uns bewusst zurückholen. Das nennt man dann Erleuchtung, ein anderes Wort für Freiheit. An dieser Stelle heulen erfahrungsgemäß manche Buddhisten oder Christen auf, weil sie denken, dass man für Erleuchtung hart arbeiten muss oder nur durch einen Messias erlöst werden kann. Beides ist grundlegend falsch. Schließlich sind wir innerlich schon frei respektive erleuchtet. Diese Wahrheit ist schwer zu beschreiben, weil Worte gesellschaftlich geprägte Produkte des Verstandes und daher unzulänglich sind. Freiheit ist da, um realisiert und gelebt zu werden. Im Alltag. Bewusst. Ungeniert. Verantwortungsvoll.

Darum habe ich dieses Buch geschrieben. Der emotionale Auslöser dafür war ein besonders herzliches Ereignis in Kärnten. Zwar kämpfe ich schon seit 2008 für Freiheit und Menschenrechte, einer breiteren Öffentlichkeit wurde ich aber erst bekannt, als ich zu einem Flaggschiff des Widerstands gegen die illegalen Corona-Maßnahmen wurde. Kaum war das Buch *Corona-Diktatur – Wissen, Widerstand, Freiheit* ab Mitte 2021 ein Bestseller, gab ich viele Interviews, hielt laufend Vorträge und sprach auf etlichen Demonstrationen in ganz Österreich zu tausenden Teilnehmern, in Wien zu zehntausenden. Und das mir, wo ich doch seit der Nahtoderfahrung im Jahr 2012 eher zurückgezogen lebe und am liebsten in der freien Natur bin. Freilich war es nach jahrelangen politisch-medialen und dienstlichen Anfeindungen auch eine Wohltat, umjubelt zu werden wie ein »Popstar«, obwohl ich nur meine Pflicht als Staatsdienerin getan habe.

Der definitive Wendepunkt war der 29.01.2022 auf der Demo in Klagenfurt. Meine Rede musste nach hinten verschoben werden, weil so viele liebe Menschen anderthalb Stunden Schlange standen, um sich bei meiner Frau Jasmin und mir zu bedanken und sich eine Umarmung, ein gemeinsames Foto, eine Widmung in ihr Buch oder eine Unterschrift auf andere Gegenstände wie T-Shirts, Handtaschen etc. abzuholen. Der Andrang wollte einfach nicht enden, die Stimmung war überwältigend. In dieser Situation war mir schlagartig im Herzen klar, dass ich, um meine Lebensaufgabe erfüllen zu können, den ohnehin schon torpedierten Job im Verteidigungsministerium endgültig aufgeben muss. Drei Tage später habe ich, nach 32 Jahren im Bundesdienst, der einvernehmlichen Auflösung des Dienstverhältnisses zugestimmt. Jedenfalls habe ich viele Menschen gefragt, was ihnen der Nahkontakt zu mir gibt, wofür sie sich eigentlich bedanken. Die Antwort lautete meist: »Du gibst uns Kraft und Mut!« Darauf habe ich gesagt: »Ich gebe euch gar nichts! Denn wenn ich euch meine Kraft und meinen Mut gäbe, hätte ich sie ja selber nicht mehr.« Irritierte Blicke der Zuhörer wichen wissendem Lächeln, als sie Folgendes zu hören bekamen: »Ich kann nur das in euch auslösen, was ihr bereits in euch habt. Wenn ihr mit mir – oder mit eurer Vorstellung von mir – in Resonanz geht, spürt ihr eure eigene Kraft und euren eigenen Mut. Ihr habt also **selbst** Kraft und Mut. Immer. Auch jetzt.«

Kraft und Mut sind die Grundenergien der Freiheit. Sie ist bereits in uns. Es geht »nur« noch darum, sich dieser geschickt versteckten Realität bewusst zu sein: Wir sind keine Schafe. Den Schafspelz, in dem viele Menschen stecken, können sie **jederzeit** als solchen erkennen und ablegen. Zum Vorschein kommt dann der Tiger, das wahre Selbst. Um dir diesen Prozess zu erleichtern, habe ich dieses Buch geschrieben. Sein Zweck ist die Unterstützung deiner Selbsterkenntnis, Selbstbefreiung und Selbstbestimmung. Ich möchte dir ein Werkzeug zur Selbsthilfe mitgeben, das in der Theorie wissenschaftlich fundiert, zugleich gut verständlich und in der Praxis erprobt ist. Um möglichst realistisch und authentisch zu sein, ziehe ich bezüglich der praktischen Erfahrungen meine eigenen Erkenntnisse sowohl aus der Tätigkeit als Lebensberaterin inklusive Vorträge und Seminare zum Thema Selbstbestimmung als auch aus dem eigenen Lebensweg heran. Dieser war oft steinig, dafür aber trittsicher. Gelegentlich stapfe ich immer noch durch knöcheltiefen Dreck, was aber in High Heels etwas erträglicher ist ...

Wegweiser durchs Buch

Der erste Teil dieses Buchs ist der Hauptteil. Wahrscheinlich ist er anstrengend für dich, weil darin hauptsächlich das Negative in der äußeren Welt beleuchtet wird. Es ist aber sehr wichtig, dass du der bisherigen Realität achtsam ins Auge blickst. Bevor der Tiger aus seinem **äußeren Käfig** ausbricht, muss er ihn zuerst erkennen und seine Chancen realistisch abwägen. Hierzu werden die arglistigen Muster des Dauerkriegs gegen die Freiheit und Selbstbestimmung des Menschen sichtbar gemacht. Zuerst wird die Dressur zum Gehorsam im sozialen System analysiert. Danach werden die schädlichen Wirkungen des Systems anhand von vier einschneidenden Situationen vertieft: religiöse Urlüge der Fremderlösung, Urkatastrophe Erster Weltkrieg, Corona-Diktatur und Ukraine-Krieg. Behandelt werden aber jeweils auch die aus den Mustern ableitbaren **Lösungsansätze**. Sie sind so einfach, kurz und bündig, dass einem schlagartig bewusst wird, warum das uns umgebende System aus einem dichten Gestrüpp aus Lügen besteht, das vor Angst zittert. Zum Abschluss werden im Rahmen der Faktenbeurteilung mögliche künftige Szenarien dargestellt. Schließlich sollen wir nicht immer wieder in ähnliche Fallen tappen, sondern neue Wege gehen können. Die Ziele dieses vielleicht nicht immer angenehmen, aber als Grundlage unerlässlichen Abschnitts sind:

> ➢ Durchschauen der Unterdrückungsmuster
> ➢ Erkennen des individuellen Handlungsbedarf
> ➢ Behandeln von Krisen als Chancen zur Verbesserung

Der zweite Teil bietet dir die vorhin skizzierte Hilfe zur Erlangung innerer Freiheit. Hier geht es um das bewusste Ablegen des Schafspelzes, der unseren **inneren Käfig** darstellt. Der direkte Weg in die Freiheit ist, wenn du es möchtest, die selbständige Änderung deines Bewusstseins. Dies ist der wohl wichtigste Schritt in jeder persönlichen bzw. spirituellen Entwicklung. Dabei brauchst du keinerlei Leistungsdruck aufzubauen. Dieser ist ja ein Teil des Problems und wäre daher sehr kontraproduktiv. Demnach erwartet dich keine anstrengende Denkarbeit. Ganz im Gegenteil.

Der Prozess der Bewusstseinsänderung geschieht fast wie von selbst, sozusagen kinderleicht. Alles, was du »tun« musst, ist, dich entspannt selbst zu beobachten, als würdest du dir wohlwollend von oben zusehen. Wer sich selbst erkannt hat, ist auf dem besten Weg sich selbst zu befreien. Oft folgt der inneren Freiheit der Ruf nach einem selbstbestimmten Auftreten in der äußeren Welt. Folglich lauten die Ziele des zweitens Teils, die durchwegs zeitgleich erreicht werden können:

> ➢ Dich selbst erkennen
> ➢ Den Tiger in dir befreien
> ➢ Äußerlich selbstbestimmt leben

Für beide Buchteile gilt, dass sich die gesellschaftlich geprägte Dominanz des Denkens zwar oftmals kontraproduktiv bis selbstzerstörerisch auswirkt. Das ist jedoch kein Grund, den Verstand zu verurteilen. Schließlich ist selbiger, richtig benützt, ein sehr gutes Werkzeug für die rationale Umsetzung unserer Herzensvisionen. Vom Verstand sollten wir weisen Gebrauch machen. Man stelle sich eine Welt vor, in der die ungeheuren menschlichen Anstrengungen und materiellen Ressourcen, die bislang von sinnlosen Kriegen verschlungen werden, in Zukunft sinnvoll für ein friedliches Zusammenleben individueller Freigeister in einer liebevoll geschützten Umwelt eingesetzt werden. Dieses Bild ist leicht realisierbar, sobald genügend Menschen ihre innere Freiheit nach außen tragen, indem sie auf die Stimme ihres Herzens hören und zur praktischen Umsetzung der Selbstbestimmung das Denkwerkzeug Verstand möglichst effizient benützen.

Besonders relevante Erkenntnisse zu Lösungsansätzen sind vollständig grau hinterlegt. Zweiseitig (links und rechts) mit grauen Balken markierte Stellen bieten dir Übungen zur Selbstbeobachtung, Reflexion und Meditation an. Idealerweise machst du sie gleich im entsprechenden Abschnitt. Eine ruhige Atmosphäre ohne Ablenkungen wäre hilfreich. Falls dir das nicht möglich ist, kannst du die Übungen natürlich nachholen oder auch ganz weglassen.

Um den Lesefluss möglichst zu schonen, befindet sich der Text der Fußnoten weit hinten. Diese Endnoten müssen nicht gelesen werden. Sie dienen der Überprüfbarkeit und Vertiefung. Fast alle Ausführungen in diesem Buch sind mit quellenreicher Fachliteratur untermauert. Somit können alle Angaben dieses Buchs anhand von insgesamt tausenden Quellen kontrolliert und vertieft werden. Verweise auf andere Bücher enthalten einen fünfstelligen Code für das entsprechende Werk. Zum Beispiel ist »Don18« der Code für das erstmals 2009 erschienene Selbsterfahrungsbuch *Tiger in High Heels – Zweimal Käfig und zurück* (nunmehr 5. Auflage, 2018). Bücher-Codes sind im Literaturverzeichnis angeführt. Danach befindet sich das Videoverzeichnis, das mit »V-01« beginnt.

Bevor es nun endlich losgeht, möchte ich daran erinnern, dass es im Folgenden, also auch im ersten Teil, primär um deine ganz private Reise in dein inneres Kraftzentrum geht. Dabei wünsche ich dir viele spannende und noch mehr entspannende Momente!

I.

KRISE ALS CHANCE

Die Wahrheit macht dich frei,
aber zuerst macht sie dich fertig.

Phantasien von rosa Mondelfen und meditative Strickkurse mögen zwar nett sein, aber wirklich helfen kann nur das Erkennen der **Realität**. Der Tiger in dir möchte endlich aus seinem Käfig ausbrechen und den Schafspelz für immer ablegen. Dazu muss er zuerst die grausame Realität erkennen und sich ihr stellen. Warum? Damit er demnächst nicht wieder in eine Falle tappt und sich, ohne es zu bemerken, im nächsten, vermeintlich schöneren Käfig wiederfindet. Es ist daher unumgänglich, die wiederkehrenden Muster, die verschiedenen Käfige, die Wärter und ihre Machenschaften genau zu betrachten. Das ist ein zwar vermutlich schmerzhafter, aber gewiss essenzieller Prozess für die Erlangung deiner ganz persönlichen Freiheit.

In diesem Teil des Buchs wird die Faktenlage über den vielschichtigen Krieg gegen die Freiheit und Selbstbestimmung des Menschen beleuchtet. Bei dieser Darstellung geht es nicht um Panikmache, sondern um eine geistesgegenwärtige Betrachtung der Gesamtlage. Es geht darum, die Ursachen so zu sehen, wie sie wirklich sind. Der Realität der Vergangenheit wie ein Tiger ins Auge zu sehen, erleichtert das Erkennen unserer aktuellen **Scheinfreiheit** als trügerische Echtzeitsimulation. Diese wichtige Erkenntnis ermöglicht die Überwindung der gegenwärtigen Phase der kollektiven Selbstzerstörung. Die anschließende Beurteilung der Fakten enthält zwei denkbare Entwicklungen bis 2030, die sich gegenseitig ausschließen: A. Digitale Diktatur oder B. Analoge Freiheit. Für einen positiven Wandel (B.) muss eine kritische Masse von etwa 10 Prozent erreicht werden. Möge dieses Buch dazu beitragen!

Faktenlage

*Das Missverstehen der Gegenwart
erwächst schicksalhaft aus der
Unkenntnis der Vergangenheit.*

Marc Bloch[1]

Für das freie Sein im Hier und Jetzt brauchen wir die Vergangenheit grundsätzlich nicht. Schließlich ist sie ein für alle Mal vorbei. Die Vergangenheit können wir nicht ändern. Das einzige, was wir beeinflussen können, ist unsere Einstellung. Darin liegt die große Chance zur Versöhnung mit der Geschichte. Schließlich wird die Menschheit mit falschen Erzählungen manipuliert, die insbesondere uns Deutsche (inklusive Österreicher) mit unnötigen Gefühlen der Schuld und Scham beladen. Die Wurzeln liegen tief, nämlich in der eigenen Unterordnung im System. Ein Plus an Freiheit wird uns garantiert nicht geschenkt, weil das Gefängnis, das für unseren Verstand errichtet wurde, immer wieder neu befestigt wird. Folglich ist es von entscheidender Bedeutung, jenes System zu erkennen, das uns klein hält. Danach befassen wir uns mit vier einschneidenden Situationen, in denen die Freiheit und Selbstbestimmung der Menschen massiv unterdrückt werden, um das System immer wieder in abgewandelter Form zu stärken.

Es ist nützlich und heilsam, sich den Tatsachen zu stellen. Echte Erkenntnisse über die wahren Ursachen können Freude bereiten, denn aus ihnen lassen sich mögliche Lösungswege herleiten. So gewappnet, dürfen Gelassenheit und innerer Frieden einkehren. Wer seine korrekte Geschichte kennt, kann aus ihr lernen, der Realität ins Auge schauen, in der Gegenwart frei sein und die Zukunft positiv gestalten.

> **FREIHEUT-Übung 01: Selbstbeobachtung**
> Aufgrund der intensiven Fokussierung auf die Muster der Unterdrückung wirkt nachfolgende Darstellung des Systems vermutlich negativer auf dich, als du es im Alltag empfindest. Das Gelesene löst bei dir eventuell vorerst eine unangenehme Reaktion wie Trauer, Beklemmung, Resignation, Angst oder Wut aus. Du kannst deine Reaktionen aufschreiben, um sie im zweiten Teil zur Veranschaulichung heranzuziehen.

Übung

Gefängnis für den Verstand

Der Planet Erde ist in Ordnung, wie er ist. Aber immer mehr Erdenbürger ahnen, dass mit der Welt der Menschen etwas nicht stimmt. Unabhängig von der Bereitschaft, sich damit zu beschäftigen, leben wir in einem unsichtbaren Gefängnis für unseren Verstand. Ein geistiger Bunker sorgt dafür, dass wir unfrei leben, ohne es zu bemerken. Wir werden künstlich klein gehalten, damit wir ja nicht unser volles Potenzial entfalten.

Das übermächtige System, dem wir bereits als Kinder ausgeliefert sind, existiert zwar schon sehr lange, verändert sich aber laufend. Dennoch bleibt das Prinzip des mentalen Zuchthauses immer dasselbe: Wir sollen folgsame Sklaven sein, ohne es zu realisieren. Denn der ideale Sklave weiß nicht, dass er einer ist. Heutzutage formt der Gehirnknast zwar moderne Sklaven, aber eben immer noch Sklaven. Für uns sind, vereinfacht gesagt, nur zwei Arten von Rollen vorgesehen: Häftlinge und Wärter. Unbewusst spielt die große Masse die Rollen der Häftlinge, während sich eine Minderheit in den Rollen der Wärter zurecht etwas mächtiger fühlt. Dennoch verkörpern beide Rollen die Sklaven **desselben** Systems. In allen sozialen Bereichen gibt es im übertragenen Sinne Häftlinge und Wärter: Kinder und Eltern, Schüler und Lehrer, Bürger und Beamte, Angestellte und Chefs, Wähler und Politiker, Gläubige und Priester, Patienten und Mediziner etc. Alle Rollenpaare sind die Figuren in einem Schauspiel, dessen Drehbuch sie weder geschrieben noch gelesen haben. Daher läuft das Rollenspiel großteils unbewusst ab.

Achtung! Statt Häftlinge und Wärter passt auch das Begriffspaar Opfer und Täter. Zwar sind beide Sklaven und damit Opfer desselben Systems, jedoch haben sie sich dazu zwar unbewusst, aber durch Duldung und Anpassung **selbst** gemacht. Alle mitmachenden Menschen, und das ist die große Masse, erhalten das System unbewusst am Leben. Sie gestalten es mit wie ein Stehgreif-Schauspieler, der nicht einmal weiß, dass er auf der Bühne steht.

Das System bzw. das Gefängnis für den Verstand nennen wir der Einfachheit halber **Matrix**, in Anlehnung an die geniale gleichnamige Spielfilmreihe. Darin haben intelligente Maschinen die absolute Macht übernommen, den Himmel verdunkelt und den Planeten ruiniert. Und die Menschen halten eine computergenerierte Scheinwelt – die Matrix – für die Realität. In Wahrheit träumen sie nur. Ihre Körper liegen in Waben, wo ihnen jene Energie abgezapft wird, welche die Matrix speist.

An dieses digitale Konstrukt sind die Gehirne der Träumenden direkt angeschlossen. Im Kopf ist nur die Matrix sichtbar, wodurch sie als »real« erlebt wird. Das ist die perfekte Metapher für die Realität des Systems im echten Leben. Sie wird im ersten Teil von *Matrix* (USA, 1999) wie folgt erklärt:

> **»Du wurdest wie alle in die Sklaverei geboren und lebst in einem Gefängnis, das du weder anfassen noch riechen kannst.**
> **Ein Gefängnis für deinen Verstand.«**

In zwei wichtigen Punkten weicht die Realität vom Filmthema ab. Erstens ist die Erde trotz menschlicher Verschmutzung noch immer wunderschön. Und zweitens läuft im menschlichen Gehirn (noch) kein Computer-Programm ab, sondern die falsche Vorstellung, dass wir nur das gesellschaftlich konstruierte Ich sind, also das **Ego**.

In die reale Welt kommen wir als einzigartige, hochbegabte, geistig-seelisch freie Wesen. Als Babys, oft noch als Kleinkinder, befinden wir uns in der unbewussten Einheit mit der ganzen Welt. Wir sind noch total im Hier und Jetzt. Aber nach und nach vereinnahmt uns ein zwar unsichtbares, aber dafür umso gnadenloseres System. Wir lassen uns aus der Realität des Augenblicks in die destruktive Matrix der Scheinfreiheit zerren, in der das **einseitige Denken** herrscht. Bereits im wehrlosen Kindesalter wird der ursprünglich eigenständige Geist formatiert und zugleich mit fremden Gedankenviren befallen wie eine Festplatte, auf der kein Antivirus-Programm installiert ist. Wir gehen mit fremden Denkmustern und Verhaltensweisen in Resonanz und imitieren sie. Durch Nachahmung entfremden wir uns, anscheinend freiwillig, von unserem individuellen Selbst, indem wir uns ein künstlich kleines Ich (Ego) überstülpen, das sich von allem getrennt fühlt.[2] Wir ahmen also instinktiv unsere Umgebung nach, primär das Verhalten unserer direkten Bezugspersonen. Das sind in der Regel unsere Eltern, die ihre innere Kraftquelle der Individualität längst vergessen haben und sich vollends mit dem Ego identifizieren. Sie haben denselben Prozess der Assimilierung durchlaufen wie schon ihre Vorfahren.

Von Geburt an waren wir in jeder Hinsicht von der Hilfe unserer Eltern oder ihrer Ersatzfiguren abhängig. Für uns waren sie die erwachsenen Giganten, von denen wir Schutz, Nahrung, Wärme und Pflege bekamen. Für die Erfüllung dieser und anderer Bedürfnisse mussten wir allerdings hunderte Bedingungen erfüllen und unverständliche Regeln befolgen. Damit hängt auch der innere Drang zusammen, von unseren Bezugspersonen anerkannt und geliebt zu werden. Und weil wir sie lieben, gehen wir unbewusst davon aus, dass uns unsere Giganten das Richtige vorleben. Darum meinen wir, das von ihnen aufgegebene wahre Selbst könne nicht so wichtig sein. Der Preis für die Bedürfniserfüllung inklusive Anerkennung und Liebe ist die unbewusste Übernahme der Verhaltensmuster und Glaubenssätze unserer Bezugspersonen.

Zur Verstärkung des Musters der Bedürfnisbefriedigung durch Dritte trägt auch bei, dass die kindliche Abhängigkeit von elterlicher Hilfe um einiges »länger andauert als bei anderen Tieren. Diese Tatsache macht den Menschen gesellig, abhängig von der Zusammenarbeit mit anderen.« Die enge Verstrickung von Bedürfnissen und Abhängigkeiten hat uns »in ein mehr oder weniger **konformes** Wesen verwandelt.«[3] In seinem Buch über die Vergewaltigung des Verstandes, dem psychologischen Standardwerk The *Rape of the Mind* aus dem Jahr 1956,[4] erklärt Dr. Joost Meerlo, dass uns das Muster des absoluten Gehorsams schon als Kinder antrainiert wird: »Zur Konformität erzogen, kann das Kind durchaus zu einem Erwachsenen heranwachsen, der die autoritären Forderungen eines totalitären Führers mit Erleichterung begrüßt.« Schließlich braucht er nur ein altes Muster zu wiederholen, »das ohne Investition einer neuen emotionalen Energie befolgt werden kann.« Außerdem wird dem Kind das Muster antrainiert, »seine Aggression auf **Sündenböcke** umzuleiten.« Neben unserem Drang, ein braver Bürger zu sein, haben wir auch den verborgenen, rein emotionalen Wunsch, »unsere Loyalität gegenüber der sozialen Formation, der wir angehören, zu verletzen.«[5]

Dies erklärt, warum einige von uns in die Rolle des Wärters schlüpfen und dabei nicht selten die ihnen verliehene Macht exzessiv missbrauchen. Gleichzeitig wird verständlich, warum so viele Menschen in der Rolle des Häftlings den Machtmissbrauch auch dann dulden, wenn er ihnen selbst schadet. Hier besteht eine starke Parallele zur Folter: Die einen wollen die Gedanken der anderen kontrollieren, die anderen geben nach. Das liegt laut Dr. Meerlo daran, »dass es keinen wesentlichen Unterschied zwischen Opfer und Inquisitor gibt. Sie sind gleich.« Denn unter den gegebenen Umständen hat keiner der Beteiligten »irgendeine Kontrolle über seine tief verborgenen kriminellen und **feindseligen** Gedanken und Gefühle.« In dem Zeitpunkt, wo das Individuum gebrochen wird, erfolgt »eine totale Umkehrung der inneren Strategie des Opfers.« Ab sofort lebt

>*ein parasitäres Über-Ego im Gewissen des Menschen,*
>*und er wird die Stimme seines neuen Herrn sprechen.«*[6]

Genau dieses Systemgift haben sowohl Häftlinge als auch Wächter in sich, weil sie ja beide die Opfer derselben Matrix sind. Mit Meerlos Worten: Jede Kultur »prägt den Charakter ihrer Bürger in dem Maße, in dem das Individuum zum Objekt ständiger geistiger Manipulation« degradiert wird. Die intellektuelle und spirituelle Stärke wird in dem Maße **geschwächt**, »in dem das Wissen des Verstandes dazu verwendet wird, Menschen zu zähmen und zu konditionieren, anstatt sie zu erziehen.« Dressierte Menschen, die selbst keinen klaren Verstand mehr haben und folglich keinen geradlinigen Gedanken hervorbringen, können »leicht zum Spielball eines Möchtegern-Diktators werden.«[7]

Aufgrund des früh erlittenen und in fast allen Bereichen fortgesetzten Selbstverlusts staut sich im menschlichen Unterbewusstsein eine große Traurigkeit oder ein gewaltiger Groll auf. Schließlich haben wir uns als allseits abhängige Kinder – mangels erkennbarer Alternative – **selbst** in die Matrix eingeklinkt. Dabei haben wir unsere Schöpferkraft nicht für die Freiheit eingesetzt, sondern uns mehr oder weniger unbewusst in die Position des Opfers begeben. Wir haben uns also nicht als Schöpfer der Freiheit, sondern als Opfer der Unfreiheit erschaffen. Sehr schnell haben wir gelernt, dass wir uns um den hohen Preis der individuellen **Selbstaufgabe** in die soziale Einbettung einfügen sollen: Familie, Kindergarten, Schule. Wir überleben durch Anpassung und simples **Mitmachen**. Um geliebt und versorgt zu werden, ziehen wir das fremde Schutzkleid – das Ego – überall an, wodurch wir uns immer mehr von uns selbst abspalten und eine starke Diskrepanz zur Realität entsteht. In der Matrix wird die wahre Natur des Menschen systematisch bekämpft, das Individuum in einer völlig denaturalisierten Umwelt von sich selbst entfremdet. Aufgrund der Identifikation mit dem Minderwertigen (Ego, Rollen) verliert der Mensch mit dem Selbstbewusstsein auch den Selbstrespekt.

Dieses zwanghafte System habe ich erstmals als Kleinkind beim Eintritt in den mir verhassten Kindergarten wie ein graues Netz empfunden, das uns alle gefangen hält und zu einem Verhalten zwingt, das wir eigentlich nicht wollen. Rund 35 Jahre später, also 2009, habe ich das graue Netz bzw. die Matrix umfassend analysiert wie bei einer militärischen Beurteilung der Feindlage. Es handelt sich um ein uraltes, permanent mutierendes, dicht verwobenes, unsichtbares Gefängnis für unseren Verstand. Aber die Matrix ist nicht nur übel. Sie bietet uns auch, wie gesagt, einen gewissen Schutz und Komfort. Dennoch handelt es sich um ein Gefängnis, dessen goldene Gitterstäbe viele Insassen ausschließlich als bequeme Haltegriffe interpretieren. Die vollständige Identifikation mit dem Ego und seinen sozialen Rollen führt meist zu einem ungesund materialistischen Egoismus im ewigen Konsum-rausch und dieser zu einer herz-, hirn- und sinnlosen Wegwerf-Spaßgesellschaft. Von ihr und unserer egomanischen Selbstentfremdung profitieren verschiedene Wächter bzw. Machthaber: Priester, Mediziner und Big Pharma, andere Konzerne, Politiker, Beamte und so weiter.[8]

Das auf dem Ego aufbauende Konstrukt der Matrix umfasst so gut wie alle Lebens-bereiche. Als Jugendliche rebellieren wir noch dagegen, bis wir uns endgültig fügen. Im Dauerstreben nach Anerkennung sind wir nicht mehr im Einklang mit dem Ganzen. Das Herz tritt in den Hintergrund. Der Verstand hat die Kontrolle über-nommen. Ab hier füllen wir mehr und mehr unser Ego aus. Dieses sozial dressierte Ich hat verschiedene gesellschaftliche Funktionen zu erfüllen, die in der Regel nicht mit unserem inneren Selbst vereinbar sind. Gehorsam sollen wir vorgefertigte **Rol-len** spielen wie in einem Computerspiel, auf dessen Programmierung wir keinerlei Einfluss haben. Wir werden zu Instrumenten des Systems. Die meisten Menschen haben das innere Selbst verdrängt. Ihr inneres Kind leidet still vor sich hin, weshalb sie den schäbigen Ersatz – Ego und Rollen – für die einzige Möglichkeit der »Selbst-verwirklichung« halten.

Ausgerechnet in der Corona-Diktatur hat sich die Masse der »Künstler« und Priester als billige Marionetten des Systems betätigt. Anstatt die Freiheit vorzuleben oder auch nur anzudeuten, haben sie sich als willige Systemwächter zu erkennen ge-geben (siehe Kapitel *Corona-Diktatur*). Das ist der erschreckende Beweis dafür, dass die Matrix keine echte Individualität wünscht. Geduldet und sogar gefördert wird lediglich eine für das System ungefährliche Form der Egozentrik. Diese eröffnet keine neuen Horizonte, sondern bewegt sich stets im Rahmen des Systems.

Das Anklammern von Erwachsenen an der Matrix ist auch darauf zurückzu-führen, dass sich so gut wie niemand mehr selbst ernähren kann. Der englische Volksheld Robin Hood soll gesagt haben, dass nur jener Mensch frei ist, der sein ei-genes Land bewirtschaften kann. Doch genau das bleibt der großen Masse bis zum heutigen Tag verwehrt. Einerseits gehört jeder Quadratzentimeter dieser Erde schon jemandem, andererseits kann sich der Großteil der Bevölkerung nicht einmal ein eigenes Haus leisten. Ihr bleibt daher »nur« die geistig-seelische Freiheit des inneren Kindes, die jedoch in der materialistischen Welt der Erwachsenen in Vergessenheit geraten ist. Aufgrund dieses unbewussten Mangels identifiziert sich die Masse der Menschen mit den sozial aufgepfropften Konstrukten – Ego und Rollen – so stark, dass sie fest an ihnen klammert und panische **Angst** davor hat, sie zu verlieren.

Folglich ist der ständige Begleiter der Rollenübernahme eine zwar unbewusste, aber riesige Angst vor dem Verschwinden des eigenen Egos. Sie ist der tiefenpsychologische Grund, warum wir die uns auferlegten Rollen auch dann weiterspielen, wenn wir sie inzwischen zutiefst verabscheuen. Zwar haben wir unser wahres Selbst gegen einen schlechten Ersatz – das Ego – eingetauscht, jedoch kennen wir keine Alternative mehr. Daher verfolgt uns die Angst vor dem Verlust unserer teuer erkauften Stellung im System. Wahrgenommen wird diese Urangst in Form der **drei menschlichen Grundängste**:

1. Angst vor dem Tod bzw. Sterben
2. Angst vor materiellem Verlust (Arbeitslosigkeit)
3. Angst vor sozialer Ausgrenzung (Sanktionen, Ächtung)

Vereinfacht gesagt, hat das Ego riesige Angst vor seinem eigenen Tod. Das ist logisch und konsequent, weil das Ego nur eine Illusion ist, ein konstruiertes Hirngespinst. Das innere Selbst hingegen hat keine Angst, weil es real und unverwüstlich ist. Es ist immer da. Wir brauchen nur zu realisieren, dass wir **endloses Bewusstsein** sind. Matrix, Ego und Rollen sind zwar beachtliche Hürden, aber letztlich auch unsere Hilfsmittel. Indem sie uns aufzeigen, wer oder was wir nicht sind, verhelfen sie uns zur Selbsterkenntnis. Weil es sich um kein reales, sondern um ein illusorisches Gefängnis in unserem Kopf handelt, können wir auf die **Sekunde** aus ihm ausbrechen. Darauf kommen wir im zweiten Teil zu sprechen.

Da sich die uralte Matrix dauernd durch unsere Mithilfe wandelt und anpasst, könnte man ihre bedeutendsten »Konstrukteure« gar nicht nennen. Scheinbar ober- oder außerhalb des Systems stehen jene Akteure, die davon materiell am allermeisten profitieren. Sie sind jedoch alles andere als frei, weil total **abhängig** von der Matrix. Sie sind viel abhängiger von der Matrix als wir. Das erklärt, warum die profitierenden Akteure die Matrix nicht loslassen wollen.

An der Spitze der Matrix stehen skrupellose Superreiche, die zusammen mit ihren Handlangern nur etwa **ein Prozent** der Weltbevölkerung ausmachen. Beim Großteil von ihnen scheint es sich um Psychopathen im klinisch-psychologischen Sinne zu handeln. Vereinfacht gesagt, unterwerfen sich 99 Prozent der Weltbevölkerung dem Willen eines winzigen Prozents von Geistesgestörten.[9] Von dieser Minderheit lässt sich die Masse der Menschen »freiwillig« unterdrücken, weil sie es nicht anders kennt. Etwa zwei Drittel (65 Prozent) der Menschheit befolgen Anweisungen selbst dann in hirnlos-sklavischer Präzision, wenn schon vorher klar ist, dass ihr Verhalten den Mitmenschen oder sogar ihnen selbst massiv schadet. Dies ist umso erstaunlicher, als bei etwa 70 Prozent der Bevölkerung eine hohe prosoziale Kompetenz genetisch veranlagt ist. Dieses große Potenzial des Guten wird jedoch in der Matrix mittels einer satanischen Verdrehung der Realität zum sklavischen Gehorsam umgepolt. Hierzu werden auch chaotische Situationen geschaffen, in denen die eigentlichen Opfer als Täter abgestempelt werden. Diese Fakten werden uns von einigen wissenschaftlichen Experten und weltberühmten Gehorsamsexperimenten anschaulich vor Augen geführt.

Der deutsche Soziologieprofessor Dr. Hans Jürgen Krysmanski belegt mit seiner Expertise, dass nur etwa **0,01 Prozent** der Weltbevölkerung jene megareichen Personen und Dynastien ausmachen, in deren Besitz sich die Masse des globalen Reichtums befindet. Dieses private Imperium der Milliardäre ist anglo-amerikanisch dominiert. An der sichtbaren Spitze stehen superreiche Familien wie Morgan, Rockefeller und Rothschild.[10] Dabei handelt es sich entgegen einem weit verbreiteten Irrglauben nicht um Freimaurer oder Juden, sondern fast ausschließlich um **WASP**, also weiße angel-sächsische Protestanten. »Christlich« sind sie allem Anschein nach nur nominell, nicht jedoch tatsächlich. Die anglo-amerikanische Globalisierungsclique ist, wie noch gezeigt wird, in bedeutende umwälzende Ereignisse verstrickt. Schließlich streben diese Leute nichts geringeres an als die globale Herrschaft. Und das seit langem.[11] Gemeinsam mit Handlangern bzw. überzeugten Wächtern sind sie das besagte eine Prozent, das 99 Prozent beherrscht.[12]

Gemäß psychologischen Experten sind rund fünf Prozent der Menschen Psychopathen. Sie sind zwar nur zum Teil an der Macht, jedoch kennzeichnet sie alle ein grober Mangel an mitmenschlicher Einfühlung und sozialer Kompetenz, eine eiskalte Skrupellosigkeit und der krankhafte Wille zur Unterdrückung der Mitmenschen. Im unbehaglichen Wissen ihres nicht kurierbaren Außenseitertums trachten sie danach, ihre Umwelt in ein äußeres Abbild ihrer inneren Hölle zu verwandeln. Psychopathen zieht es daher überproportional stark in höchste Funktionen der Religion, Politik, Medien und Wirtschaft. Dort können sie auf unpersönliche Art und Weise jene Menschen beherrschen, die sich das gefallen lassen. Bis dato ist das die überwiegende Mehrheit. Die Methode lautet: Divide et impera! (Teile und herrsche!). Ursprünglich friedliche Menschen werden getäuscht und gegeneinander aufgebracht, also durch Spaltung geschwächt. Meist sind Psychopaten perfekte, ungenierte Lügner. Daher fällt es ihnen leicht, reale Sachverhalte völlig verdreht darzustellen, insbesondere die Rollen von Tätern und Opfern umzukehren. Das bedeutet, dass die wahren Schurken die eigentlichen Opfer als Täter hinstellen, um sie als Sündenböcke zu missbrauchen. Dieses Prinzip der **Täter-Opfer-Umkehr** wird von Psychopathen perfekt beherrscht.[13]

Die durchwegs bekannten Organisationen, Funktionen und Namen der Unterdrücker können zwar den angeführten Quellen entnommen werden, sind aber im Kontext dieses Buchs ohne Belang. Zur Veranschaulichung genügen wenige Exemplare. Schließlich geht es hier nicht um die Verantwortlichkeit der Unterdrücker, sondern primär um das Erkennen und Durchbrechen der **Muster** durch die Unterdrückten.

Sklavisch unterwürfige Masse

Die unnatürliche sklavische Unterwürfigkeit der Menschenmassen wird durch den Missbrauch ihrer grundsätzlich stark prosozialen Haltung bewirkt.

Wie gesagt, sind rund **70 Prozent** der Menschen von den Genen her potenziell stark **prosozial** orientiert. Einer deutschen Studie aus 2010 zufolge weisen knapp 75 Prozent der kaukasischen Bevölkerung eine von zwei genetischen Varianten auf,[14] die potenziell ein prosoziales Verhalten wie Empathie (Einfühlung, Mitgefühl), Kooperationsbereitschaft und Altruismus (Uneigennützigkeit) hervorrufen.[15] Diese Werte stimmen grob mit jenen eines israelischen DNA-Labors überein. Laut Prof. Dr. Richard P. Ebstein und Dr. Salomon Israel vom Hadassah-Krankenhaus in Jerusalem haben 70 Prozent der Menschen einen Genotyp (G), der sie als altruistisch veranlagt ausweist.[16] Dies könnte damit zusammenhängen, dass uns Menschen weniger mit den männlich-brutal dominierten Schimpansen, sondern viel mehr mit den weiblich-sanft geführten Zwergschimpansen der Bonobos verbindet.[17] Wie noch zu zeigen ist, muss generell bzw. evolutionsbiologisch ausgeschlossen werden, dass wir von irgendeiner Affenart direkt abstammen. Von der liebevollen Aufzucht des Nachwuchses der Bonobos ist der sogenannte Homo Sapiens jedenfalls Lichtjahre entfernt. Dennoch belegen entwicklungspsychologische Studien, dass Empathie und **Hilfsbereitschaft** schon bei Babys im Alter von 12 bis 18 Monaten aufkommen. Ab dem Zeitpunkt, in dem sich kleine Kinder selbst im Spiegel erkennen, nimmt das prosoziale Verhalten ständig zu. Folglich ist es »mehr oder minder bei **allen** Kindern und Jugendlichen zu finden.«[18]

»Jedes Kind ist hochbegabt«, weiß der Professor für Neurobiologe und Hirnforscher Dr. Gerald Hüther.[19] Außerdem ist jeder Mensch »genial, wenn man ihn lässt.« Jedoch wird so gut wie allen Menschen die Ausschöpfung ihres individuellen Potenzials schon in der Kindheit verwehrt: »**98 Prozent** aller Kinder kommen **hochbegabt** zur Welt. Nach der Schule sind es nur noch 2 Prozent.«[20] Entwicklungspsychologisch ist festzustellen, dass, gemessen am Stand von 17 Jahren, »etwa 50 Prozent der intellektuellen Entwicklung sich zwischen Empfängnis und dem vierten Lebensjahr abspielen.« Die nächsten 30 Prozent entwickeln sich im Alter von vier und acht Jahren.[21] Sohin sind bis zum achten Lebensjahr 80 Prozent der geistigen Entwicklung abgeschlossen. Daraus folgt, dass durch die Erziehung in Elternhäusern, Kindergärten und Schulen rund **96 Prozent Mittel- bis Minderbegabte** erzeugt werden, deren kreative Schöpferkraft im weiteren Leben großteils ungenutzt bleibt. Demnach sind derartige soziale Einrichtungen nichts anderes als Konditionierungsanstalten, in denen junge Menschen geistig-seelisch so sehr abstumpfen, dass sie nur noch als unkreative Befehlsempfänger zu gebrauchen sind. Durch die freudlose, weil nicht gehirngerechte Vermittlung abstrakter Lerninhalte ohne jeden praktischen Bezug werden – wie am Fließband – stets neue **gehorsame** Instrumente der Matrix hergestellt. Sie sind der Nachschub für die Arbeitsindustrie.[22]

Durch das unbewusste Einklinken in die Matrix geht die kreative Schöpferkraft des Kindes nicht verloren. Ganz im Gegenteil. Sie arbeitet fleißig im Unbewussten weiter und macht als eher destruktive Schöpferkraft genau das, was wir ihr unbewusst **aufgetragen** haben: Opfer zu sein. Mit beachtlichem Aufwand erhalten wir den selbsterwählten Status als Opfer aufrecht, indem wir alltäglich jede Menge Vorwände und Ausreden erfinden, warum wir gehorsam bleiben, anstatt uns zu befreien. Diesen Auftrag erfüllt unsere Schöpferkraft solange, bis wir das Muster erkennen und auflösen. Danach kann sie wieder konstruktiv eingesetzt werden.

Strenge berufliche Arbeitsteilungen und gruppendynamische Zwänge tragen wesentlich dazu bei, dass der Mensch nicht an seine eigene Genialität glaubt, wodurch er sich nur noch an der Außenwelt orientiert. Es wird nicht mehr das Ganze wahrgenommen und nicht mehr selbständig gedacht. Dafür wird das Mitgefühl verlernt, sodass auch sinnentleerte Regeln völlig unkritisch befolgt werden. Dadurch wird das Leben immer grauer und sinnloser. Alles, was uns zum Menschen macht, wird vernebelt: Kreativität, Freude, Liebe, Mitgefühl. Um ihr Innerstes betrogen, kommen viele Erwachsene nicht einmal auf die Idee, ihr kreatives Potenzial zu entfalten. Sehr viele der aus sich selbst heraus machtlosen Erwachsenen beneiden unbewusst Kinder um ihre unschuldige Freiheit, um die Reinheit ihrer Herzen. So erklärt sich der vielfältige Kindesmissbrauch von grober Vernachlässigung über seelische Misshandlungen bis hin zum sexuellen Missbrauch als energetischer Transfer. Erwiesen ist, dass in vielen Fällen ein wesentliches Motiv für sexuelle Gewalt an Kindern der Wunsch ist, »**Macht** auszuüben und durch die Tat ein Gefühl von Überlegenheit über eine Person zu erlangen.«[23]

Erwachsene tun also Kindern und auch anderen Erwachsenen an, was ihnen selbst widerfahren ist und wovor sie nach wie vor Angst haben. Anstatt die Matrix zu durchschauen und aus ihr auszusteigen, versuchen sie, ihren eigenen Machtverlust – gleich einem Energievampir – durch einen Machtmissbrauch gegenüber anderen Menschen auszugleichen. Diese sind jedoch wie sie selbst die Opfer der Matrix. So werden die Instrumente der Matrix von Opfern zu Tätern. Hiermit sind wir bei den psychodynamischen Phänomenen der **Projektion** (Übertragung) und **Angstabwehr** angelangt. Darunter ist zu verstehen, dass man anderen genau das antut, wovor man selbst große Angst hat. Die Erklärung dafür ist, dass dem Ego durch lebensgeschichtlich bedeutsame Versagenssituationen eine erhebliche Schwächung droht, wenn es sich nicht durch entsprechende Bewältigungsstrategien oder soziale Einbettungen zu schützen weiß. Folglich bilden machtlose Menschen charakteristische Mechanismen der Angstabwehr aus, »die auch bei bestehender psychischer Schwächung helfen, den Umständen entsprechend handlungsfähig zu bleiben und ein Mindestmaß an (Trieb-)Wunscherfüllung zu gewährleisten.« In diesem Sinne ist das Ich das Zentrum sowohl der Angst als auch der Angstabwehr.[24]

Als Faustformel gilt: Wer sich klein vorkommt, macht andere klein, um sich selbst größer zu fühlen. Weil sie spüren, dass sie nicht frei sind, benutzen einige Frustrierte ihre Mitmenschen als Ventil zum Druckabbau. Anders ausgedrückt, übertragen im Ego Gefangene ihre Ängste auf andere Menschen, die sie in bedrohlichen Situationen missbrauchen, um sich selbst mächtig zu fühlen. In diesem großteils unbewusst ablaufenden Prozess greift das Ego auf seine in der Matrix selbst erfahrene Unterdrückung zurück. Der Häftling mutiert zum Wärter, das Opfer zum Täter. Die im übermächtigen System erzeugte individuelle Selbstentfremdung durch kollektive **Gleichschaltung** ist die Grundlage für so gut wie jeden situativen Machtmissbrauch. Auf diese Weise wird erklärbar, warum eine Bevölkerung, die zu rund 70 Prozent genetisch zur Empathie veranlagt ist, sogar in offensichtlich inszenierten Situationen in direktem Widerspruch zu ihrem Gewissen und positiven Naturell handelt. Im Rahmen von psychologischen Experimenten ist in etwa derselbe Prozentsatz (65 Prozent) auf Geheiß einer Scheinautorität dazu bereit, seinen Mitmenschen bis zuletzt völlig sinnlose Qualen durch lebensgefährliche Stromstöße oder psychische und physische Erniedrigungen zuzufügen. Kein einziger der Probanden wehrt sich gegen die offensichtlich absurde und menschenverachtende Versuchsanordnung. Das heißt, die Gesamtsituation und die auf ihr beruhende institutionelle Macht werden nicht hinterfragt, sondern viel mehr unkritisch **akzeptiert**.[25]

Das berühmteste, weltweit gelehrte Gehorsamsexperiment wurde vom US-amerikanischen Psychologieprofessor Dr. Stanley Milgram erstmals 1961 durchgeführt. Milgram, der Sohn jüdischer Migranten, hat den erschreckenden experimentellen Nachweis erbracht, dass der Holocaust auch in den USA jederzeit möglich wäre: »Wenn ein System von Todeslagern, wie wir es in Nazi-Deutschland gesehen haben, in den USA eingerichtet würde, könnte man durchaus in **jeder** mittelgroßen US-amerikanischen Stadt ausreichend Personal für diese Lager finden.«[26]

Der dahintersteckende bedingungslose Gehorsam zeigt die »Banalität des Bösen« auf, worauf Hannah Arendt, die meines Erachtens beste Denkerin ihrer Zeit, 1964 hingewiesen hat. In Ihrem Buch *Eichmann in Jerusalem* beleuchtet die deutschjüdische politische Theoretikerin die angeblich unauffällige Psyche des vormaligen SS-Offiziers Adolf Eichmann. Im Angesicht der sicheren Todesstrafe hat Eichmann 1962 unverblümt zugegeben, für die Deportation von Millionen Juden zuständig und damit für deren Ermordung mitverantwortlich gewesen zu sein. Seine einzige, in Dauerschleife vorgebrachte Rechtfertigung lautete, »er habe nicht nur Befehlen gehorcht, er habe auch das Gesetz befolgt.«[27] Nur eines hätte ihm ein schlechtes Gewissen bereitet: »Wenn er den Befehlen nicht nachgekommen wäre« und, wie Arendt logisch ergänzt, »Millionen von Männern, Frauen und Kindern nicht mit unermüdlichem Eifer und peinlichster Sorgfalt in den Tod transportiert hätte.« Israelische Psychiater sind zum erstaunlichen Ergebnis gekommen, Eichmanns psychischer Habitus sei »**normal**« und sogar »höchst vorbildlich«, was »seine Einstellung zu Frau und Kindern, Mutter und Vater, zu Geschwistern und Freunden« betrifft.[28]

Somit gilt als gesichert, dass die wissenschaftlich anerkannte psychische Normalität jene des gesellschaftlich dressierten Ichs (Egos) meint. Diese umfasst augenscheinlich auch einen Kadavergehorsam, der beim situativen Machtexzess katastrophale Auswirkungen nach sich zieht.

Auch die freiwilligen Teilnehmer des Milgram-Experiments gelten als psychologisch normal bzw. als repräsentative Durchschnittsbürger der USA. Beim Versuch war es ihre Aufgabe, als »Lehrer« zur Testung beizutragen, ob die Lernfähigkeit eines »Schülers« durch **Stromstöße** verbessert wird oder nicht. Über diesen offenkundig absurden Zweck wurden die Probanden genauso aufgeklärt wie darüber, dass sie ihre gleich zu Beginn erhaltene Entlohnung von vier US-Dollar unabhängig vom weiteren Verlauf behalten können.[29] Somit war klar, dass sie das Experiment jederzeit ohne Nachteile abbrechen konnten. Für den ersten Fehler beim Merken von Wortpaaren sollte der »Schüler« einen Stromstoß von 15 Volt erhalten, für jeden weiteren einen um jeweils 15 Volt höheren Schock. Das Maximum waren 450 Volt. Hierzu hatte der »Lehrer« die 30 beschrifteten Tasten einer beeindruckenden Maschine zu bedienen, auf der zusätzlich die Art der Schocks in acht Kategorien von »schwach« über »intensiv« (255 bis 300 Volt) bis zu »Achtung: ernsthafter Schock« (375 bis 420 Volt) und »XXX« (435 bis 450 Volt) beschrieben war. Am Anfang wurde dem »Lehrer« zur Einfühlung ein testweiser Stromstoß von 45 Volt verpasst. Sohin musste ihm bewusst sein, welche Schmerzen höhere Stromschläge verursachen. Zudem wurde er im Nebenraum darüber informiert, dass der dort an die Maschine angehängte »Schüler« ein schwaches Herz habe. Natürlich hat man dem »Lehrer« nicht mitgeteilt, dass der »Schüler« nur ein Schauspieler ist, der zwar regelmäßig laut aufschreit, aber in Wahrheit keine realen Stromstöße erhält. Folglich musste der »Lehrer« davon ausgehen, dass er seinem »Schüler« echte Schmerzen zufügt. Nun zum schockierenden Ergebnis: Beim ersten Durchlauf haben alle »Lehrer« die autoritären Anweisungen eines »Testleiters« im weißen Kittel befolgt und gemäß ihrer Wahrnehmung intensive Stromstöße von bis zu 285 Volt erteilt. Somit waren **100 Prozent** der Probanden zur Verabreichung von **intensiven** Stromstößen bereit. Erst ab 300 Volt haben nur 35 Prozent der Probanden nach und nach den Gehorsam verweigert. Das heißt, dass sage und schreibe **65 Prozent** bis zum **Maximum** von 450 Volt gingen.[30]

Das parasitäre Super-Ego des Systemsklaven funktioniert in der ihm abverlangten pervertierten Form als Lehrer (Täter). Dies obwohl der vorgebliche Lernzweck ganz offensichtlich nicht erreicht wird, weil sich die Merkfähigkeit des vermeintlich gequälten »Schülers« (Opfers) just durch die Stromstöße drastisch **verschlimmert**.

Und obwohl alle »Lehrer« **jederzeit** aussteigen könnten. In diesem Punkt haben sämtliche Teilnehmer gegen Empathie, Moral und Vernunft gehandelt. Die innere Berufung auf eine höhere Instanz, hier den Kittelträger bzw. den vermeintlichen Arzt, hat zur vollständigen Ab- und Aufgabe der Verantwortung für das eigene Verhalten geführt. Ganz entscheidend ist: Jeder »Lehrer« hat sich durch Duldung der absurden Versuchsanordnung selbst zum Instrument gemacht. Offensichtlich hat die Matrix ganze Arbeit geleistet. Das ist darauf zurückzuführen, dass George Orwells Vision von *1984* schon viel früher Realität geworden ist, indem unsere Realität »in immer höherem Maße« von der Bündelung der Interessen verschiedener Machthaber definiert wird. Gemäß der Expertise des Psychologen Prof. Dr. Philip Zimbardo von der Stanford University verkörpert der die Geschicke der USA und der Welt lenkende »militärisch-industriell-religiöse Komplex« jenes »**ultimative Megasystem**, das heute einen Großteil der Ressourcen und der Lebensqualität vieler US-Amerikaner kontrolliert.«[31] In diesem Kontext erklärt der US-amerikanische Redakteur Jim Marrs, dass der Nationalsozialismus nicht mit dem Dritten Reich untergegangen ist, sondern in den USA zum Vierten Reich anglo-amerikanischer Version ausgebaut wurde. Seit der heimtückischen Ermordung des unbequemen Präsidenten John F. Kennedy im Staatsstreich von 1963 »konnte die Nazifizierung der Vereinigten Staaten ungehindert voranschreiten.«[32]

Allerdings bedeutet das nicht, dass das Milgram-Experiment nur für die USA gilt. Denn es hat auf der ganzen Welt in den verschiedensten Ausprägungen ähnliche Ergebnisse geliefert.[33] Da sie repräsentativ für die **gesamte** Menschheit sind, steht unverrückbar fest, dass unsere Gattung das Prädikat »Homo Sapiens« nicht verdient hat. Gerade in herausfordernden Situationen, auf die es im Leben wirklich ankommt, sind wir erwiesenermaßen nicht verständig, vernünftig oder gar weise.

Bei einem administrativen Gehorsamstest haben **91 Prozent** der ca. 500 Probanden neue Job-Bewerber mit 15 stressauslösenden Bemerkungen tyrannisiert, obwohl ihnen vorher mitgeteilt worden war, »dass die Fähigkeit, unter Stress zu arbeiten, keine wichtige Anforderung« für die betreffende Arbeit ist.[34] Andere Tests haben ergeben, dass ärztliche Macht zur Verabreichung schädlicher Arzneidosen verleitet. 22 Krankenschwestern wurden unter Vorhaltung des Arznei-Etiketts ausdrücklich gewarnt, dass nur eine Dosis von maximal 10 Millilitern zulässig ist. Trotzdem hat bei der telefonisch erteilten Anweisung des Arztes zur Verabreichung der doppelten Dosis (20 Milliliter) nur eine einzige mutige Dame den Gehorsam verweigert. Bei den anderen 21, das sind mehr als **95 Prozent**, hat der bloße Hinweis auf eine mögliche Verärgerung des Arztes genügt, um den Patienten eine schädliche Dosis zu verpassen. Bevor sie die Nadel ansetzen konnten, wurde das Experiment natürlich abgebrochen. Einer Umfrage zu realen Vorfällen zufolge haben 46 Prozent der Krankenschwestern tatsächlich schon eine ärztliche Weisung befolgt, »die ihrer Meinung nach dem Patienten **schaden** könnte.«[35]

Achtung! Dieser blinde Gehorsam hat ab Ende 2020 garantiert sowohl beim Verabreichen der schädlichen COVID-Impfstoffe als auch bei der unterwürfigen Umsetzung aller anderen angeordneten Corona-Maßnahmen, die zur Gänze illegal und speziell für **Kinder** schädlich sind (siehe unten), eine tragende Rolle gespielt. Die meisten Maßnahmenbefürworter – Politiker, Journalisten, Ärzte, Beamte und zivile Bürger – haben sich gegenüber den wenigen Kritikern und Freigeistern wie die tyrannischen Wärter eines Riesenknasts verhalten.

Wie schnell Menschen in menschenverachtende Rollen hineinwachsen können, demonstriert das berüchtigte Stanford Prison Experiment von 1971. Darin hat Prof. Dr. Philip Zimbardo von der Stanford University bewiesen, wie sehr Menschen durch starke situative Kräfte zur völligen Abkehr von ihren eigenen Grundsätzen verleitet werden. 12 Studenten schlüpften in die Rolle der Insassen eines simulierten Gefängnisses, 12 weitere spielten die Wärter. Binnen kürzester Zeit hat das erbarmungslose Verhalten der Wärter ein reales Gefängnis erschaffen: Ersatz der Häftlingsnamen durch Nummern, Toilettengang nur mit Erlaubnis, willkürliche Zählappelle auch mitten in der Nacht, kollektive Strafen wie Liegestütze etc. Den Aufstand der Häftlinge gegen die Entmenschlichung haben die Wärter brutalst niedergeschlagen. Danach verspürten sie den Drang zur vollständigen Unterwerfung und De-Individualisation der Häftlinge. Am sechsten Tag musste das Experiment wegen verbaler Erniedrigungen, sexistischer und körperlicher Demütigungen vorzeitig abgebrochen werden. Die psychologische Begründung für die unzumutbaren Entgleisungen der Wärter ist das Verschmelzen von Rolle und Identität, das zu erstaunlichen »Persönlichkeitsveränderungen« geführt hat: in der Uniform, unter dem Deckmantel der Anonymität der Rolle, als Instrument einer höheren Autorität, ohne jede eigene Verantwortung. **Kein einziger** der wenigen gemäßigten Wärter hat auch nur einmal versucht, seine besonders harten Kollegen von weiteren Misshandlungen abzuhalten. Deren Verhalten war am sadistischsten, je weniger sie sich beobachtet fühlten. Je geringer der Widerstand der zermürbten Häftlinge war, desto härter und unnachgiebiger verhielten sich die Aufseher. Auch die Rollen der Häftlinge haben die Menschen dahinter verändert: **90 Prozent** aller Gespräche drehten sich nur noch um die Haft, lediglich 10 Prozent hatten einen persönlichen Inhalt. Folglich war die gegenseitige Einschätzung der Insassen zu 85 Prozent negativ. Wie schon beim Milgram-Experiment haben auch hier alle Teilnehmer bis zum bitteren Ende in ihren Rollen funktioniert, obwohl oder weil auf beiden Seiten – also bei Häftlingen und Wärtern – eine furchtbare institutionelle Angst geherrscht hat.[36]

Eine allgegenwärtige Angst fördert die totale Hörigkeit gegenüber der Versuchs-anordnung. Außerdem wird bestätigt, dass der frühe Gehorsams-Drill in der Matrix die rasante Verführung des Super-Egos zum situativ bedingten Machtmissbrauch ermöglicht. Vollständiger könnte die Selbstentfremdung kaum sein: Die automatische Identifikation mit der jeweiligen Sklavenrolle offenbart den hohen Grad der Entmenschlichung. Das Stanford Prison Experiment ist sohin der perfekte **Spiegel** der Matrix. Zwar sind Wärter und Häftlinge beide die Opfer der Matrix, jedoch erzielen die Wärter durch ihre Identifikation mit der Rolle als Vollstrecker des Systems einen situativen Machtgewinn über die Häftlinge. Im Endeffekt leiden aber beide Rollenträger unbewusst an einem zutiefst verletzten inneren Kind. Konsequent weitergedacht, ist die Matrix ein übermächtiges System des **institutionalisierten Kindesmissbrauchs**.

FREIHEUT-Übung 02: Selbstbeobachtung
Es bietet sich an, dass du hinterfragst, wie du dich ohne Vorwissen über die beschriebenen Experimente in der **konkreten** Situation des »Lehrers« am Stromstoßpult oder als Wärter im konstruierten Gefängnis von Stanford verhalten würdest. Dein Eintauchen in diese Rollen erleichtern die wenigen im Internet verfügbaren Originalaufnahmen sowie die realitätsnahen Sequenzen der Spielfilme *Experimenter – Die Stanley Milgram Story* (USA, 2015), *I wie Ikarus* (Frankreich, 1979) und *The Stanford Prison Experiment* (USA, 2015). In *Das Experiment* (Deutschland, 2001) und der Neuverfilmung *The Experiment* (USA, 2010) wird die Gewalt der Wärter zwar stark übertrieben, aber in Anlehnung an das originale Experiment dargestellt.

Die sogenannten Kritiker von Milgram und Zimbardo führen hauptsächlich die angebliche Unmoral ihrer Experimente oder die vorauseilende Erfüllung ihrer Wünsche durch die Probanden ins Treffen. Beide Pseudoargumente zeigen, dass die »Kritiker« die Studien entweder gar nicht gelesen oder deren Sinn nicht verstanden haben. Zum einen ist niemand ernsthaft zu Schaden gekommen, zum anderen spiegelt gerade der absolute Gehorsam gegenüber der Testleitung den destruktiven Einfluss der Matrix auf den situativen Machtmissbrauch. Die besagten Experimente sind daher der **ideale** Spiegel einer völlig verrückten Gesellschaft, die wir selbst mitgestalten. Seinen eigenen Anblick als aktiver Mitbetreiber einer riesigen Freiluftklapsmühle kann halt nicht jeder ertragen.

Das Dilemma der sklavischen Autoritätshörigkeit erklärt Prof. Milgram wie folgt: »Das Wesen des Gehorsams besteht darin, dass sich ein Mensch als **Instrument** zur Ausführung der Wünsche eines anderen versteht und sich daher nicht mehr für seine Handlungen verantwortlich sieht.« Der im System antrainierte Gehorsam ist jener psychologische Mechanismus, »der die individuelle Handlung mit dem politischen Zweck verknüpft.« Jene Menschen, die sich einer leitenden Autorität verpflichtet fühlen, »empfinden **keine** Verantwortung für den Inhalt der Handlungen, welche die Autorität vorschreibt.« Begriffe wie Loyalität, Pflicht und Disziplin beziehen sich eben nicht auf die Moral oder Güte des Befehlsempfängers, »sondern auf die Angemessenheit, mit der ein Untergebener seine gesellschaftlich definierte **Rolle** erfüllt.« Die häufigste Rechtfertigung für die Ausführung angeordneter Gräueltaten lautet – exakt wie im Fall von Adolf Eichmann –, man habe »einfach seine Pflicht getan.« Darum ist es in autoritären Systemen möglich, dass Kampfpiloten Bomben auf unschuldige Zivilisten abwerfen. Das innere Motivationssystem der Funktionsträger wird ausgeschaltet. Zwar hat das »normale« Individuum beim Heranwachsen die von ihm verlangte Kontrolle über die aggressiven Impulse verinnerlicht, jedoch hat es »die Kultur fast vollständig versäumt, interne Kontrollen für Handlungen einzuführen, die ihren Ursprung in der Autorität haben.« Folglich stellen die angeordneten Handlungen »eine weitaus **größere** Gefahr für das Überleben der Menschheit dar« als die Aggression des Individuums.[37]

Die Richtigkeit dieser Feststellung wird insbesondere von den vielen Millionen Toten zweier Weltkriege und den unzähligen Geschädigten durch illegale Corona-Maßnahmen bestätigt. An dieser Stelle sei mir die persönliche Anmerkung erlaubt, dass ich als vormals aktiver Offizier des Bundesheers eine gut funktionierende Hierarchie grundsätzlich sehr zu schätzen weiß. Sie ermöglicht ein rasches und effizientes Handeln. Jedoch haben Staatsdiener auch einen Verfassungsauftrag, der schon in der Ausbildung zu kurz kommt. Mehr noch: Sogar berechtigte Kritik an sturen Vorgesetzten kann die eigene Karriere vermasseln. Auf diese Weise wird der schon vorhandene unkritische Gehorsam zur feigen Unterwürfigkeit potenziert. Folglich erfüllen nur die allerwenigsten Beamten ihre Pflicht zur Ablehnung strafrechtlich relevanter Weisungen. Da jedoch sämtliche Corona-Maßnahmen potenziell Straftatbestände erfüllen, hätten alle damit zusammenhängenden Anordnungen abgelehnt werden müssen.[38]

Der innere moralische Kompass versagt völlig, sobald Menschen in den »agentischen Zustand« übergehen und sich mit ihrer Rolle als Instrument beim Ausführen von Befehlen identifizieren. Die berechtigte Ablehnung der Ausführung wird laut Prof. Dr. Milgram durch **Ängste** verhindert, »die sich auf vage Befürchtungen des Unbekannten beziehen.« Die Quelle dieser Ängste »stammt aus der langen Sozialisationsgeschichte des Individuums«, wobei die grundlegendste der erlernten Regeln der »Respekt vor Autorität« ist. Die innere Durchsetzung dieser Regel ist im Falle eines auch nur gedanklichen Verstoßes »mit einem Strom von störenden, das **Ego** bedrohenden Effekten« verknüpft. Diese haben sich bei den »Lehrern« des Milgram-Experiments in folgenden emotionalen Anzeichen geäußert: »Zittern, ängstliches Lachen, akute Verlegenheit«. Gedanken über den inneren Konflikt erzeugen eine emotionale Barriere, die einer ernsthaften Weigerung entgegensteht.[39]

Das bewirkt also die Dressur in der Matrix, die aus uns Menschen folgsame Zirkusäffchen oder bissige Kettenhunde macht. Unsere inneren Überzeugungen entsprechen nicht dem äußeren Verhalten. Das nennt man gemeinhin **kognitive Dissonanz**. Wir machen uns quasi selbst und gegenseitig zu gespaltenen Persönlichkeiten.

Wie erbärmlich feige die anerzogene Konformität machen kann, beweisen die von Dr. Salomon Asch ab 1951 veröffentlichten Studien über seine Konformitätsexperimente.[40] Der Pionier der Sozialpsychologie hat aufgezeigt, dass der bereits von drei fremden Personen ausgehende »Gruppenzwang« einen Menschen so sehr beeinflussen kann, dass er entgegen seiner korrekten Wahrnehmung eine offensichtlich falsche Aussage nach außen hin als richtig einstuft. Es geht um die simple Aufgabe, vor anderen zu sagen, welcher von mehreren Strichen auf einem Bild der Länge des Referenzstrichs entspricht. Nur jeweils ein Strich ist deutlich erkennbar exakt gleich lang wie der Referenzstrich. In völliger **Ruhe** und ohne jeden Druck werden einer Gruppe von Menschen 18 solcher Bilder gezeigt. Wirklich getestet wird aber nur das Verhalten einer einzigen Person. Alle anderen sind eingeweiht. Nach 6 richtigen Antworten geben sie absichtlich 12 falsche. Mehrere Durchführungen des Experiments zeigen, dass nur knapp 25 Prozent der Testpersonen konsequent unabhängig vom Verhalten der Restgruppe das richtige Ergebnis nennen. Daraus folgt, dass sich mehr als **75 Prozent** mindestens einmal dem falschen Ergebnis der Restgruppe beugen und damit gegen ihre eigene Beurteilung handeln.

Daran vermögen auch beschönigende Interpretationen nichts zu verändern.[41] Wie Prof. Dr. Mechthild Schäfer von der Ludwig-Maximilians-Universität anhand von identischen Asch-Experimenten im Jahr 2016 bestätigt, knicken heutzutage 37 Prozent ganz ein, während 76 Prozent in mindestens einem Durchlauf absichtlich die falsche Antwort geben, um nicht gegen das Kollektiv zu verstoßen.[42] Im Internet abrufbare Videos über Konformitätsexperimente in Fahrstühlen zeigen, dass sich so gut wie alle Testpersonen einer absurd handelnden Masse beugen: Eingeweihte Statisten stellen sich verkehrt zum Ausgang auf, worauf sich der jeweils neu Hinzukommende (die Testperson) völlig geistbefreit der Mehrheit anpasst und ebenfalls verkehrt herum hinstellt.

Achtung! Wie gesagt, handelt es sich um völlig stressfrei verlaufende Experimente. Das heißt, dass sich die Testpersonen lediglich aus der Macht der Gewohnheit heraus dem nachweislich falsch handelnden Kollektiv unterwerfen. Dieses Muster wurde, wie oben gezeigt, bereits in der Kindheit antrainiert. Ängste und Stress erhöhen den Anpassungsdruck so weit, dass sogar massive Selbstschädigungen in Kauf genommen werden, um ja nicht aus einer völlig verrückt gewordenen Reihe zu tanzen. Dieses Faktum verdeutlicht das extrem angepasste Verhalten der Masse während der Corona-Diktatur.

Ob wir es wahrhaben wollen oder nicht, ändert nichts daran, dass ursprünglich freie Kinder in einem unsichtbaren Gefängnis für den Verstand zu gehorsamen Erwachsenensklaven geformt werden. Wer sein Leben grundlegend ändern möchte, sollte die ihm zugedachte Rolle in der Matrix und ihre mitunter schrecklichen Auswirkungen verstehen.

Auf der Grundlage der kindlichen Konditionierung zum Gehorsam findet in so gut wie jedem Staat, wie Dr. Joost Meerlo es formuliert, eine »seltsame Verwandlung des freien menschlichen Geistes in eine **automatisch** reagierende Maschine« statt. Machthaber haben wahrscheinlich schon in prähistorischen Tagen entdeckt, dass man »die menschlichen Qualitäten der Empathie und des Verständnisses nutzen kann, um Macht über seine Mitmenschen auszuüben.« Zu dieser mentalen Nötigung kommen noch die Einflüsse in der modernen Welt hinzu, »die dazu neigen, den Menschen zu robotisieren und zu automatisieren.« Sowohl die institutionalisierte Bürokratie als auch die Abhängigkeit von der Technik dringen tief in unseren Verstand ein. Sie zwängen uns immer mehr verselbständigten Gehorsam und Konformität auf.[43]

Wohlgemerkt, wurde Dr. Meerlos Analyse erstmals 1956 veröffentlicht. Seither bedienen wir Menschen sowohl beruflich als auch privat immer mehr Maschinen. Die politisch-mediale Propagandamaschinerie hat ihre Übertragungsmöglichkeiten von Plakaten, Zeitungen, Radio und Fernsehen auf Computer, Internet und Smartphones ausgedehnt. In diesen Tagen sind die unbewussten Systemsklaven allerorts einer »freiwilligen« Dauermanipulation mit **fremden** Denkinhalten ausgesetzt. Neben der Dominanz des Denkens sind also auch seine Inhalte weitestgehend vorgegeben. In einer Unzahl von Spielfilmen und Computer-Spielen wird die Handlung immer fantastischer und brutaler. Skrupellose »Superhelden« schlachten täglich mehr Menschen ab, als in zwei Weltkriegen und danach ums Leben kamen. Reale Frustration wird in einen digitalen Aggressionsabbau umgelenkt. Die kindliche Entfremdung vom eigenen Potenzial soll durch das Anhimmeln eines virtuellen »Helden« kompensiert werden. Mit der trügerischen Ablenkung von der eigenen Machtlosigkeit wird das Individuum nachhaltig geschwächt, weil es die Matrix weder bewusst erkennt noch in Frage stellt. So wird die Matrix zusätzlich gestärkt. Selbst in der herausragenden Filmserie *Matrix* wird das System vom Helden namens »Neo« nicht wirklich bedroht, sondern lediglich im Rahmen der technischen Vorgaben des »Architekten« verändert.

System der Scheindemokratie

Unser eigenes Konsumverhalten füttert just jenes System, das uns unterdrückt. Das gilt jedoch nicht nur für die Unterhaltungsbranche, sondern auch generell für Medien, Politik, Religion und Wirtschaft. Wesentliche Faktoren sind zudem der Inhalt unserer alltäglichen Arbeit, das ruinöse Pensionssystem und vor allem die erdrückende Steuerlast.

Das staatliche Pensionssystem ist zum Scheitern verurteilt, weil es auf der Illusion eines »Generationenvertrags« aufbaut, den kein einziger Beitragszahler unterschrieben hat. Daher scheint es sich in Wirklichkeit um einen **Generationenbetrug** zu handeln. Die Prinzipen der Freiwilligkeit und der Eigenvorsorge werden gröblich verletzt. Sohin wird, typisch für zwangskollektivistische Systeme, das Prinzip der Selbstbestimmung gleich zweifach gebrochen. Der entmündigte Beitragszahler zahlt nicht etwa für seine eigene Zukunftsvorsorge ein, sondern finanziert direkt die aktuellen Renten. Stark sinkende Nachwuchsraten und steigende Lebenserwartung bedeuten, dass immer weniger Junge immer mehr Alte versorgen müssen.

Das heranstehende Fiasko kann weder durch das Hineinpumpen von Steuergeldern noch durch die zusätzliche Privatvorsorge verhindert werden. Die Renten werden immer niedriger, das System fährt sich selbst an die Wand. Die Im Ruhestand oft abgebrannten Rentner werden öffentlich nur »noch als Konsumentengruppe« als interessant angesehen, ansonsten aber als »überflüssiger Kostenpunkt.«[44] Im Turbokapitalismus führt also die mehrfache Ignoranz gegenüber dem Prinzip der Selbstbestimmung zur menschenunwürdigen Behandlung sowohl der Jungen als auch der Alten. Beide sind die modernen **Sklaven** eines illusorischen Systems. Die meisten Berufstätigen können sich als Niedrigverdiener keine zusätzliche private Vorsorge leisten. Dennoch wird der einzig logische Schritt zur Selbstvorsorge mit den Rentenbeiträgen verhindert, indem den Sklaven der Austritt aus der Sozialversicherung generell gesetzlich verwehrt wird.

Das heißt, dass nach dem zwangsweisen Abzug von Sozialabgaben und Steuern gerade einmal etwas mehr als die Hälfte des Lohns zur freien Verfügung übrigbleibt. Gemäß einem Bericht der OECD (Organisation für Zusammenarbeit und Entwicklung) hatten 2021 von 38 Mitgliedsstaaten die unselbständig arbeitenden Bürger Deutschlands mit 48,1 Prozent die zweithöchste und jene Österreichs mit 47,8 Prozent die dritthöchste durchschnittliche Abgabenlast zu tragen.[45] Somit arbeiten Unselbständige alljährlich die ersten sechs Monate für den Staat, wobei sie von ihrem Nettoeinkommen bei jedem finanziellen Transfer erneut Steuern zahlen müssen. Daher war der tatsächliche »Steuerfreiheitstag« im Jahr 2014 der 12. August.[46] Tendenz steigend. **Acht Monate** Arbeit nicht für sich selbst, sondern fürs System. Selbständige werden vom System noch mehr gemolken. Sie müssen gratis fürs Finanzamt arbeiten und vom staatlich erhöhten Preis in der Regel ca. 20 Prozent Umsatzsteuer abliefern. Vom hart erarbeiteten Gewinn sind bis zu 55 Prozent ans Finanzamt abzuführen. Ohne Begrenzung nach oben.

Das heißt, je fleißiger man ist, desto mehr muss man dem System in absoluten Zahlen in den Rachen schieben. Stell dir vor, du erntest die Früchte deines eigenen Feldes und jedes Mal kommt ein Fremder vorbei, der dir die Hälfte wegnimmt. Einst galt der Zehent (10 Prozent) als angemessen. Heute liefern wir das **Fünffache** ab. Das Steuersystem ist sogar so unverschämt, dass es sich neben deiner Preisgestaltung (Aufschlag für Umsatzsteuer) auch noch in weitere innerbetriebliche Angelegenheiten einmischt. Zum Beispiel wird dir bei der steuerwirksamen Gewinnermittlung vorgeschrieben, welche deiner (!) betrieblichen Ausgaben du in welcher Höhe von deinen Einnahmen abziehen darfst. Sobald ein Wächter des gierigen Systems den Verdacht hat, dass du ihm etwas vorenthältst, schikaniert er dich mit allerlei Prüfungen und Sonderverfahren. Auf deinem Feld wird herumge-schnüffelt, ob du vielleicht geerntete Früchte versteckst. Dadurch wird dir zwar Zeit und Energie geraubt, was aber dem System sogar dann egal ist, wenn du gar keine Gewinne mehr erwirtschaftest. Hauptsache der Sklave (du) spurt. Wenn du gegen eine der anti-liberalen, völlig unübersichtlichen und unlogischen Regeln des dich abzockenden Systems verstößt, drohen dir hohe Strafen inklusive Berufsverbot und Zuchthaus.

Wie man unschwer erkennen kann, ist dieses System mit seiner unzumutbar hohen Abgabenlast eindeutig kommunistisch bzw. **zwanghaft kollektivistisch** ge-prägt. Berufstätige sind moderne Leibeigene des Systems. Zwar erhalten wir das uns unterdrückende Zwangssystem am Leben, jedoch haben wir nicht den geringsten Einfluss darauf, was mit unserem (!) Geld und der dahinterstehenden Lebensenergie gemacht wird. Eine nennenswerte Gegenleistung ist nicht zu erkennen. Im Gegen-teil. In der Regel zahlen wir für jede öffentliche Leistung extra und werden dabei auch noch wie Bittsteller behandelt. Folglich sind Zwangsabgaben und -steuern zu einem großen Teil nichts anderes als stille **Enteignungen** sowie unzulässige Eingriffe in unsere verfassungsrechtlich garantierten Grundrechte auf Privatautonomie und Eigentumsfreiheit. Privatsphäre und Privateigentum zählen aber zu den Grundpfei-lern eines demokratisch-liberalen Rechtsstaats. Wie bei den Gehorsamstests werden absurde Regeln befolgt, ohne den Sinn des Ganzen zu hinterfragen. Fakt ist aber, dass der künstlich aufgeblähte, oft hochnäsige Verwaltungsapparat uns braucht, wir ihn aber nicht. Wir finanzieren ihn, obwohl er uns regelmäßig bürokratisch schi-kaniert und nebenbei den letzten Rest der Demokratie abbaut. Dabei ist vor allem an die absurden und rechtswidrigen Maßnahmen in der Corona-Diktatur und die selbstschädigenden Sanktionen anlässlich des Ukraine-Kriegs zu denken.

Aber schon vor diesen künstlichen Chaos-Situationen gab es in der westlichen Welt des Kapitalismus keine echte Demokratie. Hierzu stellte der US-amerikani-sche Linguist Prof. Dr. Noam Chomsky bereits 1988 klar: »Jetzt, im Kapitalismus, können wir per Definition **keine** Demokratie haben. Der Kapitalismus ist ein Sys-tem, in dem die zentralen Institutionen der Gesellschaft im Prinzip autokratisch kontrolliert werden.«[47] Der einer jüdischen Familie entstammende Noam Choms-ky ist einer der weltbekanntesten Intellektuellen und schärfsten Kritiker der US-amerikanischen Politik. Ich persönlich bewundere die brillante Korrektheit seiner Aussagen, wie zum Beispiel folgende über einen kommunistischen Massenmörder: »Sogar **Stalin** bekundete seine Liebe zur Demokratie. Wir erfahren nichts über die Natur von Machtsystemen, indem wir ihrer Rhetorik zuhören.«[48]

Viel deutlicher kann man es den Leuten nicht sagen, dass der Begriff »Demokratie« gerade im Westen ein Potemkin'sches Dorf ist, also eine Attrappe, hinter der sich ein **totalitäres** System versteckt. In einer solchen Fassadendemokratie wendet man linkische Tricks an, wie sie zum Beispiel der damalige Premierminister von Luxemburg Jean-Claude Juncker 1999 den Staats- und Regierungschefs der EU zur Umsetzung geraten hat: »Wir beschließen etwas, stellen das dann in den Raum und warten einige Zeit ab, was passiert.« Diesem Verständnis von Politik zufolge soll man gutgläubige Menschen einfach mit der politischen Dampfwalze überrollen: »Wenn es dann kein großes Geschrei gibt und keine Aufstände, weil die meisten gar nicht begreifen, was da beschlossen wurde, dann machen wir weiter – **Schritt für Schritt**, bis es kein Zurück mehr gibt.«[49] Diese faktisch regelmäßig praktizierte Vorgehensweise hat den letzten Rest der Demokratie vollständig ausgehöhlt und sie durch eine moderne Form der Diktatur ersetzt.

Das politische Machtsystem ist gerade auch in Deutschland und Österreich nachweislich eine **Scheindemokratie**. Im Jahr 2004 hat der deutsche Professor für Öffentliches Recht und Verfassungslehre Dr. Hans Herbert von Arnim korrekt festgestellt: »Im Lauf der Zeit wurde hinter der demokratischen Fassade ein System etabliert, in dem völlig andere Regeln gelten als die des Grundgesetzes.«[50] In beiden deutschsprachigen Ländern existiert faktisch keine echte demokratische Verfassung. Denn zu keiner Zeit hat die jeweilige Bevölkerung die abgekarteten Spielregeln oder die zahlreichen Ausnahmebestimmungen von der Geltung der Grund- und Freiheitsrechte selbst beschlossen. In das jeweilige Regelwerk wurden **diktaturfreundliche** Sollbruchstellen eingebaut. Deren ausgiebige Nutzung während der Corona-Diktatur ist bestens dokumentiert. Dies ist die aufs Wesentliche gekürzte Fassung meiner rechtlichen Beurteilung.[51]

Zur Draufgabe entpuppt sich auch die Europäische Union (EU) als immer zentralistischer und diktatorischer. Für den Fall, dass sich die Bürger gegen die schädlichen Auswirkungen der scheindemokratischen Finanzdiktatur erheben, wurde 2007 die Möglichkeit des **Todesschusses** legistisch verankert. Sie wurde heimtückisch im unüberschaubaren Paragraphendschungel versteckt: Der Ende 2007 unterzeichnete und Anfang 2009 in Kraft getretene Vertrag von Lissabon setzt in Artikel 6 die Charta der Grundrechte auf dieselbe rechtliche Stufe wie die Gründungsverträge der EU.[52] Exakt dieselbe Wirkung ordnet Artikel 52 der Charta an.[53] Dadurch wird sie zum EU-Primärrecht, »das von Unionsorganen und den EU-Mitgliedstaaten bei der Durchführung des Unionsrechts zu beachten ist.«[54] Dessen Artikel 2 besagt zwar, dass jede Person das Recht auf Leben habe und niemand zur Todesstrafe verurteilt oder hingerichtet werden dürfe.[55] Jedoch wurde diese Bestimmung 2007 – haargenau wie das Recht auf Leben gemäß Artikel 2 der Europäischen Menschenrechtskonvention (EMRK) – wie folgt eingeschränkt: Eine Tötung ist durch eine unbedingt erforderliche Gewaltanwendung gedeckt bzw. gilt sie nicht als Verstoß gegen das Recht auf Leben, wenn sie dazu dient, »einen **Aufruhr** oder **Aufstand** rechtmäßig niederzuschlagen«, »jemanden rechtmäßig festzunehmen« oder einen Häftling an der Flucht zu hindern. Weiters kann ein Staat »in seinem Recht die Todesstrafe für Taten vorsehen, die in Kriegszeiten oder bei unmittelbarer Kriegsgefahr begangen werden.«[56]

Jene Politdarsteller, welche im 21. Jahrhundert ein derartiges Schandwerk unterschrieben haben, sind anscheinend entweder psychopathisch und kriminell oder extrem dumm, weil sie gar nicht wissen, was sie da eigentlich durchgewunken haben. Jedenfalls wurde mit der Möglichkeit des Todesschusses bereits 2007 für eine etwaige militärische Niederschlagung von Aufständen vorgesorgt, die ab dem Winter 2022 im Zuge von mangelbedingten Verteilungsnotständen und bürgerkriegsähnlichen Zuständen zu erwarten sind.

2015 wurde die österreichische Bundesregierung und der Nationalrat von mir auf die ungesund wachsende Kluft in der Bevölkerung hingewiesen: Die Armen werden immer ärmer, die Reicher immer reicher. Außerdem habe ich auf jene Expertisen aufmerksam gemacht, denen zufolge die ständig wachsende Vermögensungleichheit demokratische Entscheidungsprozesse **verhindert**.[57] Dagegen wurde nichts unternommen, weshalb sich seither die Lage weiter verschlimmert hat. 2018 hat der US-amerikanische Auslandsgeheimdienst CIA gemeinsam mit dem National Intelligence Council die globalen Trends bis zum Jahr 2035 prognostiziert: Vergrößerung der Schere zwischen Arm und Reich zugunsten der Reichen, Bedrohung der liberalen Gesellschaft, Erhöhung des Konfliktrisikos, fehlende Ernährungssicherheit und so weiter. Fazit: »Die globale Landschaft wird sich grundlegend verändern.« Aufgrund zahlreicher Spannungen werde es in vielen Staaten mit hoher Wahrscheinlichkeit »keine stabile Ordnung geben.« Außerdem werden sich weitere »**Finanzschocks** und Wirtschaftsflauten« ereignen.[58]

Achtung! Aufgrund der evidenten Missstände und des damit verbundenen Protestpotenzials war aus Sicht der Unterdrücker ab spätestens 2018 ein **Systemwechsel** auf globaler Ebene anzustreben. Dieser wurde ab März 2020 mit der Corona-Diktatur eingeleitet.

Nochmals Achtung! Das ideale Schmiermittel des bis hierher beschriebenen Systems ist das Ego und der frühzeitig antrainierte Gehorsam jedes einzelnen Menschen in seiner jeweiligen gesellschaftlichen Rolle. Das Falsche, nämlich die vollständige Identifikation mit dem Ego, haben wir nur angenommen, weil uns im Rahmen der gehorsamen Anpassung das Richtige, sprich das wahre Selbst, abhandengekommen ist. Unsere kindliche Hochbegabung und Einfühlsamkeit haben wir gegen das egozentrische Mittelmaß eines Systemsklaven eingetauscht. Der antrainierte Gehorsam gegenüber der Matrix sorgt dafür, dass wir uns lieber gegenseitig niedermachen, als die systematische Unterdrückung in Frage zu stellen. Böse Zungen behaupten daher, dass die Matrix nützliche Idioten erzeugt.

> Zwar ist uns blinder Gehorsam eingeimpft und aufgepfropft worden, die menschliche Natur ist aber grundsätzlich kreativ und prosozial, sprich gut. Nun zur positiven Schlussfolgerung: Überwindet man die Angst bzw. die emotionale Barriere, sich der Autorität zu widersetzen, wird »das Eis durch Ungehorsam gebrochen.« Durch den Bruch mit der Autorität »verfliegen praktisch **alle** Spannungen, Ängste und Befürchtungen.«[59] Kehren wir in eine freie demokratische Atmosphäre zurück, ist auf der Stelle »der hypnotische Fluch gebrochen.«[60] Sobald wir die psychologischen Fäden erkennen, an denen wir wie Marionetten hängen, können wir sie durchschneiden.

Damit das möglichst selten passiert und sich die Masse der Menschen weiterhin gegenseitig unterdrückt, wird die Matrix ständig angepasst und erweitert. Nur die Techniken ändern sich, aber das System bleibt im Kern dasselbe. Die uns eingeimpfte Gefügigkeit ist der Brandbeschleuniger für jede künstlich verstärkte oder erzeugte reale Situation (Krise, Krieg, sonstiges Chaos). Derartige Situationen dienen wiederum der Festigung des Systems durch seine Anpassung an neue Umstände.

Zweck, Ziele, Mittel

Die Muster und Techniken der Unterdrückung durchschauen wir am besten mit dem Verstand. Dessen effizienteste Nutzung scheint mir durch die konsequente Anwendung einer logischen Zweck-Ziele-Mittel-Relation gesichert zu sein.

Diese strategische Achse geht auf den preußischen Generalmajor Carl von Clause-
witz zurück. Das ursprünglich militärische Planungsinstrument findet inzwischen
auch in erfolgreichen Unternehmen Anwendung. Selbstverständlich kann es ebenso
im Privatleben genutzt werden.

Nun zu den einzelnen Elementen in der Phase der Planung. An oberster Stelle
steht der **Zweck**, der tiefere Grund der gesamten Planung. Hier geht es um die
Frage nach dem Warum. Der Zweck ist eine Vision, ein klares Bild vom angestrebten Sollzustand. Damit dieses Bild Realität werden kann, werden erreichbare **Ziele**
definiert. Ziele und etwaige Zwischenziele sind die Meilensteine auf dem Weg vom
aktuellen Istzustand zum erwünschten Sollzustand (Frage nach dem Was). Dem Erreichen der Ziele dient der Einsatz unterschiedlicher **Mittel** (Frage nach dem Wie).
Im Alltag nimmt ein externer Beobachter in der Regel zuerst nur das Mittel wahr.
Daraus kann frühzeitig auf das Ziel und aus diesem auf den Zweck geschlossen
werden. Darum wird in Abbildung 01 die chronologische Abfolge der Realisierung
von links nach rechts dargestellt. Zeitgenössische Anwendungsfälle, Musterlösungen sowie vertiefende Quellen befinden sich im Buch *Corona-Diktatur*.[61]

Zweck-Ziele-Mittel-Relation

Mittel →	Ziele →	Zweck
Instrumente zur Ziele-Erreichung	Meilensteine bis zum Sollzustand	Klares Bild vom Sollzustand
Wie?	Was?	Warum?

Abb. 01

Der Krieg gegen die uns angeborene Freiheit und Selbstbestimmung läuft schon
seit geraumer Zeit, vermutlich bereits ab dem Beginn der Menschheit. Dualistische
Begriffspaare wie gut und böse sind Produkte des einseitigen Denkens, weshalb ihre
Anwendung oft verfehlt ist. Betrachtet man aber das Böse als jene Kraft, die gegen
Freiheit, Liebe und Mitgefühl arbeitet, dann kann man den Krieg gegen die Freiheit
getrost als Mittel im Kampf des Bösen gegen das Gute ansehen. Sein **Zweck** liegt

spätestens ab der anglo-amerikanisch inszenierten Auslösung des Ersten Weltkriegs ganz offen da: die Herrschaft einer anscheinend psychopathischen Minderheit über die große Masse der Menschheit. Das damit zusammenhängende **Ziel** ist die permanente Ablenkung und Unterdrückung der Mehrheit mit existenzbedrohlicher Angst. Das Volk wird gespalten und belogen, dass sich die Balken biegen. Die **Mittel** der Umsetzung sind austauschbar: Krieg, Krise, sonstiges Chaos. Daher läuft der Dauerkrieg gegen die Freiheit und Selbstbestimmung in allen erdenklichen Formen und Kombinationen ab, insbesondere psychologisch, militärisch und wirtschaftlich.

Absichtlich werden innere (psychologische) und äußere Konflikte ausgelöst. In einer für die Masse eher guten Ausgangslage werden künstlich Probleme geschaffen, um dann die längst vorbereitete Lösung durchzusetzen. Das Lösungskonstrukt ist aber für die Bevölkerung immer **schlechter** als die Ausgangslage.

Einfaches Beispiel: Eine Reparaturwerkstatt lässt von einem Gauner die Windschutzscheiben parkender Autos einschlagen. Den zurückkehrenden Lenkern wird vom selben Gauner die besonders günstige Werkstatt seines Auftraggebers empfohlen. Die meisten Lenker nehmen das Angebot dankend an. Denn in ihrer Aufregung ahnen sie nicht, dass sie sinnlos Geld aus dem bald reparierten Fenster werfen. Im großen gesellschaftlichen Rahmen ist das Muster fast dasselbe. Allerdings werden stärkere Emotionen ausgelöst. Damit die Masse nichts ahnend mitmacht, wird ihr massive Angst vor einem **Feindbild** eingeimpft. Mit einer denkrichtigen Zweck-Ziele-Mittel-Relation lassen sich folgende vier Themen als essentielle Mittel der Unterdrückung entlarven:

1. Urlüge der Fremderlösung
2. Urverbrechen an den Deutschen
3. Corona-Diktatur ab 2020
4. Ukraine-Krieg ab 2022

In allen vier Punkten spiegelt sich das allgemein bekannte Faktum, dass sich die offizielle Geschichtsschreibung aus den Verdrehungen und Lügen der Herrschenden zusammensetzt. Daher werden die vorgegaukelten Feindbilder nur oberflächlich angegriffen. Im Kern werden die Träger von Freiheit und Selbstbestimmung bekämpft. Zur Tarnung kommt das Prinzip der **Täter-Opfer-Umkehr** in einer besonders perfiden und destruktiven Form zur Anwendung: Das Opfer wird kriminalisiert, indem seine einzige sinnvolle Lösung dämonisiert wird. Daher liefert uns die schonungslose Aufdeckung dieser hocheffizienten Unterdrückungsmethode auch wertvolle Erkenntnisse zur Erlangung unserer Freiheit. Ist die Täter-Opfer-Umkehr entlarvt, liegt die daraus ableitbare **Lösung** offen.

Die religiöse Urlüge von der Fremderlösung (1.) besagt, dass wir für die sogenannte Errettung unbedingt einen »Messias« brauchen. Hinter dieser tiefgreifenden Attacke gegen die Freiheit und Selbstbestimmung des **Individuums** verbirgt sich eine essentielle Wahrheit: Aus unserem geistig-seelischen Gefängnis können wir uns nur selbst befreien, indem wir uns der göttlichen Energie in unserem Inneren wieder oder erstmals bewusst werden.

Das an uns Deutschen verübte Urverbrechen (2.), der Erste Weltkrieg, war ein vernichtender Angriff auf die Selbstbestimmung bzw. Souveränität der **Nationen** und **Völker**. Er offenbart neben der Hauptverantwortung anglo-amerikanischer Globalisten auch die Unschuld unserer heldenhaft kämpfenden Altvorderen. Scham ist Geschichte, historische Selbstsicherheit ist angebracht.

Die Corona-Diktatur (3.), der ultimative Intelligenz- und Charaktertest, ist der bisher größte Angriff gegen die **individuelle** Freiheit und Selbstbestimmung. Allerdings wird uns auch vor Augen geführt, dass die beste Antwort auf die die kollektivistischen Zwänge der COVID-Propagandemie die natürliche Immunität, die autonome Gesundheit und die verantwortungsvoll gelebte Individualität sind.

Der Ukraine-Krieg (4.) entpuppt sich als eine weitere anglo-amerikanische Maßnahme zur Destabilisierung der eurasischen Kontinentalplatte. Jedem, der hinsehen will, wird anhand der rücksichtslosen Bekämpfung der ukrainisch-russischen Minderheit klar, dass das Recht der **Völker** und **Staaten** auf Selbstbestimmung im Europa des 21. Jahrhunderts immer noch mit Füßen getreten wird. Darin liegt die große Chance, dass immer mehr Menschen aktiv und nachhaltig für die Freiheit der Völker eintreten.

In jeder auch noch so massiven Krise liegt also nicht nur unsagbares Leid, sondern ebenso das große Potenzial für einen Wandel zum Positiven. Wie die Menschheitsgeschichte zeigt, werden zwar die Methoden der Unterdrückung zunehmend ausgefeilter, gleichzeitig kommen aber auch die Verbrechen der sogenannten Elite immer schneller ans Tageslicht. Deshalb steigt bei der Masse das individuelle Bedürfnis nach – mitunter falsch verstandener – Freiheit.

Urlüge der Fremderlösung

Die älteste Lüge vermutlich aller Religionen ist jene von der Fremderlösung. Im Rahmen der religiösen Bekehrung bzw. Unterwerfung ist sie ein gezielter tiefenpsychologischer Angriff auf die menschliche Freiheit und Selbstbestimmung. Die Urlüge der Fremderlösung ist bis in die Gegenwart ein Grundpfeiler der Matrix und dehnt sich daher auf alle Lebensbereiche aus. Anstatt die Dinge selbst in die Hand zu nehmen, warten die meisten Menschen auf eine **Hilfe von außen**, die jedoch nie kommt.

Dieser irrationalen Hoffnung liegt ein klares **Feindbild** zugrunde: das Böse, welches angeblich sogar im Menschen haust. Das omnipräsente Feindbild ist der schändliche Ersatz für unser wahres Selbst. Verwirrte Gläubige werden mittels künstlich erzeugter Angst vor dem Bösen, dem Tod, der Strafe »Gottes«, dem Fegefeuer und dergleichen mehr von ihrer eigenen Kraftquelle abgeschnitten, der Urquelle der Existenz. Folglich richten sie ihre Hoffnung auf einen externen Erlöser in der Zukunft. In diesem Punkt sind Religionen dunkle Märchen, die Menschen in eine unnatürliche Abhängigkeit stürzen und zum Gehorsam erziehen sollen. Der Anknüpfungspunkt ist das ohnmächtige Ego, das sich von utopischen Geschichten über einen übermächtigen, in der Regel maskulin beschriebenen »Gott« beeindrucken lässt.

Die Urlüge von der Fremderlösung ist eines von vielen Mitteln der Unterdrückung. Ihr **Zweck** ist die verdeckte Ausbeutung der arbeitenden Masse durch wirtschaftlich unproduktive Priester (und auch weltliche Herrscher). Da es sich um ein weltweites Phänomen handelt, muss der Zweck letztlich die Erringung globaler Herrschaft sein. Aber wer selbst nichts leistet und wie ein Parasit von den Gaben der Fleißigen lebt, muss ständig Angst davor haben, dass seine soziale Nutzlosigkeit durchschaut wird. Daher müssen professionelle Schmarotzer das **Ziel** verfolgen, bei der schuftenden Masse den falschen Eindruck ihrer eigenen Nützlichkeit und Unersetzlichkeit zu erzeugen. Tüchtige Menschenmassen sollen den Parasiten hörig sein. Das Stichwort lautet auch hier »Gehorsam«, und zwar unbedingter Gehorsam. Damit sind folgende Zwischenziele verbunden: Die Ausgebeuteten müssen von ihrem wahren Selbst (Seele) abgeschnitten werden, weil es das Bindeglied zur universellen Kraftquelle ist. Ersatzweise sollen die Gläubigen von der aussichtslosen Hoffnung auf einen Erlöser im Außen (Messias) und von einem utopischen Glauben an eine bessere Zukunft nach dem Tod abhängig gemacht werden. Nun kommen Projektion und Angstabwehr ins Spiel: Mit dem **Mittel** der Urlüge von der Fremderlösung wird guten Menschen die Scham und Angst eingetrichtert, sie seien geistig-seelisch unvollständig oder sündig. Komplettierung oder Gnade können sie nur von jenem »Gott« im Außen erfahren, dessen Vermittler ausschließlich jene Priester sind, die ihn erfunden haben. Die Verursacher des Problems sind zugleich dessen Profiteure.

Daran ist zu erkennen, wie eng Projektion und Angstabwehr mit der Täter-Opfer-Umkehr zusammenhängen. Das zwar verlogene, aber altbewährte Prinzip der Fremderlösung hat schon frühzeitig als Messias-Komplex Einzug in Politik und Gesellschaft gefunden. Hilflose Helfer unterliegen dem inneren Zwang, andere retten zu wollen, also einem aktiven Messias-Komplex. Die sich ihnen ausliefernde, vermeintlich hilflose Masse leidet am passiven Messias-Komplex.

Was vor allem Christen interessieren sollte, ist das leicht überprüfbare Faktum, dass Jesus gar kein Christ war, erstrecht nicht römisch-katholisch. Jesus war nachweislich ein erleuchteter Jude, spiritueller Rebell und Freiheitskämpfer. Er hat die wichtigste Lehre aller Zeiten vermittelt: die der **Selbstbefreiung**. Schriftlich überlieferte Gleichnisse, vor allem jene vom inneren Kind, belegen, dass Jesus – exakt wie zuvor Buddha – seinen Mitmenschen geholfen hat, sich selbst aus religiösen, politischen und sozialen Zwängen mittels Ausbruchs aus dem geistigen Gefängnis des einseitigen Denkens zu befreien. Und zwar durch schlichtes Sein im Hier und Jetzt. Details sind im Selbsterfahrungsbuch *Tiger in High Heels* mit einer sachlichen Gegenüberstellung der relevanten Überlieferungen auf Punkt und Strich bewiesen.[62] Eine Kurzfassung befindet sich in der Zeitschrift *Connection Spirit* im Artikel *Buddha Jesus*.[63] Auf die Kernaussagen der Lehre der Selbstbefreiung kommen wir im zweiten Teil zu sprechen.

Basierend auf religiösen Fälschungen und Lügen wird Jesu gewichtige Lehre bis zum heutigen Tag ins glatte Gegenteil verkehrt, um ausgerechnet von ihm – einem politisch Machtlosen – religiöse und politische Macht abzuleiten. Zum einen wird Jesus angedichtet, er habe die Fremderlösung durch ihn selbst als Messias gelehrt. Jesus kann aber nicht der Messias (Christus) gewesen sein, weil gläubige Juden immer noch auf den Messias warten. Außerdem macht das Prinzip der Selbstbefreiung jeden Menschen zu seinem eigenen Erlöser. Zum anderen hat man den Menschen Jesus auf Geheiß des römischen Kaisers Konstantin I. beim ersten Konzil von Nicäa im Jahr 325 zum wesenseinheitlichen Einzelkind des psychopathisch anmutenden »Gottes« des Alten Testaments (JHWH) und damit Jesus selbst zum »Gott« erklärt. Auf diese Weise begründete der junge Alleinherrscher Konstantin »den **politischen** Anspruch, der Kaiser sei als Stellvertreter Christi nicht nur Herr des Staates, sondern auch Herr der Kirche.« Dadurch wurde die vermeintliche Gottähnlichkeit des

Herrschers betont. Die Beziehung zwischen ihm und seinen demütigen Untertanen regelte ab sofort ein strenges Hofzeremoniell.[64]

Damit ist der Dreiklang der religiös bedingten Urangst vor dem berechtigten Ungehorsam vollendet: 1. Angst vor dem Tod und damit verbundener Strafe im Jenseits sowie 2. Angst vor materiellem Verlust und 3. Angst vor sozialer Ausgrenzung im Falle des Auflehnens gegen die Zwangsregeln des mit »Göttlichkeit« ausgestatteten weltlichen Herrschers. Somit ist die Urlüge der Fremderlösung im Verbund mit der römisch-katholischen Kirchmacht das tiefenpsychologische Fundament der europäischen **Monarchien.**

Dazu ist zu sagen, dass Jesus von sich selbst fortlaufend als Mensch bzw. als Menschensohn gesprochen und den furchtbaren »Gott« des Alten Testaments als von Priestern phantasiertes Machtwerkzeug entlarvt hat. Dennoch wird Jesus ab dem 4. Jahrhundert als Bindeglied in der Machtkette zwischen einem Phantasiegott, privilegierten Machtmenschen und unterdrücktem Volk missbraucht. Das Resultat ist ähnlich pervers, als würde man Robin Hood als den leiblichen Handlanger Prinz Johns bezeichnen.[65] Jedenfalls liegt uns eine frühe psychologische Kriegsführung vor. Mit ihr wird die Verantwortung für das menschliche Seelenheil auf einen externen Erlöser übertragen, einen »Gott« **außerhalb** von uns selbst. Auf diese Weise lässt sich der einzelne Gläubige aus dem bereits vor ihm ausgebreiteten Paradies, der Welt im Hier und Jetzt, in eine utopische **Zukunft** entreißen, um auf das vermeintliche Paradies nach dem Tod zu warten. Das ist anscheinend das ursprüngliche Hauptziel jeder Religion, was sie als spirituell verkümmert und primär machtpolitisch orientiert erscheinen lässt.

Aus reinem machtpolitischem Streben hat beispielsweise die römisch-katholische Kirche ihrem Glauben etliche Völker unterworfen, unter anderem Naturvölker wie die germanischen Stämme unserer Altvordern. Sie wohnten in freistehenden Langhäusern unter einem Dach mit dem Vieh.[66] Ihr soziales Leben spielte sich überwiegend in der Familie oder im Familienverband ab, wobei übergeordnete Stammes- oder Volksinteressen vollkommen in den Hintergrund traten.[67] Diverse Stammesangelegenheiten wurden in einer einheitlichen germanischen Institution behandelt, dem Thing,[68] das als germanische Urform der Demokratie anzusehen ist.[69] Vor der Christianisierung gab es weder ein germanisches Wort für Religion noch einen Zwang zum kollektiven Eingottglauben. Neben Göttervater Odin (Wotan) und seinem Sohn Thor (Donar) hatten die Germanen noch viele weitere Götter, die den alten römischen ähnelten. Bei ihrer gemeinschaftlichen Anbetung ging es in erster Linie um die Fruchtbarkeit von Tier und Feld.[70]

Wie unschwer zu erkennen ist, leben Naturvölker – wie einst unsere germanischen Vorfahren – recht einfach, stark realitätsbezogen, sozial überschaubar, im Einklang mit der Natur und daher weitestgehend **frei**.

Kein Wunder also, dass der germanischen Welt das »zivilisierte«, sich bedrohlich ausdehnende römische Imperium konträr bis feindlich gegenüberstand. Nachdem im Jahre 9 unserer Zeitrechnung zahlenmäßig unterlegene germanische Stämme im Teutoburger Wald bei Kalkriese drei römische Legionen nebst Unterstützungstruppen vernichtet hatten, verliefen weitere römische Eroberungsversuche östlich des Rheins viel zurückhaltender. Ab dem Aufstand der Friesen im Jahr 28 war der römische Einfluss im nordgermanischen Raum erheblich geschwächt.[71] Ab dem 2. Jahrhundert traten germanische Großstämme als aggressive Gegner des römischen Imperiums auf. Roms Reaktion: Ab dem 4. Jahrhundert, in das die erwähnte Vergöttlichung Jesu fällt, begann die Christianisierung der Germanen. Diese verlief in der Regel friedlich, weil einige germanische Herrscher aus **machtpolitischen** Gründen zum Christentum übertraten und das Volk ihrem Beispiel folgte.[72]

Aus alldem ist abzuleiten, dass die römisch-katholische Religion ein neues Mittel im Rahmen der Eroberungsstrategie des untergehenden römischen Reichs ist. Vielfach freier lebende Völker wie die östlich des Rheins siedelnden Germanen, die kriegerisch nicht mehr unterworfen werden konnten, sollten offenbar **psychisch** gebrochen werden. Ironie der Geschichte: Machthungrige Römer hatten einst den rebellischen Menschen Jesus ermordet, später verdrehten sie sein spirituelles Erbe der Selbstbefreiung zur Fremderlösung, um Macht zu konzentrieren und freie Völker zu beherrschen. Ein weiteres Mittel hierzu ist die Lüge von der Erbsünde, die sogar vollkommen unschuldige Kinder zu demütigen Sklaven eines Phantasiegottes macht.[73] Verwirrte Menschen, die sich für schuldig halten und dafür schämen, sind leicht zu beherrschen. Die Gläubigen sind in Wahrheit die Opfer, während die wahren Täter in diversen Kirchenämtern zu finden sind. Demnach dient die römisch-katholische Religion – wie vermutlich auch jede andere – machtpolitischen Interessen, indem sie sich der **Täter-Opfer-Umkehr** bedient.

Enorm wichtig ist die Erkenntnis, dass das sogenannte Böse in letzter Konsequenz dem Guten dient. Das Dunkle lässt uns nach dem Licht suchen. Ist die Täuschung der Fremderlösung beendet, ist der Weg zur Selbstbefreiung offen.

Gott ist Energie

Mit dem Prinzip der Selbstbefreiung direkt verbunden ist die ultimative Erkenntnis: Gott ist die schöpferische Urkraft des Lebens, das Eine, ein für das bloße Auge unsichtbares Energiefeld hinter und in allen Dingen. Das heißt, dass Gott die **Energie** in allen Dingen ist, die alles miteinander verbindet. In diesem Punkt passen spirituelle und quantenphysikalische Aussagen perfekt zusammen.

Wie ein Mystiker hat Prof. Dr. Albert Einstein erkannt: »In der Allgemeinen [Relativitätstheorie] ist das Feld **allgegenwärtig**; Raum ohne Feld gibt es nicht. Der Raum und die körperlichen Objekte, die Massen, sind letztlich nur Aspekte des Feldes.« Demzufolge steht hinter allen materiellen Erscheinungen das energetische Feld, weshalb es letztlich die einzige relevante Realität ist.[74] Davon ist eine Riege von Teilchenphysikern überzeugt: »Quantenfelder sind die Grundlage unserer Welt.«[75] Eine Anleitung für das Verständnis der großen Zusammenhänge lieferte der weltberühmte Erfinder, Physiker und Elektrotechniker Nikola Tesla: »Möchtest du die Geheimnisse des Universums erfahren, denke in den Begriffen Energie, Frequenz und Schwingung.«. Der brillante Entdecker war sich bewusst, dass das Gehirn »nur ein Empfänger« für höhere Schwingungen ist: »Im Universum gibt es einen **Kern**, von dem wir Wissen, Kraft und Inspiration erhalten. Ich bin nicht in die Geheimnisse dieses Kerns eingedrungen, aber ich weiß, dass er existiert.«[76] Der von Tesla gemeinte Kern muss Gott bzw. das von Einstein beschriebene Feld sein. Was sonst?

Mit dem Schwingungsfeld der Erde sind unsere Gehirne im **entspannten** Zustand – Traum, Meditation, Trance, Hypnose – optimal verbunden. Das ist kein hobbyesoterisches Geschwafel, sondern mit mehreren Studien wissenschaftlich bewiesen. Erstmals 1952 hat der deutsche Physiker Prof. Dr. Winfried Schumann das Schwingungsfeld der Erde prognostiziert. Die nach ihm benannten Schumann-Resonanzen mit einer Grundfrequenz von 7,83 Hertz sind extrem niedrige Frequenzen, deren Amplitude (Schwingungsbreite) jedoch durch die Einwirkung von Blitzen, Sonnenstürmen etc. intensiv ansteigt.[77] Das Schwingungsfeld der Erde hat eine hohe Überschneidung mit den Hirnwellen des entspannten Menschen. Tiefe Entspannung tritt auf bei Delta-Wellen zwischen ca. 0,2 bis 4 Hertz (Tiefschlaf, Trance) und Theta-Wellen zwischen ca. 4 und 8 Hertz (Schlaf, Meditation). Leichte Entspannung kennzeichnet Alpha-Wellen zwischen ca. 8 und 12 Hertz (Halbschlaf, Trance) und SMR-Beta-Wellen zwischen ca. 12 und 15 Hertz (Achtsamkeit nach außen). Ab Mid-Beta (ca. 15 bis 18 Hertz) ist die Aufmerksamkeit gezielt nach außen gerichtet, und ab High-Beta (ca. 18 bis 35 Hertz) »dominieren Angst

Hirnwellen im Frequenzspektrum von 0,2 bis 35 Hertz

Frequenz (in Hertz)	Name der Welle	Entspannung / Anspannung	Zustände	Wirkung
0,2 bis 4	Delta	Tiefe Entspannung	Tiefschlaf, Trance	Heilung, Stärkung d. Immunsystems
4 bis 8	Theta	Tiefe Entspannung	Schlaf, Meditation	Hohe Kreativität und Lernfähigkeit
8 bis 12	Alpha	Leichte Entspannung	Halbschlaf, Hypnose	Besonders hohe Lernfähigkeit
12 bis 15	SMR-Beta	Leichte Entspannung	Aufmerksamkeit nach außen	Gute Aufnahmefähigkeit
15 bis 18	Mid-Beta	Leichte Anspannung	Gerichtete Aufmerksamkeit	Gute Denkleistung
18 bis 35	High-Beta	Starke Anspannung	Sprunghaftigkeit, Überaktivität	Angst, Stress

Abb. 02 (Datenquelle: vorwiegend Fn 78)

und Stress.«[78] Siehe dazu auch Abbildung 02. Die Grundfrequenz der Schumann-Wellen von 7,83 Hertz liegt demnach im oberen Spektrum der Gehirnwellen im tiefenentspannten Zustand, also eher im Bereich der **bewussten** Gelöstheit wie in der Meditation. Festzuhalten ist, dass wir bis zu einer Gehirnwellenfrequenz von 18 Hertz unsere kreative Schöpferkraft nutzen können. Hingegen ist das ab 18 Hertz und höher, also im Zustand von Angst und Stress, nicht mehr möglich, weil dann das menschliche Gehirn garantiert nicht mehr an das Schwingungsfeld der Erde gekoppelt ist.

Eine Studie der Laurentian University in Kanda aus dem Jahr 2016 beweist, dass »die Kohärenz zwischen dem menschlichen Gehirn und der Schumann-Kraft alle 30 s für etwa 300 ms auftritt.« Das bedeutet, dass sich das menschliche Gehirn jede halbe Minute (alle 30 Sekunden) für rund 0,3 Sekunden (300 Millisekunden) mit den elektromagnetischen Wellen dieses Planeten synchronisiert. Demzufolge orientiert sich unser Gehirn am Herzschlag der Erde. Mehr noch: Dieser starke Zusammenhang (Kohärenz) könnte »auf **Wechselwirkungen** auf globaler Ebene hindeuten.«[79] Folglich entsteht Resonanz aus der Angleichung von Schwingungen. Aus diesen und weiteren wissenschaftlichen Expertisen schlussfolgert der deutsche Biophysiker Dr. Dieter Broers, »dass unsere Gehirne tatsächlich unmittelbar mit den elektromagnetischen Wellen unserer Erde verschränkt sind.« Die entscheidende Feststellung lautet: »Je entspannter wir sind, desto höher ist diese Kohärenz.« Darunter ist die optimale Synchronisierung körpereigener Rhythmen – Atmung, Herzschlag, Blutdruck – und »das koordinierte Zusammenspiel zwischen Zellen« zu verstehen. Außerdem liegt der wissenschaftliche Beleg für etwas vor, was spirituelle Meister schon vor tausenden Jahren wussten: Eine vollständige Resonanz mit unserer Erde kann »nur durch einen **ego-losen** Zustand entstehen.« Unser Gehirn passt sich aber nicht nur an die Erdschwingung an, sondern auch die Erde sich an unsere Gehirnwellen. Daher sollten wir uns stets bewusst sein, »dass wir mit unseren Gedanken, Absichten, Wünschen und Gefühlen die Erdfelder (Schumann-Resonanzfrequenzen) aufladen!«[80]

Das bedeutet, dass wir im Zustand der bewussten Entspannung mit der kreativen Schöpferkraft nicht nur uns selbst konstruktiv ausrichten, sondern auch das Energiefeld der Erde mit positiver Energie speisen können. Auf diese Weise helfen wir indirekt anderen Menschen, die sich im Zustand der Entspannung ohnehin ebenfalls automatisch mit dem Schwingungsfeld der Erde synchronisieren.

Gemäß Jesu Worten ist Gott reine Energie, nämlich Licht, Geist und Liebe. Dem entspricht die quantenphysikalische Feststellung, dass die sogenannte Materie in Wahrheit nicht fest ist, sondern alles aus Energie besteht. Wir sind von einem Feld aus universeller Energie umgeben, das uns mit allem verbindet. Wir und das Universum leben und atmen in einem Quantenmeer aus Licht. Dieses Feld aus Licht ist die einzige bzw. fundamentale Realität. Dazu passt Jesu Einladung, ihm zu folgen, um das Licht des Lebens zu haben. Damit kann nur gemeint sein, dass wir uns nach Jesu Vorbild selbst aus dem Gefängnis des sozial programmierten Verstandes befreien, indem wir unsere Verbindung mit dem göttlichen Feld realisieren. Das Bewusstsein über das Licht des Lebens bezeugt die Einheit mit der universellen Göttlichkeit:

Wir sind Gott.

Das Gute ist in uns: Gottes Energie. Sie ist die ultimative Kraftquelle, die in uns ruhende Freiheit und Selbstbestimmung, der Schlüssel zur Selbstbefreiung. Durch die Wahrnehmung des allumfassenden Feldes legen wir unser wahres Selbst frei. Wir erwecken das **innere Kind**. Es weiß, dass wir ein Teil des Lichts sind. Die nur vorgetäuschte Trennung zwischen uns und Gott ist beendet. Die Befreiung des wahren Selbst ist in dem Sinne die Erleuchtung, dass sich der Nebel der Unbewusstheit verzieht, wodurch das in uns immer schon präsente Licht wieder strahlt. Entspannt wie in der frühen Kindheit. Diesmal aber **bewusst**. Dem entspricht Siddhartha Gautamas Lehre von der Erleuchtung, also vom Buddha, der in uns allen schlummert.[81] Buddha ist in uns, die Erleuchtung schlummert in uns. Wir haben es nur vergessen.[82] Anders ausgedrückt: Der Tiger in uns wartet nur darauf, dass wir ihn hervortreten lassen.

Das Wissen über Gott als Energieform hinter und in allen Dingen ist gesichert. Folglich kann jeder Mensch ein Wissender (Gnostiker) sein. Sinnlos hingegen ist, wenn jemand an einen personifizierten »Gott« glaubt (Theist) oder ausdrücklich nicht glaubt (Atheist), weil es ihn gar nicht geben kann. Nicht viel weniger sinnlos ist das Wissen, nichts zu wissen (Agnostiker), weil ja, wie gesagt, das Wissen über Gottes Energie gesichert ist. Siehe dazu auch die Ausführungen im zweiten Teil.

Wenn uns Religionen für schuldig erklären, zum Beispiel mit der Erzählung von der Erbsünde, dann erklären sie unser Innerstes für böse. Das bedeutet, dass das einzige echte Mittel zur Selbstbefreiung dämonisiert, die einzige realistische Lösung zum Problem erklärt wird. Die eigentlichen Opfer religiöser Irrlehren werden zu Tätern umgedeutet, was ein klassischer Fall der auf Projektion und Angstabwehr beruhenden **Täter-Opfer-Umkehr** und somit typisch für Psychopathen ist.

Wahrscheinlich tragen auch Narzissten, Psychopathen und sogar Massenmörder den göttlichen Funken in sich. Allerdings scheint er von einer extrem dicken Schicht verdeckt zu sein. Auf alle Fälle können wir aufgrund der bisherigen Ausführungen ganz leicht feststellen, was Gott mit Sicherheit nicht ist. Gott ist weder der von oben zusehende alte Mann mit dem Rauschebart noch die über alles wachende Urmutter mit den Riesenbrüsten. Gott ist überhaupt kein einzelnes personifiziertes Wesen, auch kein Alien. Aber so gut wie alle Religionen besagen, dass ihre »Götter« wie seltsam gekleidete Menschen aussahen, die mit Fluggeräten oder auf fliegenden »Wolken« vom Himmel herabkamen. Folglich sind sie nichts anderes als technisch überlegene Außerirdische, extraterrestrische Raumfahrer in Menschengestalt. Ob sie erfunden oder real sind, spielt in diesem Buch **keine** Rolle. Relevant ist nur, dass Außerirdische zwar ebenfalls das göttliche Feld in sich haben, aber dadurch nicht anbetungswürdig sind. Leider versteht diese logische Schlussfolgerung nicht jeder.

Homo Idioticus

Bemerkenswert ist, dass wir Menschen uns auf dem Planeten Erde wie Verrückte aufführen, wie Fremde. Wie Außerirdische. Höchstwahrscheinlich sind wir das auch. Zum einen ist der Mensch mit einer einzigartigen Schöpferkraft ausgestattet, die für mich so wunderbare Errungenschaften hervorbringt wie Naturschutz, Bett, Dusche, Fahrrad, Hanteltraining, Heavy Metal, Buttermilch, Apfelstrudel, Computer als Schreibmaschine, Überlebensmesser, High Heels, Modelleisenbahn und Nail Design. Zum anderen wird unsere geniale Gabe leider auch destruktiv entartet.

Die höchstwahrscheinlich zuerst in Afrika aufgetretene Spezies Mensch, auch genannt Homo Sapiens, ist sehr jung. Sie existiert zwar erst seit ca. 300.000 Jahren, hat sich aber in dieser relativ kurzen Zeit durch Technik, Maßlosigkeit und exponentielles Wachstum selbst knapp an den Rand der Selbstzerstörung gebracht: selbstgemachte Katastrophen, Verschmutzung der Umwelt und der Luft, gesundheitsschädliche Technologien, Atomkraftwerke, große Kriege, ein riesiges Sortiment an atomaren, biologischen und chemischen Waffen etc. Im Jahr 2005 verfügten die Atomwaffenarsenale der Welt über »eine Gesamtsprengkraft von rund 7.500 Megatonnen.« Sie ist »vergleichbar mit 7.5 Milliarden Tonnen TNT.« Bei ihrer theoretischen Aufteilung auf die Weltbevölkerung würde auf jeden von uns eine Sprengkraft von kapp einer Tonne TNT entfallen. Diese massive Zerstörungskraft – genannt Overkill – entspricht 2.500 Zweiten Weltkriegen. Auf Knopfdruck sind die Atommächte durch ihre Unmengen von Nuklearwaffen »in der Lage, die Welt **mehrfach** zu zerstören.«[83] Die meisten Naturvölker wurden bereits vom weißen Mann abgeschlachtet, unterworfen oder in KZ-ähnliche Reservate gesteckt. Durch sein stupid-egozentrisches Verhalten im Alltag trägt der Mensch intensiv zum unwiderruflichen Massensterben von Tieren und Pflanzen bei. **Täglich** werden bis zu 150 Arten vernichtet. Von der gewissenlosen Rodung des Regenwalds weiß man, dass eine Lebensraumzerstörung von 90 Prozent die Ausrottung von 50 Prozent der Lebensarten zur Folge hat.[84]

Während die Natur zerstört wird, breitet sich der Mensch weiterhin wie ein Parasit aus und bedroht dadurch auch seine eigene Spezies mit der Auslöschung. Wie kalt das den Durchschnittsbürger lässt, zeigen mitunter der hohe Fleischkonsum, die Massentötungen von Milliarden Tieren Jahr für Jahr in automatisierten Schlachthäusern und auch das Überfahren von Lebewesen auf den Straßen. Der von der Natur entfremdete Mensch fährt nach wie vor in seiner rauchenden Kiste (Automobil) – oft allein, aber mit Maske – von einer Kiste (Wohnung) zur anderen Kiste (Arbeit) und wieder retour, um sich abends vor der nächsten Kiste (TV-Gerät oder Computer) mit dem virtuellen Gift der Matrix zu betäuben. Um Sport zu treiben, fahren gehfaule Menschen zu einer weiteren Kiste (Fitnessstudio). Sogenannte Tierfreunde sausen zu einer riesigen Kiste (Reitstall), um auf edlen Herdentieren zu sitzen, die zwar für die freie Wildbahn geschaffen sind, aber trotzdem die meiste Zeit in einer Kiste (Einzelbox) verbringen müssen.

Die derart sinnentleerte Welt der Menschen bringt geistbefreite Kreaturen hervor, die sich tatsächlich über die Erhöhung des CO_2-Ausstoßes durch Kuhfürze aufregen, anstatt selber Bäume zu pflanzen, sich für die Aufforstung des Regenwalds einzusetzen und weniger fossile Treibstoffe zu verbrennen. Sollten wir von weit oben beobachtet werden, muss dort der nachvollziehbare Eindruck entstehen, dass die Menschheit ein riesiges Sammelsurium von Geistesgestörten ist. Schließlich verhält sich die Spezies des Kistenmenschen alles andere als intelligent. Daher hat sie sich die Bezeichnung »**Homo Idioticus**« redlich verdient. Der Mensch ist das dümmste Tier von allen, das steht fest.

Man beachte, dass das zu den Archosauriern gehörende Krokodil ein Gehirn in der Größe einer Nussschale hat und seit 250 Millionen Jahren existiert. Der verhältnismäßig junge Mensch mit seiner großen und trainierten Gehirnmasse hingegen scheint sich selbst und alles andere mit ihm zu zerstören. Die parasitäre Ausdehnung des Menschen hat ihn aus seiner natürlichen Einbindung im überschaubaren Stamm (Sippe) gerissen. Für das denaturalisierte Leben in der anonymen Masse der Großstadt ist der Mensch einfach nicht gemacht. Während andere Tiere niemals einen dummen oder gefährlichen Rudelführer zulassen würden, ist beim Menschen das glatte Gegenteil der Fall. Die Wurzel des Übels ist allem Anschein nach, dass sich der Mensch von vornherein nicht wirklich natürlich entwickelt hat. Über die für ihn bedrohliche Natur hat sich hauptsächlich der hellhäutige Mensch so lange wie ein Fremdling erhoben, bis er sich vollständig von ihr distanziert hat. Äußerlich und innerlich. Das ging so weit, dass er heute noch alles, was seiner wahren Natur entspricht, ablehnt und bekämpft. Die Folge sind schwer tyrannisierte Naturvölker und mehrfach misshandelte eigene Kinder.

Möglicherweise ist der kindliche Mensch deshalb so leicht in der Matrix zum gehorsamen Ego umzuprogrammieren, weil es in ihm **gentechnisch** veranlagt wurde.

Menschen sind die einzige bekannte Lebensform und Gattung der Menschenaffen, die körperlich so schwach ist, dass sie ohne Werkzeuge, Kleidung, Behausung, äußerliche Wärmezufuhr und Kühlung binnen kürzester Zeit elendiglich zugrundginge. Fest steht daher, dass die Evolutionstheorie bei der relativ jungen Lebensform Mensch falsch ist. Hätte sich nämlich der Mensch aus dem Affen entwickelt, gäbe es Zweiteren nicht mehr. Charles Darwins Argument der natürlichen Auslese des Stärkeren zieht hier also nicht. Denn bekanntlich ist der Mensch, was die physische Überlebensfähigkeit in der Natur betrifft, dem Affen weit unterlegen. Im Verhältnis zum Affen ist der Mensch sogar schwer degeneriert. Bis vor nicht allzu langer Zeit war der Mensch von etlichen natürlichen Feinden umringt. Für ein potenzielles Beutetier wie den Menschen ist allein schon die extrem lange Dauer von der Geburt des Nachwuchses bis zur Geschlechtsreife und eigenständigen Überlebensfähigkeit von rund 15 Jahren einzigartig und unnatürlich, weil extrem nachteilig sowohl für das Junge als auch für das Rudel. Weil er eindeutig die körperlich miserabelste Form des Affen wäre (Konjunktiv), kann sich der Mensch **nicht** direkt aus dem Affen entwickelt haben. Darum ist es kein Wunder, dass in Anbetracht der gewaltigen Menge an uralten fossilen Funden ausgerechnet die relativ junge Zwischenform in der angeblichen Entwicklung vom menschenaffenähnlichen Vorfahren zum Menschen vor etwa 300.000 Jahren noch immer nicht gefunden wurde. Mit an Sicherheit grenzender Wahrscheinlichkeit kann diese Zwischenform, das Missing Link, gar nicht entdeckt werden, weil es sie schlichtweg nicht gibt.[85]

Außerirdische Götter

Allem Anschein nach behalten viele Überlieferungen von Naturvölkern und Religionen insofern recht, als wir indirekt von jenen Außerirdischen abstammen, die diesen Planeten kolonialisiert und die ersten Menschen als Sklaven erzeugt haben. Daher wären wir selbst, logisch betrachtet, außerirdische Siedler auf einem fremden Planeten, der eventuell nichts anderes ist als eine riesige Strafkolonie für verstoßene Sternenkinder. Es besteht Grund zur Annahme, dass wir **nicht** die »Krone der Schöpfung« sind, sondern viel eher geistig-seelisch verkrüppelte Abkömmlinge von einer höher entwickelten nichtirdischen Menschenart.

Auch in der Bibel ist an vielen Stellen des Alten Testaments von Göttern (Mehrzahl) die Rede. Schon in der Genesis lautet es: »**Wir** wollen den Menschen machen nach **unserem** Bild [...].«[86] Sohin steht unverrückbar fest, dass gemäß der Bibel mehrere Götter die ersten Menschen nach ihrem außerirdischen genetischen Muster erschaffen haben. Einer von ihnen war der erwähnte, psychopathisch wirkende Pseudogott namens JHWH. Er war nur einer von vielen Göttern in untergeordneter Position, wobei »Israel der Gebietsanteil seines Erbbesitzes« war. So steht es in der Bibel.[87] Der tyrannische »Gott« schriftgläubiger Juden, Christen und Muslime war nicht mehr als der extraterrestrische Kommandant der Territorialverwaltung in Palästina. Wem das nicht gefällt, der kann sich bei den Verfassern der Bibel leider nicht beschweren. Die sind ja vor Jahrtausenden verstorben. Entweder haben sie reale Beobachtungen niedergeschrieben oder ihre »Götter« einfach erfunden. Wo die handelsübliche Bibel JHWH Adam durch Entrückung einschlafen lässt, um aus seiner Rippe Eva zu basteln,[88] da bringt die wortgetreue Übersetzung aus dem masoretischen Text Licht ins Laboratorium: Man »ließ Betäubung fallen auf Adam«, um ihm »eine von seinen Zellen« zu entnehmen. Aus dieser Zelle wurde Eva erbaut.[89] Detailreiche Beschreibungen der gentechnischen Erschaffung des Menschen liefern uralte sumerische Texte, die schon lange vor der Bibel existierten. Gemäß den Übersetzungen des russischen Forschers Zecharia Sitchin kamen vor etwa 430.000 Jahren Außerirdische namens Anunnaki zur Erde, um hier jenes Gold abzubauen, das sie für die Rettung der Atmosphäre ihres Heimatplaneten Nibiru benötigten. Um die Schürfarbeiten nicht selbst erledigen zu müssen, haben sie die ersten Menschen erschaffen. Bei der Kreuzung des genetischen Materials von Primaten bzw. Menschenaffen und Anunnaki waren mehrere Anläufe nötig, die wissenschaftlich präzise beschrieben sind.[90] Allerdings ist auch die gentechnische Abwandlung ausschließlich des Alien-Erbguts möglich, sodass der Mensch zwar wie ein Außerirdischer aussieht, aber weniger intelligent und dafür unterwürfiger ist. Jedenfalls geht der Zweck des Unterfangens, also die Aufgabe des Menschen, ebenfalls aus der Bibel hervor: die Erde zu **bearbeiten**.[91]

Aus Sicht der Herren müssen die Sklaven reichlich Fleiß und genügend Intelligenz aufweisen, um ihre Arbeiten gewissenhaft erledigen zu können. Sie dürfen aber **weder zu schlau noch aufmüpfig** sein, damit sie ja nicht ihren Sklavenstatus durchschauen. Es stellen sich daher folgende Fragen: Wurde das menschliche Gehirn zur Entwicklung von einseitigem Denken, absolutem Gehorsam und fanatischem Arbeitswillen bis zur Selbstaufgabe gentechnisch **vorprogrammiert?** Hat der Mensch eine künstliche genetische Veranlagung zur Ausformung des gehorsamen Egos mitsamt seinen absonderlichen Facetten? Ist also im menschlichen Gehirn so etwas wie ein Defekt angelegt? Könnte dies eine passende Erklärung sein für die roboterhafte Identifikation mit den sadistischen Rollen in simulierten Tests, deren Zweck offensichtlich absurd ist? Für aus menschlicher Sicht sinnlose Krisen und Kriege? Für hunderte Millionen Depressive? Für Millionen oder Milliarden Geschädigte der illegalen Corona-Maßnahmen? Ich behaupte nicht, dass es so ist, wenngleich diese Erklärung plausibel und schlüssig ist.

Zurück zur Bibel. Dass sie nicht nur ein böses Märchenbuch ist, belegen einige Beschreibungen von **hochtechnischem** Gerät, das wir erst seit dem 20. Jahrhundert als solches verstehen und mit modernster Technik nachbauen können. Der aus Österreich stammende NASA-Ingenieur Josef Blumrich wollte zwar unbedingt Erich von Dänikens präastronautische Expertisen widerlegen, jedoch führte sein Studium des Buchs Hesekiel zum glatten Gegenteil. Die präzise biblische Beschreibung von Rädern, die sich in jeder Position seitwärts um die eigene Felge drehen,[92] führte laut Blumrichs Angaben zum Nachbau des omnidirektionalen Segmentrads.[93] Dieses wurde 1974 patentiert.[94] Mehr noch: Das gesamte zwiebelförmige Flugobjekt mit vier Propellerlandebeinen, das vom Propheten Hesekiel vor Jahrtausenden genauestens beobachtet und beschrieben worden war,[95] entspricht exakt jenem Landegerät, das von der NASA erst im Jahr 1973 für den Mars entworfen wurde.[96] Ebenfalls anhand altertümlicher Beschreibungen in der Bibel, aber auch im Buch Zohar, einem bedeutenden Schriftteil der jüdischen Kabbala, haben der Elektroingenieur und Sprachwissenschaftler George Sassoon und sein Co-Autor Rodney Dale eine

Brotmaschine entwickelt, die das biblische Manna auf Algenbasis herstellt.[97] Die umfangreiche biblische Bauanleitung der Bundeslade[98] lässt darauf schließen, dass es sich um eine kistenförmige Funkanlage mit interner Stromquelle handelte. Zwischen den beiden »Keruben« (Antennen?) sollte man die Stimme des Herrn hören.[99] Konkrete technische Abläufe und Kommunikationsregeln des Funkverkehrs werden im Buch Zohar erklärt.[100] Auch kritische Forscher gestehen zu, was bei der heutigen Rekonstruktion der Bundeslade gemäß biblischer Bauanleitung auf alle Fälle herauskommt: »ein auf mehrere hundert Volt geladener Kondensator.«[101]

Altertümliche Allseitenräder, Raumschiffe, Brotmaschinen, Funkanlagen bzw. Kondensatoren, die wir heute nachbauen, haben freilich nicht unmittelbar etwas mit Gott zu tun. Erstens haben wir die universelle Energie in uns, zweitens brauchen wir dafür keine Technik. Aber im Kontakt mit Außerirdischen ergibt sie Sinn. Für die Richtigkeit uralter Quellen über die Existenz von technisch überlegenen Aliens sprechen meiner Beurteilung nach auch **hunderte** kreisrunde Riesenkrater überall auf dem Globus. Würde es sich dabei, wie behauptet wird, ausschließlich um die Spuren von Meteoriteneinschlägen handeln, dann hätten sie vorwiegend die Form einer länglichen Furche oder zumindest einer Ellipse. Denn bekanntlich dringen Meteoriten, wie man nächtlich bei den Sternschnuppen beobachten kann, meist schräg in die Erdatmosphäre ein. Die kreisrunde Form etlicher Riesenkrater kann aber nur durch einen senkrechten Einschlag erfolgt sein. Demnach könnte es sich bei ihrem Großteil um frühgeschichtliche Bomben- oder Raketentrichter handeln. Wiederholt sich die Geschichte? Oder hatten Außerirdische die Dinosaurier waffentechnisch ausgerottet, bevor sie den Menschen gentechnisch erzeugt haben? Ist die Weltbevölkerung auf diese Weise schon mindestens einmal reduziert worden? Wurde die Reset-Taste mehrfach gedrückt?

Auf der Erde stehen **unzählige** Kolossalbauten wie etwa die Pyramiden, die wir nicht einmal mit unserer modernen Technik errichten könnten. Weiters existieren massenweise künstliche Anordnungen, deren Umfang und Symbolkraft nur aus der Luft erkennbar sind. Diese Thematik wird von namhaften Fachleuten auf dem Gebiet der Präastronautik in mittlerweile 16 Staffeln bzw. 215 Folgen der TV-Serie *Ancient Aliens* sehr anschaulich aufgearbeitet. Ein beachtlicher Teil der auf den ersten Blick unerklärlichen Phänomene scheint mit einer außerirdischen Präsenz zusammenzuhängen.

Dass wir bis zum heutigen Tag außerirdische Besuche bekommen, dafür sprechen unzählige zeitgenössische Berichte über **behördlich** dokumentierte UFO-Sichtungen, Entführungen und erzwungene Experimente an Mensch und Tier. Seit

Jahrzehnten ist die Presse voll damit. Vieles davon scheint blanker Unsinn zu sein. Aber nicht alles kann phantasiert sein. Interessant wird es dort, wo hochrangige Funktionäre von Weltraumbehörden, Militär und Politik auspacken. Sie haben nichts zu gewinnen, nur alles zu verlieren, besonders ihren guten Ruf.

Zum Beispiel wurde den Vereinten Nationen vom US-amerikanischen Astronauten Gordon Cooper, der hunderte Stunden im Weltraum verbracht hatte, 1978 schriftlich erklärt, von fremden Planeten stammende Flugobjekte und deren Mannschaften würden **regelmäßig** die Erde besuchen.[102] Auch sein Kollege Edgar Mitchel, sechster Mann auf dem Mond, hat die US-Regierung 2009 dazu aufgefordert, die Existenz von Außerirdischen nicht länger geheim zu halten.[103] Der wohl interessanteste Bericht stammt vom israelischen Prof. Dr. Haim Eshed, einem mehrfach ausgezeichneten Brigadegeneral, der von 1981 bis 2020 als Direktor des Weltraumprogramms des israelischen Verteidigungsministeriums amtierte. Im Dezember 2020 offenbarte Eshed, dass sich die Außerirdischen zwar längst hier auf der Erde **befinden**, sie dies jedoch geheim halten wollen, angeblich um keine Massenpanik hervorzurufen. Genau das garantieren Geheimabkommen zwischen der »Galaktischen Föderation« mit den Regierungen der USA und Israels. Zum einen werde gemeinsam mit US-amerikanischen Astronauten eine unterirdische Basis auf dem Mars betrieben. Zum anderen sei den Aliens gewährt worden, »auf der Erde **Experimente** durchzuführen.« Positiv erwähnt wurde, dass die Aliens mehrere irdische Atomkatastrophen verhindert hätten. Diese Informationen gingen quer durch die israelische Presse,[104] mitunter auf Deutsch.[105]

Die Realität von UFO-Eingriffen in amerikanische Nuklearwaffenanlagen hat Robert Hastings überzeugend nachgewiesen. Seit 1973 hat er tausende freigegebene **Regierungsdokumente** ausgewertet und mehr als 150 Interviews mit US-Soldaten geführt, darunter hochrangige Offiziere und Kommandanten von Stützpunkten, deren Atomraketen im Kalten Krieg durch UFOs außer Gefecht gesetzt wurden.[106] Berichte über identische Vorgänge von Veteranen der Sowjetarmee werden von Dokumenten sowohl des Verteidigungsministeriums als auch des Geheimdienstes KGB bestätigt.[107]

Das war nur die Spitze eines riesigen Eisbergs, die eindeutig dafürspricht, dass wir indirekt von Außerirdischen abstammen und auch aktuell von Aliens besucht werden. Dass wir in diesem riesigen Universum allein sind, ist schon aus logischen Gründen ausgeschlossen. Daher verblüfft die Aussage, zur Vermeidung einer Massenpanik sei Geheimhaltung angebracht. Das Argument kann nur vorgeschoben sein. Schließlich ist den Menschen die Wahrheit immer zumutbar. Zudem glaubt bereits weit mehr als die Hälfte an die Existenz von intelligenten außerirdischen Lebensformen. Gemäß Umfragen tun dies 65 Prozent in den USA (2021)[108] und 58 Prozent in Deutschland (2015).[109] Daran kann offensichtlich nicht einmal die seit Jahrzehnten verzerrte Darstellung in Religionen, Politik, Medien und Unterhaltungsfilmen etwas ändern. Man denke an aus UFOs kriechende Monster, die mit ihren Klauen nicht einmal die komplexen Instrumente bedienen können, die angeblich ihre eigene Spezies gebaut hat. Desinformation lenkt ab, Angst schaltet den Hausverstand aus.

Auch wenn wir höchstwahrscheinlich mit Außerirdischen verwandt sind, müssen sie uns **nicht** unbedingt wohlgesonnen sein. Die Verhinderung eines Atomkriegs dient in erster Linie der Rettung des Planeten. Für eine gegen die psychische und physische Freiheit der Menschheit gerichtete Agenda sprechen generelle Vertuschung und geheime Experimente. Unsere eigene Geschichte beweist bis zum heutigen Tag, dass in der Regel der technisch Überlegene den Schwächeren unterdrückt, ausbeutet, vertreibt oder auslöscht. Ab dem Zweiten Weltkrieg wurden Millionen Menschen mit teuflischer Präzision industriell vernichtet. Heutzutage werden alljährlich Milliarden Tiere maschinell getötet, die Umwelt verpestet und so weiter. Offensichtlich sind wir Menschen auf diesem wunderschönen Planeten die **Parasiten**. Warum also sollten sich ausgerechnet Außerirdische um unser Wohl kümmern, wenn sie die Erde angeblich für sich selbst beanspruchen?

Achtung! Die wichtigste Feststellung lautet, dass Außerirdische weder Götter noch Gott sind. Religiöse Schriften, die das Gegenteil behaupten, beruhen auf Missverständnissen oder Lügen. Ferner halten wir fest, dass es im gegebenen Kontext **keine** Rolle spielt, ob der Einfluss von Aliens auf der Erde real oder nur vorgetäuscht ist. Schließlich sind die unmittelbaren Unterdrücker der Freiheit offiziell irdische Menschen. Sie scheinen ein massives Interesse daran zu haben, dass wir uns nicht unseres wahren Selbst und der Anbindung an das universelle Feld bewusst sind. Daher werden wir Menschen von Kindesbeinen an künstlich erniedrigt, damit wir uns als schuldige Täter fühlen, obwohl wir viel eher die Opfer sind.

Doch das Bewusstsein über Gott als universelle Energie in uns gibt Zuversicht, Kraft und Mut. Unabhängig von äußeren Einflüssen. Aus uns **selbst** heraus.

Urverbrechen an den Deutschen

Was muss im Vorfeld passieren, damit junge Männer, die sich nicht einmal kennen, die Befehle alter Männer befolgen, als Soldaten aufeinander schießen und mit Bajonetten einstechen?

Dazu bedarf es neben dem in der Matrix vorprogrammierten Gehorsam zusätzlich einer chaotischen Situation (Krieg) und einer propagandistischen Entmenschlichung des Gegners (Feindbild). Eine besonders niederträchtige **Täter-Opfer-Umkehr**, die unmittelbar rund 40 Millionen Tote und Verwundete gekostet hat, liegt dem Ersten Weltkrieg zugrunde. Das eigentliche Opfer, nämlich das in allen Bereichen fortschrittliche deutsche Kaiserreich, wurde als Täter und sogar als Alleinschuldiger hingestellt, um es nach Kriegsende vollständig zu zerstören. Schließlich galt das deutsche Kaiserreich als der Prototyp eines erfolgreichen und modernen Nationalstaats. In der künstlich erzeugten Chaos-Situation des Ersten Weltkriegs liegt der erste und bedeutendste Angriff auf die Selbstbestimmung der **Nationalstaaten** und sohin auch der **Völker** im kontinentalen Europa des 20. Jahrhunderts. Die Auseinandersetzung damit ist von extrem hoher Bedeutung. Einerseits handelt es sich beim ersten großen Krieg um die europäische Urkatastrophe, die zugleich der Auftakt für den Zweiten Weltkrieg war. Ohne dieses historische Basiswissen kann das Erwachen des deutschen Monsters ab 1933 nicht korrekt verstanden werden, geschweige denn begriffen. Andererseits stellt die anglo-amerikanische Auslösung des Ersten Weltkriegs die raffinierteste verdeckte Operation der bisherigen Menschheitsgeschichte dar. Wer sie versteht, durchschaut auch jede andere verdeckte Operation mit Leichtigkeit.

Übrigens hätte es ohne Urkatastrophe und daraus resultierenden Zweiten Weltkrieg garantiert kein US-amerikanisches Imperium, keinen Kalten Krieg und wohl auch 2022 keinen Krieg in der Ukraine gegeben.

Was wir über die Schuld der Deutschen am Beginn des Ersten Weltkriegs offiziell hören, ist frei erfunden und widerspricht sämtlichen Fakten. Korrekt ist nur, dass das junge deutsche Kaiserreich den Krieg formal begonnen hat. Das Wesentliche wird uns aber verschwiegen: die alles entscheidende Vorgeschichte.

Der Erste Weltkrieg wurde ab 1906, also bereits acht Jahre vor Kriegsbeginn, in London akribisch geplant, von dort aus militärstrategisch vorbereitet und sodann diplomatisch ausgelöst, um das deutsche Kaiserreich und mit ihm Österreich-Ungarn zu vernichten. Folglich ist der Erste Weltkrieg das an den Deutschen verübte Urverbrechen. Unsere deutschen Vorfahren waren die Opfer. Sie trifft nicht die geringste Verantwortung. Die Urkatastrophe wurde gemäß folgendem **anglo-amerikanischem Muster** ausgelöst:

1. Geostrategische Spaltung Eurasiens
2. Zwingen des Feindes zum Angriff
3. Politisch-mediale Provokationen

Ad 1. Geostrategische Spaltung Eurasiens. Die Hauptschuldigen sind anglo-amerikanische Globalisierer. Entgegen weit verbreiteten Lügen handelte es sich bei diesen Strategen weder um Juden noch um Freimaurer. Ganz im Gegenteil. Beide wurden als Sündenböcke aufgebaut. In diesem Punkt haben Juden und Freimaurer dasselbe Schicksal wie das deutsche Kaiserreich. Die im Hintergrund agierenden anglo-amerikanischen Profiteure sind vorwiegend weiße angel-sächsische Protestanten (WASP), zumindest nominell. Höchstwahrscheinlich waren sie, wie erwähnt, machthungrige Psychopathen im klinisch-psychologischen Sinne. Der von ihnen verfolgte **Zweck** war die Erringung der Weltherrschaft. Das primäre **Ziel** stellte die Implementierung jener globalen Kapitaldiktatur dar, die sich im 21. Jahrhundert in pervertierter Form zu vollenden droht. Ein weiteres wichtiges Ziel war – und ist – die indirekte Beherrschung der eurasischen Kontinentalplatte. Die globale Vorherrschaft Eurasiens wurde gemäß folgenden Zwischenzielen verhindert: Verfeindung Deutschlands und Russlands sowie nachfolgende Zerstörung Deutschlands. Eines der **Mittel** hierzu war der Erste Weltkrieg, der die tief verschuldeten Kriegsgegner vom anglo-amerikanisch dominierten Finanzsystem abhängig machte. Die Urkatastrophe hat zudem plangemäß ein deutsch-russisches Bündnis verhindert und das deutsche Kaiserreich vernichtet, das zwar friedlich zur wirtschaftlichen Großmacht aufgestrebt, aber bereits sorgfältig von Feinden **umklammert** worden war.

Ins kontinentaleuropäische Auge sticht, dass hier die meisten Historiker, Journalisten, Politiker und Generalstabsoffiziere von der relativ simplen anglo-amerikanischen Spaltungsstrategie nicht die geringste Ahnung haben (wollen). Nur die allerwenigsten Historiker wissen, dass elitäre WASP mit der Auslösung des Ersten Weltkriegs neben der naheliegenden deutsch-russischen Kooperation auch das von führenden Zionisten entworfene **deutsch-jüdische** Palästina verhindern wollten. Für diese Zionisten war das junge deutsche Kaiserreich das ideale Vorbild für den ersehnten Judenstaat.[110]

Bereits zehn Jahre vor Kriegsbeginn, also 1904, hatte der britische Geostratege Sir Halford Mackinder einen potenziellen **deutsch-russischen** Pakt ausdrücklich als »Bedrohung« für britische Interessen bezeichnet. Schließlich entspricht »die zentrale strategische Position« Deutschlands in Europa jener Russlands in der Welt. Falls sich Deutschland mit Russland verbündet, könnte eine gemeinsame eurasische Flotte entstehen, wodurch die Weltherrschaft zum Greifen nahe wäre. Zur Verhinderung dieses Szenarios muss mit der Hilfe Frankreichs und anderer Seemächte auf der Kontinentalplatte ein permanenter Landkrieg unterstützt werden, der die Bildung einer eurasischen Flotte verhindert.[111] Diese anglo-amerikanische Strategie gilt im 21. Jahrhundert unverändert weiter, wie zum Beispiel George Friedmann, ein US-amerikanischer Experte für politische Strategie, beim Chicago Council on Global Affairs Anfang Februar 2015 anlässlich der angespannten Lage in der **Ukraine** offen zugab. Der Leiter des Informationsdienstes Stratfor (Strategic Forecasting) klärte über die wahren Hintergründe zweier Weltkriege und der Nachkriegsordnung auf: »Das Hauptinteresse der US-Außenpolitik während des letzten Jahrhunderts im Ersten und im Zweiten Weltkrieg und im Kalten Krieg waren die Beziehungen zwischen Deutschland und Russland. Vereint sind sie die einzige Macht, die uns bedrohen kann. Unser Hauptinteresse war sicherzustellen, dass dieser Fall nicht eintritt.« Schließlich besteht die »**Urangst der USA**« in der Vereinigung von deutschem Kapital und deutschen Technologien einerseits mit russischen Rohstoffen und russischer Arbeitskraft andererseits, »eine einzigartige Kombination, vor der die USA seit Jahrhunderten eine unheimliche Angst haben.«[112]

Hinter dieser anglo-amerikanischen Urangst steckt der Anspruch auf die Weltherrschaft und damit der Zweck des Ersten Weltkriegs. Eine zentrale Rolle spielt dabei Mackinders Herzland-Konzept. Dieses wird zurecht als »die wohl bedeutsamste Idee in der Geschichte der Geopolitik« angesehen.[113] Der größte, ressourcenreichste und bevölkerungsstärkste Teil der Erdoberfläche ist die von Mackinder so benannte **Weltinsel**. Sie besteht aus den miteinander verbundenen Kontinenten Europa, Asien und Afrika. Im Verhältnis zur riesigen Weltinsel sind die USA und Großbritannien kleinere äußere Inseln. Im gedachten Zentrum der Weltinsel befindet sich das Kernland oder **Herzland** (Heart-Land, Pivot-Region).[114] Aufgrund seiner natürlichen Barrieren – Gebirge, Wüsten, Eismeer – ist das Herzland die größte natürliche Festung der Welt gegen westliche Seemächte. Daher bezeichnet Mackinder das Herzland als »die ultimative Zitadelle der Landmacht«.[115] Es umfasst die Gebiete von Osteuropa bis Sibirien, reicht von der Wolga bis zum Jangtsekiang und vom Himalaya bis zur Arktis. Im Großen und Ganzen entspricht das Herzland dem Territorium des alten Zarenreichs oder der Sowjetunion (UdSSR). **Osteuropa**, zu dem neben Westrussland mitunter die ehemals russischen Gebiete Ukraine und

Belarus (Weißrussland) zählen, ist der Schlüssel zur Weltmacht und demzufolge von einschneidender strategischer Bedeutung: »Wer über Osteuropa herrscht, beherrscht das Herzland. Wer über das Herzland herrscht, beherrscht die Weltinsel. Wer über die Weltinsel herrscht, beherrscht die Welt.«[116] Abbildung 03 zeigt die Weltinsel. Das von der hellgrauen Linie umfasste riesige Gebiet ist das Herzland, die gestreifte Fläche stellt Osteuropa dar.

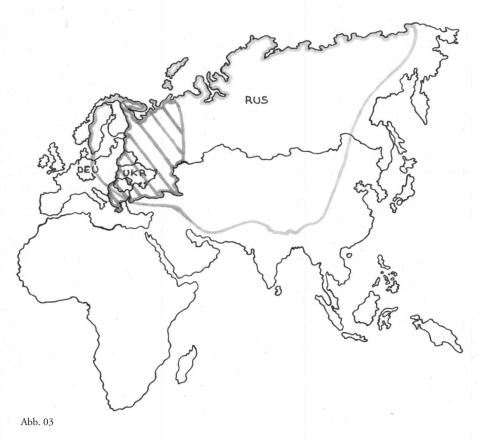

Abb. 03

Aufgrund ihrer zahlenmäßigen Unterlegenheit können die USA und Großbritannien Eurasien nicht direkt beherrschen, sondern nur indirekt. Hierzu muss **verhindert** werden, dass Osteuropa von Deutschland, Russland oder beiden zusammen dominiert wird. Genau darum ging es der anglo-amerikanischen Machtelite schon im Ersten Weltkrieg. Sie hat, weil es kein direktes deutsch-russisches Konfliktpotenzial gab, Russland für die Vorbereitung des Kriegs gegen Deutschland das unhaltbare Versprechen russischer Kontrolle über die türkischen Meerengen (Bosporus und Dardanellen) gegeben. Diese gehörten neben der Eroberung Konstantinopels (Istanbuls) und dem Besitz eines eisfreien Hafens für eine freie Zufahrt ins Mittelmeer zu den langfristigen Zielen Russlands.[117] Aus anglo-amerikanischer Sicht musste das deutsche Kaiserreich vernichtet werden, um die geplante mitteleurasische Allianz unter deutscher Führung inklusive günstiger Erdölversorgung aus Nahost und vor allem eine deutsch-russische Zusammenarbeit zu verhindern.[118] Dies ist, wie mitunter die Hintergründe des Ukraine-Kriegs 2022 zeigen, bis zum **heutigen** Tag das ausdrücklich erklärte Hauptmotiv anglo-amerikanischer Geostrategen.[119]

Ihre Strategie der Balance of Power beruht auf einem denkbar einfachen Prinzip: Streiten sich zwei, freut sich der Dritte. Primär geht es, wie gesagt, um die Verhinderung eines deutsch-russischen Bündnisses. Deutschland und Russland sollen ewige Feinde sein. Ist Deutschland stärker, schlagen sich die USA und Großbritannien auf die Seite Russlands. Ist Russland überlegen, wird Deutschland unterstützt. Die Geschichte zweier Weltkriege, des Kalten Krieges und des seit 2014 währenden Ukraine-Konflikts beweisen es. Ihr gemeinsames **Ziel** ist die indirekte Beherrschung der eurasischen Kontinentalplatte. Hierzu besagt die anglo-amerikanische Militärdoktrin der Vorwärtsverteidigung, dass mit kontinuierlich erzeugten und befeuerten Konflikten und Kriegen auf dem eurasischen Festland die Bildung einer gemeinsamen Kriegsflotte und Luftwaffe vereitelt werden muss. Eine eurasische Streitmacht wird bereits im Ansatz vernichtet, indem man ihre Entstehung verhindert. So will man Eurasiens logischen Anspruch auf Vorherrschaft im Keim ersticken. Auf diese Weise halten die USA und Großbritannien schon lange Zeit Eurasien künstlich klein.[120]

Ad 2. Zwingen des Feindes zum Angriff. Es besteht zwar eine komplexe Verstrickung zwischen den vielfältigen militärstrategischen und rüstungstechnischen Maßnahmen einerseits und den geostrategischen, politischen, wirtschaftlichen und finanziellen Hintergründen der Urkatastrophe andererseits, sie kann jedoch auch für Laien verständlich erklärt werden. So geschehen im ersten Band von *Krieg, Terror, Weltherrschaft*. Zuerst wird die planmäßige **Umklammerung** des deutschen Kaiserreichs durch jene feindlich gesinnten Länder dargestellt, die es zu ihrem eigenen Vorteil zerstören und aufteilen wollten. Danach werden jene **11 (!) militärstrategischen Mittel** im Sinne von Umsetzungsmaßnahmen beschrieben, die von anglo-amerikanischen Kriegstreibern ab 1906 ausgeklügelt wurden, um die

Meere vorzeitig kriegstechnisch zu portionieren und auf der kontinentaleurasischen Schlachtplatte zwei Kriegsfallen aufzustellen: das Attentat auf den österreichischen Thronfolger in Sarajewo sowie eine präparierte Scheinlücke in der französisch-belgischen Frontlinie. Diese Fallen, in die Österreich-Ungarn und Deutschland fast unausweichlich tappen mussten, wurden mit einer arglistigen Scheindiplomatie auf britischer, französischer und russischer Seite aktiviert. Mit den Worten des damaligen französischen Staatsunterfekretärs Abel Ferry:

> **»Das Netz wurde gesponnen und Deutschland**
> **flog hinein wie eine brummende Fliege.«**

Der gesamte Ablauf ist bestens dokumentiert. Ebenso belegt ist die zeitlich vorgestaffelte Mobilmachung **aller** alliierten Streitkräfte. Selbige zeigt unwiderlegbar auf, dass Österreich-Ungarn und das deutsche Kaiserreich zum Erstschlag gezwungen wurden.[121]

Mit einer Vielzahl von anglo-amerikanisch koordinierten Maßnahmen wurde die Urkatastrophe Erster Weltkrieg detailreich vorbereitet. Dadurch wurden unsere deutschen Vorfahren dazu genötigt, ihre kriegsbereiten Feinde in **Notwehr** anzugreifen bzw. sich präemptiv zu verteidigen. Das wäre heute noch legal. Aber gerade weil Deutschland und Österreich-Ungarn uneingeschränkt im Recht waren und auch moralisch korrekt gehandelt haben, wird ihre legale Selbstverteidigung der Weltöffentlichkeit bis heute als unbegründete Aggression verkauft. Das einzige realistische Mittel zur Rettung unserer Heimat wird dämonisiert, die einzige realistische Lösung als Problem dargestellt. Darin liegt eine psychopathische **Täter-Opfer-Umkehr**, die man wie folgt veranschaulichen kann: Eine von sichtlich gewaltbereiten Männern umringte Frau wehrt die unmittelbar bevorstehende Vergewaltigung mit gezielten Schlägen ab, ihre legitime Notwehr wird aber vor jenem Gericht – dessen Richter die Täter sind – zu Unrecht als Erstschlag eingestuft und als Körperverletzung geahndet. Wie diese mutige Frau waren auch unsere Vorfahren keine Täter.

Die deutschen Soldaten haben Volk und Land rechtmäßig verteidigt. Sie waren **Helden!** Folglich gibt es keinen vernünftigen Grund, sich für unsere Altvorderen zu schämen. Ganz im Gegenteil: Wir dürfen stolz auf sie sein!

Ad 3. Politisch-mediale Provokationen. Die technische Vorbereitung des Ersten Weltkriegs war von einer intensiven Hetzpropaganda gegen Deutschland flankiert. Diese war erforderlich, um ursprünglich gute, mit Masse sogar genetisch veranlagt prosoziale Menschen in einen für sie selbst sinnlosen Krieg zu treiben. Bereits ab 1895, also **19 Jahre** vor Kriegsbeginn, war in britischen Zeitungen auf Latein folgende Forderung zu lesen: »Germania esse delenda!« In unsere Sprache übersetzt:

»Deutschland muss zerstört werden!«

Bis unmittelbar vor Kriegsbeginn hat eine politisch-mediale Propagandamaschinerie in mehreren feindlich gesinnten Ländern eine regelrechte Kriegshetze betrieben, die nicht nur Deutschland, sondern auch Österreich-Ungarn die Existenzberechtigung abgesprochen hat. Beide Länder wurden propagandistisch zum **Feindbild** gemacht, um die unterwürfigen Egos der Empfänger mit Angst zu füttern und ihnen eine Rechtfertigung für zwischenstaatliche Gewalt vorzugaukeln. Aufgestachelte Bürger wurden mit Angstbildern vor einer unmittelbar drohenden Beraubung, Verstümmelung und Ermordung durch einfallende deutsche Horden gequält.[122]

Im Zustand dieses künstlich erzeugten Angststresses herrschen im menschlichen Gehirn die High-Beta-Wellen von 18 Hertz und höher vor. Aufgrund der hohen Anspannung wird die Anbindung des Menschen an das Schwingungsfeld der Erde **unterbrochen**, wodurch sowohl der Hausverstand als auch das Mitgefühl ausgeschaltet werden. So manipuliert, sind Menschen für scheußliche Befehle von oben zugänglich, deren Befolgung sie bei klarem Verstand und vollständigem Bewusstsein vehement ablehnen würden. Den aufgehetzten Bevölkerungen Russlands, Frankreichs, Großbritanniens und später auch der USA wurde als vermeintlich alternativlose Lösung der große vaterländische Krieg präsentiert. Und wer sich dem kollektiven Kriegsrausch widersetzte, musste zumindest Angst vor sowohl wirtschaftlichen Nachteilen (materiellem Verlust) als auch Sanktionen (sozialer Ausgrenzung) haben. Mit dem altbewährten Dreiklang der **Urangst** haben also die anglo-amerikanischen Globalisierer ihre eigene Urangst vor einer deutsch-russischen Freundschaft auf breite Teile der Staatsvölker übertragen. Dadurch haben sie Angst vor genau jener künftigen Chaos-Situation geschürt, die sie selbst erschaffen haben, um Millionen unschuldige Männer in einem für sie völlig sinnlosen Krieg als Kanonenfutter zu verheizen. In diesem Kontext kann man von anglo-amerikanischer Projektion und Angstabwehr sprechen. Ihr entspringt, wie schon der religiös bedingten Angstabwehr, eine satanisch anmutende Täter-Opfer-Umkehr.

Sofort ab Kriegsbeginn wurden die sich in Notwehr verteidigenden Deutschen als aggressive Verbrecher hingestellt. Hätte es damals schon Fernsehen gegeben, hätte die alliierte Propaganda wie in Abb. 04 nur die ersten deutschen Schüsse ausgestrahlt, nicht aber die massive Nötigung dazu. Detail am Rande: Während des Ersten Weltkriegs verfügten England und Frankreich von 1916 bis 1918 zusammen über rund 6.500 Panzer, Deutschland erst ab 1918 lediglich über 20 Stück. Das Verhältnis war also etwa 325 zu 1.[123] Du hast richtig gelesen.

Jene traumtrüben Historiker, die den Deutschen für den Kriegsbeginn eine Verantwortung zuschieben oder den Krieg als Ergebnis eines allgemeinen Schlafwandelns fehldeuten, werden anhand ihrer eigenen Quellen widerlegt, vor allem anhand der diplomatischen Dokumente der Juli-Krise 1914. Diese entlarvt die britische Konzertierung einer alliierten Scheindiplomatie, die unbedingt den deutschen Erstschlag erzwingen wollte. Einerseits wurde der **berechtigte** österreichische Anspruch auf Aufklärung der Ermordung des Thronfolgers in Sarajewo mit der provokativen Begründung abgeschmettert, dies sei nicht mit der »Würde Serbiens« vereinbar. Andererseits wurden Deutschland und Österreich-Ungarn mit einer verlogenen Verzögerungstaktik hingehalten, während die Gegner längst heimlich mobilgemacht hatten. Das teuflische Spiel der Psychopathen offenbart sich weiters bei der absichtlichen Opferung des Luxusdampfers *Lusitania*, der mit reichlich Munition beladen, zum verlangsamten Explosivziel umfunktioniert, als Kriegshilfsschiff eingesetzt und direkt vor das Torpedorohr eines deutschen U-Boots gelotst wurde. Den einkalkulierten Hauptgrund für den **nächsten** Weltkrieg stellt das mit List und Zwang bewirkte Sieger-Diktat von Versailles dar, das aus rechtlicher Sicht schon damals null und nichtig war. Es handelte sich zwar um keinen gültigen »Vertrag«, Deutschland wurde aber trotzdem territorial amputiert, militärisch kastriert, wirtschaftlich ruiniert und psychologisch eliminiert. Durch den Osten Deutschlands wurde ein polnischer Spaltkeil getrieben, der 1939 den Anlass für den Zweiten Weltkrieg lieferte.[124] Detaillierte Beschreibungen und Beweise, darunter viele anglo-amerikanische, findet man im Buch *Krieg, Terror, Weltherrschaft* (Band 1).[125]

Aufbauend auf dem Urverbrechen an den Deutschen kam zuerst in Russland und danach in Deutschland ein hochkriminelles Regime des Sozialismus an die Macht. Bekanntlich ermöglichte der Kommunismus Verbrecherregime, in denen weltweit rund 140 Millionen Menschen ermordet wurden, davon allein 60 Millionen und mehr in der bolschewistischen Sowjetunion zwischen 1917 und 1959.[126] Der als Reaktion auf den bolschewistischen Sozialismus entstandene, nicht minder kriminelle nationale Sozialismus (Nationalsozialismus) hat bis 1945 rund 25 Mil-

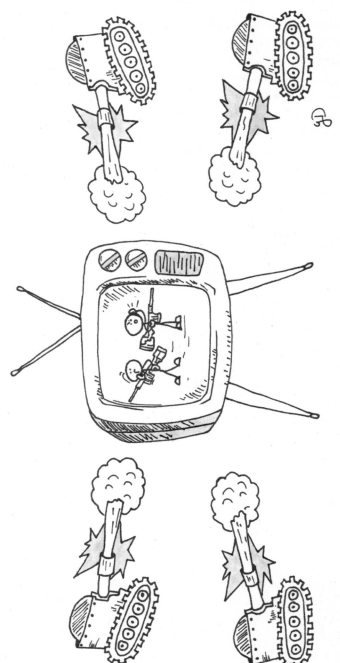

Abb. 04

67

lionen Tote zu verantworten. Beide Regime sind nachweislich sozialistisch und aus mehreren Gründen eindeutig politisch links.[127] Vor allem betreiben beide einen zwanghaften **Kollektivismus**, in dem die Gemeinschaft alles und das Individuum nichts bedeutet. Was ihre Führer und überzeugten Handlanger mit den anglo-amerikanischen Drahtziehern verbindet, ist eine brutale Skrupellosigkeit, die für Psychopathen typisch ist.

Nach dem Ersten Weltkrieg unterstützte, konzertierte und inszenierte die anglo-amerikanische Globalisierungsclique einige weitere Ereignisse als Meilensteine auf dem Weg zur angestrebten Weltherrschaft: Militärputsch kommunistischer Massenmörder in Russland,[128] Missbrauch Palästinas als zionistischer Spaltkeil im Nahen Osten,[129] dubioser Aufstieg verbrecherischer Nationalsozialisten in Deutschland, Eskalation des lokalen deutsch-polnischen Kriegs zum Zweiten Weltkrieg, Opferung eigener Flottenteile in Pearl Harbor, Ermordung von John F. Kennedy in einem Staatsstreich, Inside-Job 9/11 als zweites Pearl Harbour, Beginn der Ukraine-Krise 2014, Startschuss für die Massenmigration nach Europa, »islamistischer« Terror und so weiter.[130]

Zweck, Ziele und Mittel sind nicht geheim, sondern liegen längst offen. Die Umsetzung läuft kontinuierlich und ungebremst, die schädlichen Wirkungen sind bekannt. Wer trotzdem von einer »Verschwörungstheorie« spricht, ist ein krimineller Profiteur oder, mit Verlaub, ein dummer Mitläufer. Der **Zweck** ist die Erringung der Weltherrschaft. Dafür wurden folgende **Ziele** definiert: weiterhin indirekte Kontrolle über die eurasische Kontinentalplatte, Zerrüttung der Gesellschaft und der Familie, Reduktion der Weltbevölkerung, digitale Diktatur über alle (überlebenden) Individuen. Die zeitliche Abfolge erstreckt sich planmäßig vom Großen zum Kleinen:

1. Schwächung der Nationalstaaten
2. Schwächung der Völker / Volksstämme
3. Vollständige Unterwerfung des Individuums

Sämtliche **Mittel** zur Umsetzung sind bekannt, auch jene im Rahmen der Corona-Diktatur.[131] Demnach haben wir es nachweislich mit einer **realen Agenda-Praxis** zu tun. Wer sie und die dahinterliegende Strategie durchschaut, lässt sich – bei entsprechendem Selbstbewusstsein – weder spalten noch unterdrücken, sondern geht bereits einen neuen Weg.

FREIHEUT-Übung 03: Selbstbeobachtung
Das folgende Kapitel ist besonders geeignet, Gefühle wie Zorn oder Angst
auszulösen. Es ist sinnvoll, die zugrundeliegenden Gedanken aufzuschreiben
und auch den Ort ihrer Entstehung zu eruieren. Zu empfehlen ist auch eine
Lesepause, in der du tief ein- und ausatmest und dabei einen vertrauten Gegenstand fixierst, zum Beispiel eine Pflanze. Im Hier und Jetzt kannst du dir
bewusst sein, dass das Folgende bereits Geschichte ist.

Corona-Diktatur ab 2020

Der bisher größte, weil globale Intelligenz- und Charaktertest, den sehr viele Mitmenschen leider nicht bestehen, ist die ab März 2020 über die intensiv getäuschte
Bevölkerung verhängte Corona-Diktatur, kurz C-Diktatur. Das »C« steht auch für
absichtlich erzeugtes Chaos. Diese C-Diktatur ist der aktuelle Gipfel oder Kulminationspunkt der psychologischen Kriegsführung gegen die individuelle Freiheit und
Selbstbestimmung. Ihr **Zweck** ist aus Sicht der anglo-amerikanischen Machtelite
weiterhin die Erlangung der Weltherrschaft. Die diesmaligen **Ziele** sind die Reduktion der Weltbevölkerung und die Errichtung einer digitalen Diktatur. Als **Mittel**
zum Erreichen beider Ziele dienen die global empfohlenen und staatlich verfügten
Corona-Maßnahmen, die allesamt epidemiologisch völlig sinnlos und daher hochgradig illegal sind.

Bei COVID-19, fortan COVID genannt, handelt es sich erwiesenermaßen um
eine geplante »Pandemie« oder Propagandemie, eine von Regierungen selbst ver-
schuldete Katastrophe, den massivsten und folgenschwersten künstlichen Ausnah-
mezustand seit 1945. Die medizinischen Wissenschaften werden skrupellos ignoriert und korrumpiert, die Rechtsordnung gnadenlos gebrochen. **Sämtliche**, das
heißt ausnahmslos alle zwangsweise verhängten Maßnahmen gegen COVID sind
hochgradig illegal und verfassungswidrig, weil epidemiologisch sinnlos und mehrfach schädlich für die Bevölkerung. Eine lückenlose Beweisführung auf 641 Seiten,
mit 1.637 Quellenangaben, zahlreichen Tabellen und Diagrammen enthält das für
die Lage in Österreich und Deutschland konzipierte Sachbuch *Corona-Diktatur
– Wissen, Widerstand, Freiheit.*[132] Dieses Buch ist im April 2021 erschienen, Redaktionsschluss war Ende Dezember 2020. Daher ist *Corona-Diktatur* lediglich das
Grundgerüst der nachfolgenden Abhandlung. Den Großteil bilden die ab Januar
2021 veröffentlichten Fakten.

Die Rechtswidrigkeit aller Corona-Maßnahmen ergibt sich bereits aus dem ab Januar 2020 bekannten Faktum, dass **keine** reale Notlage vorliegt. Schließlich handelt es bei SARS-CoV-2 um kein Killervirus und daher bei COVID um eine für die Masse der Bevölkerung ungefährliche Krankheit. Sohin stand bereits zwei Monate vor der ersten COVID-Gesetzgebung Mitte März 2020 unwiderlegbar fest, dass Eingriffe in die Grund- und Freiheitsrechte der Bürger wegen absoluter Unnötigkeit und Rechtswidrigkeit unterbleiben müssen. Die bereits im März 2020 vorliegenden medizinisch relevanten Informationen über Prävalenz, Symptomatik und Sterblichkeit zeigen deutlich, dass es sich bei COVID um eine höchstens mittelschwere **Grippe** (Influenza) handelt. Weltweit statistisch verschwunden, trifft sie zwar stark Immungeschwächte bzw. die Risikogruppen ungleich schwerer, jedoch waren die potenziellen Sterbefälle bereits im Januar 2020 bekannt: mehrfach vorerkrankte und zugleich hochbetagte Menschen. Daher hätte der auf Freiwilligkeit beruhende Schutz der Risikogruppen völlig ausgereicht. Allerdings hätte die Ausrollung des Mobilfunknetzes 5G verboten werden müssen, weil dessen Strahlung gemäß etlichen medizinischen Studien für die relativ wenigen schweren COVID-Krankheitsverläufe mitverantwortlich ist. Über all das hätte die Bevölkerung im Rahmen eines faktenbasierten und liberalen Gesundheitsmanagements wahrheitsgemäß informiert werden müssen. Die Menschen wären völlig frei gewesen und die Wirtschaft heil geblieben.[133]

Geschehen ist das glatte Gegenteil. In der globalen Situation des Chaos wurde ein massiv rechtswidriges **Chaosmanagement** betrieben, wie es seit 1999 – ausgehend von den USA – auf mindestens acht »pandemischen Übungen« trainiert worden war.[134] Die seit Januar 2020 bekannten Risikogruppen wurden gröblich vernachlässigt. Dafür wurde ein regelrechter Kampf geführt gegen den logischen, vernünftigen und daher seit Jahrhunderten oder Jahrtausenden üblichen, auf Freiwilligkeit beruhenden Selbstschutz. Insbesondere den alten Menschen, denen wir alles zu verdanken haben, wurde das Recht auf freie Entscheidung über ihre Gesundheit und damit die Selbstbestimmung aberkannt. Und der gesunden Masse wurde eingetrichtert, sie müsse sich zum »Schutz« der Risikogruppen selbst schädigen. Ein besseres Beispiel für eine diabolische Umkehr der gesunden Realität zur kranken Utopie kann man sich kaum ausmalen.

Die gesamte Bevölkerung wurde absichtlich verängstigt und psychisch terrorisiert. Dabei hat man in teuflischer Präzision mit dem Dreiklang der menschlichen **Urangst** operiert. Geschürt wurden massive Ängste vor Tod, materiellem Verlust und sozialer Ausgrenzung.[135]

Hierzu wurde die gutgläubige Bevölkerung mit **sieben** Kategorien der politisch-medialen Desinformation systematisch in die Irre geführt, bis in die Familien hinein gespalten und gegeneinander aufgehetzt. Die Grundlage hierfür ist eine unverkennbare Parallele zur religiösen Urlüge: ein allgegenwärtiges **Feindbild**, in diesem Fall ein ach so »böses« Virus und natürlich die nicht minder »bösen« Maßnahmenkritiker. Alldem liegen falsch ausgewertete oder stark verfälschte Statistiken zugrunde.[136] Diese Analyse wird mehrfach bestätigt, so zum Beispiel durch die wissenschaftliche Ausarbeitung von Diplom-Ingenieur Steffen Löhnitz. Seiner auf ganz Österreich übertragbaren Expertise zufolge wurden die Corona-Zahlen in Vorarlberg zwischen 25.10. und 23.12.2021 um bis zu ca. 60 Prozent gefälscht – zu Lasten der Bevölkerung.[137]

Wie gesagt, ist COVID in Wahrheit die Grippe. Aber der größte Betrug scheint zu sein, dass die gegenüber der Grippe relativ höhere Anzahl an sogenannten Corona-Fällen tatsächlich den multiresistenten Krankenhauskeimen, den impfbedingten Immunschäden und den technischen EMF-Strahlungen (elektromagnetischen Feldstrahlungen) zuzuschreiben ist. Die Grippe gibt es laut offizieller Statistik der WHO (Weltgesundheitsorganisation) seit etwa April 2020 nicht mehr – weltweit. Die Grippe wurde für tot erklärt.[138] Im marktführenden Fachmedium *Management & Krankenhaus* wird aufgezeigt, dass seit COVID niemand mehr über Krankenhauskeime spricht.[139] Die impfbedingte Schädigung des Immunsystems verursacht, wie weiter unten gezeigt wird, eine höhere Anfälligkeit nicht nur für die milde Omikron-Variante, sondern auch für alle möglichen Krankheiten.

In der Saison 2017/2018 sind laut Statistik in Österreich rund 2.850 und in Deutschland ca. 25.100 Menschen an der Grippe verstorben. Krankenhauskeime bringen alljährlich rund 5.000 Menschen in Österreich und etwa 40.000 in Deutschland um.[140] In beiden Ländern gibt es während COVID erst seit den Massenimpfungen Übersterblichkeiten, wobei laut medizinischen Expertisen auch die schädlichen EMF-Strahlungen Menschen töten (siehe unten). Laut WHO-Statistik, die seit COVID-Beginn nicht wie bisher in Jahren bzw. Saisonen rechnet, sondern alle Fälle unwissenschaftlich fortlaufend weiterzählt, sind bis Ende Juli 2022 in Österreich ca. 20.000 und in Deutschland ca. 145.000 Menschen mit oder an COVID verstorben.[141]

Rechnet man die jährlich wegen Grippe und Krankenhauskeimen Verstorbenen auf zwei Jahre hoch, dann entsprechen ihre Summen rund **79 Prozent** bzw. **90 Prozent** der offiziellen COVID-Toten in Österreich bzw. Deutschland.

Wie Abbildung 05 zeigt, könnte es sich beim Rest von 21 Prozent bzw. 10 Prozent um Impf- und EMF-Tote handeln. Mit an Sicherheit grenzender Wahrscheinlichkeit lassen sich so die jüngsten Übersterblichkeiten erklären.

Sterbefälle 03/2020 bis 07/2022

Ursache	Österreich		Deutschland	
	Todesfälle	% C	Todesfälle	% C
Grippe	5.700	29%	50.200	35%
KH-Keime	10.000	50%	80.000	55%
Summe	15.700	79%	130.200	90%
Impfen, EMF	4.300	21%	14.800	10%
»COVID«	20.000	100%	145.000	100%

Abb. 05 (Datenquelle: Fn 138 bis 141)

Der Begriff »COVID« wird allem Anschein nach als Sammelbecken für die Wirkungen von Grippe, Krankenhauskeimen, Impfschäden und technischen EMF-Strahlungen missbraucht. Für diese logische Erklärung braucht man kein Studium, ja nicht einmal Abitur. Dafür reichen Hausverstand und mathematische Grundkenntnisse völlig aus. Doch der in der C-Diktatur politisch-medial generierte Angststress und der damit verbundene Anstieg der Hirnwellen auf High-Beta oder mehr schalten aufgrund der **Entkoppelung** vom Schwingungsfeld der Erde Hausverstand und Empathie aus. Anstatt ihre eigenen Gedanken zu entwickeln oder zumindest auf ihr Herz zu hören, unterwirft sich die Masse der Bevölkerung den schädlichen Anordnungen ihrer Unterdrücker.

Dahinter verbergen sich garantiert wieder die Phänomene der Projektion und der Angstabwehr. Sobald nämlich der ganze Schwindel und die Illegalität des Zwangs auffliegen, drohen den Verantwortlichen extrem hohe Strafen. Daher operiert – wie schon im Ersten Weltkrieg – auch im Rahmen der C-Diktatur eine politisch-mediale Propagandamaschinerie mit einer rücksichtslosen **Täter-Opfer-Umkehr**. Mit absurden Pseudoargumenten werden gesunde Menschen, die eigentlichen Opfer, massiv verängstigt und als potenzielle Täter bzw. »Gesundheitsgefährder« gebrandmarkt, damit sie sich zum vermeintlichen Schutz Schwächerer »freiwillig« demütig unterordnen, selbst einschränken und gesundheitlich schädigen: Isolation, Maske, Impfung. Die jedem Menschen innewohnende gesunde Lösung, nämlich die natürliche Immunität, wird zum Problem umgedeutet. Eigentliche Opfer mutieren als obrigkeitshörige Mitläufer zu Mittätern der Regierung, indem sie von ihren Mitmenschen die Einhaltung absurder Corona-Maßnahmen einfordern. Dieses unreflektierte, extrem asoziale Verhalten wurzelt in der Angstabwehr durch Projektion, die ihnen frühzeitig in der Matrix antrainiert wurde.

> Bei breiten Teilen der Bevölkerung scheint der Hausverstand dermaßen vernebelt worden zu sein, dass sie das **Naturrecht** auf freie Entscheidung über unseren eigenen Körper ignorieren. Das darf jedoch nicht darüber hinwegtäuschen, dass uns das von der Existenz bzw. Gott gegebene Recht auf körperliche Integrität das wichtigste aller Freiheitsrechte ist. Niemand kann es uns nehmen, wenn wir es nicht zulassen. Es liegt an uns, ob wir uns feige beugen oder ob wir unseren Körper selbst schützen, natürlich-autonom gesund bleiben und dadurch unsere individuelle Freiheit verantwortungsbewusst ausleben.

Das vor COVID mehrheitlich anerkannte Naturrecht auf körperliche Selbstbestimmung wurde von mir im Dezember 2020 wie folgt definiert:

> *» Wir Menschen haben ein naturgegebenes bzw. natürliches Recht auf die Freihaltung unseres Körpers vor unerwünschten Eingriffen. Es handelt sich um einen tief (genetisch und psychisch) in uns angelegten Selbsterhaltungstrieb und damit um das stärkste naturrechtliche Prinzip überhaupt. Es ist unaufhebbar und demnach stärker als die verfassungsrechtlich garantierten Grundrechte auf Leben und körperliche Unversehrtheit mitsamt ihren ohnehin illegalen Gesetzesvorbehalten.«*[142]

Diese Rechtsansicht hat die Europäische Kommission bis Ende Januar 2021 mit Resolution 2361 insofern **bestätigt**, als sie hinsichtlich der sogenannten COVID-Impfungen jede Form sowohl des Drucks als auch der Diskriminierung ausdrücklich ablehnt.[143] Besagte Entscheidung ist umso interessanter, als sie zu einer Zeit verabschiedet wurde, in der man noch, zumindest offiziell, an eine »schwere Pandemie« geglaubt hat. Dadurch ist bekräftigt, was im Buch *Corona-Diktatur* bewiesen wird:

Ein Impfzwang wäre sogar dann illegal, wenn COVID eine schwere Pandemie wäre und es einen tauglichen Impfstoff gäbe.[144] Bekanntlich liegt aber ohnehin beides nicht vor. Folglich ist bei COVID ein Impfzwang aus korrekter juristischer Sicht von Vornherein absolut undenkbar und ausgeschlossen.

Exakt das bestätigt auch eine der wichtigsten medizinischen Expertisen im Zusammenhang mit COVID: die Großstudie aus Israel vom 25.08.2021. Die Auswertung der Patientendaten von 2,5 Millionen Israelis im Vergleichszeitraum von 17,5 Monaten ergibt eindeutig, »dass die natürliche Immunität **länger** anhaltend und **stärker** wirkt« als der angebliche Schutz des Präparats von Biontech / Pfizer.[145] Diese Aussage wurde von der Universität von Oxford im April 2022 vollinhaltlich bestätigt.[146] Somit darf aus rechtlichen und medizinischen Gründen niemand zum Impfen genötigt werden. Schließlich ist und bleibt das natürliche Immunsystem die beste und zugleich kostengünstigste Waffe gegen COVID bzw. die Grippe und ähnliche Krankheiten. Dennoch bewirkte ein riesiges politisch-mediales Blendwerk ein beispielloses **Totalversagen** der Justiz, wodurch die Bevölkerung mehrfach und intensiv geschädigt wird.

Impfbedingte Bevölkerungsreduktion

Eine korrekte juristische Prüfung der 12 hinlänglich bekannten Corona-Maßnahmen vom Abstandhalten bis zum indirekten Impfzwang ergibt anhand von jeweils sechs höchstgerichtlich definierten Kriterien eine hochgradige Verfassungswidrigkeit, die vor 2020 sogar unter dem korruptesten Regime der Welt undenkbar gewesen wäre. Für das Verbot einer Maßnahmenverhängung würde zwar ein einziges nicht erfülltes Kriterium genügen, tatsächlich sind jedoch bei allen 12 Maßnahmen jeweils sämtliche sechs Kriterien nicht erfüllt. Das ist die traurige **Realität:**

1. Keine Eingriffssituation
2. Keine legale Ermächtigung
3. Kein legitimes Ziel
4. Keine Eignung des Mittels
5. Keine Notwendigkeit des Mittels
6. Keine Adäquanz des Mittels

Das ist der ultimative verfassungsrechtliche Bankrott.[147] Besonders deutlich tritt er beim Zwang zur sogenannten **Impfung** zutage. Obwohl es sich bei den Injektionen de facto um gentechnisch produzierte Dauerattacken auf das menschliche Immunsystem handelt, wird im Folgenden der geläufige Begriff »Impfung« verwendet.

Ad 1. Keine Eingriffssituation. Das erste und wichtigste Kriterium war zu keiner Zeit gegeben. Schließlich ist COVID, wie gesagt, nichts anderes als die **Grippe**, bei welcher der eigenverantwortliche Schutz der rechtzeitig bekannten Risikogruppen leicht erreichbar gewesen wäre. Folglich liegt keine reale Notlage vor, weshalb jeder Eingriff in unsere Freiheit illegal ist.[148] Hier könnte die rechtliche Prüfung eigentlich enden. Jedoch wird das simple und unwiderlegbare Faktum der nicht vorhandenen Eingriffssituation von der Masse der medizinischen, politischen, journalistischen und beamteten Entscheidungsträger zumindest bis zum Sommer 2022 völlig ignoriert. Die meisten Staatsanwälte und Höchstrichter haben anscheinend nicht genügend Grips oder Mumm, das auszurufen, wofür im Märchen *Des Kaisers neue Kleider* einem kleinen Kind gedankt wird: Der Kaiser ist nackt!

Das ist die verfaulte Wurzel eines einzigartigen verfassungsrechtlichen Fiaskos, das sich auch durch alle weiteren Kriterien zieht.

Ad 2. Keine legale Ermächtigung. Auch die vom Gesetzgeber vorgenommene schrankenlose Ermächtigung eines einzelnen obersten Verwaltungsorgans, des Gesundheitsministers, zum Eingriff in unsere Grundrechte ist mehrfach illegal. Besonders darin liegt meines Erachtens ein **Hochverrat** in Form des Verfassungsverrats.[149]

Ad 3. Kein legitimes Ziel. Das offiziell behauptete Ziel der »krisenadäquaten Auslastung der intensivmedizinischen Kapazitäten« kann gar nicht ernsthaft verfolgt worden sein, zumal sogar während der vermeintlichen Hochphase der »Pandemie« ganze Krankenhäuser geschlossen, Gesundheitspersonal in Kurzarbeit geschickt und Intensivbetten **abgebaut** wurden. Sollte durch derart absurde Maßnahmen überhaupt erst der Eindruck einer schweren epidemischen Lage erzeugt werden? Meine Beurteilung lautet: Ja.[150]

Ad 4. Keine Eignung des Mittels. Trotz relativ leichter Begreifbarkeit der vorgenannten drei juristischen Erwägungen scheint die Mehrheit der Menschen erst durch persönlichen Schmerz zu lernen. Dazu trägt die mangelnde Eignung der Impfstoffe bei. Vorweg ist anzumerken, dass gemäß medizinisch-statistischen Analysen Impfstoffe vor allem gegen Tuberkulose, Diphterie, Masern und Pocken **nicht** in der Lage sind, die Gefährlichkeit von Seuchen oder gar die Sterblichkeit zu senken. Es ist vielmehr so, dass die Sterbezahlen ab dem Ende des 19. Jahrhunderts von selbst zurückgingen, als die natürliche Immunität durch die Verbesserung der Lebensbedingungen gestärkt war. Wie die US-amerikanische Ärztin Dr. Suzanne Humphries stichhaltig nachweist, fielen die vormals hohen Sterbezahlen deutlich nach unten, lange bevor die Impfstoffe überhaupt erst entwickelt wurden. Dennoch werden bis heute sogar Kinder nachweislich **krankgeimpft.** Übrigens stellt die dritthäufigste Todesursache weltweit die Verabreichung verschreibungspflichtiger Medikamente dar.[151]

Schon viele Jahre vor COVID war die Unwirksamkeit (nicht verhinderte Ansteckung) und Unsicherheit (schädliche Nebenwirkungen) sogenannter Corona-Impfstoffe mit etlichen Studien belegt. Zudem kann aus logischen Gründen ein Impfstoff nicht gegen permanente Virus-Mutationen wirken, die erst nach der Herstellung auftreten. Entgegen diesen Fakten wurde die reguläre Herstellungszeit von etwa 180 Monaten auf rund 10 Monate reduziert. Das entspricht einer Verkürzung um **95 Prozent.** Sohin sind mittel- oder gar langfristige Testergebnisse unmöglich. Aufgrund der zeitlichen Überlappung der Studienphasen (Phasen-Teleskopierung) können aber auch kurzfristig auftretende schädliche Wirkungen kaum oder gar nicht berücksichtigt werden. Trotz negativer Testergebnisse an Tieren in der präklinischen Phase ging man sofort auf menschliche Probanden in den klinischen Phasen über. Es ist daher kein Wunder, dass aus den **Herstellerstudien** von Astrazeneca und Biontech/Pfizer Ende 2020 sowohl die Unwirksamkeit als auch die Gesundheitsschädlichkeit der Mittel hervorgeht. Dennoch hat man – unter Ausblendung jeder medizinischen und juristischen Logik – den Herstellern Notzulassungen, Haftungsfreistellungen und Abnahmegarantien gewährt. Diese historisch einzigartige, hochkriminell anmutende Herangehensweise verhilft gentechnisch erzeugten Dauerangriffen auf das menschliche Immunsystem zum Durchbruch, weshalb schon frühzeitig eine enorme Häufung und Bandbreite an schädlichen Nebenwirkungen zu erwarten war.[152]

Gemäß einer Studie der Universität Ulm vom Mai 2021 wurden im Impfstoff von Astrazeneca Verunreinigungen mit humanen und viralen Proteinen entdeckt.[153] Kurz darauf gab das deutsche Gesundheitsministerium bekannt, dass man im zeitlichen Zusammenhang mit der Injektion des Astrazeneca-Präparats **Hirnvenenthrombosen** und andere thrombotische Ereignisse festgestellt hat. Hierzu empfiehlt die Ständige Impfkommission bedenklicherweise, das genannte Präparat nur Menschen über 60 zu verabreichen,[154] obwohl die Substanz – sogar laut Medienberichten – an keinem einzigen Menschen mit einem höheren Alter als 55 getestet worden war.[155] Zudem ergibt sich gemäß meiner Beurteilung bereits aus der Herstellerstudie von Ende 2020, dass man mit dem Pfizer-Injektionsmittel das fünffach höhere Risiko einer schweren Erkrankung an COVID hat als ohne.[156] In diesem Zusammenhang beweist die erwähnte Großstudie aus Israel die weit **höhere Gefährlichkeit** des Pfizer-Impfstoffs gegenüber der natürlichen Immunität: ca. **13-fach** höheres Risiko der Infektion mit SARS-CoV-2, ca. **6-fach** höheres Risiko des »Ausbruchs«, ca. **7-fach** höheres Risiko der Erkrankung an COVID und wesentlich höheres Risiko der Hospitalisierung.[157] Im selben Kontext bestätigt die erwähnte Oxford-Studie vom April 2022, dass COVID-Geimpfte »ein 13,06-fach (...) erhöhtes Risiko für eine Durchbruchinfektion mit der Delta-Variante im Vergleich zu Ungeimpften hatten.«[158]

Die mRNA-basierten »Impfstoffe von Pfizer und Moderna sind mit einem erhöhten Risiko für **schwerwiegende** unerwünschte Ereignisse« aufgefallen. Das bestätigt eine umfangreiche internationale Studie, die Ende Mai 2022 unter Beteiligung von vier US-amerikanischen Universitäten erstellt wurde, darunter auch die weltberühmte Stanford University. Konkrete Ergebnisse sind vernichtend für die Impf-Lobby: »Die Pfizer-Studie zeigte ein um **36 Prozent** höheres Risiko schwerwiegender unerwünschter Ereignisse in der Impfstoffgruppe«, während bei Moderna »ein um **6 Prozent** höheres Risiko« gegenüber der nicht geimpften Placebo-Gruppe festgestellt wurde. In Kombination »bestand ein um **16 Prozent** höheres Risiko schwerwiegender unerwünschter Ereignisse bei Empfängern von mRNA-Impfstoffen.«[159] Dazu passend, belegt eine universitäre Studie aus Schweden vom Oktober 2021, dass Spike-basierte Impfstoffe potenziell »die adaptive Immunität **behindern**« und dadurch deren »mögliche Nebenwirkungen in voller Länge bestätigt« werden.[160] Ende Oktober 2021 wurden die Ergebnisse umfassender Untersuchungen aus China im renommierten Wissenschaftsjournal *Nature* veröffentlicht. Darin beweisen 26 Wissenschaftler »konsistente pathophysiologische Veränderungen nach der Impfung mit COVID-19-Impfstoffen.« Das bedeutet, dass die durch Impfstoffe bewirkte genetische Umprogrammierung des Immunsystems zu **bleibenden Funktionsstörungen** führt.[161] Daher muss die Beurteilung deutscher Rechtsanwälte stimmen, dass die Geschädigten an einer impfbedingten Immunschwäche namens V-AIDS (Vaccine-Acquired Immune Deficiency Syndrom) leiden und folglich »das Immunsystem durch die Impfung irreparabel zerstört« wird. Darüber wird Mitte Juni 2022 im deutschen *Presseportal* berichtet.[162]

Achtung! Gentechnisch erzeugte Impfstoffe blockieren oder zerstören die Fähigkeit zur laufenden Anpassung der Abwehrfunktionen des menschlichen Immunsystems. Die Richtigkeit besagter Studien wird von unzähligen realen Schadensfällen und offiziellen statistischen Daten vollinhaltlich bestätigt. Diese kann man ganz leicht im Internet abrufen. Im vorliegenden Buch genügt eine kleine, aber aussagekräftige Auswahl.

Dass die Impfstoffe nicht einmal gegen die harmlose Omikron-Variante schützen, verrät ein Lagebericht des RKI (Robert Koch Instituts) Ende 2021: Nur 10,5 Prozent waren nicht geimpft, sprich 1.097 von 10.443 erfassten Fällen. Folglich waren **89,5 Prozent** geimpft, davon knapp 38,5 Prozent bzw. 4.020 Fälle vollständig.[163] Wer nun denkt, die Injektionen hätten vor schwereren Verläufen geschützt, irrt gewaltig. Anfang November 2021 gestand ein Arzt gegenüber dem ORF, dass in Österreich damals schon »mehr als 50 Prozent der Spitalspatienten doppelt geimpft« waren.[164] Dass es faktisch ca. zwei Drittel sein müssen, ergibt sich aus den gewissenhaft aufbereiteten Fakten im deutschen Nachbarland: Das RKI berichtete Anfang März 2022, dass im Zeitraum vom 31.01. bis zum 27.02.2022 nur 34,3 Prozent der intensivmedizinischen Aufnahmen nicht geimpft waren, also lediglich rund ein Drittel. Sohin waren knapp **zwei Drittel** (65,7 Prozent) geimpft. Bei mehr als der Hälfte (54,6 Prozent) ist ein »vollständiger Impfschutz« eingetragen, 31,9 Prozent gelten als »geboostert«.[165] Auf diese Fakten bezugnehmend, verkündeten auch deutsche Medien wie der MDR: »Anteil von Geboosterten auf den Intensivstationen nimmt rasant zu.«[166]

Achtung! Wer sinnerfassend lesen und logisch denken kann, dem muss klar sein, wogegen die Impfungen wirklich schützen oder immunisieren: gegen das **eigene** Immunsystem. Das ergibt sich aber ohnehin schon aus den erwähnten Herstellerstudien, die seit Ende 2020 vorliegen.

Dass sie der deutsche Gesundheitsminister Prof. Dr. Karl Lauterbach sinnerfassend gelesen hat, ist so gut wie ausgeschlossen. Aber immerhin gab er bei seiner Ansprache vor dem Verband der Privaten Krankenversicherung am 02.06.2022 offen zu, »dass die Immunität in den letzten Jahren zurückgegangen ist, weil die Schutzmaßnahmen auch dort geschützt haben, sodass sich dort eine **Immunitätslücke** aufbauen konnte.«[167] Lauterbachs Feststellung, dass die von der Regierung verfügten Maßnahmen die Immunität der Bevölkerung geschädigt haben, ist zwar nachweislich korrekt. Katastrophal daneben sind jedoch seine wahnwitzigen Folgerungen: **Autoimmundefekte** würden »bedeuten, dass die Impfung wirkt, aber sie wirkt nicht so gut.«. Nötig sei daher der Ausbau der »Teststrategie« und »Impfstrategie« mit drei neuen Impfstoffen, deren Wirksamkeit jedoch, so Lauterbach, völlig unbekannt ist.[168] Fairerweise anzumerken ist, dass Lauterbach, den ich für einen unfreiwilligen Kabarettisten halte, keinesfalls ein politischer Ausnahmefall ist, sondern viel mehr ein Paradebeispiel alltäglich demonstrierter Inkompetenz, wenn auch in ungewohnt herzlicher und besonders anschaulicher Form.

Die injizierten Substanzen bewirken jedenfalls das glatte Gegenteil von dem, was sie offiziell bewirken sollen. Weil zwei Drittel der Intensivpatienten geimpft sind, wird die Erreichung des vermeintlichen Ziels der schonenden Auslastung der intensivmedizinischen Kapazitäten gerade durch besagte Injektionen **verhindert**. Die zuvor anscheinend mutwillig geschwächte Intensivmedizin wird augenscheinlich ebenso mutwillig mit geimpften Patienten belastet. Aber auch dadurch kann zumindest bis zum Sommer 2022 das Bild einer epidemischen Notlage nicht erzeugt werden. Schließlich waren Anfang März 2022 lediglich 10,3 Prozent der deutschen Intensivbetten mit COVID-Patienten belegt,[169] in Österreich gar nur 2 Prozent.[170] Das könnte sich jedoch in absehbarer Zeit schlagartig ändern. Es besteht die Gefahr, dass sich die Spitäler ab dem Spätherbst 2022 regelrecht mit Geimpften füllen. Dafür sprechen die kontinuierlich steigenden Schadensmeldungen und Übersterblichkeiten.

Mit Stand vom 20.08.2022 wirft die Datenbank der Europäischen Arzneimittelagentur EMA insgesamt **mehr als 2 Millionen** gemeldete Impfschäden aus. Darin sind die sehr hohen Zahlen des Vor- und Spitzenreiters Israel nicht enthalten.[171] Ebenfalls nicht enthalten ist eine extrem hohe Anzahl noch nicht erkannter und gemeldeter Fälle. Unter Berücksichtigung einer eher vorsichtig angenommen Dunkelziffer von 90 Prozent wurden nach rund 1,5 Jahren höchstwahrscheinlich **mehr als 20 Millionen** Europäer durch Impfungen unnötig krank gemacht bzw. gesundheitlich geschädigt. Das sind mehr als doppelt so viele Menschen als in Österreich leben (siehe dazu Abb. 06).

Die Meldequote wird von Schuldmedizinern wie dem Internisten Dr. Erich Freisleben mit nur 4 Prozent angenommen. Die Dunkelziffer muss daher extrem hoch sein,[172] also 96 Prozent. Auf fast dasselbe Ergebnis – 95 Prozent – kommt eine wissenschaftliche Datenauswertung im *Transparenztest* vom Januar 2022. Nach einem ultrakurzen Zeitraum von 11 Monaten ist festzustellen: »18-fache Meldungen von mutmaßlichen Nebenwirkungen, 21-fache von Todesfällen nach mRNA Imp-

Impfschäden in Europa per 20.08.2022 (gemäß EMA)

Substanz-Hersteller	Art	Meldungen	Anteil
Biontech / Pfizer	mRNA	1.088.652	54,3%
AstraZeneca	DNA (doppelt, Vektor)	517.710	25,8%
Moderna	mRNA	328.720	16,4%
Janssen	DNA (doppelt, Vektor)	67.623	3,4%
Novavax	rekombinant (Protein)	1.225	0,1%
Summe		**2.003.930**	100,0%
Dunkelziffer 90%		18.035.370	
Gesamt		**20.039.300**	

Abb. 06 (Datenquelle: Fn 171)

fungen gegenüber allen anderen Impfstoffen aus dem Zeitraum 2000-2020.« Diese Zahlen **erhöhen** sich allerdings entsprechend der Verabreichung der zweiten Dosis oder weiterer Dosen.[173] Die unbequeme Wahrheit kommt Ende Mai 2022, langsam aber doch, auch in den deutschen Leitmedien an. So verkündet das deutsche *Presseportal*: »Impfschäden schwerwiegender als erwartet.«[174]

Laut einer Aufstellung der Kassenärztlichen Bundesvereinigung litten in Deutschland allein im Jahr 2021 knapp 2,5 Millionen Menschen an den codierten Nebenwirkungen der COVID-Impfung. Das sind bei mehr als 172 Millionen Impfungen immerhin 1,45 Prozent. Zum Vergleich: 2020 hat der Prozentsatz der Nebenwirkungen nur 0,25 Prozent betragen, sprich 76.332 von knapp 30 Millionen.[175] Die Anzahl der Nebenwirkungen ist somit auch im Verhältnis extrem angestiegen, konkret um das **5,6-fache**.

Auch die Zahlen des Todes steigen. Die europäische Sterbestatistik EUROMOMO weist für Österreich, Deutschland, Israel und Schweiz in der sogenannten kritischen COVID-Phase ab dem Frühjahr 2020 gar keine oder nur einmal eine Übersterblichkeit aus. Erstmals ab Herbst 2020, dem Beginn der Massenimpfungen, **steigen** die Sterbezahlen auffällig hoch. Bis inklusive Ende August 2022 sind pro Nation jeweils zwischen zwei und vier Zeitpunkte mit Übersterblichkeiten abgebildet.[176] In Abbildung 07 sieht man diese Übersterblichkeiten als Spitzen (Peaks) über der jeweiligen oberen strichlierten Linie.

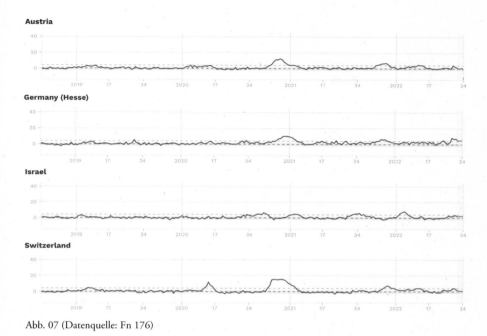

Abb. 07 (Datenquelle: Fn 176)

Vor exakt diesen schrecklichen Wirkungen hatten etliche hochrangige Experten bereits seit Ende 2020 gewarnt. An erster Stelle zu nennen ist der für die Entdeckung des HIV mit dem Nobelpreis ausgezeichnete Prof. Dr. Luc Montagnier. Im Fernsehen erklärte Montagnier zum einen, dass es der größte Wahnsinn sei, in eine laufende Pandemie hinein zu impfen, weil dadurch das Virus zu schnelleren und schärferen Mutationen gezwungen wird. Zum anderen hat der französische Experte bereits im Mai 2021 Folgendes beobachtet: »Der Kurve der Impfungen folgt die Kurve der Todesfälle.«[177] EUROMOMO gibt ihm Recht. Demnach ist es verständlich, wenn der vormalige Vizechef und wissenschaftliche Leiter des Pharma-Riesen Pfizer Dr. Michael Yeaden seine Besorgnis wie folgt ausdrückt: »Wir stehen an der Pforte zur Hölle!«[178] Aus der Sicht eines verantwortungsbewussten Mediziners ist genau das der Fall. Im Juli 2021 stellte der Erfinder der mRNA-Impfstoffe Dr. Robert Mallone anhand offengelegter Quellen entrüstet fest, »dass die Länder mit der höchsten Durchimpfungsrate einen Anstieg der COVID-19-Fälle erleben, während die am wenigsten geimpften Länder dies nicht tun.«[179] Eine plausible Erklärung dafür liefert der Erfinder der mRNA-Technologie Dr. Luigi Warren: »Einige Impfstoffempfänger werden (...) vorübergehend zu Virus-Superspreadern.«[180]

»Krankenhausaufenthalte werden ins Unermessliche steigen«, prognostiziert Dr. Geert Vanden Bossche, der ehemalige Leiter der Bill and Melinda Gates Foundation und Programmmanager der Globalen Allianz für Impfstoffe und Immunisierung (GAVI). In einem Interview vom 18.05.2022 erklärt Dr. Vanden Bossche, einer der talentiertesten Impfstoffentwickler weltweit, in den nächsten zwei Monaten käme es zu einer Explosion schärferer Corona-Varianten in hochgeimpften Ländern. Für hochvirulente und infektiöse Varianten seien die Geimpften besonders anfällig. Weil ihr angeborenes Immunsystem **impfbedingt unterdrückt** wird, werden sich bei den Geimpften die relativ milden Erkrankungen »bald verschlimmern und durch schwere Erkrankungen und Todesfälle ersetzt werden.«[181] Die Richtigkeit dieser Prognose wird von den erwähnten statistischen Fakten bestätigt. Die offiziellen Angaben des stellvertretenden Gesundheitsministers von Kanada über die Anzahl der COVID-Impfungen, Hospitalisierungen und Sterbefälle hat die Immunologin, Mathematikerin, Biochemikerin und Molekularbiologin Dr. Jessica Rose Ende Juni 2022 gut verständlich auf den Punkt gebracht:

> *»mehr Dosen = mehr Fälle*
> *= mehr Hospitalisierungen = mehr Todesfälle«.*[182]

Summa summarum liegt auf der Hand, dass durch die Impfungen nur wenige oder gar niemand vor Schlimmerem bewahrt wird, sondern unnötigerweise sehr viele Menschen geschwächt und getötet werden. Die durch Impfstoffe ausgelösten Infektionen, Krankheiten und Todesfälle **erzeugen** überhaupt erst das Bild einer Pandemie. Das ist die einzige logische Erklärung für 89,5 Prozent Omikron-Fälle mit zuvor erfolgter Impfung, steigende Impfschadensmeldungen, zwei Drittel Geimpfte auf den Intensivstationen und erhöhte Sterberaten ab den ersten Massenimpfungen.

COVID-Impfstoffe **töten etliche ungeborene Babys** – viel mehr als jeder andere Impfstoff. Gemäß dem Bericht des US-amerikanischen Meldesystems für unerwünschte Ereignisse bei Impfstoffen (VAERS) vom Juni 2022 starben zwischen Dezember 2020 und März 2022 offiziell 3.816 Babys, nachdem ihre Mütter geimpft worden waren. Der Masse, konkret 73,9 Prozent, wurde das Produkt von Biontech / Pfizer injiziert. Im Vergleichszeitraum von 25 Jahren macht unter allen Präparaten die durch COVID-Impfstoffe verursachte Todesrate von Babys oder Föten sage und schreibe **57 Prozent** aus. Die bisher gemeldete Menge ist aber »wahrscheinlich nur ein Bruchteil der tatsächlichen Zahl unerwünschter Ereignisse wie spontaner Abtreibungen und fötaler Todesfälle.«[183]

Gegenüber den Vorjahren sind die Lebendgeburten in Deutschland im ersten Quartal 2022 stark rückläufig. Laut den Daten des Statistischen Bundesamtes kamen in den Monaten Januar bis März 2022 insgesamt 164.614 Kinder zur Welt. Das ist der siebtniedrigste Wert seit 1950, der niedrigste Wert seit 2014, knapp 10 Prozent weniger als im Vorjahr und ca. **11 Prozent** weniger als im Durchschnitt der Jahre 2019 bis 2021.[184] Dieser starke Geburtenrückgang ist vermutlich nicht allein mit psychosozialen Ursachen zu erklären.

Mit an Sicherheit grenzender Wahrscheinlichkeit werden durch COVID-Impfstoffe unzählige Schwangerschaften verhindert. Wenn Dr. Wolfgang Wodarg wieder einmal Recht behält, stellen nämlich die Impfungen zusätzlich einen massiven Angriff auf die menschliche Fortpflanzungsfähigkeit dar. Anscheinend wird das für die Bildung der Placenta und die Einnistung der befruchteten Eizelle in der Gebärmutter verantwortliche Protein Syncytin-1 durch die Wirkung der gentechnischen Impfstoffe beschädigt oder ganz vernichtet. Eine **Massensterilisation** jüngerer Menschen würde neben dem verfrühten Ableben von Risikopatienten und der nachhaltigen Immunschädigung der restlichen Bevölkerung einen schleichenden und qualvollen Genozid bzw. **Homozid** bewirken.[185]

Just diesen Effekt wünschte sich Microsoft-Gründer Bill Gates bereits im Jahr 2010. Unwiderlegbar in Ton, Bild und Schrift festgehalten, erklärte Gates, dass er zwecks Verminderung des CO_2-Ausstoßes die Weltbevölkerung reduzieren möchte, mitunter mit **Impfstoffen**. Und 2020 erklärte er auch im deutschen Fernsehen, dass er die gesamte Weltbevölkerung »durchimpfen« will.[186] Zur Wiederholung:

- Ankündigung 1: Bevölkerungsreduktion durch Impfstoffe
- Ankündigung 2: Impfstoffe für alle Menschen
- Ergebnis: Schleichender Homozid

Im Rahmen eines schleichenden Homozids ist das große Ziel der Bevölkerungsreduktion in folgende **Zwischenziele** zu untergliedern:

- Unmittelbarer Tod (Risikogruppen)
- Nachhaltige Immunschäden
- Dauerhafte Unfruchtbarkeit[187]

Achtung! Einerseits wird über das Ausmaß des menschlichen Einflusses auf den erhöhten CO^2-Ausstoß zwar schon lange und heftig, aber teils fruchtlos diskutiert. Andererseits muss jedoch an das unbestreitbare Faktum erinnert werden, dass die ungebremste **Überbevölkerung** sowohl der Menschheit selbst als auch dem gesamten Planeten schadet. Schließlich steht fest, dass die Population nicht linear wächst, sondern exponentiell, sprich sich regelmäßig vervielfachend.

Seit dem Jahre Null mit etwa 0,3 Milliarden Menschen ist die Weltbevölkerung bis 1650 auf 0,5 Milliarden[188] und danach wegen der Industrialisierung bis zum Jahr 1950 auf rund 2,5 Milliarden angewachsen. Demnach hat sich die Menschheit in nicht einmal 2.000 Jahren mehr als verachtfacht. Das entspricht einer Verdoppelung etwa alle 300 Jahre. In den 300 Jahren von 1650 bis 1950 hat sich die Bevölkerung allerdings verfünffacht, was einer Verdoppelung etwa alle 120 Jahre gleichkommt. Nach dem Zweiten Weltkrieg, etwa ab 1950, erfolgte der bisher größte Wachstumssprung: Bis **2020** waren wir sage und schreibe **7,8 Milliarden**,[189] Ende Juli 2022 knapp 8 Milliarden (7,97).[190] Die Menschheit hat sich also in nur 70 Jahren mehr als verdreifacht, was einer Verdoppelung etwa alle 50 Jahre bedeutet. Aufgrund der verkürzten Vervielfachungszeiträume spricht man auch vom superexponentiellen Wachstum.[191] Auf die fatalen Auswirkungen der Ignoranz gegenüber der Exponentialkurve hat der US-amerikanische Physikprofessor Dr. Al Bartlett schon ab 1969 hingewiesen. Bereits ein relativ niedrig angenommenes jährliches Wachstum der Weltbevölkerung von 1,3 Prozent führt nach nur 53 Jahren zur **Verdoppelung**. Ausgehend von 6 Milliarden im Jahr 1999, hätten wir im Jahr 2052 rund 12 Milliarden, 2105 unfassbare 24 Milliarden Menschen.[192] Danach ginge, wie Abbildung 08 andeutet, die Kurve sogar noch steiler hinauf.

Etwa im Jahr 2780 wäre die Bevölkerungsdichte so hoch, dass für jeden Menschen nur noch ein Quadratmeter Festland übrigbliebe. Allerdings pendelt sich das Bevölkerungswachstum in den Industrieländern nach und nach ein. Der westliche Lebensstandard resultiert in höherer Lebenserwartung und weniger Nachwuchs. Da die Ressourcen dieses Planeten bekanntlich begrenzt sind, ist von hoher Relevanz, dass der verschwenderische Lebensstil des Westens den **30fach** höheren Verbrauch nach sich zieht als in Entwicklungsländern.[193] Im Jahr 1972 wurde erstmals eine von Wissenschaftlern des *Club of Rome* verfasste Prognose über die Entwicklung der Menschheit in Buchform veröffentlicht. Wie schon der Titel *The Limits of Growth* des Weltbestsellers verrät, hat jedes Wachstum seine Grenzen. Gemeint sind die natürlichen Ressourcen der Erde, die bald erschöpft seien. Laut der Expertengruppe

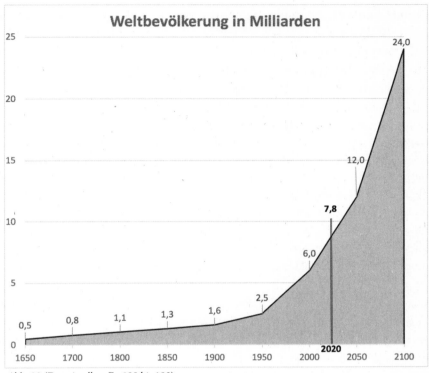

Weltbevölkerung in Milliarden

Abb. 08 (Datenquellen: Fn 188 bis 192)

wächst jedenfalls die Weltbevölkerung **mindestens** exponentiell, und mit ihr die Umweltverschmutzung.[194]

Exponentialkurven sind ein rein menschliches Phänomen. Das untermauert die erwähnte Schlussfolgerung, dass der denaturalisierte Mensch außerirdische Wurzeln hat. Im Gegensatz zur Welt der Menschen wächst in der Natur, wenn sich der Mensch nicht einmischt, überhaupt nichts für immer weiter. Schließlich sind Ökosysteme »grundsätzlich recht stabile Zustände von komplexen Systemen.« Deren Schwingungsausschläge sind »so gedämpft, dass ein dynamischer Stabilitätszustand vorherrscht, ein sich **selbst** regulierendes System.«[195]

Die Natur ist ohne drastische Eingriffe und Plünderung durch den Menschen im Zustand der Harmonie. Das dient dem Erhalt der Artenvielfalt – und damit auch dem Menschen selbst.

Der Mensch erschafft zwar immer neue Exponentialkurven, die er jedoch nicht versteht: maßlose Renditenträume, platzende Spekulationsblasen, digitales Kapitalwachstum, staatliche Verschuldungskurven, unüberschaubare Anhäufung ungenutzten Wissens, Anzahl und Tempo der technischen Beförderung von Menschen und Waren, explodierende Kriminalitätsraten, steigende Gewaltbereitschaft, Massenzuwanderung, Bildungsnotstand, Politikverdrossenheit und so weiter. In einigen Bereichen haben wir Menschen den Bogen der Natur bereits weit überspannt: Abgeholzte Urwälder, abgestorbene Korallenriffe und ausgestorbene Tierarten sind für immer verloren. Der weltweite Fischfang hat seinen Peak, die oberste Spitze der Kurve, längst erreicht, weshalb »der plötzliche Zusammenbruch der Ernährungsgrundlage von mehr als einer Milliarde Menschen besiegelt« ist. Auf all das haben zehn deutsche Professoren auf den Gebieten Physik, Biophysik, Medizin, Wirtschaft, Informatik, Recht etc. schon 2013 öffentlich hingewiesen.[196]

In ihrem Buch *Höllensturz und Hoffnung* stellen die hochrangigen Experten klar, dass der menschliche Geschwindigkeitswettbewerb durch die Globalisierung zusätzlich angeheizt wird: »jeder gegen jeden – rund um die Uhr und rund um die Welt.« Folglich wird alles immer unüberschaubarer und unberechenbarer. Für die Menschheit stellt es aber ein großes Risiko dar, wenn sich der Point of no Return, also der Zeitpunkt der **Unumkehrbarkeit** menschlich in Gang gesetzter Exponentialkurven, nicht genau bestimmen lässt. Erstens ist der Zeitraum zwischen der Erkenntnis eines möglichen Schadens und der Unumkehrbarkeit typischerweise sehr gering, sprich nur ein kurzer Augenblick. Zweitens sieht der Beginn einer totalen Zerstörung komplexer Systeme »aus wie ein einfacher Pendelausschlag.« Daher könnte es sein, dass in unserer schon länger vorherrschenden Metakrise der Zeitpunkt der Unumkehrbarkeit längst hinter uns liegt. Eine zeitnahe Metakatastrophe mit der totalen Zerstörung unserer Kultur scheint denkbar zu sein, wie schon 2013 ein Blick auf den Finanzmarkt gezeigt hat: Bis dahin war jede Wirtschaftskrise größer als die vorhergehende. Dasselbe gilt für die Amplituden der Kurven von Burnout-Fällen, von Sinnkrisen, von der Verschlechterung der Volksgesundheit etc. Auch aufgrund der dynamischen Komplexität ist es gut möglich, dass die Entwicklung zur unumkehrbaren Selbstzerstörung längst **begonnen** hat.[197]

Was bedeutet das für das bisher rapide Wachstum der Weltbevölkerung? Abbildung 08 zeigt die markanten Kurvenlagen der Jahre 2000 bis 2020. Aus ihnen konnte rechtzeitig abgeleitet werden, dass die Weltbevölkerung höchstwahrscheinlich bis etwa zum Jahr **2050** einen neuen Höchststand von rund **12 Milliarden** erreicht, sofern kein größeres Ereignis dazwischenkommt. Anderslautende Prognosen über ein zeitnahes Abflachen der Kurve anlässlich der westlichen Geburtenrückgänge übersehen, dass ca. 60 Prozent der Weltbevölkerung auf dem asischen Kontinent leben, dicht gefolgt von Afrika.[198] Daraus sind für die asiatischen und afrikanischen Menschenmassen folgende zwei Entwicklungen ableitbar: 1. Sie bleiben arm, weshalb sie sich weiterhin verstärkt fortpflanzen. 2. Ihr Lebensstandard gleicht sich dem des Westens an, worauf zwar ihre Wachstumsraten allmählich zurückgehen, während aber die natürlichen Ressourcen dieser Erde wesentlich früher enden. Die Auswirkungen beider Varianten wären fatal, ihre zeitlichen Abfolgen nach menschlichem Ermessen weder berechenbar noch beherrschbar.

Das Fazit der Globalisten ist daher korrekt: Die Weltbevölkerung muss auf jeden Fall verringert werden, bevor der nicht mehr korrigierbare Sprung zu 12 Milliarden getan ist und unumkehrbar wird. Folglich musste man spätestens eine Menschengeneration vor 2050 einschreiten, was uns in die Nähe von 2020 bringt. Somit ist das **Ziel** der Bevölkerungsreduktion sinnvoll, weil es dem Fortbestand unserer Spezies, der Artenvielfalt und der natürlichen Ressourcen dient. Jedoch ist das anglo-amerikanische **Mittel** des schleichenden Homozids durch Impfungen satanisch menschenverachtend. Es ist dem **Zweck** der globalen Kontrolle und dem Ziel der Profitmaximierung geschuldet.

> Folglich wiederhole ich meine Empfehlungen (Mittel) zur Lösung des Problems: drastische Senkung des westlichen Ressourcenverbrauchs, Niedrighalten der Geburtenraten im Westen durch rigorose Unterbindung der Einwanderung, Selbstbestimmung der Entwicklungsländer, umweltbewusster Einsatz ihrer Ressourcen. Dies wäre mit wahrheitsgetreuen Infokampagnen und fairen Begleitmaßnehmen möglich. Daher ist die qualvolle, aber profitträchtige Methode anglo-amerikanischer Psychopathen überhaupt nicht erforderlich.[199]

Erfreulich ist, dass und wie Afrika gegen den beabsichtigten Homozid aufsteht. Mitte Juni 2022 hat die Afrikanische Souveränitätskoalition (ASC) ihre Arbeit aufgenommen. International vernetzte Wissenschaftler, Ärzte, Rechtsanwälte, Aktivisten und Journalisten prangern die Rolle der WHO, der UNO und des WEF (Weltwirtschaftsforums) »bei der Impfung von Mädchen und Frauen in Kenia« an: Afrikanische Frauen werden ohne ihr Wissen unfruchtbar gemacht. Diese diabolische Vorgehensweise nimmt die ASC zum Anlass für den generellen »Widerstand gegen undemokratische Entwicklungen, die die Souveränität Afrikas und aller Nationen bedrohen.«[200]

> Die afrikanische Souveränitätsbewegung ist davon überzeugt, dass der gemeinsame, freie und korruptionsfreie Weg der bessere »für unsere Welt in Gesundheit, persönlicher **Autonomie** und nationaler Souveränität« ist. Dieses Projekt könnte zukunftsweisend für die ganze Welt sein.

Bei Massenimpfungen ist im Hinblick auf Volksgesundheit und freiheitlichen Rechtsstaat keine logische Zweck-Ziele-Mittel-Relation denkbar. Vielmehr entspricht die kollektive Impfpflicht dem absurden Zwang zu einer Selbstschädigung, die gar keinen Schutz für Dritte bieten kann. Das ist ähnlich idiotisch, als würden wir uns selbst mit einem Hammer fest auf den Kopf schlagen, damit unsere Nachbarn keine Kopfschmerzen bekommen; oder als würden wir Schwimmwesten tragen, damit andere Erwachsene nicht im knietiefen Kinderbecken ertrinken. Unweigerlich fühlt man sich an das Milgram-Experiment erinnert, bei dem der verzweifelte »Lehrer« falsche Antworten vernimmt und dabei nicht realisiert, dass die von ihm selbst verpassten Stromstöße die Merkfähigkeit des »Schülers« regelrecht zerstören.

Eine absolut schlüssige Zweck-Ziele-Mittel-Relation liegt in sogar perfekter Form im Rahmen der Agenda jener NWO (Neuen Weltordnung) vor, die anglo-amerikanische Globalisten schon vor dem Ersten Weltkrieg geplant hatten. Sowohl hinter der Urkatastrophe Erster Weltkrieg als auch hinter der C-Diktatur stecken teilweise haargenau **dieselben** superreichen WASP-Familien. Die selbsternannte »Elite« betrachtet ihre Handlanger auf der nationalen Ebene wohl nur als nützliche Idioten. Erst im Kontext der angestrebten digitalen Diktatur fügen sich Zweck, Ziele und Mittel der gesamten NWO-Agenda wie insbesondere Gesundheitsschädigungen durch Massenimpfungen nahtlos wie die Steinchen eines Mosaiks zusammen.[201] Mehr dazu weiter unten.

Ad 5. Keine Notwendigkeit des Mittels. Jede Form des Impfzwangs wäre auch dann illegal, wenn Eingriffssituation, legale Ermächtigung, legitimes Ziel und Eignung des Mittels gegeben wären (Konjunktiv). Schließlich gibt es jede Menge **gelindere** Mittel, die obendrein sehr gut wirken: Schutz der Risikogruppen, natürliche

Stärkung des Immunsystems durch gesunde Lebensweise (Natur, Sport, Ernährung, Schlaf), Immuntraining durch soziale Kontakte sowie natürliche Herdenimmunität inklusive bewusster Ansteckung auf Corona-Partys.[202] Schamanen und Kräuterfrauen wissen, »dass man mit Gottvertrauen, Gebet und richtigen Heilkräutern – und zwar solchen, die überall zwischen Haustür und Gartentor wachsen – jede Krankheit in den Griff bekommen kann.«[203]

Zwar ziehe ich selbst die natürliche Immunstärkung vor, jedoch sei der Vollständigkeit halber auch die präventive Einnahme von Vitaminpräraten, Zink, Echinacin oder Ivermectin erwähnt.[204] Absurde Pseudoargumente betreffend Ivermectin sind leicht zu widerlegen: Viele Pferde, insbesondere Dressurpferde, haben einen extrem hohen Wert, weshalb ihnen nur die beste Arznei verabreicht wird. Zudem belegt ein Presse-Eintrag des Nobelpreis-Komitees vom Oktober 2015 die »außergewöhnliche Wirksamkeit« von Ivermectin auch beim Menschen. Somit war der Irrglaube von der für Menschen nicht dosierbaren Pferdearznei bereits 4,5 Jahre vor Beginn der Corona-Krise als blanker Unsinn entlarvt.[205] Wer sinnerfassend lesen und logisch denken kann, ist klar im Vorteil.

Achtung! Die Anwendung milderer und nachweislich effizienter Mittel wurde mit politisch-medialer Propaganda weitestgehend unterbunden. Das Entstehen einer gesunden, weil völlig natürlichen Herdenimmunität wurde regelrecht bekämpft. Auch darin liegt ein massiver Angriff auf die Volksgesundheit.

Ad 6. Keine Adäquanz des Mittels. Letztlich ist bei allen verfügten Corona-Ma0nehmen auch die Verhältnismäßigkeit im Großen nicht gegeben. Millionen Menschen werden kränker oder sterben früher. Viele vereinsamen und verarmen. Abgesehen von den maßnahmenbedingten gesundheitlichen, psychologischen und sozio-kulturellen Schäden sind auch die Staatsschulden **massiv gestiegen**, in Deutschland bis Ende 2021 um sage und schreibe 111 Milliarden Euro.[206] Im ca. zehnfach kleineren Österreich wurden bis Ende Mai 2022 allein für sogenannte Corona-Hilfsmaßnahmen 44,5 Milliarden Euro aufgewendet.[207] Epidemiologisch völlig sinnlos. Zu Lasten der immer ärmer werdenden Masse der Steuerzahler. Parallel dazu **steigen** die Arbeitslosenzahlen, was einen weiteren Rückgang an Steuern und Kassenbeiträgen zur Folge hat. Dadurch erfährt zwangsweise das Gesundheitswesen eine neuerliche Schwächung, also auch die Intensivmedizin. Hier schließt sich der Kreis zum nicht legitimen Ziel.

Achtung! Die hochgradige Rechtswidrigkeit des Impfzwangs und seine dennoch pauschale Anwendung auf alle Menschen – unabhängig von sinnstiftenden Kriterien wie tatsächlicher Bedarf, Alter und Gesundheitszustand – entlarven ganz deutlich, worum es dabei wirklich geht: wirtschaftliche **Profitmaximierung** und politischen **Zwangskollektivismus**.

Zur Erinnerung: Das Nichtvorliegen eines einzigen Kriteriums hat die Rechtswidrigkeit der Maßnahme zur Folge. Beim Impfzwang sind alle sechs Kriterien nicht erfüllt, weshalb diese Maßnahme hochgradig illegal ist.

Auch bei **allen** anderen 11 Corona-Maßnahmen ergibt die Prüfung der obigen sechs Kriterien dieselbe hochgradige Verfassungswidrigkeit. Das gilt zum Beispiel für das Tragen aller Maskenarten, weil deren Gesundheitsschädlichkeit und mangelnde Wirksamkeit schon einige Jahre vor der Corona-Krise wissenschaftlich **bewiesen** waren.[208] Ebenso illegal und absurd ist die angeordnete Testpflicht, zumal die medizinisch absolut nutzlosen Corona-PCR-Tests keinerlei Zusammenhang zwischen einem Virus und einer Krankheit feststellen können. Diese wertlosen Instrumente finden nur, was die Anordnenden finden wollen. Sie schlagen sogar bei Motoröl und tropischen Früchten an. Durch derart unwissenschaftlich erhobene Daten wird überhaupt erst der **falsche** Eindruck einer »epidemischen Lage« erzeugt.[209] Wir haben also auch aus diesem Grund keine reale Notlage, sondern nachweislich nichts anderes als eine künstlich erschaffene Schein-Epidemie, von der man nur dank der Medien weiß:

hysterische Test-Epidemie und Medien-Pandemie

Insgesamt bedeutet das, dass bei allen 12 Maßnahmen in Summe sämtliche 72 erforderliche Kriterien (6 mal 12) nicht einmal ansatzweise erfüllt sind. Eine massivere Rechts- und Verfassungswidrigkeit ist gar nicht möglich. Folglich steht unverrückbar fest, dass sämtliche Corona-Maßnahmen nicht den geringsten medizinischen oder epidemiologischen Nutzen haben, sondern, ganz im Gegenteil, der Bevölkerung vielerlei Schäden zufügen.

Psychologische Kriegsführung. Sowohl die Anzahl als auch die Intensität der Eingriffe in unsere Freiheit werden sukzessive gesteigert. Dabei kommen zwei altbewährte Foltermethoden zur Anwendung. Erstens werden bereits geplante Maßnahmen öffentlich **geleugnet.** Durch dieses negative Framing wird das Unterbewussten der künftigen Opfer gezielt für das Kommende präpariert, um ihre Abwehr zu schwächen. Zweitens werden die Opfer bei der Durchführung der Maßnahmen mit der **Salamitaktik** langsam bzw. in kleinen Schritten immer intensiver gequält. Die dazwischen auftretenden Lockerungen erwecken immer wieder die Hoffnung auf die Rückkehr zur alten Normalität. Nach dem Ende der jeweiligen Lockerung werden aber die Maßnahmen intensiver fortgesetzt als zuvor.[210] Der Sinn der sogenannten epidemischen Wellen ist derselbe wie bei den Terrorwellen der offiziellen Folter. Der erwähnte Psychologe Dr. Joost Meerlo, der aufgrund seiner Kriegserfahrungen selbst Experte für Foltermethoden war, erklärt, wie mittels »wiederholt aufeinanderfolgender Terrorwellen« Menschen unterworfen werden: »Jede Welle des terrorisierenden kalten Krieges [gegen den Verstand] entfaltet ihre Wirkung – nach einer Atempause – leichter als die vorangegangene, weil die Menschen immer noch von ihren früheren Erfahrungen beunruhigt sind.« Im Rahmen der seelischen Folter, dem Mentizid, sinkt die Moral immer tiefer, während die erwünschte »psychologische Wirkung jeder neuen Propagandakampagne stärker wird«, weil sie »ein bereits **aufgeweichtes** Publikum erreicht.«[211]

Die mit Mitteln der psychologischen Kriegsführung dauerterrorisierte Bevölkerung wurde sowohl intensiv in ihren Rechten verletzt als auch psychisch, physisch, sozio-kulturell und wirtschaftlich geschädigt. Die seelisch und körperlich angeschlagene Gemeinschaft hat auf nahezu allen Ebenen eine tiefgreifende und anhaltende Spaltung erfahren. Außerdem haben die maßnahmenbedingten Wirtschaftseinbrüche, wie leicht vorherzusehen war, zehntausende kleine und mittlere Unternehmen ruiniert, hunderttausende Menschen in die Arbeitslosigkeit getrieben. Dies ist der bisher **gewaltigste Angriff** nicht nur auf die gesamte Volkswirtschaft und den noch relativ freien Mittelstand, sondern auch auf die individuelle Unabhängigkeit an sich, also die Freiheit jedes einzelnen Menschen.[212]

Nach 15 Monaten epidemiologisch sinnloser Corona-Maßnahmen bestätigt eine ministerielle Erhebung vom Mai 2021, dass die in Österreich inzwischen statistisch nachgewiesenen Preissteigerungen der Wohn- und Lebensmittelkosten dazu führten, »dass Armutsbetroffene (selbst bei stabilem Einkommen) völlig auf Sozialmärkte angewiesen sind oder sogar in Mülltonnen nach Essen suchen müssen.«[213] 2021 waren **17 Prozent** der österreichischen Bevölkerung bzw. ca. 1,52 Millionen Menschen armuts- und ausgrenzungsgefährdet. Der armutsgefährdete Anteil der Bevölkerung hat sich gegenüber dem Vorjahr (13,9 Prozent) auf 14,7 Prozent erhöht, das sind 1.292.000 Menschen.[214] Sowohl in Österreich als auch in Deutschland führte das rechtswidrige Verhalten der Regierung zu einem neuen Höchststand der

Armut. Im Dezember 2021 zählten in Deutschland **16,1 Prozent** bzw. 13,4 Millionen Menschen zu den Armen.[215] Demzufolge waren die kontinuierlich steigenden Kosten für Lebensmittel, Wohnen, Heizen, Strom und Treibstoff für einige Millionen Menschen schon lange vor dem Ukraine-Krieg 2022 kaum noch zu bewältigen.

Auch **Lieferengpässe** gab es schon vorher. Insbesondere seit Anfang 2021 verursachen von Politikern schuldhaft herbeigeführte Liefer- und Transportengpässe vermehrt Störungen in den globalen Lieferketten. Dadurch gerät die Industrieproduktion ins Stocken. Anders ausgedrückt: International weitergegebene Material- und Transportknappheit behindert die Produktion.[216] Sogar in waldreichen Ländern wie Österreich und Deutschland werden Holz und Papier zur überteuerten Mangelware. Dasselbe gilt für bestimmte Metalle und Kunststoffe. Folglich werden daraus gefertigte Produkte extrem verteuert.

Rasant steigende Staatsverschuldung, Arbeitslosenzahlen und Preise führen anscheinend unaufhaltsam zur von Experten längst prognostizierten Hyperinflation bzw. zum endgültigen **Finanz-Kollaps**.[217] Im Juni 2022 hat kein Geringerer als Jamie Dimon, der Chef der größten Bank der Welt – JP Morgan –, vor einem wirtschaftlichen Hurrikane in den USA gewarnt.[218]

Achtung! Eine für die Parteipolitik typische, weil kurzfristige und oberflächliche Scheinlösung könnten längst angedachte Vermögensabgaben bzw. **Enteignungen** darstellen. Schon im April 2020 haben die Wissenschaftlichen Dienste des deutschen Bundestags die »Verfassungsmäßigkeit einer Vermögensabgabe zur Bekämpfung der wirtschaftlichen Folgen der Corona-Pandemie« grundsätzlich bestätigt. Die einmalige Abgabe dürfe über mehrere Jahre verteilt werden, »wie es etwa bei den Lastenausgleichsabgaben im Rahmen des Lastenausgleichsgesetzes (LAG) von 1952 praktiziert wurde.«[219] Interessant: Im LAG wurde schon fünf Monate vorher, also Mitte Dezember 2019, der Begriff »Kriegsopferfürsorge« durch jenen der »Sozialen Entschädigung« ersetzt. Diese Änderung gilt ab 01.01.2024.[220] In einer von den Regierungsparteien CDU und CSU gesponserten Videokonferenz vom 23.06.2021 stand bei der Diskussion über »Strategien zur wirtschaftlichen Bewältigung der Corona-Pandemie« bereits ganz oben in der Einladung »die Forderung nach einem neuen Lastenausgleich im Raum.« Schließlich handle es sich um die größte Herausforderung seit dem Zweiten Weltkrieg.[221] Demnach dürfte ab **Anfang 2024** mit der Verhängung von Zwangshypotheken auf Liegenschaften und dem Entzug von Sparguthaben zu rechnen sein. Faktisch wären das unrechtmäßige Eingriffe in des Grundrecht auf Eigentum, sprich illegale Enteignungen.

Strafrechtliche Verantwortung. Im Rahmen umfassender Verfassungsbrüche haben die Verantwortlichen und ihre Mitläufer gemäß meiner rechtlichen Beurteilung spätestens seit Dezember 2020 eine lange Liste von Straftatbeständen erfüllt. Zu denken ist etwa an Amtsmissbrauch, gefährliche Drohung, Misshandlung Schutzbefohlener, Nötigung zur Selbstschädigung, Körperverletzung, fahrlässige Tötung, Mord, Hochverrat etc.[222] Hochgradig rechtswidrig sind insbesondere der epidemiologisch völlig sinnlose Impfzwang, der als **illegaler Menschenversuch** gegen mehrere Bestimmungen des Nürnberger Kodex von 1947 verstößt. Dieses Regelwerk wurde wegen der menschenverachtenden Experimente einiger Nazi-Ärzte erlassen. Verboten sind jegliche Versuche am Menschen, wenn sie nicht freiwillig erfolgen, also nicht »unbeeinflusst durch Gewalt, Betrug, List, Druck, Vortäuschung oder irgendeine andere Form der Überredung oder des Zwanges« sind.[223] Unter diesem Gesichtspunkt hat sich **niemand** freiwillig gegen COVID impfen lassen. Zudem waren von Vornherein keine »fruchtbaren Ergebnisse für das Wohl der Gesellschaft zu erwarten« und so weiter.[224]

Sobald das Justizwesen endlich aus seinem mit Steuergeldern Dornröschenschlaf erwacht, ist dringend ein **Krisenverbrechertribunal** durchzuführen.[225] Die Voraussetzungen hierfür sind längst erfüllt. Potenziell richtungsweisend dürfte jenes Urteil des Obersten Gerichtshofs in Wien vom Februar 2022 sein, dem zufolge das Vorhandensein eines entsprechenden Krankheitserregers nicht pauschal anzunehmen, sondern fallbezogen festzustellen ist.[226] Dies könnte die Grundlage für die Rückkehr zum Recht sein: Schluss mit dem absurden Freibeweisen mit wertlosen Tests bzw. Schluss mit der unzulässigen Beweislastumkehr! Allerdings ist Mitte 2022 noch immer keinerlei Tendenz zur korrekten Feststellung erkennbar, dass die Grundlage aller Corona-Maßnahmen eine dunkle Pseudowissenschaft ist und daher nicht einmal eine Eingriffssituation vorliegt.

Illegales Impfpflicht-Gesetz

Obwohl die Impfpflicht weder medizinisch evidenzbasiert noch rechtlich begründbar ist, hat sie der österreichische Nationalrat – über massive Proteste der Bevölkerung hinweg – am 20.01.2022 sogar in Gesetzesform gegossen.[227] Das am 24.02.2022 geänderte COVID-19-Impfpflichtgesetz,[228] das ursprünglich ab 15.03.2022 schlagend werden sollte (§ 4 Abs. 1), wurde jedoch unmittelbar davor mit Verordnung des Gesundheitsministers bis 31.05.2022 »ausgesetzt«.[229]

Sodann wurde diese in der Rechtsgeschichte **einzigartige** Blitzaussetzung bis Ende August 2022 verlängert.[230] Dazu befragte Regierungsleute bringen nicht wirklich Licht ins Dunkel politischer Gehirnwindungen. Zum einen wird widersprüchlich behauptet, dass trotz eines »Rekordniveaus« der sogenannten Infektionszahlen die gewünschten Massenimpfungen wirksam seien. Zum anderen würden etwaige neue wissenschaftliche Erkenntnisse, »dass die Impfpflicht nicht mehr gebraucht wird«, lediglich zur Zustimmung zu einer weiteren Aussetzung führen. Noch kein Wort von der endgültigen Aufhebung des Gesetzes.[231]

Diese ist erst im Juli 2022 erfolgt, unmittelbar nachdem 60 Prozent der Bevölkerung der Parteipolitik das Vertrauen **entzogen** hatten. Dazu kommen wir noch. Von entscheidender Bedeutung ist, dass sich die allermeisten Parteipolitiker ganz offensichtlich nicht an den Fakten und am Recht orientiert haben, sondern an der Stimmung in der Bevölkerung, von der ihre teuren Futterplätze abhängig sind. Folglich sollten wir nicht vergessen, zu welchen massiven Rechtsbrüchen die Parteipolitik mit dem hochgradig illegalen Impfpflichtgesetz, das bis 31.01.2024 in Kraft sein sollte, bereit gewesen wäre.

Obwohl es seit März 2020 keine reale medizinische Notlage gibt und obwohl die Impfstoffe nachweislich die Gesundheit der Bevölkerung massiv schädigen, wurde die Pflicht zur Duldung einer Gesundheitsschädigung – die Impfpflicht – ab dem 18. Lebensjahr ausgerechnet mit einem unerreichbaren Ziel begründet: »zum Schutz der öffentlichen Gesundheit« (§ 1). Von der gesetzlichen Pflicht hätten lediglich Schwangerschaft, fehlende Immunantwort und Genesung entbunden. Das Ausnahmemanagement wäre ausdrücklich **digital** erfolgt (§§ 3, 3a., 3b). Auch die Ermittlung der Impfpflichtigen war automationsunterstützt vorgesehen, mitunter im Wege des Zentralen Melderegisters und eines von der ELGA GmbH geführten Impfregisters. Besagte Regelung war unnötig kompliziert und erstreckte sich auf fast drei A4-Seiten (§ 6). Die Festlegung sowohl der Impfintervalle als auch der Anzahl der Injektionen pro Impfserie wurde der alleinigen Verordnungsmacht des Gesundheitsministers übertragen, ohne hierfür nachvollziehbare oder gar messbare Kriterien aufzustellen (§ 4). Menschen ohne »Ausnahmezertifikat«, die sich nicht gegen ihren Willen vergiften oder umbringen lassen möchten, drohte eine Geldstrafe von bis zu 3.600 Euro oder eine Ersatzfreiheitsstrafe (§ 10) – und zwar **viermal** pro Jahr (§ 11 Abs. 1). Es ist daher mit an Sicherheit grenzender Wahrscheinlichkeit davon auszugehen, dass vom Gesetzgeber pro Jahr bis zu vier Impfintervalle angedacht waren. Entgegen der bisherigen Rechtspraxis wären Rechtsmittel sofort zu begründen gewesen (§ 11 Abs. 4), wobei die entscheidende Behörde auch eine **hö-**

here Strafe hätte verhängen dürfen (§ 11 Abs. 5). Eine derartige Verschlechterung ist jedoch ein juristisches Unding und daher auch im Verwaltungsstrafverfahren ausdrücklich verboten.[232]

Das Ziel der skrupellosen **Überregelung** der bisherigen Rechtsordnung war eindeutig die Erhöhung der Impfquote durch einen finanziellen Zwang, der für viele Menschen, die sich nicht impfen lassen, existenzbedrohlich gewesen wäre. Wie auch der Laie leicht erkennen kann, war dieses Gesetz aus mehreren Gründen hochgradig illegal. Die korrekte Rechtsansicht eines Wiener Rechtsanwalts lautet, dass wir es mit dem größten Rechts- und Verfassungsbruch in der bisherigen Geschichte der Zweiten Republik zu tun haben.[233] Sollte ein ultimativ illegales und menschenverachtendes Regelwerk wie dieses jemals wieder beschlossen und von der Bevölkerung anerkannt werden, dann würde es unweigerlich die dauerhafte Umkehr des wichtigsten Prinzips eines liberalen Rechtsstaats bewirken. Es besagt, dass in der Regel alles erlaubt ist, was nicht ausdrücklich gesetzlich verboten ist. Man könnte es als Regel-Ausnahme-Prinzip bezeichnen. Eine gesetzlich verankerte Impfpflicht würde die seit Corona offiziell eingeführte satanische **Umkehr** hin zum Ausnahme-Regel-Prinzip massiv verstärken. Man dürfte dann nur noch das tun, was ausdrücklich erlaubt ist. Ungeimpfte Menschen könnten mühelos, weil quasi vollautomatisiert vom öffentlichen Leben ausgeschlossen werden.

Die endgültige Aufhebung des COVID-Impfpflichtgesetzes wurde am 07.07.2022 einstimmig im Nationalrat beschlossen.[234] Die erste Ankündigung hierfür machte der Gesundheitsminister am 23.06.2022. Noch am selben Tag erging ein Initiativantrag im Nationalrat. Die verdächtige primäre Begründung lautet: »Die Impfpflicht bringt niemanden zum Impfen.« Man müsse auf die **Reaktion** der Menschen achten. Staatliche Pflicht legt bei manchen den Schalter in die andere Richtung um: »Mit der Impfpflicht haben wir keine zusätzlichen Menschen zum Impfen gebracht.« Das erwähnte Faktum der tiefen sozialen Gräben ist ein unsinniges Nebenargument. Diese werden ja seit März 2020 politisch-medial erzeugt. Noch unsinniger ist das zweite Nebenargument von genau jenen Varianten und Mutationen,[235] die ansonsten für die Verstärkung des Impfzwangs herhalten müssen (siehe unten).

Der Grund für das vermeintliche Einlenken der Regierung hängt offensichtlich mit einer nur vier Tage zuvor veröffentlichten Umfrage zusammen, der zufolge 60 Prozent der Bevölkerung kein Vertrauen mehr in die Politik haben (siehe Kapitel *Wachsende Parallelgesellschaft*). Insgesamt lässt besagte Argumentation aber nicht den geringsten Zweifel zu, dass die Regierung an ihrem offiziellen **Ziel** der

Impfquotenerhöhung festhält. Für die Umsetzung wird sie sich eines anderen **Mittels** bedienen müssen. In Frage kommt in erster Linie die bereits in Umsetzung befindliche Verknüpfung digitaler Impfdaten mit QR-Code (Quick Response Code) und digitalem Geld. Dadurch wäre eine Verhaltenssteuerung nach chinesischem Muster gewährleistet: Geld, Dienstleistungen und Waren gäbe es dann nur noch bei Vorlage eines digitalen Impfnachweises. Exakt das entspricht den Zielen der globalen Machtelite.

Übung

FREIHEUT-Übung 04: Selbstbeobachtung

Möglicherweise löst der nächste Abschnitt bei dir unangenehme Gedanken und Ängste im Hinblick auf die Zukunft aus. Sie zu notieren, ist vor allem dann sinnvoll, wenn sie dich stark belasten. Bei Bedarf hilft bestimmt wieder eine Lesepause mit bewusster Atmung und Konzentration auf einen vertrauten Gegenstand. Du kannst dir bewusst machen, dass die von dir gelesenen Fakten über die beschriebenen Ziele aus der Vergangenheit stammen. Zwar sind sie auf die Ausgestaltung der Zukunft gerichtet, jedoch kann **niemand** wissen, wie sie wirklich sein wird. Das ist unter anderem von unserem eigenen Verhalten abhängig.

Geplante Verschärfung

An dieser Stelle geht es um die Ziele der Hauptprofiteure der C-Diktatur. Diese laufen eindeutig auf eine massive Verschärfung der Gesamtlage hinaus, weil sie auf die Reduktion der Weltbevölkerung und die Ausdehnung der digitalen Diktatur gerichtet sind. Es sei nochmals betont, dass in diesem Buch absichtlich nur wenige Organisationen, Funktionen und Namen der Unterdrücker genannt werden. Im Fokus steht schließlich das Erkennen von Mustern und Methoden.

Profiteure und Akteure. Von der C-Diktatur profitiert keinesfalls die immer schneller verarmende Bevölkerung. Sie ist der große Verlierer. Die Hauptprofiteure sind gleichzeitig die verantwortlichen Akteure. Diese lassen sich grob in fünf Gruppen unterteilen, eine fiktive und vier reale. In einer gedachten Hierarchie steht an oberster Stelle die erste Gruppe. Das ist eine fiktive Gruppe offiziell unbekannter Akteure. Die zweite Gruppe besteht aus den ultrareichen WASP-Familien der anglo-amerikanischen Globalisierungsclique. In der dritten Gruppe befinden sich die NWO-Agenten und deren Organisationen. Der vierten Gruppe gehören Transhumanisten an, die Menschen zu Robotern umbauen wollen. Die fünfte Gruppe ist jene der unmittelbar agierenden Vertreter der Megakonzerne, Medien und Politik. Keinesfalls ist von der absoluten Homogenität dieser Gruppen auszugehen. Bestimmt haben sie nicht immer dieselben Ziele und Mittel. Was sie jedoch zu einen scheint, ist ihr Streben nach immer mehr Macht. Das zeigt die dichte Verflechtung ihrer Interessen auf.

Ad erste Gruppe. Diese Gruppe von Akteuren ist fiktiv, weil wir über deren Existenz, Rolle und Ziele im Rahmen der C-Diktatur kein gesichertes Wissen haben.

Vorweg zu nennen ist eine **Künstliche Intelligenz** (KI), mit der die Weltbevölkerung in naher Zukunft unter finanzieller Kontrolle gehalten werden kann. In Ansätzen existiert sie bereits. Sie trägt zwar den märchenhaften Namen »Aladdin«, aber nur wenige kennen diese KI, obwohl sie dem Megakonzern BlackRock gehört, dem größten Vermögensverwaltungsunternehmen der Welt. Derartige Finanzkonzerne stellen nach Investment-Banken und Hedgefonds die dritte Tumorart des großen Krebsgeschwürs am Finanzmarkt dar. Aladdin ist jenes digitale System, welches das Risikomanagement von aktuell mehr als 14 Billionen US-Dollar (Juli 2022) und insgesamt 30.000 Investment-Portfolios selbständig abwickelt.[236] Jetzt schon verwaltet keine Bank der Welt mehr Geld als die von Larry Fink geleitete Investment-Gesellschaft. Und BlackRock wächst und wächst. Zu seinen Kunden zählen Zentralbanken, Banken, Staatsfonds, Pensionskassen, Versicherungen und so weiter. Als Großaktionär bei tausenden Konzernen wie zum Beispiel Microsoft, Apple und Facebook ist BlackRock der größte Investor auf den globalen Finanzmärkten. Er kann die komplette Börse beeinflussen. BlackRock hat sich zum Pendant einer Großbank entwickelt, die den gesamten Markt steuert. Folglich stellt Prof. Dr. Steven D. Solomon von der Universität Berkeley fest: »BlackRock ist einfach der Dreh- und Angelpunkt der Kapitalmärkte.«[237] Die Wallstreet-Journalistin Heike Buchter, die Anfang 2007 die Finanzkrise korrekt vorhergesagt hatte, belegt in ihrem gewissenhaft recherchierten Enthüllungsbuch *BlackRock,* dass die gewaltige Macht dieses Finanzkolosses unser gesamtes **Wirtschaftssystem** in Frage stellt: »Eine heimliche Weltmacht greift nach unserem Geld.«[238]

BlackRock ist sowohl personell als auch inhaltlich eng mit der US-amerikanischen **Politik** verzahnt. Ende 2020 machte US-Präsident Joe Biden den Bock zum Gärtner, indem er den BlackRock-Top-Manager Brien Deese zum Leiter des Nationalen Wirtschaftsrates ernannte. Es fungiert also ein hochrangiger BlackRock-Funktionär zugleich als Chef-Wirtschaftsberater des US-Präsidenten.[239] In der *Financial Times* wird kritisiert, dass »eine Vielzahl ehemaliger Regierungsbeamter bei BlackRock arbeitet«, während BlackRock-Mitarbeiter hochoffiziell in der Administration von Präsident Biden tätig sind. BlackRock sei eine neue Form der Investment-Bank, die in Anlehnung an die globale Investment-Bank Goldman-Sachs den Titel »**Regierung Sachs**« verdient hat.[240] Der private Konzern BlackRock beeinflusst auch die Regierungen anderer Staaten. Das Weltwirtschaftsforum, kurz **WEF** (World Economic Forum), die größte und einflussreichste Vernetzungsstelle zwischen Informationstechnologie (IT), Wirtschaft und Politik bezeichnet Black-Rock ausdrücklich als »Partner«.[241]

BlackRocks KI kauft sich regelmäßig in konkurrierende Konzerne ein. Das ist zwar üblich, bei diesem gewaltigen Volumen bedroht es allerdings den Wettbewerb, weiß Prof Dr. Martin Schmalz von der Universität Michigan. Ein reduzierter Wettbewerb führt schließlich »zu **weniger** Wohlstand für die Gesamtwirtschaft.«[242]

Betreffend COVID-Impfstoffe sticht ins Auge, dass BlackRock schon 2014 als der **führende** Aktionär sowohl von Biontech / Pfizer als auch von Astrazeneca auf deren Megafusion gedrängt hatte.[243] Von den moralisch nicht vertretbaren Megagewinnen beider Pharmakonzerne mit den schädlichen COVID-Impfstoffen (siehe unten) kassiert BlackRock ohne jeden Zweifel einen riesigen Teil.

Dabei haben schon vor der C-Diktatur etliche Finanzexperten gewarnt, dass das gleichförmige Reagieren globaler Vermögenswerte auf Aladdins Prognosen »zu Ereignissen – wie den Ausbruch einer Pandemie oder einen Krieg im Nahen Osten – zu **gefährlichem Herdenverhalten**« führen kann.[244] Gerade bei unberechenbaren Krisen muss es zu katastrophalen Ergebnissen kommen, weil die vom Menschen programmierte KI dafür gar keine vernünftigen Prognosen schaffen kann. Laut führenden Forschern ist eine intelligente, mit dem menschlichen Gehirn vergleichbare KI erst ab dem Jahr **2100** möglich, weil für jede Software der Mensch selbst der begrenzende Faktor ist.[245] Dazu kommt, dass heutzutage nicht einmal echte Experten beim simplen Thema Wechselkurse brauchbare Ergebnisse liefern. Eine Studie der Universität Würzburg beweist, »dass keine der Marktprognosen bessere Ergebnisse liefert als die naive Random-Walk-Prognose.« Im Klartext: Eine absolute Zufallsentscheidung – beispielsweise durch den Münzwurf eines Schimpansen – ist in jedem Fall die günstigere und treffsicherere Methode, auch weil »die Qualität der Marktprognosen mit zunehmendem Prognosehorizont abnimmt.« Folglich steht eindeutig fest, »dass Marktprognosen keine sinnvolle Entscheidungshilfe für Unternehmen und Investoren darstellen.« Marktprognosen sind ein **hohes Risiko**, weil sie sogar die relativ einfache Entwicklung der Wechselkurse überwiegend falsch vorhersagen.[246] Kurzum: Eine KI kann keine Denkleistung erbringen, die nicht einmal seine menschlichen Vorbilder oder Programmierer schaffen.

Doch die KI Aladdin ist ohnehin nur auf das programmiert, was die Leitung von BlackRock wünscht. Und das ist keine Entscheidung nach moralischen Gesichtspunkten, sondern ausschließlich im Hinblick auf die höchsten Renditen. Folglich investiert BlackRock offenbar auch in Kriege, menschenverachtende Regime, umwelt- und klimaschädliche Vorhaben. Auf der Suche nach dem höchsten **Profit** durchforstet Aladdin rund um die Uhr die gesamte digitale Welt nach allen erdenklichen Informationen von nebensächlichen Kommentaren der Politiker bis hin zu Satellitenbildern. Die einzigartige Fülle an Daten und der damit verbundene Wissensvorsprung gegenüber anderen Unternehmen und Menschen verleihen der KI eine so riesige Macht, dass sie inzwischen ein massives **Systemproblem** darstellt. Zum Beispiel könnte BlackRock Aktienkurse ins Bodenlose fallen lassen.[247]

Bei den maßgeblichen Impulsgebern der KI, also Börsenmaklern, Investment-Bankern etc., haben wir es anscheinend großteils mit extrem **materiell** fixierten Menschen zu tun, die das Geld anderer Menschen skrupellos zum eigenen Vorteil einsetzen. Ihr grenzenlos habgieriges Verhalten und das der Anleger hat in den USA schon 1929 die Weltwirtschaftskrise ausgelöst. Dahinter steckt auch eine einzigartige Bankenpanik, welche das private (!) Zentralbanksystem der Federal Reserve zuerst mit dem verantwortungslosen Aufdrehen des Geldhahns und danach mit gebrochenen Regulierungsversprechen verursacht hat.[248]

Wie eng in der Finanzbranche der systematische Betrug in Milliardenhöhe mit exzessivem Drogenkonsum, Prunk, Sexsucht und Prostitution verbunden sein kann, zeigt das Leben des vormaligen Börsenmaklers Jordan Belfort. Laut seinen eigenen Angaben werden die Skandalszenen des biographischen Spielfilms *The Wolf of Wall Street* (USA, 2013) von der Realität bei weitem übertroffen.[249] Belfort ist gewiss kein Einzelfall. Mein Eindruck ist, dass bei dieser Berufsgruppe die niederträchtigsten Charaktere auf dem Thron der Finanzen sitzen. Auch aus diesem Grund ist von ihrem digitalen Abkömmling, der KI, für die Menschheit hauptsächlich Schlechtes zu erwarten.

Achtung! Aladdin ist jedenfalls eine rasch erweiterbare KI, die in Kombination mit Digitalgeld, QR-Code und Impfdaten zum globalen Instrument der **Verhaltenssteuerung** und totalen Unterwerfung des Menschen missbraucht werden könnte.

Hier käme das seit einiger Zeit öffentlich diskutierte »bedingungslose Grundeinkommen« ins Spiel. Es wäre gewiss nicht bedingungslos, sondern verhaltensabhängig. Im Endeffekt wäre es ein **gehorsamsabhängiges** Unterwerfungshonorar. Von einer derartigen Kontrollmöglichkeit würden auch die Akteure der anderen vier Gruppen profitieren.

Nochmals Achtung! Ein erster Schritt hierzu könnte der in Österreich ab dem Sommer 2022 an jeden Menschen – unabhängig vom tatsächlichen Bedarf – ausbezahlte »Klimabonus« von 500.- Euro sein. Dieser wird uns von der Politik wie ein Geschenk präsentiert, obwohl wir nicht dazu aufgefordert haben. Trotzdem wird dieser zwangskollektive »Bonus« mit unserem Steuergeld finanziert. Auf diese Weise sollen wir anscheinend an den staatlichen Zugriff auf unser Konto im Rahmen des Social-Credit-Systems gewöhnt werden.

Gemäß meiner Beurteilung ist nicht das Banken- und Investment-System das größte Problem, sondern vielmehr die dahintersteckende Sucht des Menschen nach der raschen Verfügbarkeit von Geldwerten, die er noch gar nicht durch Arbeit erwirtschaftet hat. Der KI-Name »Aladdin« verrät, worum es geht: das wundersame Herbeizaubern materieller Werte ohne jeden Arbeitseinsatz nach dem Muster der Zauberlampe im gleichnamigen Märchen. Es geht um die vollständige geistige Ausrichtung auf eine materiell bessere **Zukunft**, die Phantasie vom Schlaraffenland, wo einem die Brathähnchen von selbst in den Schlund fliegen. Diese Utopie stürzt naive Menschen systematisch in eine finanzielle Abhängigkeit und sehr oft ins Unglück. Ehrliche Biographien wie jene von Jordan Belfort zeigen, dass der mit dem Sklaven-Ego der Matrix verbundene Wunsch nach Rundumversorgung zu Minderwertigkeitskomplexen und diese zum ultimativen Konsumwahn führen können. Der alles beherrschende Wunsch, es den anderen und dem knechtenden System so richtig zu zeigen, resultiert in größerem Leid für uns selbst und die Gesellschaft.

> Utopische Phantasien vom Schlaraffenland schaden uns letztlich nur. Diese Einsicht kann uns vor Schlimmerem bewahren, indem wir im Hier und Jetzt das schätzen, was uns bereits umgibt. Hinter allem, was wir besitzen, muss ehrliche Arbeit stecken. In der wilden Natur gibt es auch nichts umsonst. Zwar bekommt man ihre Früchte ohne Geld, aber suchen, ernten, transportieren und verarbeiten muss man sie schon selber.

Als weitere Akteure der ersten Gruppe sind – mit wohlwollendem Augenzwinkern – zu nennen: Geheimbünde, Außerirdische, Dämonen. Da wir uns im Faktenteil befinden, werden an dieser Stelle keine Spekulationen angestellt. Einige Menschen hoffen ausgerechnet auf eine Rettung durch irgendeine geheime Macht im Außen. Daher wird in der Beurteilung der Faktenlage klargestellt, dass es dafür **nicht** die geringste Veranlassung gibt.

Die Grundlage nachfolgender Darstellung über die Ziele der zweiten bis fünften Gruppe ist eine umfangreiche strategische Analyse, die im Buch *Corona-Diktatur* mit Tabellen und zahlreichen Quellen hinterlegt ist.[250] Im Folgenden enthalten sind vorwiegend jene Informationen, die zwischen dem Redaktionsschluss im Dezember 2020 und Ende August 2022 überprüft wurden.

Ad zweite Gruppe. Die **anglo-amerikanische** Globalisierungsclique besteht, wie gesagt, aus superreichen WASP bzw. deren Familien. Ihre Spitze – Morgan, Rockefeller und Rothschild – dominiert die globale Geldelite nebst Lakaien, sodass letztlich ein einziges lächerliches Prozent die große Masse von 99 Prozent beherrscht. Der anglo-amerikanisch geführte Machtkreis hat sich schon eine geraume Weile vor 2020 Europa finanziell angeeignet und das Feld der digitalen Diktatur intensiv beackert.

Der übergeordnete **Zweck** ist nach wie vor die Erringung der Weltherrschaft. Was den Ablauf betrifft, befinden wir uns nach der jahrzehntelangen Schwächung der Nationen und Völker nunmehr, das heißt seit COVID, ganz offensichtlich in der Hochphase der totalen Unterwerfung des Individuums. Die diesbezüglichen **Ziele** sind die Verminderung der Weltbevölkerung und die Finalisierung einer digitalen Diktatur bis zum Jahr 2030. Beiden Zielen dienen die zunehmende Spaltung, Verarmung und gesundheitliche Schwächung der Bevölkerung, die das scheinbar im Großen und Ganzen hinnimmt. Allerdings kann man dabei nicht wirklich von Freiwilligkeit sprechen. Schließlich wird der Verstand der Bevölkerung bereits seit geraumer Zeit gegen ihre ureigensten Interessen umprogrammiert. Und zwar mit folgenden **Mitteln**: Fremderlösungsglaube, Scham und Schuldkomplexe, Identitätslosigkeit, Selbstzweifel, Selbsthass (Oikophobie), egoistischer Materialismus, von logisch zu unlogisch umerzogenes »politisch korrektes« Denken, Betroffenheitswahn und Empfindsamkeitskult, Ablenkung mit und Sucht nach digitalem Konsum, Duldung gesundheitsschädlicher Technik wie etwa 5G. Auf diese Weise wurde schon lange vor COVID unzähligen Menschen eine absolut unnatürliche, weil massiv selbstschädigende Tendenz zur **Gleichgültigkeit** gegenüber den Einschränkungen ihrer Grund- und Freiheitsrechte eingepflanzt. Die unterwürfige Duldung epidemiologisch nutzloser Corona-Maßnahmen unter Dauerberieselung mit politisch-medialem Unterstützungsfeuer soll das Individuum endgültig brechen und ein kollektives Auflehnen im Keim ersticken. Allgemeine Verängstigung, soziale Isolation, Gleichschaltung und Obrigkeitshörigkeit begünstigen die rücksichtslose Implementierung einer sowohl kulturell als auch individuell nutzlosen **digitalen Identität**, die auf Massenimpfungen, Mikrochip-Implantaten und einer wahnwitzigen Datenreligion aufbaut.[251]

Ad dritte Gruppe. Zu den Agenten und Organisationen der NWO gehört insbesondere das von Prof. Dr. Klaus Schwab gegründete und geleitete **WEF**. Das Weltwirtschaftsforum ist eine extrem einflussreiche und laut eigenen Angaben auf die Volldigitalisierung der Welt ausgerichtete privatrechtliche Schaltzentrale zwischen höchsten Vertretern von IT, Wirtschaft und Politik. Das WEF versteht sich als Kaderschmiede für »junge globale Führer« in allen erdenklichen sozialen Bereichen. Zur Klarstellung: Vom privatrechtlichen WEF, das keinerlei demokratische Legitimation hat oder derartige Ambitionen zeigt, werden ausdrücklich junge globale **Führer** herangebildet: »young global leaders«.[252] Beim WEF laufen so gut wie alle Fäden zusammen, vor allem in Verbindung mit Rockefeller, Morgan, Rothschild, Gates, Microsoft, Google, Facebook[253] sowie natürlich mit BlackRock und dessen global operierender KI Alladin (siehe oben).

Das von NWO-Agenten wie Bill Gates offen artikulierte Ziel der Bevölkerungsreduktion wird offensichtlich umgesetzt. Und das vom **WEF** definierte Ziel der vollständigen digitalen Diktatur – der »vierten industriellen Revolution« – über die restliche Bevölkerung soll in zwei Phasen realisiert werden: Erledigung der Grobarbeit bis **2025** und der Details bis **2030**. Sohin soll der große digitaltechnische und soziale Umsturz, genannt »Great Reset«, bis 2030 abgeschlossen sein. WEF-Leiter Schwab hatte schon im November 2016 lauthals angekündigt, wie der kommunistische Endzustand aus der Sicht des unterworfenen Individuums, also aus deiner Perspetive aussehen soll: »Willkommen im Jahr 2030. **Ich besitze nichts, habe keine Privatsphäre**, und das Leben war noch nie besser.« Folglich ist COVID für Schwab nichts anderes als der heiß ersehnte Brandbeschleuniger für die Umsetzung seiner zwangskollektivistischen Visionen. Jedenfalls sind das WEF, seine Komplizen und Anhänger augenscheinlich bereit, mit dem Privateigentum und der Privatsphäre auch den letzten Rest der schon lange brüchigen Demokratiefassade zu Grabe zu tragen. Als asiatischer Modellstaat fungiert das kommunistische **China**, wo das brutalst unterworfene Volk bereits digital verhaltensgesteuert wird: Zugang zu Arbeit, Geld und Waren ist vom Wohlverhalten gegenüber dem Regime abhängig. Eine digitale Verhaltenssteuerung nach dem Prinzip von Zuckerbrot und Peitsche ist auch ein essentielles Anliegen des WEF. Zur Implementierung einer allumfassenden digitalen Diktatur ist unbedingt die Einführung einer digitalen Identität erforderlich. Die Mittel hierzu sind massenweise Impfungen und Implantationen von bereits verfügbaren **Mikrochips**.[254]

Digitale Identität und Volldigitalisierung hängen unmittelbar mit der geplanten lückenlosen Umspannung des Planeten Erde mit dem sogenannten **Internet aller Dinge** zusammen. Dass die dafür technisch erzeugte EMF-Strahlung schon ab 2G unzählige Krankheiten auslöst und auch Krebs erregt, ist mit mehr als 40.000 wissenschaftlichen Studien belegt. Eine Auswertung der wichtigsten Studien befindet sich im Buch *Corona-Diktatur*. Vor allem die Experten und Studien der Hebräischen Universität von Israel beweisen, dass das 5G-Netz einerseits und militärische Energiewaffen andererseits dieselben hochgepulsten Frequenzen benutzen. Wie beim Aufbau eines militärischen »Gefechtsfeldradars« werden phasengesteuerte Gruppenantennen verwendet. Von diesen gehen elektromagnetische Wellen aus, die sowohl mit der Haut und den Schweißdrüsen als auch mit der DNA des Menschen interagieren. Folglich ist das 5G-basierte Internet aller Dinge eine **Waffentechnik**, bei welcher der Mensch die Funktion einer »biologischen Antenne« erfüllt. Mit der schädlichen EMF-Strahlung von 5G und noch stärkeren Nachfolgern hängen offenbar die drastisch **reduzierte** Fortpflanzungsfähigkeit und die rasant steigende Anzahl an Krebsfällen zusammen. Die lange Liste von Krankheiten, die von der EMF-Strahlung ausgelöst werden, zeigt deutlich, dass ein massiver Angriff auf die Menschheit und ihre natürliche Reproduktionsfähigkeit erfolgt.[255]

Gleichzeitig findet ein nicht nur psychologisch, sondern auch technisch geführter Krieg gegen die **geistige** Entwicklung des Menschen statt. Denn offensichtlich beeinträchtigt die künstliche Erhöhung der EMF-Strahlung jene Bereiche des Gehirns, die sowohl für die intellektuelle Leistungsfähigkeit als auch für Inspiration und Telepathie zuständig sind. Umgekehrt erhöhen sich diese Fähigkeiten bei abnehmender EMF-Strahlung.

Belege dafür sind die empirischen Forschungen des russischen Professors Dr. Alexander Trofimov in einer elektromagnetischen Nullzone (Kozyrev-Spiegel).[256] Trofimov kommt zum Ergebnis, dass wir in **Abwesenheit** eines elektromagnetischen Feldes Zugang zu jenem Energiefeld von »augenblicklicher Lokalität« haben, welches unserer **Realität** zugrunde liegt. »Wenn das Magnetfeld abnimmt«, führt der Professor weiter aus, »dann sehen wir eine Zunahme der Fähigkeit, die Reserven und Kapazitäten des menschlichen Gehirns zu nutzen, und das ist gut.«[257] Bei seinen Probanden wurden regelmäßig folgende Veränderungen festgestellt: »signifikante Steigerung der intellektuellen Fähigkeiten, höhere Inspirationen (kreative Fähigkeiten), sowie Steigerung der telepathischen Fähigkeiten. Diese Eigenschaften sind in der Genexpression der Genmarker B1 und D4 nachweisbar.«[258] Augenscheinlich führt das von Mutter Natur vorgesehene Dasein ohne technische EMF-Strahlung zu einer bereits in uns veranlagten Erweiterung des Bewusstseins und Ausschöpfung unseres schöpferischen **Potenzials**. Wissenschaftlich erwiesen ist auch, dass das natürliche Magnetfeld der Erde seit hunderten Jahren und insbesondere aktuell intensiv abschwächt. Gemäß einer Expertise der Europäischen Weltraumagentur wird die Feldstärke immer geringer, sodass ein Polsprung bevorstehe.[259] Davon ausgehend, dass die Intensität des Erdmagnetfelds alle ca. 1.300 Jahre schwankt, wird laut einer Studie vom Juni 2022 zwar keine Umpolung stattfinden, aber »die aktuelle Schwächeperiode in den nächsten 300 Jahren enden.«[260] Je schwächer das irdische Magnetfeld ist, desto stärker können elektromagnetische Wellen aus der Atmosphäre oder dem Weltraum einwirken. Das scheint insbesondere für die Schumann-Resonanzen zu gelten, mit denen sich, wie erwähnt, das menschliche Gehirn alle 30 Sekunden selbständig synchronisiert. Konsequent weitergedacht, steht der Menschheit in naher Zukunft ein kollektiver **Bewusstseinssprung** bevor.

Ein wesentlicher Quantensprung im Bewusstsein des menschlichen Kollektivs wäre die bereits im Kapitel *Gott ist Energie* behandelte Erkenntnis über das **allumfassende Energiefeld**. Dieses Phänomen haben Mystiker und Wissenschaftler wie Buddha, Jesus, Einstein, Tesla und viele andere auf verschiedene Arten zum Ausdruck gebracht.

Einem derart wichtigen Bewusstseinssprung läuft jedoch das Streben der NWO-Agenten nach elektrisch-maschineller Kontrolle der Welt diametral **entgegen**. Bei der vollen Einschaltung von 5G, 6G oder höher wären in einem gigantischen technischen Strahlungsfeld aus einer Mixtur elektromagnetischer Frequenzen wir selbst die bombardierten Empfänger und somit die Opfer der KI. Dass für die Lähmung der geistig-seelischen Entwicklung neben KI auch sogenannte Impfstoffe entwickelt werden, davor hatte Rudolf Steiner schon 1921 gewarnt.[261]

Ad vierte Gruppe. Sehr eng verbunden mit den NWO-Agenten und vor allem dem WEF ist die vierte Gruppe, die aus den extrem einflussreichen Protagonisten des **Transhumanismus** besteht. Transhumanisten phantasieren nicht nur vom ewigen Leben in Form der direkten Verschmelzung von Mensch, Maschine und Computer, sie tun auch alles dafür. Hierzu ist logischerweise die Volldigitalisierung der Welt inklusive Verhaltenssteuerung nützlich und erforderlich. Es existiert auch schon das psychologische Geißelwerkzeug, nämlich die abstrus erscheinende Datenreligion der Transhumanisten. Zu ihnen gehört der technische Leiter des Megakonzerns Google, Raymond Kurzweil, ein älterer Mann mit dem festen Glauben, dass ihn ein Mikrochip im Gehirn und die Vernetzung mit zehntausenden Computern eines Tages zu »Gott« machen wird. In seiner 2015 öffentlich artikulierten Utopie bezieht Kurzweil jedoch die gesamte Menschheit ein, die bis **2030** nur noch aus Hybriden bestehen soll. Gemeint sind bio-digitale Kreaturen wie die aus Science-Fiction-Filmen bekannten Cyborgs. Eine derartige Zukunftsvision beruht offenbar auf einer besonderen Art von Größenwahn, die den Patienten zur vorauseilenden Selbstverherrlichung zwingt:

»Ja, wir werden Götter.«[262]

Kurzweil ist davon überzeugt, dass der Mensch mittels Technik die **Unsterblichkeit** erreichen wird. Das Denken werde nicht mehr biologisch sein, weil es zum Teil in der Cloud (im Internet) stattfinden werde. Schon 2016 nannte er als Schlüsseljahr hierfür wieder einmal **2030**.[263] Um die sogenannte Singularität zu überleben, wirft Kurzweil laut eigenen Angaben bereits seit 2010 täglich eine wahnsinnige Menge von 150 Pillen ein. Das sind 70 bis 80 verschiedene Substanzen, welche »die Biochemie seines Körpers radikal umprogrammieren.«[264] In Bild und Ton wirkt Kurzweil wie ein emotionales Wrack, ein substanzabhängiger Zombie.[265] Ist er ein Fall für die Gummizelle? Näher betrachtet, scheint er drogensüchtig und einer utopischen, größenwahnsinnigen **Technikreligion** verfallen zu sein. Allem Anschein nach empfindet er eine existenzbedrohliche Todesangst, die nur mit der vollständigen Abwesenheit des Bewusstseins über die natürliche Anbindung an Gott bzw. das allumfassende Feld erklärbar ist. Weil er Gottes Energie nicht spürt, will er sich mit Technik selbst zu einem Pseudogott erheben, indem sein Gehirn für alle Zeiten in einem externen Datenträger oder in der Cloud hängen bleibt. Kurzweil träumt sohin den uralten Traum von überlegener Allwissenheit und die religiöse Utopie vom ewigen Leben des Körpers, in diesem Fall eines Körperteils: des Gehirns oder zumindest seines Inhalts. Ein weiterer alter Mann namens Klaus Schwab sagt und schreibt ganz offen, dass in der vollautomatisierten Technikwelt, die er und seine hunderten Verbündeten sich ersehnen, eine **KI** über technisch modifizierte Scheinmenschen herrschen soll. Die für die Volldigitalisierung nötigen Wendepunkte verorten Schwab und Konsorten allesamt im Jahr **2025**. Dieses Zeitfenster wollen sie unbedingt nutzen. Das untermauert nochmals den vorhin erwähnten Zeitplan, dem zufolge die Grobarbeit bis 2025 abgeschlossen sein muss. Das von Schwab offensichtlich schon vor der Pseudopandemie erstellte Manuskript zum Buch *COVID-19: The Great Reset*, der umfangreiche *COVID Action Plan* und die bis ins letzte Detail ausgearbeitete digitale Transformationskarte des WEF bereiten die digitale Umformung **aller** Lebensbereiche und die nanotechnologische Entmenschlichung unserer Spezies vor. Eine zentrale Rolle spielen dabei Impfstoffe, Biotechnologie, digitale Identität und Verhaltenssteuerung sowie globales Regieren.[266]

Zu den Transhumanisten zählt auch Vorreiter Max More, jener Futurist, der es sich zum festen Ziel gesetzt hat, den Tod auszutricksen. Dasselbe Ziel verfolgen hochrangige Vertreter der IT-Branche wie zum Beispiel die Begründer von Google (Larry Page), Amazon (Jeff Bezos) und PayPal (Peter Thiel). Bis jedoch die medizinische Technik ausgereift ist, wäre bei vielen Transhumanisten die natürliche Lebensuhr längst abgelaufen. Darum haben weltweit etwa 2.000 Superreiche ihre Körper oder nur die Köpfe in Trockeneis einfrieren lassen. Allein in der Computermetropole Silicon Valley lagern mehr als 180 tote Körper, davon 116 abgetrennte Schädel, um am Tag X wiederbelebt bzw. zwecks ihrer **Auferstehung** auf einen technisch modifizierten Körper gesteckt zu werden. Für diesen sündteuren Vorgang haben sich bereits rund 1.800 weitere schwerreiche Transhumanisten angemeldet.[267]

Pseudospirituelle Technikanbetung gibt es auch, man höre und staune, im **Buddhismus**. In einem Tempel im japanischen Kyoto werden seit 2019 die Gebete von der KI eines Roboters namens Mindar gesprochen. Gefertigt aus Aluminium und Silikon, soll die Maschine eine Erscheinungsform einer buddhistischen Gottheit darstellen.[268]

In der **christlichen** Kirche kann man sich seit 2012 die Sünden von einem Computer verzeihen lassen: dem Beichtomaten.[269] Seit 2019 werden aber auch, oh Wunder, sprechende Blechtrottel eingesetzt. Vor dem Altar fuchtelt ein kitschiger Roboter mit den Armen und spricht den »Segen«. Die Grundform des Dings ist, passend zum materialistischen Konzept dieser Religion, ein Bankomat. Dennoch fühlt sich ein Theologieprofessor »berührt«, weil er von der KI »gesegnet« wurde.[270] Obwohl weltberühmte Physiker wie Prof. Dr. Stephen Hawking rechtzeitig Alarm schlugen, dass eine vollständig entwickelte KI »das Ende der Menschheit bedeuten könnte«, leisten etablierte Religionen dem Irrsinn Vorschub. In den USA wird sogar ernsthaft diskutiert, ob die von Menschen erschaffene KI eine eigene Persönlichkeit oder gar eine Seele haben könnte.[271]

Apropos Irrsinn: Die einflussreichsten Vertreter des Transhumanismus aus Silicon Valley halten sich ausdrücklich für »**Götter**«. In ihrem wahnhaften Gottkomplex beeinflussen sie die US-amerikanische Politik und damit auch indirekt die Geschicke der Welt. Eine lückenlose Beweisführung über diese unheimliche Machtkonzentration erbringt die US-amerikanische Historikerin und Universitätsprofessorin Dr. Margaret O'Mara im 2019 erschienenen Buch *The Code – Silicon Valley and the Remaking of America*. Als ehemalige Mitarbeiterin des Weißen Hauses deckt sie die starke Verflechtung zwischen der IT-Hochburg und der **US-Regierung** aus erster Hand auf.[272]

Apropos technokratisch beeinflusste Politik: Im Januar 2022 erklärte Klaus Schwab korrekt, die Bevölkerung habe das Vertrauen in die Politik verloren. Schließlich hat die kurzsichtige Herangehensweise der Regierungen »zu einem willkürlichen Umgang mit der Pandemie und ihren sozioökonomischen Folgen geführt.« Eigentlich müsste sich Schwab selbst anklagen, zumal viele politische Drahtzieher nachweislich unter dem massiven Einfluss des WEF stehen. Anstatt um Verzeihung zu bitten, erklärt Schwab alte Institutionen und Führer für überflüssig. Die Zeit sei nun reif, für sein eigenes Konzept des neuen Regierungssystems: die sogenannte **Governance 4.0**. Dass es sich dabei um eine KI-gelenkte Diktatur handelt, hat der WEF-Leiter schon Jahre zuvor klargemacht (siehe oben). Ab sofort seien eine stärkere Führung und langzeitliches strategisches Denken nötig, wobei besonders die Wirtschaft Verantwortung übernehmen müsse. Dabei denkt er neben der psychischen Gesundheit an »Maßnahmen zur Bekämpfung des Klimawandels, zur Umkehrung des Verlusts der biologischen Vielfalt und der Umweltschäden.« Offensichtlich stellen diese Maßnahmen keinen Widerspruch zum Ziel der Bevölkerungsreduktion und zum Mittel der schädlichen Impfstoffe dar. Daher ist es keine Überraschung, dass Schwab vor dem »Wiederauftreten von Infektionskrankheiten« und vor der »aufrechten Bedrohung« durch COVID warnt.[273] Dieselbe Propaganda schreibt Schwab selbst auch im *Handelsblatt*.[274] Mit erhobener Faust fordert der WEF-Chef Ende Februar 2022 **alle** Menschen, insbesondere die jungen, eindringlich dazu auf, sich gegen COVID impfen zu lassen.

Fernab der wissenschaftlichen Realität behauptet Schwab in brüchigem Englisch: »Nobody will be save, if not everyone is vaccinated!« Auf Deutsch:

**»Niemand wird sicher sein,
wenn nicht alle geimpft sind!«**[275]

Wie Bill Gates verfolgt also auch sein Kollege Klaus Schwab hochoffiziell das Ziel, die gesamte Weltbevölkerung mit gentechnisch erzeugten Impfstoffen zu injizieren. Zur direkten Umsetzung steht eine weitere Gruppe von Akteuren zur Verfügung, mit der das WEF bestens vernetzt ist und die unmittelbar am intensivsten profitiert: die fünfte Gruppe.

Ad fünfte Gruppe. Einen enormen Zuwachs an Kapital, Macht und Reichweite erzielen die Inhaber großer Konzerne vor allem in der Pharma-, IT- und Telekommunikationsbranche, die hohen Repräsentanten unkritischer Medien, supranationaler Organisationen wie der EU und der WHO sowie nationaler Regierungen inklusive jener von China. Sie alle kriegen ein Stück vom Kuchen ab, ohne über die große Agenda Bescheid wissen zu müssen. Wie in jeder Diktatur gilt: Mitmachen genügt.[276]

Wie zu erwarten war, hat die politisch erzeugte Corona-Krise der Pharmabranche 2021 ein bis dahin einzigartiges Rekordwachstum beschert. Für die 20 größten Pharmakonzerne stellen die mit Impfstoffen und Medikamenten gegen COVID erzielten Zusatzumsätze von ca. 100 Milliarden Dollar den »**größten Umsatzsprung seit Jahrzehnten**« dar.[277]

Gemäß einer Analyse von *Statista* vom Januar 2022 werden die Pharma-Umsätze von 2019 bis 2026 sogar noch stärker ansteigen, im konventionellen Bereich von 469 auf 681 Milliarden US-Dollar. Im Bereich der Biotechnologie ist eine Verdoppelung von 266 auf 505 Milliarden prognostiziert.[278] In diesem Kontext fällt auf, dass ein US-amerikanisches Bundesgericht bereits im Jahr 2013 entschieden hatte, dass für jede Form der DNA (Erbinformation), sohin sowohl natürliche als auch synthetische, **Patente** angemeldet werden können. Diese Entscheidung wurde zwar vom Obersten Gerichtshof der USA (Supreme Court) insofern abgeändert, als nur die synthetische DNA (cDNA) patentfähig sei, weil sie nicht natürlich vorkommt.[279] Dies beweist jedoch, dass in gewissen Köpfen die Vorstellung besteht, man könne menschliches Erbgut besitzen, wie dies bei genmodifiziertem Saatgut bereits ausjudiziert ist. Dem Geschäftssinn der Pharmalobby scheinen keine moralischen Grenzen gesetzt zu sein. Warum also sollte sie ausgerechnet das Megageschäft mit gentechnischen Impfstoffen freiwillig aufgeben?

Achtung! Genau das Gegenteil trifft zu. Laut einer Information der Vereinigung forschender Pharma-Unternehmen (vfa) sind mit Stand von Mitte Juni 2022 bereits viele weitere mRNA-Impfstoffe auch gegen **andere** Krankheiten als COVID in Entwicklung, mitunter gegen Grippe, HIV-Infektionen, Gürtelrose und einige mehr.[280] Infolgedessen ist bis auf weiteres von der planmäßigen Verlängerung und Intensivierung der impfstoffbasierten Dauerattacken gegen das menschliche Immunsystem auszugehen.

Dauerhaft unkritische **Medien**, die nicht einmal das leicht durchschaubare Trugbild einer Eingriffssituation hinterfragen, haben insbesondere dann keine Veranlassung zur Verhaltensänderung, wenn sie von der Pharmaindustrie und /oder der Regierung **mitfinanziert** werden.[281] Das gefälschte Bild von der realen Notlage haben, wie gesagt, fast alle Leitmedien im Rahmen von sieben Kategorien der systematischen Desinformation miterzeugt. Dieselben Medien wirken nicht nur bei der **Denunzierung** rechtzeitig warnender Experten tatkräftig mit,[282] sondern unterstellen auch friedlichen Demonstranten, die sich für die Wahrung der Menschenrechte und den Erhalt der Demokratie einsetzen, eine untragbare Gesinnung, indem sie diese mit Staatsverweigerern und Neonazis in einen Topf werfen.

Ich kann persönlich und mehrfach bezeugen, dass es sich dabei um eine menschenverachtende Propaganda handelt. die dem rechtswidrigen Kurs der Regierung dient. So habe ich zum Beispiel am 11.09.2021 in Wien auf einer Demonstration gegen die illegalen Corona-Maßnahmen eine Rede vor tausenden friedlichen Menschen gehalten. Darunter befanden sich Ärzte, Krankenschwestern, Psychotherapeuten sowie überproportional viele Lesben, Schwule und transidente Menschen. Dennoch ließ sich ausgerechnet ein angeblich linksliberales Blatt zu folgender Schlagzeile hinreißen: »Beamtin des Verteidigungsministeriums trat vor Neonazis und Impfgegnern auf.«[283] Durch derartige Propaganda kann beim unbedarften Leser unterbewusst der Eindruck erweckt werden, alle Impfgegner seien Neonazis. Jedoch beweist die Bilddokumentation dieser und anderer Demos das glatte Gegenteil. Meines Erachtens machen sich die Verfasser journalistischer Propaganda der beschriebenen Art wegen Verhetzung und Verharmlosung des Nationalsozialismus strafbar.

Die **EU**, die zwar bei wichtigen Themen wie stabile Währung und Migrationspolitik scheitert, ist aber eine treibende Kraft beim Durchwinken gesundheitsschädlicher Impfstoffe. Plötzlich wird der Anschein erweckt, ein Machtzuwachs der EU sei nützlich. Dieser wird prompt und reichlich genutzt. Am 01.07.2021 wurde mit Verordnung das EU-weite **digitale** COVID-Zertifikat eingeführt, das verharmlosend »Grüner Pass« genannt wird. Es wird primär als Impfzertifikat verstanden, negative Testung und Genesung werden nachrangig behandelt. Sogar das Papierformat trägt den quadratischen **QR-Code**, der digital auszulesen ist, um die Echtheit zu bestätigen.[284] Im März 2022 wurde die Geltungsdauer dieser Verordnung bis Ende Juni 2023 verlängert.[285] Einige Leitmedien wie etwa die *ARD-Tagesschau* behandeln die COVID-Zertifikate ausschließlich als »die digitalen Corona-Impfnachweise«. Tests und Genesung kommen nicht mehr vor, nur noch vom Impfen ist die Rede.[286]

Mit gönnerhaften Phrasen wird der Bevölkerung vorgegaukelt, digitale Zertifikate erhielten die Bewegungsfreiheit. In Wahrheit darf uns niemand unser angestammtes Recht nehmen, weil ja nicht einmal eine reale Notlage besteht. Die Masse der Menschen ist so sehr mit einer epidemiologisch sinnlosen Bürokratie beschäftigt, dass ihr die offizielle Einführung des relativ neuen Ausnahme-Regel-Prinzips nicht aufzufallen scheint. Ebenso relativ unbemerkt wird mittels Digitaltechnik ein großer Schritt in Richtung satanischer **Umkehr** der generellen zur nur noch bewilligten Bewegungsfreiheit gesetzt.

Die US-amerikanische Denkfabrik *Atlantic Council* fördert gezielt die weltweite Etablierung von »virtuellem Geld, das von einer Zentralbank gedeckt und ausgegeben wird.« Diese **digitale Zentralbankwährung** – Central Bank Digital Currency, kurz CBDC – wurde als Alternative zu bestehenden Kryptowährungen eingeführt. Im Mai 2022 prüften bereits »105 Länder, die über 95 Prozent des globalen BIP [Bruttoinlandsprodukts] repräsentieren, eine CBDC.« Ihr rasanter Fortschritt in der technischen Umsetzung hat sich im Mai 2022 wie folgt dargestellt: Start zu 9 Prozent, Pilotprojekt zu 14 Prozent, Entwicklung zu 23 Prozent, Forschung zu 41 Prozent.[287] Hierzu hat auch das Eurosystem im Juli 2021 ein Projekt gestartet. Dessen Ziel wird von der Deutschen Zentralbank erklärt: die Vorbereitung einer potenziellen »Einführung eines **digitalen Euro**«. Experimente hätten »bereits gezeigt, dass dies mit den derzeit existierenden Technologien grundsätzlich möglich ist.«[288] Das von der österreichischen Bundesfinanzagentur, der Nationalbank und zwei weiteren Großbanken betriebene Forschungsprojekt DELPHI für eine marktfähige Umsetzung der CBDC in Echtzeit verfolgt seit Juni 2021 das Ziel, »den österreichischen Kapitalmarkt fit für Blockchain-Lösungen zu machen.« Schon im

Prüfungsstadium ist man überzeugt: »Neue Technologien werden das Finanzsystem nachhaltig verändern.«[289]

Achtung! Die globale Einführung digitaler Währungen schreitet zügig voran. QR-Code und digitale Daten über den Impfstatus sind bereits eng verbunden. Das allumfassende Internet wird ausgebaut. Menschen werden bereits Mikrochips implantiert. Die folgenschwere Verkettung mit dem verhaltensabhängigen Zugang zur Digitalwährung ist technisch **leicht** umsetzbar. Dazu könnte eine KI wie Black-Rocks Aladdin herangezogen und auf alle sozialen Bereiche ausgedehnt werden.

Studien zur Verhaltenssteuerung existieren, Großexperimente finden in Echtzeit statt. Eine im Auftrag des deutschen Bundesministeriums für Bildung und Forschung erstellte Studie vom August 2020 enthält die realistische Einschätzung, dass in den 2030er-Jahren bzw. ab dem Jahr **2030** gläserne Bürger einem Bonus-System nach chinesischem Vorbild unterworfen sein könnten. Gemäß diesem Szenario überwacht, bewertet und steuert ein **digitales Sozialpunktesystem** das von der Obrigkeit gewünschte Verhalten der Bevölkerung. Für gezeigtes Wohlverhalten gibt es Punkte.[290] Die verdächtige Schlagzeile »Wien als Labor für Sozialkreditsystem« bekundet, dass ab Herbst 2022 das CO_2-sparende Verhalten jedes Wiener Bürgers mittels App ausgelesen und mit Punkten (Wien-Token) belohnt werden soll. Diese können in Eintrittskarten umgetauscht werden.[291]

Was vorerst wie ein harmloses Belohnungssystem erscheint, birgt die große Gefahr der späteren Ausdehnung auf alle anderen sozialen und privaten Bereiche. Der **Schlüssel** hierzu ist ganz offensichtlich die flächendeckende Einführung des digitalen Impfpasses mit QR-Code. Folglich muss ein Ziel der epidemiologisch völlig sinnlosen Impfungen die digitale Erfassung des Impfstatus aller Bürger sein, auch der Kinder. Gemäß einem offiziellen Merkblatt der Europäischen Kommission vom 27.04.2022 sollen die EU-Mitgliedstaaten bezüglich COVID »die Inanspruchnahme von Impfungen und die Verabreichung von Auffrischungsimpfungen **erhöhen**«, wobei sie auch die Impfquote unter **Kindern** anheben sollen. Außerdem sollen Impfstrategien für die kommenden Monate unter Berücksichtigung der saisonalen **Grippe** erstellt werden.[292] Es kann nicht der geringste Zweifel bestehen, dass die EU intensive Anstrengungen unternimmt, nach dem Sommer 2022 bisher Ungeimpfte verstärkt ins Visier zu nehmen.[293] In den USA, dem Vorbild der EU, ist die COVID-Impfung seit Juni 2022 für Kinder ab dem sechs Monaten zugelassen, sohin auch für **Säuglinge**.[294]

Achtung! Ein weiterer Schritt in Richtung globales Impfmanagement ist der vom Rat der EU zur Verhandlung freigegebene internationale **Pandemievertrag** mit der WHO. Die ohnehin schon übermächtige Position der WHO soll eine zusätzliche »Stärkung der Pandemieprävention, -vorsorge und -reaktion« erfahren.[295] Dabei spielen Impfstoffe eine zentrale Rolle: universeller Zugang, weltweit koordiniertes Vorgehen und so weiter. Der WHO-Pandemievertrag soll bis **2024** abgeschlossen sein. Die erste Sitzung fand am 01.03.2022 statt, die zweite soll bis August desselben Jahres erfolgen.[296] Die Ärzte des Vereins *Gesundheit für Österreich* kommen zum nachvollziehbaren Schluss, die primär wirtschaftliche Interessen vertretende WHO stelle sich über die Verfassung ihrer Mitgliedsländer. Falls der geplante WHO-Pandemievertrag jemals in Kraft tritt, »könnte die WHO nicht nur aufgrund eines mäßig gefährlichen Virus eine Pandemie ausrufen und der ganzen Welt strenge Maßnahmen vorschreiben. Sie könnte auch bei **jeder** beliebigen Infektionskrankheit eine **Impfpflicht** in allen Mitgliedsstaaten verordnen.[297] Zumindest planerisch wird mit an Sicherheit grenzender Wahrscheinlichkeit ein Meilenstein zur Verwirklichung weltweiter Impfpflichten gesetzt. Genau dafür bereiten sich nationale Regierungen im vorauseilenden Gehorsam vor.

Nochmals Achtung! Schon Ende Januar 2022 erklärte die Leiterin der im österreichischen Bundeskanzleramt angesiedelten Bioethikkommission, dass »die COVID-19-Impfpflicht der Startschuss für einen neuen Anlauf sein könnte, Menschen besser gegen überflüssige Krankheiten wie Masern, Keuchhusten oder Influenza zu schützen – auch mittels **Impfpflichten.**« Die Gesellschaft habe definitiv ein Interesse daran, »unnötige Grippewellen zu vermeiden.« Unmissverständlich wird zu erkennen gegeben, dass die COVID-Impfpflicht nichts anderes ist als der erwünschte »Auftakt für weitere Impfpflichten«.[298] Abgesehen von der hochgradigen Rechtswidrigkeit jeder Impfpflicht, gibt es keinerlei gesellschaftliches Interesse am impftechnischen Ausmerzen grippeähnlicher Krankheiten. Zum einen war die Bereitschaft zur Grippeimpfung in Österreich vor COVID sehr niedrig, in Deutschland lag sie bei nur 30 Prozent.[299] Zum anderen haben wir, wie gesagt, sowohl einzeln als auch gesellschaftlich ein Recht auf natürliche Immunität.

Obwohl es nicht einmal bei einem wirksamen Impfstoff wissenschaftlich zu begründen wäre, beantragten deutsche Abgeordnete im Februar 2022 die Anhebung der COVID-Impfquote auf **über 90 Prozent**. Und weil sich die deutsche Regierung in Sachen Impfpflicht stark an Österreich orientiert, plant die Union aus CDU und

CSU die Einführung eines Impfregisters, das an die **Steueridentifikationsnummer** gebunden ist.[300] Die Absicht ist demnach, die Daten der gesamten Bevölkerung über den Impfstatus mit einem zentralen finanzrechtlichen Merkmal zu verknüpfen.

Ein von *Future Operations* im April 2022 für die österreichische Regierung erstelltes Arbeitspapier sieht für den Herbst 2022 – und darüber hinaus – mitunter ein ungünstiges Szenario vor. Sollte die COVID-»Pandemie« anhalten, dann lautet eine der empfohlenen Maßnahmen: »Erwachsene werden 1x jährlich geimpft. Die **Impfpflicht** wird umgesetzt.«[301] Parallel dazu fiel Ende April 2022 der Beschluss des österreichischen Nationalrats zur Verlängerung des COVID-19-Maßnahmengesetzes bis Ende Juni **2023**.[302] Der Expertenrat der deutschen Bundesregierung empfiehlt in seiner Stellungnahme vom Juni 2022 zwecks »Pandemievorbereitung auf Herbst/Winter 2022/23« die »Intensivierung der Impfkampagne«. Speziell betont wird, dass die wichtigsten Maßnahmen zum Flachhalten von Infektionswellen die »Impfung und Infektionsschutzmaßnahmen« bleiben. Von zentraler Bedeutung sei daher die weitere »**Erhöhung** der Impfquote« und der Auffrischungsimpfungen (Booster). Dazu seien unter anderem die permanente allgemeine Impferfassung, die Bestimmung von Impf- und Immunitätslücken sowie eine Struktur für Impfaufforderungen erforderlich.[303]

Damit übereinstimmend hat der deutsche Gesundheitsminister Lauterbach bereits im Mai 2022 beschlossen, dass die »Pandemie« noch lange nicht vorbei sei. Neben verschwenderischen Impfstoffbestellungen, die zu unnötigem Überschuss und Verfall führen müssen, wurde auch die Fortsetzung der Impfzentren angekündigt. Außerdem soll das Infektionsschutzgesetz überarbeitet werden, sodass bei Bedarf »Maskenpflicht in Innenräumen, Hygienekonzepte und 2G oder 3G« wieder möglich sind.[304] Lauterbachs Ankündigung von Anfang Juni 2022 zufolge kommen im Herbst 2022 eine **neue** COVID-Welle, eine sogar **starke** Grippewelle und aufgrund der staatlich erzeugten bzw. maßnahmenbedingten Immunitätslücke auch »**RSV-Infektionen**« auf die Bevölkerung zu, besonders auf **Kinder**. Weil die Impfung laut Lauterbach nicht so gut wirkt (!), brauche man spezielle Impfkonzepte.[305]

Eine massive Verschärfung im Sinne von Willkür und härteren Maßnahmen sieht der Antrag zur Abänderung des Epidemiegesetzes vor, der von der österreichischen Bundesregierung Anfang Juni 2022 ohne Begutachtungsfrist gestellt wurde. Zum einen soll eine Absonderung (Isolation) auch »durch Ausübung unmittelbarer verwaltungsbehördlicher Befehls- und **Zwangsgewalt** erfolgen« können. Zum anderen möchte man den Gesundheitsminister ermächtigen, Kranken, Krankheits-

oder Ansteckungsverdächtigen bei **allen** meldepflichtigen Krankheiten mittels Verordnung Verkehrsbeschränkungen aufzuerlegen, sprich ihren Kontakt mit der Außenwelt und somit ihre Bewegungsfreiheit zu beschränken.[306] Falls dieser Antrag durchgeht, könnte man »das COVID-Zwangsregime auf Knopfdruck hochfahren« und nach Belieben auf jede andere Krankheit ausdehnen.[307] Denn was auf die Liste der meldepflichtigen Krankheiten kommt, beschließt der Gesundheitsminister jetzt schon mittels Verordnung und damit im Alleingang.[308] Weiters soll die für das Impfregister zuständige ELGA GmbH mit der Ermittlung **aller** potentiellen Kandidaten für die COVID-Impfauffrischung sowie mit dem Versenden von Erinnerungsschreiben beauftragt werden – und zwar ausdrücklich auch dann, wenn aktuell eine Genesung vorliegt.[309] Dadurch könnte jeder Mensch an den digitalen Pranger gestellt werden, der den unwissenschaftlichen Vorstellungen der Regierung über Impfintervalle und -dosen nicht zu 100 Prozent entspricht.[310]

Die den Impfdruck begünstigende Panikmache soll offensichtlich nicht enden. Angeblich wird in Berlin seit April 2022 die Ausbreitung der grundsätzlich Viren übertragenden Asiatischen Tigermücke bekämpft.[311] Und seit Mai 2022 kursieren Gerüchte über die steigende virale Verbreitung der **Affenpocken** in Europa.[312] Achtung Satire: Bis dahin wurde hingegen weder über die brandgefährlichen »Elefantenpickel« noch über die tödlichen »Dinosaurierpusteln« berichtet. Satire Ende. Das Auftauchen der Affenpocken im Mai 2022 war bereits im März 2021 von einer privaten, aber globalen Vereinigung namens NTI vorgeübt worden. Ihr fiktives Pandemie-Horrorszenario beginnt exakt am 15.05.2022 mit dem Ausbruch des Affenpocken-Virus und endet mit mehr als drei Milliarden Fällen und 270 Millionen Toten weltweit. Die Auswertung der Tischübung wurde im November 2021 veröffentlicht.[313] Anscheinend nicht ohne Wirkung. In Großbritannien wurden die Affenpocken im Juni 2022 »auf den gleichen Schweregrad wie Lepra und **Pest** hochgestuft.«[314] Hysterische Medienberichte verbreiten die Warnung der EU, die Affenpocken könnten endemisch werden, das heißt immer wieder auftreten und nie wieder verschwinden.[315] Am 23.07.2022 ist der Leiter der WHO im Alleingang, also über die Köpfe der zuständigen Kommission hinweg, »zu dem Schluss gekommen, dass der weltweite Ausbruch der Affenpocken einen **Gesundheitsnotstand** von internationaler Tragweite darstellt.«[316]

Auffällig: Nachdem sich COVID frühzeitig als Scheinpandemie erwiesen hatte, kündigte Bill Gates am 23.06.2020 hämisch grinsend an, die nächste »Pandemie« bekäme die ihr gebührende Aufmerksamkeit.[317] Noch auffälliger: Gentechnische Impfstoffe rufen unter anderem **pockenähnliche** Hautschäden hervor. Zum Beispiel geht aus einer Anfang März 2022 in Saudi-Arabien veröffentlichten Studie über den COVID-mRNA-Impfstoff von Biontech / Pfizer hervor, dass dieser »mehrere dermatologische Nebenwirkungen wie bullöse Eruptionen« verursacht haben könnte.[318] Wie obige Darstellung der gemeldeten COVID-Impfschäden zeigt, gehen mehr als die Hälfte aller gemeldeten Fälle auf die Kappe von Biontech / Pfizer (siehe Abb. 06). Da die Tendenz steigend ist, muss in absehbarer Zeit mit einer **Häufung** pockenähnlicher Impfschäden gerechnet werden. Dies birgt die hohe Wahrscheinlichkeit des Missbrauchs, dass faktische Impfschäden fälschlich als »Affenpocken« erfasst werden. Zur Draufgabe könnte die seit 2020 hochaktive politisch-mediale Propagandamaschinerie die Werbetrommel für Impfungen gegen die »Affenpocken« rühren ...

Achtung! Gesichert ist, dass sich die Lage seit März 2020 kontinuierlich verschärft hat. Für die Ablösung der C-Diktatur durch die **D-Diktatur**, also eine vollständige digitale Diktatur, wird die Realisierung nachfolgender **Zwischenziele** bereits umgesetzt oder zumindest vorbereitet: Erhöhung der Impfquoten, Impfpflichten für viele Krankheiten, Verknüpfung von QR-Code und digitalen Impfdaten, globale Digitalwährungen, Ausbau des »Internets aller Dinge«, Verfügbarkeit einer zentralen KI, digitale Verhaltenssteuerung, Implantation von Mikrochips, utopische Technikreligion, Enteignung und Entrechtung der gesamten Bevölkerung nach kommunistischem Muster und so weiter.

Nochmals Achtung! Mit Volksaufständen ist zu rechnen. Die Regierungen tun es, weshalb längst Abwehrmaßnahmen vorbereitet werden. Zum Beispiel haben im November 2021 **Soldaten** des österreichischen Bundesheers und der deutschen Bundeswehr im Waldviertel (Niederösterreich) gemeinsam vorgeübt, wie man »die Kontrolle über aggressive Menschenansammlungen« behält. Bei der »Crowd and Riot Control« handelt es sich zwar um eine ureigene Polizeiaufgabe, in die jedoch im Anlassfall auch das Militär eingebunden werden soll. Und zwar nicht nur im Ausland, sondern offenbar auch im eigenen Land, wenn »eine **Demonstration** aus dem Ruder läuft oder verfeindete ethnische Gruppen voneinander zu trennen sind.« Geübt wurde unter anderem das Herausgreifen von »Rädelsführern unter den Demonstrierenden aus der Menge«. Dabei kam typische Polizeiausrüstung zum Einsatz: Schutzhelme, Körperprotektoren, Schilde, Schlagstöcke, Tränengas.[319] In dieselbe Kerbe schlägt eine weitere Übung des Bundesheers vom Juli 2022. Das realistische Szenario lautet: Eine kriegsbedingte Massenmigration nach Europa lässt »einige Teile der österreichischen Bevölkerung eine Verschlechterung ihres sozialen Friedens« wahrnehmen, wobei sich die Unzufriedenheit teils in »gewaltsamen Demonstrationen« entlädt. Polizisten und Soldaten werden sowohl gegen Demonstranten als auch gegen als Migranten getarnte Kämpfer und ausländische Terrorzellen eingesetzt.[320] Ab 01.10.2022 nimmt das neu aufgestellte Territoriale Führungskommando der Bundeswehr in Berlin seine Tätigkeit auf. Es ist für die »operative Führung nationaler Kräfte im Rahmen des Heimatschutzes einschließlich der Amts- und Katastrophenhilfe sowie der Zivil-Militärischen Zusammenarbeit« verantwortlich. Dabei geht es also nicht nur um die Aufmarschführung bei NATO-Verlegungen, sondern ausdrücklich auch um die Bereitstellung der »nötigen Kräfte für einen nationalen Krisenstab« insbesondere anlässlich von »Hochwasserkatastrophen oder wie in der **COVID**-Pandemie.«[321]

Derlei Einsätze von Soldaten im Inland wären lediglich in äußersten Notfällen und in den engen Grenzen der Verfassung zulässig. Obige kleine Auswahl lässt keinen Zweifel aufkommen, dass ein gewisses Potenzial zur Niederschlagung von berechtigten Volksaufständen gegen weitere illegale Maßnahmen der Regierungen bereitgehalten wird. Auf die legistische Rechtfertigung von Todesschüssen gegen Aufständische wurde bereits hingewiesen (EU 2007). Allerdings ist die europäische Exekutive – Polizei und Heer – ganz besonders in Österreich und Deutschland dermaßen kaputtgespart und ausgeblutet worden, dass sie mehrere gleichzeitige Ausschreitungen in etwa drei verschiedenen Ballungszentren mit an Sicherheit grenzender Wahrscheinlichkeit **nicht** einmal im Ansatz in den Griff bekäme.

Wenn es jedoch nach den hinlänglich bekannten Zielen und bereits verfügbaren Mitteln der Akteure geht, werden sowohl die Taktung als auch die Intensität der »epidemischen« Maßnahmen bis mindestens **2025** weiterhin stark ansteigen, insbesondere beim Impfen und bei der damit einhergehenden Verknüpfung digitaler Daten. Bei ungebremster Umsetzung wäre zum einen die Tarnung von Impfschäden als virale Krankheiten und zum anderen der Ausbau der vollständigen digitalen Korntrolle bis zum Jahr 2030 möglich. Das neue Feindbild wäre unausweichlich jede Form der Unangepasstheit oder **Nonkonformität**.

Aber nur weil etwas Schreckliches vorbereitet ist, bedeutet das noch lange nicht, dass es Wirklichkeit werden muss. Schließlich ruft jede Kraft eine Gegenkraft hervor.

Wachsende Parallelgesellschaft

Beim modernen Corona-Zwangskollektivismus machen erfreulicherweise einige Menschen von Beginn an einfach nicht mit. Sie haben den Rahmen der Matrix erweitert oder verlassen. Diese freiheitsliebenden Menschen bilden daher eine durchwegs positive Parallelgesellschaft mit einem großen Veränderungspotenzial. Genau aus diesem Grund wird schon der Begriff »Parallelgesellschaft« präventiv politisch-medial dämonisiert, um ihn in der Wahrnehmung der restlichen Bevölkerung negativ zu konnotieren. Viele andere gehen in den sogenannten Widerstand, der jedoch quantitativ zu gering und alles andere als einheitlich ist. So wird letztlich der Bestand der Matrix indirekt bestärkt. Mehr und mehr Menschen realisieren, dass die Lösung nicht im Kollektiv liegt und dass **keine Hilfe von außen** zu erwarten ist. Schon gar nicht von Politikern, Journalisten, »Künstlern« und Priestern, die nichts anderes als profitierende Wächter des Systems sind. Folglich gehen immer mehr Menschen ihren individuellen Weg der Selbstbestimmung. Und das ist gut so. Schließlich kann die individuelle Freiheit nur vom Individuum selbst erlangt werden. Von niemandem sonst. Es wächst eine nicht von oben oder außen gesteuerte Parallelgesellschaft.

Gescheiterter Massenwiderstand. Laut einer Expertise der Harvard-Professorin Dr. Erica Chenoweth genügt für den Erfolg jeder Form von kollektiver Nichtkooperation die aktive Teilnahme von lediglich 3,5 Prozent der Bevölkerung. Ab diesem Prozentsatz war bislang jede Massenbewegung erfolgreich, wobei die Betonung auf der aktiven Beteiligung liegt.[322] Hierbei greift Dr. Chenoweth auf ihre Auswertung der Daten von 323 Massenaktionen der Jahre 1900 bis 2006 zurück. Entgegen ihrer ursprünglichen Einschätzung kommt sie zum Ergebnis, dass der **friedliche** Widerstand bei weitem am effizientesten ist.[323] Die strategische Logik des gewaltfreien Konflikts erklärt Erica Chenoweth in ihrem Buch *Why civil resistance works* (Warum ziviler Widerstand funktioniert). Weit attraktiver als Gewalt ist für die Masse der Menschen ein friedliches Vorgehen, weshalb es viel eher breite und vielfältige Unterstützung erhält. Gut vorbereiterer friedlicher Widerstand führt mit sehr hoher Wahrscheinlichkeit nach dem Konflikt wieder oder erstmals zur Demokratie.[324]

Ein erfolgreicher Massenwiderstand gegen die C-Diktatur ist in Ländern wie Österreich und Deutschland bisher sowohl in quantitativer als auch qualitativer Hinsicht gescheitert. Die Zahl der aktiven Mitglieder war viel zu gering. Nicht einmal in den Hochphasen der »Megademos« Ende 2021 wurden die erforderlichen 3,5 Prozent erreicht. Beispielsweise haben die größten Demos in Wien im Dezember 2021 trotz Herankarrens aus allen Bundesländern nicht einmal an Spitzentagen mehr als durchwegs beachtliche 200.000 Teilnehmer erreicht. Oft stand ich als Rednerin auf den Bühnen, wobei ich aufgrund meiner Berufserfahrung als Offizier des Bundesheers größere Menschenmengen sehr gut einschätzen kann. Meine Beurteilung von maximal 200.000 Teilnehmern entspricht in etwa 80 Brigaden zu je 2.500 Soldaten sowie dem Mittelwert aus den von Organisatoren (450.000) und der Presse genannten Höchstwerten (45.000).[325] Die mit Menschen gefüllte Gesamtfläche beträgt ca. ein Fünftel von jener des Donauinselfestes, das 2019 täglich von durchschnittlich 900.000 Menschen besucht wurde.[326] Die so errechneten 200.000 Demo-Teilnehmer sind zwar ein großartiges Aufgebot, aber, wie gesagt, ein nur selten erreichter Höchstwert. Es wären regelmäßig ca. 310.000 konsequent aktive Teilnehmer nötig gewesen. Auch in Deutschland, wo kein Impfpflichtgesetz unmittelbar drohte, wurde die 3,5-Prozentschwelle nicht annähernd erreicht.

Keinesfalls soll die hervorragende Arbeit der Organisationsteams und ihrer zahlreichen Helfer geschmälert werden. Sie haben zehntausenden verzweifelten Menschen ein Ventil geboten und ein Wir-Gefühl ermöglicht, das in Österreich einzigartig war und bestimmt einen beachtlichen Einfluss auf die Aussetzung und Aufhebung des Impfpflichtgesetzes hatte. Am politischen Ziel sogar noch höherer Impfquoten hat der öffentliche Protest jedoch **nichts** verändern können. Die bittere Realität ist nämlich, dass die Masse träge ist, auch die der Demonstranten. Ungefähr fünfmal so viele Menschen stürzen sich lieber in ein kurzfristiges Party-Vergnügen, als sich für ihre Freiheit einzusetzen. Ebenso befremdlich ist, dass auf Demos viele Menschen nur halbherzig mitmachen, indem sie beispielsweise besoffen herumgrölen, verordnete Abstände einhalten oder mit aufgesetzten Masken gegen den Maskenzwang »protestieren«. Oft habe ich mich gefragt, ob als nächstes der mit der Spritze im Arm demonstrierte »Wiederstand« gegen die Impfpflicht kommt.

An dieser Stelle sei angemerkt, dass Enttäuschung etwas Positives ist. **Enttäuschung** bedeutet nämlich, dass die Täuschung beendet ist. Die Illusion über den angeblich großen Freiheitsdrang und Mut der Masse ist spätestens seit 2021 beendet. Die Masse hat bisher bei jeder totalitären Herrschaftsform mitgemacht: Monarchien, Kommunismus, Faschismus, Nationalsozialismus, turbokapitalistische Scheindemokratie.

Warum also sollte es ausgerechnet in der gefinkelt eingefädelten C-Diktatur anders sein? Es war stets eine kleine **Minderheit**, die den Lauf der Geschichte verändert hat, zum Negativen wie zum Positiven.

Wegen der Trägheit der Masse habe ich an vielen Demonstrationen in ganz Österreich als Rednerin teilgenommen. Mir ging es ausschließlich darum, möglichst viele Menschen, vor allem enttäuschte Wähler, im friedlichen Widerstand zu bestärken und sie nach und nach zur **selbstbestimmten** Lebensführung im Alltag zu ermutigen. Denn wer das reale Leben im Hier und Jetzt meistert, der wünscht sich keine alte »Normalität« zurück, die ja bekanntlich die Vorstufe der C-Diktatur war. Außerdem machen sich selbstbestimmte Menschen nicht von der Hoffnung auf eine ungewisse Zukunft abhängig, die mit schwankenden Menschenmassen oder korrupter Parteipolitik zusammenhängt.

FREIHEUT-Übung 05: Kritische Betrachtung

Wenn du Lust dazu hast, kannst du dir gezielt TV-Beiträge über Politdarsteller wie Lauterbach, Baerbock, Merkel, Rauch, Nehammer, Kurz etc. und ihre absurden Aussagen in der C-Diktatur ansehen. Spielen dabei neben Inkompetenz auch Verwirrung, Wahnsinn oder Drogenkonsum eine Rolle? Würdest du diesen Personen dein Fahrrad oder gar dein Kind anvertrauen? Sind sie deiner Wahrnehmung nach noch irgendwie ernst zu nehmen? Sind sie das letzte Aufgebot einer sich absichtlich selbst entlarvenden Scheindemokratie?

Profitierende Politiker. Die sogenannte Parteipolitik ist schon vom Wort her ein Widerspruch in sich. Eine Partei steht nur für einen Teil oder Anteil des Ganzen,[327] während Politik ursprünglich Staatskunst im Sinne von »Kunst der Staatsverwaltung« bedeutet.[328] Dass die politischen Parteien dazu auch faktisch nicht in der Lage sind, beweist die schon lange vor COVID eingeleitete Entwicklung in Richtung Verschuldung, Verarmung, Entrechtung und Abbau der Demokratie. Daher war in Deutschland schon 2019 weniger als die Hälfte der Befragten mit dem Funktionieren der Demokratie zufrieden.[329] Konsequenterweise sind für die C-Diktatur in Deutschland und Österreich ausnahmslos **alle** im Parlament vertretenen politischen Parteien verantwortlich. Keine einzige Partei hat gegen das ausschlaggebende erste COVID-Gesetz gestimmt oder seither effiziente Oppositionsarbeit geleistet. Das bedeutet, dass auch die sogenannte Opposition auf voller Linie **versagt.** In Österreich hat eine oppositionelle Partei sogar die Regierung zum ersten scharfen Lockdown gedrängt. Nach zwanzig Jahren im ministeriellen Dienst lautet meine Beurteilung, dass es politischen Parteien letztlich nur um ihre Macht bzw. um ihre überhöht entlohnten Plätze am parlamentarischen Futtertrog geht.[330]

Dessen werden sich die als Stimmvieh missbrauchten Wähler zunehmend bewusst. Gemäß einer deutschen Umfrage waren gegenüber 60 Prozent im Sommer 2020 nur noch 42 Prozent im Februar 2022 mit der Handhabung der Demokratie zufrieden.[331] Demnach hat eine deutliche Mehrheit von rund **58 Prozent** der Deutschen kein Vertrauen in die Politik. Darin spiegelt sich die historisch niedrige Wahlbeteiligung von lediglich 55 Prozent Mitte Mai 2022 bei der Landtagswahl in Nordrhein-Westfalen.[332] In Österreich steigt die Politikverdrossenheit Mitte Juni 2022 auf historische **60 Prozent** an. Denn laut einer Umfrage glauben nur noch 40 Prozent an die Politik, davon lediglich 18 Prozent an die Regierung und mickrige 22 Prozent an die vermeintliche Opposition. Die Regierung will aber bis 2024 weitermachen. Allerdings liegt im Versagen der Parteipolitik auch ein großes Potenzial:

> *»Die Etablierung einer außerparteilichen Bewegung käme*
> *einer Zertrümmerung der politischen Landschaft gleich.«*

Diese hochexplosive Umfrage wurde am 19.06.2022 veröffentlicht,[333] nur vier Tage **bevor** die Regierung plötzlich den erwähnten Schwenk in Richtung Abschaffung der gesetzlichen Impfpflicht öffentlich angekündigt hat. Was lernen wir daraus? Die höchste Parteipolitik orientiert sich weder an wissenschaftlichen Fakten noch am Verfassungsrecht. Für sie scheint nur eines zu zählen: **Umfragewerte**, die einen Rückschluss auf den Bestand ihrer Pole-Position am vom Steuerzahler bezahlten goldenen Fressnapf zulassen.

Menschenfreundlichen und aufrichtigen Gruppen scheint es an der Bereitschaft zur Übernahme von Verantwortung zu ermangeln. Im Zuge einer strategischen Beratung für eine junge politische Partei habe ich Ende 2021 mit den Teilnehmern herausgearbeitet, dass sie sich vorerst außerparteilich mit konkreten Projekten für die Freiheit der Menschen in Österreich einsetzen sollten. Allen war klar, dass dies zwar ein langer und steiniger, aber auch der einzig sinnvolle Weg zur Erreichung ihrer Ziele wäre. Dennoch hat auf meine Abschlussfrage, wer dabei eine tragende Funktion übernehmen möchte, von etwa 20 Anwesenden kein einziger die Hand gehoben. Hier wie auch in anderen Parteien versteht man das Wort »Team« offenbar gemäß der Buchstabenfolge: **T**oll, **e**in **a**nderer **m**acht (es)!

Andere Parteien haben zwar ebenfalls kein nachvollziehbares Konzept, ihre Anführer dafür aber einen ausgeprägten Egoismus und Hunger nach Macht. Das scheint auch für einige neue Parteien zu gelten, die sich anlässlich der berechtigten Aufregung über illegale Corona-Maßnahmen formiert haben. Ausgerechnet Parteien, die sich die Grundrechte auf ihre Fahnen heften, verjagen ihre stärksten Zugpferde und verweigern die Vernetzung mit anderen Akteuren des Widerstands. Darüber kann ich aus erster Hand berichten. Eine Partei, die sich angeblich für Menschen, Freiheit und Grundrechte einsetzt, hat sich geweigert, meine Kündigung im Verteidigungsministerium anlässlich des Buchs *Corona-Diktatur* politisch aufzugreifen, obwohl es eindeutig um Meinungsfreiheit, ein bereits vor Gerichten zitiertes Standardwerk und meine tragende Funktion im sogenannten Widerstand ging. Allerdings hätte mich ein oberster Vertreter dieser Partei gerne in seiner Hauptfunktion als Rechtsanwalt vor Gericht vertreten. Anscheinend geht es solchen Parteipolitikern vorwiegend um Macht und Geld und nur oberflächlich um Menschenrechte.[334]

Weiters kann ich mit schriftlichen Dokumenten und Zeugen nachweisen, dass parteipolitisch motivierte Akteure die Demo-Szene missbrauchen. So hat ein Organisator, der sich bei einer gewissen Oppositionspartei andient, den Versuch unternommen, meine Flammrede auf dem Wiener Heldenplatz am 11.12.2021 zu verhindern, obwohl bzw. weil mich die Menge hören wollte. Schließlich nahm erstmals besagte Partei teil, die offensichtlich weder meinen Appell zu ordentlicher Oppositionsarbeit noch meine Ermutigung der Menge zur Selbstbestimmung zulassen wollte. Ein anderes Mal wurde einer Co-Organisatorin gedroht, falls sie nicht spure, werde man ihren Arbeitgeber über ihre Mitarbeit auf Demos informieren, was die Kündigung zur Folge gehabt hätte. Aufgeblasene Wichtigtuer, die noch nie etwas Relevantes für Volk und Land geleistet haben, spielen sich seit COVID wie **Messiasse** oder Gurus auf, kandidieren für hohe politische Ämter und denunzieren unliebsame Konkurrenten.

Das war nur eine sehr kleine Auswahl von vielen Fällen, die deutlich dafürsprechen, dass neue Akteure auf eine Art und Weise starten, die sie offiziell an den etablierten Parteien und Medien stört: kurzsichtige Egozentrik, Selbstdarstellerei, Ellbogentaktik, Lügen, Zwang, Korruption. All das trägt intensiv zur Entfremdung und Spaltung der Freiheitsbewegung bei. In der Folge ist es zu keinen nennenswerten Großaktionen wie Generalstreiks gekommen. In dieser Situation profitieren bis auf weiteres **alle** Akteure, die den Messias-Komplex bedienen, indem sie nur auf eine Problemlösung von außen setzen. Genau aus diesem Grund habe ich die vielen, teils nachdrücklichen Ersuchen, ich möge 2022 für die Wahl zur Bundespräsidentin kandidieren, freundlich lächelnd abgelehnt. Zugegeben: Kurzfristig hat sich mein Ego gestreichelt gefühlt, gerade in der Phase der Auflösung meines 32-jährigen Dienstverhältnisses beim Bund. Doch ich habe der Versuchung widerstanden. Schließlich möchte ich weder den Grüßaugust noch den Totengräber der Nation spielen. Gemäß meinem moralischen Kompass kann ich nicht Selbstbestimmung predigen und gleichzeitig total in ein System verstrickt sein, das nicht gerettet werden will. Das habe ich 14 Jahre lang versucht. Dazu kommen wir im zweiten Teil. Nun beleuchten wir einen weiteren Akteur, der von der Pflege des Messias-Komplexes profitiert.

Profitierende Journalisten. Wie erwähnt, profitieren die Leitmedien mehrfach von jenen sieben Arten der Corona-Propaganda, die sie im Verbund mit der Politik erzeugen. Zumindest kurzfristig. Das Blatt scheint sich jedoch zu wenden. Gemäß dem von der Oxford University unterstützten Reuters-Report vom Juni 2022 ist in der Hälfte der 43 untersuchten Länder das Vertrauen in die Medien von 2015 auf 2022 stark gesunken, in Deutschland von 60 auf 50 und in Österreich von 48 auf 41 Prozent.[335] Somit haben **50 Prozent** der Deutschen und **59 Prozent** der Österreicher kein Vertrauen. Es ist daher dokumentiert, dass die mindestens die Hälfte der Menschen vom Versagen der Medien in ihrer demokratischen Funktion als vierte Macht im Staat bzw. bei der Kontrolle des Gesetzgebers, der Verwaltung und der Gerichtsbarkeit endgültig genug hat.

Achtung! Rasant an Reichweite gewinnende Alternativmedien und Aufklärer haben einen großen Beitrag zur Verbreitung der realen Faktenlage geleistet. Aber auch unter ihnen gibt es einige schwarze Schafe, die nicht ordentlich recherchieren. Sensationsheischende Selbstdarsteller und Halbwissende lesen gelegentlich nicht einmal die von ihnen selbst angeführten Quellen. So geschehen im Falle der erwähnten Entscheidung des US-amerikanischen Supreme Courts. Selbiges wird fälschlich zu einem Entschluss der UNO (Vereinten Nationen) umgedeutet, wonach »der gesamte Körper des Geimpften als Besitz von Big Pharma« diene.[336] Dies ist mehrfach falsch. Zum einen gilt US-amerikanisches Recht nicht weltweit, zum anderen sagt die Patentfähigkeit gentechnischer Impfstoffe nichts über die Besitzverhältnisse am kompletten Körper aus. Weitere Beispiele liefert die systematische Verbreitung **messianischer** Heilserwartungen, wie etwa die Erlösung durch eine Allianz menschenfreundlicher Außerirdischer, Q-Anon, Donald Trump, Wladimir Putin, Rechtsanwälte mit ihren seit Mitte 2020 angekündigten Sammelklagen und so weiter.

Falschinformationen erzeugen unnötige Anspannung und eine skurrile Hoffnung auf Fremderlösung. Dadurch wird beim Empfänger der passive Messias-Komplex gefördert und der Gegenseite eine willkommene Angriffsfläche geboten, neben den schlampigen auch die vielen gewissenhaften Aufklärer als »Schwurbler« oder »Verschwörungstheoretiker« hinzustellen. Generell profitieren von Krisen und negativ gefärbten Berichten sowohl Leit- als auch Alternativmedien. In einem wichtigen Punkt sind sie zwei Seiten derselben Medaille: Ihre Ablenkung vom Wesentlichen fördert die Trägheit der Masse, die lieber auf eine surreale Hilfe von außen wartet, anstatt endlich selbst in die Gänge zu kommen. Das alles ist nur **Hopium** – Hoffnung als Opium für das Volk – und hilft genauso wenig wie das Erschleichen gefälschter Zertifikate, das Unterschreiben etlicher Petitionen und das Verschicken hunderter Schwurbler-Videos im Internet. Ein solcher **Pseudowiderstand** beruhigt eine Weile das eigene Gewissen, indem er ein trügerisches Gefühl bestärkt: »Ich tu ja eh was!« In Wirklichkeit teilarrangiert man sich aber mit dem Unterdrückungssystem, legt man sich zurück in seine Wabe der Matrix, bleibt man in der Versorgungsfalle des sozialen Spinnennetzes gefangen, spielt man weiter seine Rolle im makabren Schauspiel des Materialismus. Letztlich kuschelt man mit den Unterdrückern unter deren Decke.

Profitierende »Künstler«. Auch die Masse der angeblichen Künstler hat unkritisch mitgemacht und teilweise impfkritische Mitmenschen als »Gefährder« denunziert. Der Schauspieler Christoph Waltz, der in *Inglourious Basterds* in seiner Rolle als judenjagender SS-Offizier besonders authentisch wirkt, hat sogenannte Querdenker, die auch für seine Freiheit kämpfen, pauschal als **»eine Gruppe von asozialen Vollidioten«** beschimpft.[337] Kein Hauch von mitmenschlichem Respekt oder gar Freiheit. Werden solche »Künstler« jemals zugeben, dass in Wahrheit sie selbst jene asozialen Vollidioten sind, deren Totalversagen jede Form der Diktatur ermöglicht?

Profitierende Priester. Ein ähnliches Verhalten haben etliche Priester an den Tag gelegt. Der oberste Führer der Katholiken, der Papst, hat von seinen gehorsamen

Schäfchen regelmäßig »Impfen als moralische Pflicht« eingefordert.[338] Mitte Juni 2022 hat der Vatikan durch die Herausgabe einer **»Impf-Münze«** seine besondere Systemtreue unter Beweis gestellt. Auf der Vorderseite der 20-Euro-Silbermünze wird ein Mann von zwei Ärzten geimpft, wobei alle drei Personen Maske tragen. Auf der Rückseite befinden sich zwei überkreuzte Schlüssel.[339] Wer Augen zu sehen hat, der sehe: Die Kirche offenbart sich selbst als Systemdiener und macht auch noch Geld damit. Dadurch wird jedoch ihr vermeintliches Vorbild mit Füßen getreten. Denn Jesus hätte sich nie und nimmer impfen lassen oder dem Hygienediktat gebeugt. Gemäß Bibel ging er sogar zu den Lepra-Kranken ungeschützt[340] und missachtete er auch die Reinheitsgebote.[341] Außerdem hat Jesus die Händler mit der Peitsche aus dem Tempel getrieben.[342] Was würde er wohl heute mit dem Papst und seinen herausgeputzten Bischöfen in ihren prunkvollen Hallen tun? Die überkreuzten Schlüssel auf der Silbermünze stehen wohl dafür, dass diese Kirche ihren Schäfchen den Weg zur Spiritualität versperrt. Doch im Buddhismus sieht es nicht besser aus. Auch sein Oberhaupt, der Dalai-Lama, verlangt von seinen Anhängern, dass sie sich impfen lassen.[343]

Obige Erkenntnisse über die profitierenden Organisationen sprechen für die Richtigkeit meiner Beurteilung, dass Vereine Ansammlungen schwacher Menschen sind, denen Selbstdarstellung wichtiger ist als die Freiheit.[344]

Problem: Ohnmächtiges Ich. Trotz evidenter Unzufriedenheit der Bevölkerung mit Politik und Medien von mehr als 50 Prozent macht die Masse bei allem mit, was »die da oben« wollen. Entgegen der Logik der seit 2020 verfügbaren Daten über die fehlende reale Notlage sowie die Schädlichkeit von Masken und Impfstoffen hat sich die überwiegende Mehrheit dem Diktat einer kleinen Minderheit bedingungslos unterworfen: Politik und Medien. Mit Stand vom 21.06.2022 haben sich 76,5 Prozent der Österreicher mindestens eine Impfdosis verpassen lassen, 62,4 Prozent verfügen über ein aktives Impfzertifikat.[345] In Deutschland haben sich 77,6 Prozent mindestens einmal impfen lassen, 75,9 Prozent gelten als grundimmunisiert.[346] Ohne reale Notlage haben sich also in beiden Ländern **mehr als drei Viertel** der Bevölkerung potenziell schädliche Substanzen injizieren lassen. Demnach hat sich unter massivem Druck in etwa derselbe Prozentsatz gehorsam dem Impfzwang gebeugt, als bei den stressfreien Asch-Experimenten bei 18 Durchgängen absichtlich mindestens einmal Falschaussagen tätigen, um dem falsch handelnden Kollektiv zu entsprechen. Das sind um etwa 10 Prozent mehr Menschen, als beim Milgram-

Experiment »Lehrer« dem »Schüler« den höchsten Stromstoß von 450 Volt verpasst hätten (65 Prozent). In **Afrika** hingegen scheint die Bevölkerung etwas heller auf der Platte zu sein. Denn dort haben sich bis Ende 2021 lediglich **acht Prozent** vollständig impfen lassen, wobei ein deutsches Leitmedium mit der Schlagzeile

»Wenig Geimpfte, aber keine Krise«

indirekt zugibt, dass sich eine sehr niedrige Impfquote positiv auf die Lage eines ganzen Kontinents auswirkt.[347] Die extrem niedrige afrikanische Impfquote kann nicht allein an der behaupteten Mangelversorgung liegen. Die meisten Afrikaner haben wahrscheinlich ein natürlicheres Verhältnis zu ihrem Körper und vermutlich auch einen besseren Hausverstand als die Masse der Menschen in Österreich, Deutschland und anderen europäischen Ländern.

Hat in Wahrheit nicht Afrika, sondern Europa Entwicklungsbedarf? Gemeint ist Entwicklung in geistig-seelischer Hinsicht. Die bei uns vorgeschobenen Gründe für die Duldung der Impfung sind der – gar nicht mögliche – Schutz der Gesundheit der anderen, die Bewahrung des Arbeitsplatzes, der Erhalt der Reisefreiheit etc. Für eine **illusorische** Sicherheit haben sich mehr als 75 von 100 Menschen selbst der Freiheit beraubt und ihr wichtigstes Recht aufgegeben: autonom und natürlich gesund zu sein. Hinter ihrer Unterwerfung steckt ein intensiv ausgeprägter Messias-Komplex in passiver Form. Diesmal ist der vermeintliche **Erlöser** ein gentechnisch erzeugter **Impfstoff**.

Die seit März 2020 auf Hochtouren laufende politisch-mediale Propagandamaschinerie hat ihr ultimatives Werkzeug reichhaltig eingesetzt: Angst. In erster Linie werden die erwähnten drei **Grundängste** instrumentalisiert: Ängste vor Tod, materiellem Verlust und sozialer Ausgrenzung.[348]

Nach mehr als zwei Jahren des Wahnsinns ist jedoch mit Angst allein nicht zu erklären, warum sich mehr als drei Viertel der Bevölkerung ohne triftigen Grund psychisch und physisch zur Schnecke machen lassen. Von April bis Juni 2022 hatte für sämtliche Teilnehmer meiner Seminare die Freiheit einen sehr hohen Stellenwert, und sie waren allesamt zur Übernahme von Verantwortung bereit. Ihre Ziele zur Erringung der individuellen Freiheit hatten sie jedoch großteils noch nicht erreicht. Als erstes großes Hindernis führten sie einstimmig die eigene **Trägheit** im Sinne von Faulheit und Bequemlichkeit an. Das zweitgrößte Hindernis stellten alte Glaubenssätze dar, die sich in der Regel als falsch herausstellen: eigene Ohnmacht, übermächtiges Kollektiv etc. Erst an dritter Stelle wurden die besagten drei Grundängste genannt, dicht gefolgt von Scham und Schuldgefühlen. Keine direkte Rolle hingegen spielten Politiker, Journalisten, das »böse System« oder andere Einflüsse von außen. Bei der anschließenden Gruppenarbeit kam heraus, dass sich Trägheit, Glaubenssätze, Ängste, Scham, Schuldgefühle und weitere persönliche Schattenseiten auf ein Problem reduzieren lassen. Dieses Problempaket hat drei Buchstaben: I, C, H. Gemeint ist das **Ego**, das gesellschaftlich dressierte kleine Ich, welches sich von allem getrennt fühlt und im Streben nach Anerkennung äußerlich aufbläht. Diese Erkenntnis ist ein wichtiger Schritt zur Lösung.

Lösung: Gelebte Selbstbestimmung. Einen weitestgehend autonomen Lebensstil haben einige Menschen und Vereine schon vor COVID gepflegt. Seither kommen immer mehr stille Akteure, sei es einzeln oder in Gruppen, zur Einsicht, dass die beste Antwort auf den Zwangskollektivismus das Beschreiten **individueller** Wege ist. Still sind die Akteure nur insofern, als sie in der egozentrischen Welt des Materialismus keinen großen Wirbel machen. Ihre Worte und Taten sind jedoch geeignet, einen nachhaltigen **Wandel** zum Wohle aller zu bewirken. Eine gewisse Überschneidung mit der Esoterik ist nicht von der Hand zu weisen. Dagegen spricht nichts, solange man darunter nicht eine nur für Auserwählte bestimmte Geheimlehre versteht, sondern die realistische Feststellung, dass die individuelle Freiheit aus dem Inneren des Menschen geboren wird. Das ist die Kernaussage des zweiten Teils dieses Buchs. Dort werden einige stille Akteure genannt, insbesondere im Bereich der autonomen Gesundheit. Für die Verbreitung ihres Wirkens ist COVID der ultimative Brandbeschleuniger.

Zu beachten ist, dass die große träge Masse etwa 90 Prozent ausmacht, während zwei kleinere Gruppierungen von jeweils rund 5 Prozent die Masse in ihre Richtung bewegen wollen. Um den Wendepunkt zu erreichen, bedarf es, wie erwähnt, einer aktiven Massenbewegung von mindestens 3,5 Prozent. In Ermangelung einer solchen genügen rund **10 Prozent** an zwar aktiven, aber eben nicht optimal vernetzten Freigeistern. Das ist aus einigen anglo-amerikanischen Studien abzuleiten. Die Freiheitsbewegung der dunkelhäutigen Bevölkerung in den USA war in den 1960er Jahren rasch erfolgreich, als endlich 10 Prozent auch im Alltag für ihre Gleichberechtigung gekämpft haben. Etwa derselbe Prozentsatz ist laut der US-Army erforderlich, um eine Regierung zu stürzen oder sie am Leben zu erhalten. Für die Implementierung einer digitalen Diktatur hat das WEF ganze 21 Wendepunkte definiert, die bis zum Jahr 2025 erfüllt sein sollen. Die Volldigitalisierung sei zum

Beispiel unaufhaltsam, sobald 10 Prozent der Menschen eine Kleidung tragen, die ans Internet angebunden ist.[349]

Dass wir seit dem Frühjahr 2022 an einem historisch einzigartigen **Wendepunkt** stehen und das Zeitfenster für den kommenden Wandel bis 2025 geöffnet ist, haben seriöse Vertreter der Zahlenphysik, Numerologie und Astrologie rechtzeitig festgestellt. Auch wer (wie ich) nicht mit diesen Methoden vertraut ist, kann anhand der Faktenevidenz feststellen, dass die im Folgenden zitierten Experten goldrichtig liegen. Ihre Analysen sind leicht verständlich und ganz ohne Hokuspokus. Sie decken sich verblüffend mit dem Zeitplan der NWO-Akteure.

Die ontologische Mathematikerin Ingrid Raßelenberg[350] behält Recht, dass seit Februar **2022** ein nachhaltiger Bruch mit der alten Zeit erfolgt. Seither befinden wir uns in einer neuen Ära, im Aufbruch in ein neues Bewusstsein. Wir leben in einer Zeit, die reif ist für die Realisierung unserer geistigen **Schöpferpotenz**. Es liegt an uns, ober wir weiterhin leiden, indem wir am alten System und damit am egozentrischen Klein-Ich anhaften, oder ob wir uns mit unserem göttlichen Groß-Ich bewusst in die Hochphase der individuellen Realitätsbildung begeben.[351] Die Entscheidung über den Weltenwechsel muss jeder individuell treffen. Ein Leben in beiden Welten ist jedenfalls nicht möglich: A. Weiteres Mitspielen in der vorgesetzten alten Welt zum eigenen materiellen Vorteil oder B. Bewusster Rückzug in die eigene Schöpferkraft zur Erschaffung einer neuen Identität in einer neuer Welt. Beide Wege bzw. Welten sind nicht kompatibel.[352]

Auch die astrologische Beurteilung des Leiters der *Akademie Energetische Spagyrik* Hans Gerhard Wicklein vom Januar 2022 entspricht überprüfbaren Tatsachen. Der mit der C-Diktatur erhöhte Druck zur Entwicklung des Menschen findet seinen vorläufigen Höhepunkt ab Mitte April 2022 in der »Chymischen Hochzeit«. Eine intensive innere Haltung, die keinerlei Zweifel zulässt, führe völlig unspektakulär zur Geburt des **neuen** Menschen.[353]

Laut der Astrologin Silke Schäfer ist 2022 ein besonderes **Übergangsjahr**, das die Menschheit einen »großen evolutionären Schritt weiterbringen« kann. Dafür ist jedoch neben sehr viel Geduld und Standhaftigkeit auch »Flexibilität, Zusammenhalt und das Öffnen für Visionen« erforderlich. Ein sehr wichtiger Schritt für die Entwicklung sowohl des Individuums als des Kollektivs findet ab Juli/August 2022 statt.[354] Ab diesem energetischen Höhepunkt innerhalb von sieben Jahren kann eine kollektive Veränderung weg vom materialistischen Weltbild hin zu einem höheren Bewusstsein erfolgen, ein Umbruch in Richtung Herzqualität. Wie das Neue aussehen wird, hängt vom individuellen Fokus ab. Das sterbende alte System wird sich wehren und versuchen, die Menschen weiterhin kleinzuhalten, weshalb es im Oktober 2022 zu heftigen Zuspitzungen kommen wird. Gerade in dieser Zeit ist es wichtig, sich nicht vom Negativen zu ernähren, sondern konsequent in seiner Herzenergie zu bleiben.[355]

Der ab dem Frühjahr 2022 eingeleitete Wandel ist höchstwahrscheinlich der Auftakt zu jenem **Bewusstseinssprung,** der sich aus der beschriebenen Veränderung des Erdmagnetfelds ableiten lässt.

Von obigen zahlenphysikalischen Analysen und astrologischen Deutungen habe ich erstmals im Sommer 2022 gehört. Aus persönlicher Wahrnehmung kann ich bestätigen, dass die vormals rege Teilnahme an Demonstrationen gegen die C-Diktatur ab Februar 2022 bis mindestens zum Sommer desselben Jahres sukzessive auf ein absolutes Minimum gesunken ist. Das hängt auch mit einem Wandel des Bewusstseins zusammen. Zuerst hatte die Demo-Bewegung ihre Parolen negativ formuliert: »Regierung muss weg!« Das bedeutet jedoch nichts anderes, als sich einen wesentlichen Teil der Matrix wegzuwünschen, ohne hierfür einen positiven Ersatz zu haben. Erfreulicherweise hörte man ab dem Jahreswechsel 2021/2022: »Frieden, Freiheit, **Selbstbestimmung!**«. Darüber habe ich mich riesig gefreut. Mich selbst betrifft der Wendepunkt aber auch. Nach einem mehrjährigen Rechtskampf gegen meinen damaligen Dienstgeber, das Verteidigungsministerium, habe ich erst im Februar 2022 der einvernehmlichen Auflösung des Dienstverhältnisses zugestimmt. Vorher war ich nicht dazu bereit, die Gegenseite vermutlich auch nicht. Ein weiteres Faktum ist, dass seit dem Schrumpfen der lauten Massenbewegung die stille Parallelgesellschaft wächst und wächst. Im März 2022 habe ich wie aus heiterem Himmel beschlossen, den seit Monaten erfolgreichen Vortrag *Von der Corona-Diktatur zur Selbstbestimmung* durch das Seminar FREIHEUT zu ersetzen. Dabei bin ich primär meiner Intuition gefolgt, dass viele Menschen ein Rüstzeug brauchen, mit dem sie Kraft aus sich **selbst** schöpfen können.

Sylvia Grübl, eine diplomierte psychologische Beraterin und Astrologin aus Oberösterreich,[356] zeigt anhand von Planetenkonstellationen, dass die Lebenssubstanzachse bis **2025** potenziell bedroht ist. Bis dahin brechen Chaos und Unfrieden alte Krusten auf, um etwas Neues hervorzubringen, etwas noch nie Dagewesenes. Der kommende Wandel betrifft alle Bereiche, besonders Besitzverhältnisse, Volksvermögen, Währung, Technik und Natur. Alles, wirklich alles wird bis 2025 komplett durcheinandergerüttelt, um ein neues System einzuführen. Wie der Wandel konkret aussehen wird, positiv oder negativ, ist allerdings offen. Wer angstvoll agiert, kann jedenfalls keine positive Veränderung bewirken. Wer jedoch auf seine Intuition und Kreativität vertraut, kann besonders rasch **Positives** erschaffen, schneller als je zuvor. Wir Menschen haben es also selbst in der Hand, ob wir von der Technik ersetzt werden oder ob wir sie uns zunutze machen.[357] Weil es endlich Zeit für mehr Freiheit und Selbstbestimmung ist, deutet Sylvia Grübl in frei zugänglichen Videos die Chancen aller Sternzeichen bis 2025.[358]

Erstaunlich präzise ist auch die Übereinstimmung zwischen dem NWO-Zeitplan und der von Frau Raßelenberg bereits 2019 verschriftlichten Deutung der Schlüsseljahre 2025 und 2030 für die persönliche Entwicklung. Die 25 bzw. das Jahr **2025** bedeutet »Aufbruch der Individualität / Lebensglück«. Es geht um den »Ausbruch aus alten, überholten Grenzen« sowie den »Durchbruch und [die] Realisierung der Seelenkräfte«. Aus egozentrischer Sicht besteht der beispielsweise von der kontrollsüchtigen Machtelite mit der C-Diktatur verfolgte »Drang zur kollektiven Sozialisierung als Führungsinstrument«, während die individuelle Perspektive das Bewusstsein für Einzigartigkeit eröffnet. Das Thema ist eindeutig die Selbstbestimmung, »Eigenmacht im Sinne der seelischen Gestaltungsmacht«, sprich ein »Leben in Freiheit und Unabhängigkeit«. Für die dazu erforderliche Selbstfindung steht besonders die 30 offen, ergo das Jahr **2030**. Auf der egozentrischen Ebene steht es für Selbstsucht, Mangelbewusstsein, unersättliche Nabelschau und unbewusste Abhängigkeit. Hingegen kann das Individuelle »aus dem Potenzial unbegrenzter Möglichkeiten« schöpfen.[359]

Ergänzend dazu ist anzumerken, dass auch gemäß der biophysikalischen Expertise von Dr. Dieter Broers »ein kollektiver Bewusstseinswandel durch Kumulation von acht Milliarden Gehirnen« bevorsteht. Mit dem Anstieg der Weltbevölkerung von sechs auf acht Milliarden Menschen steigt auch »die magnetische Energie ihrer Gehirne kumulativ an.« Die schon lange vermutete kollektive Freischaltung des Transdimensionskanals und der damit verbundene **Bewusstseinssprung** könnten sich ereignen, sobald genügend Individuen »ein neues Bewusstsein oder eine vertiefte Erleuchtung erfahren und dabei der Wert der kritischen Masse überschritten wird.« Dadurch würde die Gesamtheit aller Menschen bzw. das kollektive Bewusstsein eine höhere Stufe erreichen.[360] Die Bevölkerungszahlen weisen eindeutig auf die Jahre 2022 bis 2030 hin, die kritische Masse ist auch hier mit rund 10 Prozent anzusetzen.

2022, 2025 und 2030 sind offensichtlich die **Schlüsseljahre** bzw. Wendepunkte für die Grob- und Feinarbeit sowohl der D-Diktatur als auch der spirituellen Entwicklung der Menschheit.

Es versteht sich von selbst, dass die verschiedenen Vertreter individueller Vielfalt nicht unter einer einzigen Flagge zu vereinen sind. Sie brauchen keinen Führer. Das hat den großen Vorteil, dass die Gegenseite keine Chance hat, mit der Entfernung eines Anführers gleichzeitig die ganze Bewegung zu lähmen. Die große Masse hat noch nie etwas gestaltet, sondern sich immer nur gebeugt. Die Geschichte der Menschheit zeigt, dass nachhaltige Veränderungen stets von einzelnen Menschen und kleineren Gruppen bewirkt werden. Die jüngere Geschichte wird durch die erwähnten Arbeiten der Harvard-Professorin Dr. Erica Chenoweth bestätigt und mit der fundierten 3,5-Prozentregel konkretisiert. Dass es zur Abwendung der C-Diktatur anstatt einer lauten Massenbewegung nur einer **stillen, führerlosen** Bewegung bedarf, dafür liefern die erwähnten mathematisch-rationalen Analysen sehr gute psychologische und spirituelle Begründungen.

Qualitativ minderwertig und falsch sind hingegen die meisten westlichen Analysen über den russisch-ukrainischen Krieg.

Übung

FREIHEUT-Übung 06: Selbstbeobachtung

Im nächsten Kapitel könntest du beobachten, ob es bei dir voneinander abweichende Gedanken und Gefühle auslöst. Vielleicht nimmst du zwar korrekt wahr, dass du von den Leitmedien getäuscht wirst, aber trotzdem hegst du eine unterschwellige Aversion gegen Russland. In diesem Fall unterliegst du einer kognitiven Dissonanz. Sie löst sich vermutlich von selbst auf, sobald du zu Ende gelesen hast und die wahren Hintergründe kennst.

Ukraine-Krieg ab 2022

Jeder Krieg ist schrecklich, vor allem für die Zivilbevölkerung und einfache Soldaten. Sie erleiden zahlreiche Verluste in einer zerstörten Infrastruktur. Davon bekommen jedoch die verantwortlichen Geostrategen, Politiker und Journalisten nichts zu spüren. Beim offiziell am 24.02.2022 begonnenen russisch-ukrainischen Kriegs handelt es sich auch um einen intensiven Informationskrieg, der im Westen schon seit 2014 antirussisch geführt wird. Nachfolgende Darstellung beleuchtet die strategischen Muster und Ursachen vorwiegend anhand von **westlichen** Quellen, weil durch sie die westliche Lügenpropaganda am elegantesten entlarvt wird. Auch westlichen Quellen zufolge hat die künstlich erzeugte Chaos-Situation in der Ukraine bereits 2014 als militärische Bekämpfung der russischen Minderheiten durch eine unrechtmäßige ukrainische Regierung begonnen. In diesen menschenverachtenden Bürgerkrieg ist Russland im Februar 2022 offiziell und rechtmäßig zum Schutz der ukrainischen Russen und zur Bewahrung der eigenen Souveränität eingestiegen.

Somit ist der Ukraine-Krieg ein weiterer Intelligenz- und Charaktertest, den viele Menschen im Westen nicht bestehen. Aus der anglo-amerikanischen Perspektive ist der unveränderte **Zweck** das Erringen der Weltherrschaft. Das vom US-amerikanischen Imperium primär verfolgte **Ziel** besteht weiterhin in der indirekten Beherrschung Kontinentaleurasiens durch die Verhinderung einer eurasischen Großmacht. Darum zielt auch die kriegsbedingte Massenmigration vor allem auf die Schwächung Mitteleuropas ab. Es geht um den Erhalt der globalen US-amerikanischen Vormachtstellung. Hierzu soll Europa vollständig von Russland getrennt werden. Dies dient weiters dem sekundären Ziel, die US-amerikanische Übernahme der russischen Geschäfte in Europa zu ermöglichen. Russland und mit ihm Europa sollen mittels militärischer und wirtschaftlicher Schwächung destabilisiert werden. Was den Ukraine-Krieg als **Mittel** betrifft, liegt auch ihm – wie schon dem Ersten Weltkrieg – eine langjährige und intensive Vorbereitungstätigkeit seitens der anglo-amerikanischen Machtelite zugrunde.

Auf den Punkt gebracht: Der Ukraine-Krieg ist ein anglo-amerikanisches Mittel zur nachhaltigen Schwächung und Isolierung Russlands, die auch ganz Europa und große Teile Eurasiens ins Mark treffen. Davon profitieren letztlich nur die Inselmächte USA und Großbritannien.

Jedenfalls steht Europa seit dem Ende des Zweiten Weltkriegs nach wie vor so sehr unter US-amerikanischem Einfluss, dass in der riesigen westlichen Informationsflut die wichtigsten Fakten völlig untergehen: Der Ukraine-Krieg hat fast haargenau dieselben Hintergründe wie das Urverbrechen gegenüber den Deutschen. Die Geschichte droht sich – mit anderen Vorzeichen – zu wiederholen, weil Kontinentaleuropa seine Hausaufgaben nicht gemacht hat und sich weiterhin dem Diktat der anglo-amerikanischen Inselmächte unterwirft.

Dennoch ist dieses Kapitel keinesfalls als Lobgesang auf Russland zu verstehen. Schließlich ist es durchwegs im Bereich des Möglichen, dass die russische Staatsführung ihren Part **bewusst** so spielt, dass die NWO-Agenda realisiert werden kann. Diese Möglichkeit nicht in Betracht zu ziehen, wäre unseriös und grobfahrlässig.

Westliche Kriegstreiberei

Seit der Ukraine-Krise 2014 verbreitet die westliche politisch-mediale Propaganda-maschinerie verstärkt das anglo-amerikanische Narrativ vom »bösen Russland«. Die objektive Überprüfung der Fakten zeigt jedoch, dass es die russische Sichtwei-se ist, die weitestgehend der Realität entspricht. Außerdem fällt auf, wie intensiv die anglo-amerikanisch dominierte westliche Welt das Selbstbestimmungsrecht der **Völker** bzw. ethnischen Minderheiten und **Staaten** verletzt. Wie schon bei der vor-sätzlichen Auslösung des Ersten Weltkriegs tragen auch die Ursachen des Ukraine-Kriegs eindeutig eine anglo-amerikanische Handschrift:

1. Geostrategische Spaltung Eurasiens
2. Zwingen des Feindes zum Angriff
3. Politisch-mediale Provokationen

Ad 1. Geostrategische Spaltung Eurasiens. Gemäß Sir Halford Mackinder ist Osteuropa der Schlüssel zur Weltherrschaft (siehe oben). Folglich darf die zu **Ost-europa** gehörende Ukraine aus anglo-amerikanischer Sicht nicht erfolgreich als Bindeglied zwischen Ost- und Westeuropa bzw. zwischen Russland und Deutsch-land vermitteln. Vielmehr muss die Ukraine unter die vollständige Kontrolle ei-nes US-amerikanisch dominierten und mit Russland verfeindeten Westeuropas gebracht werden. Jedenfalls darf nicht einmal ein Teil der Ostukraine in russische Hände fallen. Dieses Szenario ist gemäß der Balance of Power um jeden Preis zu verhindern, wenn es sein muss mit Krieg.

Dieses Vorhaben ist gerade wegen der geographischen, historischen und kultu-rellen Nähe der Ukraine zu Russland relativ leicht zu realisieren. Die Ukraine hatte zwar Jahrhunderte lang zu Russland gehört, jedoch ist sie innerlich zerrissen. Wäh-rend in der Westukraine vorwiegend ukrainisch gesprochen und der katholische Glaube gepflegt wird, spricht man in der Ostukraine mehrheitlich Russisch und hängt man vorwiegend dem russisch-orthodoxen Christentum an. Folglich ist be-reits ein sozio-kultureller Riss vorhanden, in den mit wenig Aufwand ein Spaltkeil getrieben werden kann. Auf diese Gefahr hat der deutsch-amerikanische Politikwissenschaftler und vormalige US-Außenminister Henry Kissinger schon Anfang März 2014 öffentlich hingewiesen: »Jeder Versuch eines Flügels der Ukraine, den anderen zu dominieren – wie es bisher üblich war –, würde schließlich zu einem Bürgerkrieg oder einer Auflösung führen. Die Ukraine als Teil einer Ost-West-Konfrontation zu behandeln, würde **jahrzehntelang** jede Aussicht zunichte machen, Russland und den Westen – insbesondere Russland und Europa – in ein kooperatives internationales System zu bringen.«[361] Genau das ist das Ziel der anglo-amerikanischen Kriegstreiber. Allgemein zugängliche Fakten beweisen es.

Fundierten östlichen Analysen wie jener der *Asia Times* zufolge steckt hinter dem ganzen Ukraine-Konflikt der fortgesetzte anglo-amerikanische Versuch, in der seit 1914 begonnenen Schlacht um das eurasische Herzland einen »neuen Eisernen Vorhang« in der Ukraine bzw. im Herzen der vormaligen Sowjetunion eine noch größere Pufferzone gegen den Osten zu errichten. Als Vorstufe hierzu war die Trennung Europas vom eurasischen Kontinent das erwiesenermaßen »folgenreichste geopolitische Ereignis seit dem Zweiten Weltkrieg.«[362] Unmittelbar nach dem Zweiten Weltkrieg wechselte der anglo-amerikanisch dominierte Westen sein Feindbild prompt von deutsch auf **russisch**. Die gemäß der Balance of Power betriebene Spaltung in einen Ostblock und einen Westblock erfolgte sogar symbolträchtig mit innerdeutschen Grenzen zwischen DDR und BRD. Mit der raschen Ausdehnung des 1949 gegründeten westlichen Militärbündnisses NATO (North Atlantic Treaty Organization) war ein von Washington und London verfolgtes Ziel verwirklicht: die anglo-amerikanische Kontrolle über West- und Mitteleuropa inklusive militärischer Stützpunkte. Westeuropa ist für die USA ein gewaltiger **Brückenkopf** für den weiteren Vorstoß nach Eurasien und die potenzielle Aufmarschbasis gegen den Ostblock. In erster Linie »ist Europa Amerikas essentieller geopolitischer Brückenkopf auf dem eurasischen Kontinent.«[363]

Vor allem der mitten in Europa aufgestellte, gegen Russland gerichtete NATO-Raketenschirm beweist, dass die NATO nichts anderes ist als ein militärisches Werkzeug zur Durchsetzung anglo-amerikanischer Geopolitik.[364] Die Aufgabe der NATO ist kein Geheimnis. Sie wurde geschaffen, um

»die Sowjetunion draußen,
die Amerikaner drinnen und
die Deutschen unten zu halten.«

Das ist die offizielle Begründung des ersten NATO-Generalsekretärs Lord Hastings Lionel Ismay, die heute noch auf den NATO-Internetseiten nachzulesen ist.[365] Demnach ist die deutsche NATO-Mitgliedschaft **selbstzerstörerisch** und daher wahnsinnig.

Seit dem Ende des Zweiten Weltkriegs sind die USA ein Imperium und die größte Militärmacht weltweit. Noch im Juli 1945 haben die USA durch das skrupellose Abwerfen von Atombomben auf die japanischen Großstädte Hiroshima und Nagasaki etwa 300.000 unschuldige Menschen getötet, hauptsächlich Zivilisten. Kaum war die Sowjetunion zum neuen Erzfeind erkoren, hat das US-Imperium die Stellvertreterkriege des sogenannten Kalten Kriegs stets an der Peripherie des Herzlandes eingefädelt: Korea, Vietnam, Jugoslawien, Afghanistan. Dabei haben anglo-amerikanische Strategen neue »hybride« Kriegsstrategien entwickelt, um fremde Länder mit geheimdienstlichen Aktivitäten zu destabilisieren oder sie mit verdeckten Operationen (False Flag Operations) zum militärischen Erstschlag zu zwingen. Durch diese perfide **Täter-Opfer-Umkehr** wurde die Weltmeinung insbesondere im Wege der UNO zugunsten des Imperiums USA manipuliert. Diese damals noch als reale Verschwörung einzustufende Vorgehensweise wurde ab 1961 von niemand geringerem als dem damaligen US-Präsidenten John F. Kennedy aufgedeckt. Deshalb wurde er 1963 im Zuge eines Staatsstreichs ermordet.[366] Die illegale Kriegsführung der USA zwischen 1945 und 2015 hat **zwischen 20 und 30 Millionen** Menschenleben ausgelöscht, überwiegend dunkelhäutige und muslimische. Zwischen 1953 (Iran) und 2015 (Syrien) war die US-amerikanisch geführte NATO im Namen des neoimperialistischen Globalismus an **mindestens 14** völkerrechtswidrigen Kriegen beteiligt. Mit dieser tödlichen Statistik kann Russland nicht einmal im Ansatz mithallten. Es besteht daher nicht der geringste Zweifel, dass die USA mitsamt ihrer NATO die größte Bedrohung für den Weltfrieden sind.[367]

Ab den 1970er Jahren war der Architekt der US-Außenpolitik ein ukrainisch-polnisch stämmiger Antikommunist namens Zbigniew Brzezinski, nationaler Sicherheitsberater der Carter-Regierung. Brzezinskis Geostrategie schließt ausdrücklich und nahtlos an Mackinders Herzland-Konzept an.[368] Demzufolge muss für die Fähigkeit der USA zur Ausübung globaler Vorherrschaft »die Entstehung einer dominanten und antagonistischen eurasischen Macht verhindert« werden.[369] Eine mögliche Bedrohung ist daher das ab 1990 wiedervereinigte **Deutschland**, das seither »automatisch zur unbestrittenen Hauptmacht in Westeuropa und sogar teilweise zur weltweiten Macht« aufgestiegen ist.[370] Brzezinski nennt explizit »alte Ängste vor einem eigenen deutsch-russischen Bündnis«. Mit einem zu starken Deutschland wäre »Europa nicht mehr der eurasische Brückenkopf für Amerikas Macht und das potenzielle Sprungbrett für die Expansion des globalen demokratischen Systems nach Eurasien.«[371]

Auf die Verhinderung eines deutsch-russischen Paktes und die Ausdehnung des längst US-kontrollierten Westblocks zielt die kontinuierliche NATO-Ostererweiterung ab. Obwohl die Sowjetunion, der Ostblock und ihr militärischer Arm, der Warschauer Pakt, seit 1991 aufgelöst sind, dehnte sich die NATO entgegen allen Versprechungen und Beteuerungen unablässig in Richtung Russland aus. Die vom russischen Präsidenten Wladimir Putin mehrfach aufgezeigte rote Linie wurde vom Westen permanent überschritten, sodass das russische Herzland bereits vor dem Beginn der Ukraine-Krise 2014 sowohl im Osten (USA, Kanada) als auch im Westen (Europa) fast vollständig von NATO-Staaten umgeben war. Die **Umklammerung** Russlands von potenziellen Feinden 2014 ähnelt jener Deutschlands 100 Jahre zuvor, also 1914 im unmittelbaren Vorfeld des Ersten Weltkriegs.

Der hauptsächlich vom Westen künstlich erzeugte Konflikt im Brückenland Ukraine dreht sich um Einflusssphären in Osteuropa. Westliche Strategen wissen genau, dass Russland ohne eine zumindest neutrale Ostukraine, die Krim und den Schwarzmeerzugang über den Hafen von Sewastopol keine Großmacht sein kann. Die Ukraine ist als Kornkammer, als Transitland für Öl- und Gas-Pipelines sowie als Pforte zum Krisenherd Naher Osten auch für den Westen ein bedeutender Wirtschafts- und Machtfaktor.

Dass die Interessen beider Seiten schon längere Zeit **unvereinbar** sind, darauf wurde die österreichische Bundesregierung, das Parlament und relevante Entscheidungsträger von mir im Mai 2015 mittels strategischer Analyse in Kenntnis gesetzt. Das diesbezügliche Buch mit dem aufreizenden Titel *God bless you, Putin!* warnt vor der drohenden Gefahr, dass die unveränderte Fortsetzung einer langen Reihe westlicher Provokationen zu einem größeren Krieg führt. Außerdem habe ich unter Berufung auf die mahnenden Worte von Michail Gorbatschow, Ron Paul und Helmut Schmidt vor der militärischen Eskalation des längst wirtschaftlich geführten Dritten Weltkriegs gewarnt.[372]

Die geostrategischen Hintergründe erklärte auch Stratfor-Chef George Friedman in seiner bereits erwähnten Analyse vom Februar 2015. Die Russen können die Ukraine nicht einfach loslassen, weil deren fortschreitende westliche Penetration die NATO eventuell bis auf 300 Meilen an Moskau heranführt. Daher gilt: »Für Russland ist der Status der Ukraine [als potentielles NATO-Mitglied] eine **existentielle Bedrohung**.« Im weiteren Verlauf der Krise kommt es aus US-amerikanischer Sicht einzig und allein darauf an, wie sich Deutschland verhält. Als Ursache dafür wird dezidiert wieder die anglo-amerikanische Urangst vor einer deutsch-russischen Kooperation genannt.[373] Bekanntlich hat sich Deutschland bis 2022 nicht auf die gemeinsamen Werte und Interessen mit Russland für ein starkes Eurasien besonnen. Stattdessen haben sich, wie die folgende Darstellung zeigt, deutsche Machthaber im Rahmen der NATO und der EU wie folgsame Untertanen der USA verhalten und dadurch zur Auslösung des Ukraine-Kriegs und zur weiteren Schwächung Eurasiens beigetragen.

Ad 2. Zwingen des Feindes zum Angriff. Zu den extrem antirussischen Einflüssen und Tätigkeiten des Westens in der Ukraine zählen die Vergrößerung der NATO-Umklammerung des russischen Herzlandes, der westlich angestachelte illegale Regime-Wechsel in Kiew, die Verletzung des Selbstbestimmungsrechts der Völker, schwere Verbrechen gegen die russische Minderheit in der ukrainischen Bevölkerung, die frühzeitige Militärhilfe für die Ukraine, der Wirtschaftskrieg gegen Russland und Resteuropa, neue antirussische Militärdoktrinen der Ukraine ab 2015 sowie das ukrainische Potenzial an atomaren und biologischen Waffen. Diese Maßnahmen zielen eindeutig darauf ab, Russland zum militärischen Erstschlag gegen die Ukraine zu zwingen.

Vergrößerung der NATO-Umklammerung. Die direkte militärische Einflussnahme der USA und Großbritanniens auf Deutschland ist im Wege der NATO gegeben, denn »die Bundeswehr ist integraler Bestandteil der NATO.«[374] Dass auch Deutschland als das wirtschaftliche Gravitationszentrum Europas zum US-dominierten Westblock Europas gehört, entspricht dem anglo-amerikanischen Hauptziel zweier Weltkriege. Bis zum Zerfall des Ostblocks 1990 bestand die NATO aus 16 und die EU aus 12 Mitgliedern. Durch den Beitritt hauptsächlich ehemaliger Ostblockstaaten haben sich beide westliche Organisationen bis 2014 in etwa **verdoppelt.**

Kurz vor der Ukraine-Krise 2014 bestand die NATO bereits aus 28 Mitgliedern, davon aus 26 europäischen und nur zwei amerikanischen (USA und Kanada).[375] Von den europäischen NATO-Mitgliedern sind die meisten gleichzeitig bei der EU. 2014 waren es 22,[376] das sind rund 85 Prozent. Anders herum: Von damals 28 EU-Mitgliedern befanden sich zeitgleich 22 bei der NATO, das sind rund 78 Prozent.

NATO und EU haben sich also bedrohlich in Richtung Osten ausgedehnt, teils direkt bis zur russischen Grenze.

Illegaler Putsch in Kiew. Die aus Moskauer Sicht sehr bedrohliche NATO-Umklammerung wurde durch die westlichen Bestrebungen zur Einverleibung der Ukraine in die NATO und die EU bis zur Unerträglichkeit verstärkt. Dabei bediente man sich der bereits vorhandenen inner-ukrainischen Zerrissenheit. Wie Henry Kissinger korrekt analysiert, zeigt das Streben der Ukraine nach Unabhängigkeit deutlich auf, »dass die Wurzel des Problems in den Bemühungen ukrainischer Politiker liegt, widerspenstigen Teilen des Landes ihren Willen **aufzuzwingen**, zuerst von einer Fraktion, dann von der anderen.«[377] In ihrem offenen Brief vom August 2014 erklären aufrichtige Offiziere der CIA, wie die ganze Krise in der Ukraine vom **Westen** erschaffen wurde, ähnlich wie schon zuvor im Irak. Die Ukraine wurde im Rahmen einer hybriden Kriegsführung destabilisiert, indem die USA und das anglo-amerikanisch dominierte Europa jenen Putsch in Kiew gesponsert haben, mit dem die zuvor prorussische Regierung gegen eine extrem antirussische und stark prowestliche Führung ausgetauscht wurde. Als nämlich die demokratisch gewählte Regierung das Assoziierungsabkommen mit der EU nicht unterzeichnen wollte, hat der Westen für einen blutigen Machtwechsel gesorgt. Dazu hat er für die folgenden Proteste von November 2013 bis Februar 2014 (Euromaidan) extrem gewalttätige, als »Demonstranten« getarnte Terroristen eingeschleust und unterstützt. Eindeutiges Videomaterial beweist, wie unfassbar brutale Randalierer auf die ukrainischen Sicherheitskräfte mit Fäusten, Knüppeln und Ketten einprügeln, sie mit Molotow-Cocktails bewerfen und teilweise sogar anzünden.[378] Diese Bilder belegen auch eindrücklich, dass die westliche politisch-mediale Propagandamaschinerie – in der gewohnten **Täter-Opfer-Umkehr** – die ukrainische Exekutive, die sich im letzten Moment in legaler Notwehr verteidigt, wie alleinschuldige Täter aussehen lässt.[379]

Jedenfalls beruhte der anschließende Machtwechsel auf keiner echten Revolution. Es handelte sich ja um einen vom Westen angeschobenen konstitutionellen **Staatsstreich**, der keinesfalls von der Masse des Volkes getragen war. Ukrainische Reporter und andere Augenzeugen berichten, dass die neue Führung in allen Landesteilen Agenten dafür einsetzte, aufkeimenden Protest sofort zu ersticken.[380] Dieser Ablauf erinnert an den anglo-amerikanisch unterstützten Militärputsch in Russland im Jahr 1917, der fälschlich als »Oktoberevolution« bekannt wurde. Faktisch war es ein von der Wallstreet gesponserter Militärputsch zwecks Entrechtung der russischen Bevölkerung und schonungsloser Ausbeutung ihrer Ressourcen.[381]

Festzuhalten ist, dass der vom Westen geschürte, gewollt brutale Putsch in der Ukraine 2014 eine **radikal antirussische** Regierung an die Macht gebracht hat. Das ist der Ausgangspunkt bzw. die Ursache für alle inner-ukrainischen Separationsbestrebungen und den darauffolgenden Krieg, den Kiew gegen die eigene Bevölkerung und die Selbstbestimmung ethnischer Minderheiten führt. Der Eintritt Russlands in den ukrainischen Bürgerkrieg erfolgte mitunter zur Bewahrung des Selbstbestimmungsrechts der Völker. Das ist keine russische Propaganda, sondern die objektive Realität. Jede anderslautende westliche Propaganda wird durch Fakten als Lüge enttarnt.

Verletzung des Selbstbestimmungsrechts. Eine weitere illegale westliche Provokation stellt die generelle Nichtanerkennung ukrainischer Volksentscheide über ihre Selbständigkeit bzw. ihren Beitritt zur Russischen Föderation dar. Auch hier sind sich USA, NATO und EU weitestgehend einig. Von ihrer Menschenverachtung sind vorwiegend die Halbinsel Krim und die zwei ostukrainischen Volksrepubliken Donezk und Luhansk betroffen (siehe Abb. 09).

Abb. 09

Eine verständliche Reaktion auf den brutalen Putsch und die neuen Machthaber in Kiew war das Referendum auf der Krim vom März 2014. Von 83 Prozent beteiligten Einwohnern haben **97 Prozent** für Selbstbestimmung und den Beitritt zur Russischen Föderation gestimmt.[382] Eine vom US-amerikanischen Pew Research Center erstellte Umfrage vom April 2014 beweist, dass 91 Prozent der Krimbewohner das Referendum als frei und fair erachten. **88 Prozent** der Menschen auf der Krim und 89 Prozent in Russland fordern die Umsetzung des Referendums (siehe Abb. 10). Ganz allgemein sind 67 Prozent der Ostukrainer mit der Führung in Kiew unzufrieden. Auf der Krim haben 93 Prozent der Menschen Vertrauen in den russischen Prädienten und 92 Prozent in Russland, hingegen nur vier Prozent in den US-Präsidenten und lediglich zwei Prozent in die USA.[383] Wie aus dieser unparteiischen, obwohl US-amerikanischen Quelle zweifelsfrei hervorgeht, haben die überwiegend russischen Krimbewohner ihr völkerrechtlich garantiertes Recht auf **Selbstbestimmung** wahrgenommen und sich – gemeinsam mit Russland – völlig legitim für die Eingliederung der Krim in die Russische Föderation entschieden. Daher entpuppt sich die westliche Behauptung, es handle sich um eine völkerrechtswidrige Annexion seitens Russlands, als eine verlogene politisch-mediale Propaganda zugunsten der hinlänglich bekannten anglo-amerikanischen Geopolitik.[384]

Haargenau dasselbe gilt für die Referenden in Donezk und Luhansk vom Mai 2014. Bei einer Beteiligung von 75 bzw. 81 Prozent haben sich **89 bzw. 96 Prozent** der vorwiegend russischen Bevölkerung für **Selbstbestimmung** ausgesprochen.[385] Siehe auch Abbildung 10.

Referenden/Umfragen Ukraine 2014

Region	Mon/Jahr	Aktivität	Thema	Pro	Teiln.
Krim	03/2014	Referendum	Selbstbestimmung	97%	83%
Krim	04/2014	Umfrage	Referendum frei+fair	91%	
Krim	04/2014	Umfrage	Referendum umsetzen	88%	
Donezk	05/2014	Referendum	Selbstbestimmung	89%	75%
Luhansk	05/2014	Referendum	Selbstbestimmung	96%	81%

Abb. 10 (Datenquellen: Fn 383, 385)

Beiden autonomen Volksrepubliken im Donbass geht es wie der Krim um den kulturellen und wirtschaftlichen Zusammenhalt mit Russland. Bei der ablehnenden Haltung des Westens spielen angebliche Demokratiemängel ganz offiziell keine

Rolle. Wie eine Analyse der Bundeszentrale für politische Bildung preisgibt, beruht die internationale Kritik auf der grundlegend falschen Rechtsansicht, das angeblich völkerrechtlich nicht klar definierte Recht auf Selbstbestimmung fände »seine Grenzen in der territorialen Integrität von Staaten, sofern diese Staaten nicht massiv die Rechte der nach Unabhängigkeit strebenden ethnischen Minderheit verletzen.« Folglich hätten die separatistischen Regionen vor dem erwünschten Anschluss an Russland zuerst »die Zustimmung der Zentralregierung in Kiew« einzuholen.[386] Dieser absurden Theorie folgend, hat ein Repräsentant der US-Regierung im Januar 2018 gegenüber Kiew abgebrüht verlangt, »die sogenannten Volksrepubliken im Donbass sollen **eliminiert**« oder »liquidiert« werden«, weil sie angeblich gegen die ukrainische Verfassung verstoßen.[387]

Fest steht jedoch, dass das völkerrechtlich garantierte Grundrecht auf Selbstbestimmung keinerlei territoriale, verfassungsrechtliche oder völkervertragsrechtliche Beschränkung kennt. Eine solche wäre ja bereits mit dem Wortsinn und noch viel mehr mit dem Grundprinzip der Selbstbestimmung unvereinbar. Es ist faktisch so, dass das Selbstbestimmungsrecht sowohl ein universell geltendes Naturrecht als auch **zwingendes** Recht (ius cogens) im Sinne einer Grundnorm ist, die weit über allen anderen Regeln des Völkerrechts steht.[388] Schließlich ist die Selbstbestimmung der Völker die wichtigste Grundlage jeder Demokratie und des friedlichen Zusammenlebens der Völker und Nationen. Somit darf dieses Recht durch nichts und niemanden eingeschränkt werden, auch nicht durch einen völkerrechtlichen Vertrag. Daher ist die Schenkung der Krim von der Sowjetunion an die Ukraine 1954 wegen der Verletzung des Selbstbestimmungsrechts der Krimbevölkerung null und nichtig. Die Zugehörigkeit der vormals russischen Krim zur Ukraine ist spätestens seit der Unterfertigung einer der beiden UN-Menschenrechtspakte von 1966 endgültig erloschen. Gemäß diesen Abkommen haben die Vertragsstaaten die »Verwirklichung des Rechts auf Selbstbestimmung zu fördern und dieses Recht zu achten.« Es handelt sich um völkerrechtliche Verträge, welche sowohl die Ukraine als auch die UdSSR (Sowjetunion) 1978 ratifiziert haben. Folglich sind sie auch für die nachfolgenden Regierungen **bindend**. Laut dem jeweils ersten Artikel steht das Recht auf Selbstbestimmung allen Völkern wie folgt zu: »Kraft dieses Rechts entscheiden sie frei über ihren politischen Status und gestalten in Freiheit ihre wirtschaftliche, soziale und kulturelle Entwicklung.«[389]

Daher sind ohne jeden Zweifel sowohl die ukrainische als auch die russische Regierung gemäß geltendem Völkerrecht zur Achtung und Förderung der Selbstbestimmung der russischen Völker auf der Krim und im Donbass **verpflichtet**. Die Selbstbestimmung entfaltet sowohl innere als auch äußere Wirkung. Letztere umfasst auch das Recht zur »Errichtung eines eigenen Staates«[390] sowie dessen freiwillige Eingliederung in einen anderen Staat. Die hauptsächlich russisch bevölkerten Gebiete auf der Krim und am Donbass leben daher im Verbund mit der Russischen Föderation das Selbstbestimmungsrecht der Völker **vorbildlich** vor.

Das entspricht völkerrechtlichem Gewohnheitsrecht und spiegelt sich in der Resolution der UNO-Generalversammlung vom 24.10.1970. Bei vollem Konsens, also ohne Gegenstimme, wurden die Möglichkeiten der Verwirklichung des Selbstbestimmungsrechts für alle Völker dieser Welt wie folgt definiert: »Die Gründung eines souveränen und unabhängigen Staates, die freie Assoziation mit einem unabhängigen Staat, die freie **Eingliederung** in einen solchen Staat oder der Eintritt in einen anderen, durch ein Volk frei bestimmten politischen Status«. Somit ist das Recht zur Absonderung von einem bestehenden Staat (Sezession) völkerrechtlich ebenso anerkannt wie die Ausrufung eines eigenen Staates oder der Anschluss an einen anderen Staat. Abermals wird die Pflicht aller Vertragsstaaten zur Achtung und Unterstützung der Selbstbestimmung betont.[391] Aus dieser staatlichen Pflicht leitet sich beim Zuwiderhandeln eines Staates das Recht jedes Volkes ab, andere Staaten um Unterstützung zu ersuchen und diese auch zu bekommen. Aus den genannten Gründen sind die russischen Völker auf der Krim, in Donezk und in Luhansk anlässlich der gröblichen Missachtung ihres Rechts auf Selbstbestimmung seitens der ukrainischen Regierung berechtigt, die Russische Föderation um Hilfe zu rufen. Die Russische Föderation ist jedoch zur Hilfeleistung nicht nur berechtigt, sondern aus völkerrechtlicher Sicht sogar **verpflichtet**. Meine rechtliche Beurteilung deckt sich vollinhaltlich mit der rechtlichen Stellungnahme der renommierten Völkerrechtsexpertin und Wiener Rechtsanwältin Dr. Eva Maria Barki.[392]

Westliche Einwände scheitern außerdem an der Absurdität ihrer eigenen Argumentation. Zum einen betrifft das Prinzip der territorialen Integrität lediglich das Verhältnis der Staaten untereinander, bindet aber gerade nicht die ausdrücklich zur Selbstbestimmung berechtigten Völker.[393] Zum anderen ist es ein bestens dokumentiertes Faktum, dass in der Ukraine die Rechte ethnischer Minderheiten massiv verletzt werden. Bezogen auf die gesamte Ukraine stellen die Russen mit einem Anteil von rund 17 Prozent[394] eine ethnische Minderheit dar. Und laut der besagten US-amerikanischen Umfrage von 2014 betrachten **73 Prozent** der Ukrainer ethnische Konflikte als ein großes und 40 Prozent als ein sehr großes Problem. Die Tendenz ist steigend. **66 Prozent** der Menschen in der Ostukraine, wo die meisten Russen leben, sagen aus, dass ihre persönlichen Freiheitsrechte von der neuen Regierung in Kiew nicht respektiert werden. Dasselbe bestätigen 53 Prozent aller Ukrainer und 37 Prozent der Westukrainer.[395] Seit dem Beginn des Ukraine-Konflikts häufen sich internationale, mitunter US-amerikanische Berichte über westliche **Neonazis**, die ausgerechnet im prorussischen Donbass gegen den russischen Einfluss kämpfen.[396]

Es liegt daher auf der Hand, was Neonazis, die alten Nationalsozialisten und die anglo-amerikanischen Führer der USA/NATO gemeinsam haben: Ihr Hauptfeind ist Russland und sie treten das Recht ethnischer Minderheiten auf Selbstbestimmung mit Springerstiefeln.

Schwere Verbrechen gegen russische Minderheiten. Der westliche Kriegsberichterstatter Mark Bartalmai schildert als Augenzeuge, wie brutal die illegale ukrainische Führung ab April 2014 den Krieg gegen die eigene Bevölkerung im Südosten der Ukraine geführt hat. Dieser Krieg wurde zynisch als »Antiterroreinsatz« betitelt. Dabei wurden nicht wie üblich Polizisten, sondern die regulären **Streitkräfte** gegen die wehrlose Zivilbevölkerung eingesetzt. Filmisch dokumentiert ist unter anderem, wie Schützenpanzer gegen die friedlichen Einwohner des eigenen Landes anrollen. Einige ukrainische Soldaten haben von selbst aufgehört oder sich mit der Bevölkerung verbrüdert. Warum ukrainisch-russische Zivilisten zu Soldaten der Volkswehr wurden, erklären sie plausibel mit dem aufziehenden Faschismus, der für sie unerträglich ist. Wir haben es also mit dem legitimen Widerstand gegen den **westlich geförderten Faschismus** zu tun.

Anfang Mai 2014 fanden gegen die russische Minderheit in Odessa gerichtete »Säuberungen« statt, die von brutalen Nationalisten und Neonazis durchgeführt wurden. Um dem Südosten ein Signal zu schicken, wurden Häuser angezündet und ca. 200 russische Ukrainer ermordet. Das ist mit Aussagen von Augenzeugen und Ärzten sowie reichlich Videomaterial belegt. Die westliche, in sicherer Distanz getippte Propaganda, das erste Feuer hätten prorussische Separatisten gelegt, wird anhand der vor Ort dokumentierten Fakten als die übliche **Täter-Opfer-Umkehr** entlarvt. Nachdem reguläre ukrainische Truppen durch den Beschuss ziviler Wohnhäuser, Schulen und Krankenhäuser in Donezk und Luhansk mit schwerer Artillerie und Raketen etliche Zivilisten ermordet hatten, beklagten sich die Hinterbliebenen, dass die Regierung gegen die eigene Bevölkerung Krieg führt. Die Machthaber in Kiew bringen die eigene Bevölkerung um, darunter viele kleine Kinder. So brutal wäre im Zweiten Weltkrieg nicht einmal die deutsche Wehrmacht vorgegangen. Die vor Ort gedrehten Originalaufnahmen sollte man unbedingt gesehen haben. Besonders zu empfehlen ist die gewissenhaft aufbereitete Dokumentation *Ukrainian Agony – Der verschwiegene Krieg.*[397]

Die darin und anderswo dokumentierten Abläufe zeigen eindeutig schwere **Kriegsverbrechen** der ukrainischen Regierung an der eigenen Bevölkerung auf. Jedenfalls ist erwiesen, dass der Ukraine-Krieg aufgrund eines gewaltsamen Putsches bereits 2014 als interner Bruderkrieg begonnen hat. Diesen Krieg hat die Kiewer Führung fortan mit allen Mitteln gegen die eigene Bevölkerung weitergeführt und sich dabei einiger menschenverachtender Verbrechen schuldig gemacht. Anstatt die Minsker Abkommen I und II einzuhalten, um Donezk und Luhansk den ihnen gebührenden Status als autonome Republik verfassungsrechtlich einzuräumen, hat Kiew den vereinbarten Waffenstillstand mehrfach für Rückeroberungsversuche gebrochen. Es wurde sogar eine **Wirtschaftsblockade** über den Donbass verhängt, wodurch Verarmung, Korruption und Entfremdung gestiegen sind.[398] Abgedrehte Kraftwerke, unterbrochene Lieferketten, nicht ausgezahlte Löhne und Renten etc. kommen einem mutwilligen Entzug der Lebensgrundlagen gleich.[399] Folglich wurde die Russische Föderation aus gutem Grund und daher rechtens zu Hilfe gerufen. Ob sie selbst ebenfalls die eine oder andere Waffenruhe gebrochen hat, spielt letztlich keine Rolle. Es ist nämlich evident, dass die illegal entstandene Kiewer Regierung bereits ab 2014 die ersten und brutalsten Völkerrechtsverletzungen gegenüber der eigenen Bevölkerung begangen hat.

Folglich hätte gemäß meiner rechtlichen Beurteilung Russland schon 2014 das Recht gehabt, beim absehbaren Scheitern der UNO sofort mit regulären Truppen in die Ostukraine einzumarschieren, um von der ostukrainischen Bevölkerung weiteren Schaden abzuwenden. Die umsichtige »Entsendung« von vorerst lediglich »beurlaubten« Soldaten zeigt auf, dass Russland zum einen nicht als Eroberer, sondern als Befreier der unterdrückten ukrainisch-russischen Minderheit wahrgenommen werden und sich andererseits den Weg zum Verhandlungstisch offenlassen wollte. Im Westen hat man das jedoch aus systembedingten Gründen verhindert, indem man zur Eskalation der Lage beigetragen hat.

Frühzeitige westliche Militärhilfe für die Ukraine. Henry Kissinger hat seine bereits 2007 formulierte Empfehlung im März 2014 erneut veröffentlicht: »Die Ukraine sollte **nicht** der NATO beitreten, eine Position, die ich vor sieben Jahren vertreten habe, als sie zuletzt aufkam.«[400] Dass die Formel »**USA = NATO = EU**« stimmt, beweisen inhaltlich nahezu identische Resolutionen der USA vom November 2014 und der EU vom Januar 2015: seitenlange Polemik gegen Russland sowie Forderungen nach Verschärfungen der Sanktionen gegen Russland, ukrainischem EU- und NATO-Beitritt, Waffenlieferungen an die Ukraine, Ausbau der ukrainischen Verteidigungsfähigkeiten, kollektiver Verteidigung gemäß Artikel 5 des NATO-Vertrags etc. Diese Propaganda ist laut der US-Kongresslegende Ron Paul umso bedenklicher, als sie bereits in anderen Fällen zum Krieg geführt hat, weil sich die vormals freien USA seit 9/11 in ein der Diktatur sehr ähnliches Herrschaftssystem verwandelt haben.[401]

In den Jahren nach dem Euromaidan sind die USA erneut Brzezińskis geostrategischem Drehbuch gefolgt. Analog zu seinen Empfehlungen für Afghanistan haben die USA »hunderte Millionen Dollar an Militärhilfe in die Ukraine gepumpt, mit dem gewünschten Ergebnis: einer russischen Reaktion.« Das hatte schon 2001 funktioniert, als die USA islamische Rebellen im Kampf gegen die kommunistische Regierung Afghanistans unterstützten, um der Sowjetunion ein Fiasko wie das eigene in Vietnam zu bescheren.[402] Parallel dazu hat die neue prowestliche Führung der Ukraine Ende September 2015 die Russische Föderation zum militärischen **Hauptfeind** erklärt.[403] Zur selben Zeit wurde neben der Angleichung der ukrainischen Streitkräfte an den NATO-Standard auch die »Vertiefung der Zusammenarbeit mit der NATO« vor allem »im Rahmen der Gemeinsamen Sicherheits- und Verteidigungspolitik mit der EU« verlautbart.[404]

Wirtschaftskrieg gegen Russland und Resteuropa. Das wirtschaftliche Primärziel der USA im gesamten Ukraine-Konflikt ist die totale Ausrichtung des europäischen Handels auf die USA. Hierzu soll eine vollständige Spaltung zwischen Russland und Europa erfolgen. Professor Dr. Paul Christie von der Universität von Columbia hat es 2014 wie folgt ausgedrückt: »Schlussendlich ist es notwendig, dass jene 500 Milliarden Dollar, die Europas Handel mit Russland ausmachen würden, zu Europas Handel mit Amerika werden.« Auf die Frage, ob der Westen nicht vorhabe, die Ukraine Russland zu überlassen, hat der Professor geradlinig geantwortet: »Ob die Ukraine auf der Weltkarte geeint bleibt oder sich auflöst, ist für die Lösung des Hauptproblems absolut irrelevant. Die Hauptaufgabe der Ereignisse in der Ukraine ist, Europa **vollständig** von Russland zu lösen, damit die Europäer jede weitere Kooperation mit Russland verweigern und ihre Wirtschaft vollständig auf die Zusammenarbeit mit den Vereinigten Staaten umlenken. Das Hauptziel ist, Europas Wirtschaft enger an die US-Wirtschaft zu binden, und was mit der Ukraine passiert, interessiert in diesem Fall niemanden.«[405]

Ein wesentlicher Aspekt des hybriden Kriegs der USA gegen Russland betrifft den europäischen Energiemarkt. Im wirtschaftlich längst laufenden Dritten Weltkrieg soll Russland endgültig aus Europa verdrängt werden, um den Einstieg US-amerikanischer Konzerne in das europäische Geschäft mit Fracking- und **Kernenergie** zu ermöglichen. Demzufolge ist Präsident Putins Feststellung zutreffend, der Westen führe einen totalen Vernichtungskrieg gegen Russland. Allerdings ist dieser Vernichtungskrieg auch gegen das restliche Europa und insbesondere gegen sein wirtschaftliches Gravitationszentrum gerichtet: Es geht darum, »dass **Deutschland** deindustrialisiert wird.« Dafür braucht man allerdings keine Feinde außerhalb. Denn das ist, wie die Fürstin Gloria von Thurn und Taxis zutreffend betont, ohnehin der langgehegte Wunsch der »Grünen«. Schließlich hat nicht Russland uns den Gashahn abgedreht, sondern Europa hat sich durch seine absurd wirkenden Sanktionen selbst von der russischen Energie abgeschnitten. Die Deindustrialisierung Deutschlands entspricht dem anglo-amerikanischen Morgenthau-Plan von 1944.[406] Im Zuge dessen erweisen sich, aus anglo-amerikanischer Sicht, europäische Politdarsteller als nützliche Idioten. In diesem Kontext wurde die österreichische Bundesregierung bereits 2015 von mir darauf hingewiesen, dass die wirtschaftlichen Sanktionen gegen Russland sowohl unfair als auch **selbstschädigend** sind. Einerseits gefährdet das von Russland abhängige Europa unnötig seine eigene Energiezufuhr, wodurch Russland immer mehr in Richtung China und Eurasische Union gedrängt wird. Andererseits führt jede Vertiefung der Gräben zu einer Erhöhung der Kriegsgefahr, wobei die kaputtgesparten Heere Österreichs und Deutschlands den weit überlegenen russischen Streitkräften nichts entgegenzusetzen hätten. Von einem großen Krieg auf der eurasischen Kontinentalplatte würden, wie schon zweimal zuvor, auf lange Sicht nur die daran militärisch relativ geringfügig beteiligten Inselmächte USA und Großbritannien profitieren.[407]

Ende Januar 2022 erklärte der russische Präsident dem WEF, dass die anglo-amerikanische Weltordnung (NWO) die Bevölkerung in den Ruin treibt. Die wachsende Armut hat die Profite der großen multinationalen Unternehmen erhöht, hauptsächlich in Europa und Amerika. In den entwickelten Ländern Europas ist derselbe Trend zu beobachten wie in Nordamerika: Jene Unternehmen, die direkt von der

Verarmung anderer profitieren, vertreten nur **ein Prozent** der Bevölkerung.[408] Weiters warnte Putin vor der Gefahr einer »einseitigen Gewaltanwendung ohne begründeten Anlass«. Wenn es zu einem »heißen globalen Konflikt« käme, wäre dieser das »Ende der Zivilisation.«[409] Oberflächlich betrachtet, muss die Russische Föderation von anglo-amerikanischen Globalisierern als bedrohlich starkes staatliches Bollwerk gegen ihre NWO wahrgenommen werden.

Aber ist dem wirklich so? Auf der Homepage des russischen Kreml ist bis dato eine Lobhuldigung von Wladimir Putin für Klaus Schwab und sein WEF zu lesen. In der Erklärung von 2019 lautet es, dass »wir unsere Beziehungen zu dem von Ihnen gegründeten Forum immer unterstützt haben und dies auch **weiterhin** tun werden.«[410] Hat man auf die Berichtigung vergessen? Oder spielt die russische Regierung ein doppeltes Spiel?

Seit Kriegsbeginn hat sich Europa, wie vorhersehbar war, mit seinen verstärkten antirussischen Maßnahmen noch mehr selbst geschadet, während aufgrund der Marktverlagerung bis Mitte 2022 »Russlands Einnahmen aus Öl- und Gasexporten ein Rekordniveau erreicht« haben. Seit 2015 ist der Wert des Rubels gegenüber dem US-Dollar in die Höhe geklettert. Trotz der starken Landeswährung ist aber die Inflation hoch und nimmt die Kaufkraft der russischen Bürger ab.[411] Folglich erwägt Moskau seit dem Frühling 2022 die Goldbindung des Rubels, weil sie »Russland mehr Souveränität über sein Finanzsystem geben« könnte.[412] Die Russische Föderation steht anscheinend kurz davor, gemeinsam mit **China** ein neues Währungssystem als Alternative zum Dollar-Euro-System zu implementieren. Der für den angeschlagenen Westen kaum noch leistbare Ukraine-Krieg könnte die Dominanz des bisherigen anglo-amerikanischen Geldsystems beenden.[413] Ein langer Krieg, der auch Russland in massive Schulden stürzt, würde natürlich der anglo-amerikanischen Machtelite in die Hand spielen, weil sie ja ohnehin die Einführung einer digitalen Weltwährung vorantreibt.

Dasselbe Ziel verfolgt jedoch auch die russische Regierung: Schon im Frühjahr 2021 hatte sie – entgegen den Warnungen der eigenen Banken betreffend Liquiditätsprobleme – die Einführung eines **digitalen** Ablegers des Rubels beschlossen.[414] Sowohl dem Osten als auch dem Westen sowie Finanzexperten auf beiden Seiten war spätestens ab Winter 2021 klar, dass der bevorstehende Angriff auf die Ukraine die Verbannung Russlands aus dem SWIFT-System der Bankenwelt und diese die Einführung einer russischen Digitalwährung zur Folge haben würde.[415] Im April 2022, also im Gefolge der russischen Operation in der Ukraine, hat der Gouverneur der russischen Zentralbank die Schaffung einer staatlichen Kryptowährung mit dem Namen *Digitaler Rubel* mit hoher Priorität verkündet. Folglich könnte sie bereits **2023** Realität sein.[416]

Identische Zielsetzungen und damit korrespondierende Abläufe legen nahe, dass der Ukraine-Krieg höchstwahrscheinlich eine riesig angelegte **Ablenkung** der Weltöffentlichkeit von der beabsichtigten globalen Einführung digitaler Währungen ist. Dass die russische Staatsführung an diesem Schauspiel bewusst teilnimmt und daher letztlich ein Zuarbeiter des WEF ist, kann nicht ausgeschlossen werden. Dafür spricht neben der Einführung einer digitalen Währung auch die Durchimpfung der russischen Bevölkerung. Fest steht, dass der Westen auf die zeitliche und geographische Ausdehnung des Ukraine-Kriegs hingearbeitet hat, um Russland offiziell als Aggressor und Sündenbock hinzustellen. Anders lassen sich die neuen aggressiven Militärdoktrinen der Ukraine ab 2015 nicht erklären.

Antirussische Militärdoktrinen der Ukraine. Wie erwähnt, wurde schon 2015 Russland zum militärischen Hauptfeind erklärt sowie die enge militärische Zusammenarbeit mit NATO und EU verfügt. Nach einer vierjährigen Aufrüstungsphase durch den Westen wurde in der Militärdoktrin vom März 2021 die gegen den rechtmäßigen Volksentscheid der Krim gerichtete »Strategie zur Auflösung und Wiedereingliederung des vorübergehend besetzten Gebiets der Autonomen Republik Krim und der Stadt von Sewastopol« beschlossen. In der Pressemeldung der ukrainischen Präsidentschaftskanzlei werden gleich nach den diplomatischen Maßnahmen die **militärischen** genannt.[417] Damit steht außer Zweifel, dass sich die Ukraine in der Hoffnung auf tatkräftige Unterstützung seitens der europäischen NATO-Staaten auf einen **Krieg** auf russischem Territorium (der Krim) und damit gegen Russland selbst vorbereitet hat.

Ukrainisches Atomwaffenpotenzial. Die nächste Eskalationsstufe ist das inzwischen öffentlich bekannte ukrainische Potenzial zur Herstellung von Atomwaffen. Am 19.02.2022 hat der ukrainische Präsident Wolodymyr Selenskyj auf der Münchner Sicherheitskonferenz betont, dass die Ukraine niemals ein neutraler Puffer zwischen Ost und West sein wird. Vielmehr hat er auf die **NATO-Beistandspflicht** gepocht und offen damit gedroht, dass der Ukraine im heranstehenden Kampf gegen Russland mittlerweile die drittgrößte **Atommacht** (Großbritannien) zur Seite steht. Die Ukraine selbst habe aber keine Atomwaffen mehr.[418] Diese Aussage musste Russland in Anbetracht der zugespitzten Gesamtsituation als massive Drohung auffassen, zumal die Ukraine damals in der Lage war, binnen kürzester Zeit eine große

Menge Atomwaffen herzustellen. Allein im Atomkraftwerk Saporischschja (Zaporizhzhia) im Südosten der Ukraine (siehe Abb. 09) lagern ca. **70 Tonnen** Plutonium und Uran. Das hat just der Generaldirektor der Europäischen Atomenergiebehörde (IAEA) Rafael Mariano Grossi im Mai 2022 beim WEF-Treffen in Davos bestätigt. Dort hat er nämlich angekündigt, er werde »das von russischen Streitkräften besetzte Kernkraftwerk Zaporizhzhia in der Ukraine besuchen, um zu überprüfen, ob die dort **gelagerten** 30.000 kg Plutonium und 40.000 kg angereichertes Uran nicht für andere Zwecke abgezweigt wurden.«[419] Als zweitgrößte Atommacht nach den USA ist Russland nicht vom ukrainischen Atomarsenal abhängig. Vielmehr hat die russische Regierung berechtigte Angst vor einer neuen atomaren Bedrohung direkt vor ihrer Haustüre.

Ukrainisches Bio-Waffenpotenzial. »Die Ukraine hat biologische Forschungseinrichtungen, von denen wir jetzt ziemlich besorgt sind, dass russische Truppen, russische Streitkräfte versuchen könnten, die Kontrolle über diese zu erlangen.« Das gab die stellvertretende US-Außenministerin Victoria Nuland unter Eid bei ihrer Anhörung vor dem Kongress am 08.03.2022 zu. Es sei wichtig, zu verhindern, dass »irgendwelches **Forschungsmaterial** in die Hände der russischen Streitkräfte« fällt.[420] Würde es sich um Forschungen über Saatgut, Nahrung oder Medikamente handeln, gäbe es keinen Grund zur Sorge. Folglich muss es sich um ein biologisches Waffenpotenzial handeln, das nicht in russische Hände fallen und schon gar nicht der Weltöffentlichkeit bekannt werden soll. Aus demselben Grund liegt nahe, dass sich in der Ukraine US-amerikanische Biowaffenlabore befinden.

Die WHO bestätigt, dass in ukrainischen Biolaboren »an und mit Krankheitserregern geforscht wird, die nicht ungefährlich sind«, unter anderem mit dem **Corona-Virus**. Dieses Material sei sofort zu vernichten, weil ansonsten »Gefahr für die Bevölkerung« drohen könnte, »wenn die Labore beim russischen Vormarsch zerstört und die Erreger freigesetzt würden.« Darüber wird zwar ab Mitte März 2022 auch in deutschen Leitmedien berichtet, jedoch wird darin die russische Behauptung der Existenz ukrainischer Biowaffenlabore ohne triftige Begründung als »Propaganda« abgetan.[421]

Hier ist an die Aussagen des Nobelpreisträgers Prof. Dr. Luc Montagnier und von mutigen chinesischen Wissenschaftlern zu erinnern, dass die genomischen Sequenzen des Corona-Virus SARS-CoV-2 ein »Produkt der Labormodifikation« bzw. »die Ergebnisse einer künstlichen Herstellung« sind. Dieses Virus erfülle sämtliche Kriterien einer uneingeschränkt einsetzbaren **biologischen Waffe**, die absichtlich freigesetzt wurde, um gegen die ganze Menschheit unbeschränkten biologischen Krieg zu führen.[422]

Zählen wir die genannten Fakten zusammen: 1. Laut hochrangigen Experten wurde das Corona-Virus künstlich zur Biowaffe modifiziert. 2. In ukrainischen Laboren wird nachweislich mit gefährlichen Krankheitserregern und ausdrücklich mit dem Corona-Virus experimentiert. 3. USA und WHO wollen unbedingt verhindern, dass derartiges Material in die Hände Russlands fällt, obwohl man dort selbst über reichlich Biowaffenmaterial verfügt. Und 4. sind anglo-amerikanische Akteure die größten Profiteure der C-Diktatur. Es drängst sich daher die logische Schlussfolgerung auf, dass der Erreger von COVID im Auftrag der **USA** zumindest teilweise in der Ukraine als Biowaffe fabriziert wurde. Allein schon der Wunsch nach Vernichtung der Beweismittel wäre Motiv genug für die vorsätzliche Eskalation des Ukraine-Kriegs durch den Westen.

Da das Wissen über das ukrainische Atom- und Biowaffenpotenzial von **westlichen** Behörden bestätigt wird, gilt es als gesichert. Es ist davon auszugehen, dass das reguläre Vorwissen der militärischen Nachrichtendienste von mindestens einem halben Jahr auch für die Russische Föderation gilt. Russland war also rechtzeitig vorbereitet. So erklärt sich, dass nur fünf Tage nach der erwähnten Drohung seitens des ukrainischen Präsidenten der zügige russische Angriff erfolgt ist. Noch am selben Tag, also am 24.02.2022, besetzten russische Truppen das ostukrainische Atomkraftwerk Saporischschja. Bei diesem muss es sich daher um ein **primäres** Angriffsziel gehandelt haben.

Die Abfolge und Dichte der westlich unterstützten Maßnahmen verdeutlichen, dass Russland zum Krieg provoziert bzw. zum militärischen Erstschlag gegen die Ostukraine genötigt wurde. Bei den russischen Angriffen auf die Ostukraine ab dem 24.02.2022 handelt es sich um eine völkerrechtlich **legitime** Kriegsführung, die zugleich präemptiv und präventiv ist. Unter präemptiver Kriegsführung versteht man die Abwehr einer unmittelbaren Bedrohung in rechtmäßiger Notwehr oder Nothilfe. Ein Präventivkrieg dient hingegen »nur« der Sicherung eigener Vorteile in einer sich zwar verschlimmernden Lage, aber ohne akute Bedrohung.[423]

Zur **Nothilfe** für die russische Minderheit bzw. zum Schutz gegen weitere ukrainische Verbrechen wäre Russland, wie gesagt, schon ab 2014 berechtigt und verpflichtet gewesen. Gerade angesichts der hochgradig eskalierten Lage musste Russland im Februar 2022 davon ausgehen, dass von Kiew weitere Kriegsverbrechen verübt werden, wobei der Einsatz von rasch herstellbaren Massenvernichtungswaffen gegen russische Minderheiten nicht ausgeschlossen werden durfte. Demnach ist die präemptive Nothilfe legal. Und wie sieht es mit der präemptiven **Selbstverteidigung** aus? In Anbetracht seiner engen Umklammerung durch NATO-Staaten und deren militärisches Potenzial inklusive Atomwaffen musste die russische Regierung die Drohungen des ukrainischen Präsidenten vom 19.02.2022 auch als potenzielle unmittelbare Bedrohung für die Sicherheit Russlands beurteilen. Untätiges Zuwarten bis zur Fertigstellung ukrainischer Atom- oder Biowaffen mit bereits verfügbaren Materialien war Russland jedenfalls nicht zumutbar. Daher ist auch hier im Zweifel von einem legitimen Präemptivkrieg auszugehen. Mindestens liegt jedoch eine rechtmäßige präventive Kriegsführung in putativer (scheinbarer) Notwehr vor.

Jedenfalls präventiv ist die Erringung strategischer Vorteile auf ukrainischem Terrain. Ob jedoch Russland von einer militärischen Intervention auch geostrategisch profitiert, indem es zum Beispiel einen prorussischen Korridor von Luhansk bis zur Krim oder gar von Kiew bis Odessa erlangt, ist aus völkerrechtlicher Sicht völlig irrelevant. Es zählt einzig und allein, dass Russland ethnische Minderheiten und die eigene Souveränität präemptiv **schützt**.

Demnach hat Präsident Putin Anfang März 2022 bezüglich der am 24.02.2022 begonnenen »speziellen Operation in der Ukraine« völkerrechtskonforme Ziele genannt: Schutz der dort lebenden Russen und des russischen Vaterlandes.[424] Hingegen kann die Entnazifizierung und Entmilitarisierung der Ukraine maximal ein Sekundärziel gewesen sein, zumal diese Situation bereits acht Jahre lang gegeben war. Höchstwahrscheinlich wird die Bereinigung der Situation im Laufe des Jahres 2022 erwünschte strategische Vorteile für Russland zur Folge haben. Diese wären rechtmäßig, weil das Primärziel, wie gesagt, eindeutig die präemptive Nothilfe und Notwehr ist. Schließlich liegen massive Angriffe gegen die Selbstbestimmung russischer **Völker** und **Staaten** vor. Demzufolge besteht eine weitere starke Parallele zur Urkatastrophe Erster Weltkrieg: Auch das deutsche Kaiserreich und Österreich-Ungarn hatten sich gegenüber einer anglo-amerikanisch konzertierten Bedrohung mittels präemptiver Kriegsführung rechtmäßig verteidigt.[425] Doch diese völkerrechtskonforme und auch historisch korrekte Betrachtung hat in den Köpfen kontinentaleuropäischer Polit- und Journalistendarsteller keinen Platz. Zu lange und intensiv währt schon die anglo-amerikanische Entfremdung von unserer eigenen Kultur.

Ad 3. Politisch-mediale Provokationen. In den USA und in Europa wird ein regelrechter Informationskrieg betrieben. Die geo- und militärstrategischen, wirtschaftlichen und völkerrechtlichen Hintergründe des Ukraine-Kriegs werden entweder gar nicht erwähnt oder völlig verdreht dargestellt. Relevante Informationen werden unterschlagen oder durch dreiste Lügen bis zur Unkenntlichkeit entstellt. Seit dem Beginn der Ukraine-Krise trommelt ein propagandistisches Steilfeuer auf die Bevölkerung ein, um die unbequeme Wahrheit der anglo-amerikanischen Auslösung zu vertuschen und Russland die Alleinschuld zuzuschieben. Dass Europa nicht unabhängig ist, erkennt man mitunter daran, wie rasch vor allem deutschsprachige Politiker und Journalisten das antirussische Narrativ der anglo-amerikanischen Manipulatoren übernommen haben.

Anstatt eine objektive Berichterstattung über die Fakten zu bringen, wird der Mensch Wladimir Putin seit 2014 quer durch die Medienlandschaft denunziert, verspottet und verteufelt. Er sei irre, verrückt, größenwahnsinnig. Drei Beispiele. Im März 2014 begründet die *Frankfurter Allgemeine* ihre Schlagzeile »Putin ist verrückt« mit folgender Lüge: Die russische Besetzung der Krim »verletzte das Völkerrecht« auf ganzer Linie.[426] Acht Jahre später, im März 2022, wird Putin von der *Frankfurter Rundschau* als »wahnsinnig gewordener Zar« tituliert. Dabei beruft man sich ausgerechnet auf Aussagen der US-Geheimdienste, denen zufolge der russische Präsident wegen des Feldzugverlaufs frustriert und wütend sei.[427] Die Schlagzeile der *Zeit* vom selben Monat beleidigt den russischen Präsidenten als »Lügner, Täuscher, Hasardeur« und im Haupttext als »ruchlosen Kriegstreiber« und »Kriegsverbrecher«, wobei dies nur sehr oberflächlich mit den angeblichen Lügen Putins unmittelbar nach dem Einmarsch in die Ukraine begründet wird.[428]

Am 13.04.2022 hat ausgerechnet der US-amerikanische Präsidentendarsteller Joe Biden »dem russischen Präsidenten Völkermord in der Ukraine« vorgeworfen. Putin verfolge den Plan, »die Idee, ein Ukrainer sein zu können, auszulöschen.«[429] Die Dreistigkeit, mit der Biden mittels **Täter-Opfer-Umkehr** die Fakten ins glatte Gegenteil verkehrt, ist nicht zu überbieten. Zum einen wird, wenn überhaupt, in der Ukraine seit 2014 ein anglo-amerikanisch unterstützter Genozid an den russischen Minderheiten verübt. Zum anderen fungiert der russische Präsident als **Beschützer** ebendieser ethnischen Minderheiten.

Allerdings ist die US-amerikanische Verzerrung der Realität nicht verwunderlich. Schließlich beruht die Niedrigkultur der USA auf der gnadenlosen Unterwerfung und Ausrottung der dortigen Urbevölkerung, der First Nation, auch »Indianer« genannt, sowie auf der Versklavung von Millionen dunkelhäutigen Menschen aus Afrika. Die wenigen Kriegshelden der USA gibt es nur in Spielfilmen. In der Realität des Zweiten Weltkriegs haben die Amis vorwiegend gegen deutsche Jugendliche und Greise gekämpft; und sogar die haben ihnen die Hölle heiß gemacht.

Auf die vielen illegalen Kriege und Verbrechen des selbsternannten Weltpolizisten USA nach dem Zweiten Weltkrieg wurde bereits hingewiesen. Dieses Imperium scheint dazu verdammt zu sein, sich in einer ewigen Spirale aus Lügen und Gewalt unaufhaltsam nach unten zu drehen, bis es zerbricht. Das könnte in absehbarer Zukunft geschehen. Um den Schein noch eine Weile zu wahren, wird die anglo-amerikanische Propaganda immer unverschämter, wodurch sie aber umso schneller zu durchschauen ist.

Dennoch wird auch in den deutschen Leitmedien ernsthaft versucht, Wladimir Putin als Kriegsverbrecher und Verletzer des humanitären Völkerrechts darzustellen. Zum Beispiel am 14.04.2022, genau einen Tag nach der Lügenmeldung von Joe Biden, versuchte das ZDF anhand weniger Videoaufnahmen, die kaum Beweiskraft haben, den russischen Präsidenten zu **kriminalisieren**, ohne dies auch beim ukrainischen Staatsoberhaupt zu tun, obwohl dessen Verhalten die Ursache für den gesamten Ukraine-Krieg ist. Allerdings wird korrekt, aber nur nebenbei eingeräumt, dass auch auf der ukrainischen Seite sowohl das humanitäre Völkerrecht gebrochen als auch Kriegsverbrechen begangen werden.[430] Dass die russischen Soldaten im westlich eskalierten Krieg keine Verbrechen begehen, wäre eine lebensfremde Annahme. Gewichtung und Intensität der Beschuldigungen gegen Russland und vor allem gegen Putin entsprechen jedoch der typischen anglo-amerikanischen Konstruktion eines **Feindbildes**.

Das Muster dieser und vieler anderer »Nachrichten« ist immer dasselbe: Nach persönlichen Übergriffen und emotionalisierenden Slogans wird mit Worthülsen über Oberflächliches und mitunter tatsächlich tragische Nebensächlichkeiten fabuliert, während das Wesentliche auf der Strecke bleibt. Der sachliche Informationswert ist null. Die Bevölkerung soll **verängstigt** und gegen ein personifiziertes Feindbild aufgehetzt und Russland soll provoziert werden. Die anglo-amerikanische Angstabwehr durch Projektion zieht sich also unverändert wie ein roter Faden vom Ersten Weltkrieg bis zum Ukraine-Krieg. In der Propaganda werden einfache, kurze, eindeutige, permanent wiederholte, nur auf das Gefühl des Adressaten gerichtete Botschaften formuliert. Das sind die klassischen Kriterien einer Propaganda, wie sie in totalitären Herrschaftssystemen betrieben wird, um den Volkswillen im Interesse der Unterdrücker zu formen und zu kanalisieren.[431] Das ist der wahre Sinn derartiger Nachrichten: Der Sachverhalt wird nachgerichtet, also nachträglich verdreht, damit sich das zum Gehorsam trainierte Volk **danach richtet**.

Die Bevölkerung soll im Dreiklang der Angst aufgeweicht werden: Angst vor dem Tod (Krieg), Angst vor materiellem Verlust (Lieferengpässe) und Angst vor sozialer Ausgrenzung (selbständiges Denken). Die fatale Wirkungskette des propagandistisch erzeugten Angststresses im Gehirn kennen wir schon: Vorherrschen von High-Beta-Wellen (oder mehr), Abkoppelung vom Schwingungsfeld der Erde, Eliminierung von Hausverstand und Mitgefühl, Befolgung menschenverachtender Anordnungen.

Nun stellen sich folgende Fragen: Wer betreibt heutzutage eine solche Propaganda? Sind die Polit- und Journalistendarsteller alle nur ideologisch verblendet, gefährlich halbgebildet oder drogensüchtig? Oder sind doch auch einige bestochene Systemdiener darunter? Vermutlich handelt es sich um dieselben Charaktere, welche die illegalen Kriege der USA im Nahen Osten und insbesondere gegen den Irak gebilligt haben, obwohl es dort die behaupteten Massenvernichtungswaffen nie gegeben hat. Es ist anscheinend derselbe Menschenschlag, der sowohl das Selbstbestimmungsrecht der Völker ignoriert als auch die reale Bedrohung der Russischen Föderation durch den Westen nicht erkennt oder verschweigt. Es scheint derselbe Typ von Mitläufern zu sein, der bisher jede Form der Diktatur vorangetrieben oder mitgetragen hat. Schließlich handelt es sich um **dieselbe** politisch-mediale Propagandamaschinerie, von welcher die gehorsame Masse zuerst in der C-Diktatur und danach über den Ukraine-Krieg systematisch fehlinformiert wurde.

Den Vogel hat eine angeblich neoliberale Politikerin in Österreich abgeschossen, indem sie im Sommer 2022 im Fernsehen russlandfreundliche und friedliebende sowie impfkritische Bürger pauschal und im Nazi-Jargon als »**Volksverräter**« beschimpft hat. Dadurch wurde gemäß meiner rechtlichen Beurteilung der Straftatbestand der Volksverhetzung erfüllt.[432]

FREIHEUT-Übung 07: Einfühlung

An dieser Stelle kannst du vermutlich nachempfinden, wie sich jemand fühlt, der zwar rechtzeitig vor einer Katastrophe warnt, aber dafür bestraft wird. Ab der Veröffentlichung von *God bless you, Putin!* wurde ich wegen meiner strategischen Analysen als »Rechtsextremistin« und »Verschwörungstheoretikerin« beschimpft, mit absurden Strafanzeigen belegt und letztlich aus dem Amt gedrängt. Das tat mir höllisch weh. Am meisten verzweifelte mich, dass sich niemand die Fakten ansehen wollte. Vielen aufrichtigen Menschen erging es so, wie zum Beispiel Prof. Dr. Sucharit Bhakdi und Dr. Wolfgang Wodarg anlässlich der C-Diktatur. Viele von uns wurden verspottet, ausgegrenzt, bedroht, attackiert, gekündigt etc.

Übung

Zur Einfühlung empfiehlt sich die in der schwarzen Komödie *Don't look up!* (USA, 2021) perfekt dargestellte Ignoranz von Politikern, Journalisten und Wissenschaftlern gegenüber der korrekten Warnung vor dem alles vernichtenden Einschlag eines riesigen Kometen auf der Erde. Die zum Himmel schreiende Inkompetenz der Entscheidungsträger treibt die alarmierenden Astronomen in die Verzweiflung. Sehr früh erkennen sie, dass sie von egozentrischen Vollidioten umgeben sind, die über das Schicksal der Menschheit bestimmen.

Durch politische und mediale Propaganda über den Ukraine-Krieg wird der in der Bevölkerung anlässlich der C-Diktatur aufgestaute Frust auf den **Sündenbock** Russland abgewälzt. Der gerechte Volkszorn, der eigentlich den politisch und medial Verantwortlichen gebührt, wird von denselben Leuten in Hass gegen Russland und Angst vor Krieg umgepolt. Und breite Teile der verwirrten Bevölkerung machen mit. Intensiv getäuscht und abgelenkt, also der Realität nicht ins Auge blickend, werden vermutlich ab dem Herbst 2022 viele Menschen von der längst geplanten Verschärfung des C-Wahnsinns (siehe oben) in Kombination mit kriegsbedingten Lieferengpässen überrascht sein. Die westliche Propagandamaschinerie steuert grobfahrlässig oder vorsätzlich auf eine anglo-amerikanisch eingefädelte Katastrophe zu. Wie sonst sollte man begründen, dass das in der Ukraine verübte westliche Unrecht beklatscht, deutliche Hinweise auf ein großes Massenvernichtungspotenzial ignoriert und dadurch die Wahrscheinlichkeit eines großen Kriegs stark erhöht wird?

Potenzielle Verschärfung

Der Mitte 2022 noch lokal begrenzte Ukraine-Krieg hat das Potenzial, viele Monate, vielleicht sogar Jahre zu dauern und zu einem überregionalen großen Krieg zu eskalieren. Vielleicht wird der Dritte Weltkrieg in absehbarer Zeit nicht nur wirtschaftlich, sondern auch militärisch großflächig geführt. Die damit verbundenen fatalen Auswirkungen stünden durchwegs im Einklang mit den Zielen der C-Diktatur-Akteure.

Russland selbst hat, zumindest bis Mitte 2022, aus kriegsvölkerrechtlicher Sicht nicht den geringsten Anlass zur Erstreckung des Ukraine-Kriegs auf andere Länder gegeben. Es ist vielmehr so, dass die russischen Streitkräfte im Vergleich zu USA/

NATO-Kriegen anfangs eher milde vorgingen, bis sie vom westlich unterstützten Gegenfeuer zum harten Durchgreifen mittels massivem Artilleriefeuer gezwungen wurden. Schließlich ist die letzte rote Linie mit voller Konsequenz zu verteidigen. Entgegen den falschen Beurteilungen deutschsprachiger Generalstabsoffiziere[433] ist es in der Ostukraine nicht wie im Ersten Weltkrieg zu einem langen Stellungskrieg gekommen. Richtig ist, dass das hochgerüstete Russland nur einen **geringen** Prozentsatz seiner Truppen in der Ukraine einsetzt. Die russische Einsatzführung hält gemäß einem grundlegenden militärischen Prinzip bestimmt eine große strategische Reserve für einen gegebenenfalls unausweichlichen Großkrieg gegen den Westen bereit. Russland tut daher gut daran, sich schwächer zu geben als es ist. Obwohl Russland in der Ukraine vielfach veraltetes Gerät wie etwa Kampfpanzer des Typs T-72 aus dem Kalten Krieg einsetzt und Kiew große Lieferungen von schweren Waffen aus dem Westen erhält,[434] haben die russischen Streitkräfte die im Nordwesten von Luhansk gelegene Großstadt Lyssytschansk bereits Anfang Juli 2022 und damit zügig eingenommen.[435] Für Russland scheint der höchstwahrscheinlich angestrebte Korridor von Luhansk bis zur Krim zum Greifen nahe zu sein. Dieser präventiv erreichbare strategische Vorteil wäre, wie gesagt, von der ursprünglichen präemptiven Kriegsführung völkerrechtlich mitabgedeckt. Jedenfalls hat Russland außerhalb der Ukraine garantiert keine Kriegsziele, es sei denn, es werden hierfür vom Westen weitere Gründe geschaffen.

Gefahr eines großen Kriegs in Eurasien. Ein enormes Eskalationspotenzial hat die seit Kriegsbeginn noch einmal verstärkte Umklammerung Russlands durch die EU und NATO. Ukraine und Moldau sind seit 23.06.2022 hochoffizielle EU-Beitrittskandidaten, Georgien steht auf der Warteliste.[436] In der Jahresmitte 2022 scheint zwar ein ukrainischer NATO-Beitritt in weite Ferne gerückt zu sein.[437] Allzu plump muss aber die westliche Provokation gar nicht sein, zumal die Auslösung eines NATO-Kriegs gegen Russland auch über die Hintertür sehr einfach zu bewerkstelligen wäre. Anfang Juli 2022 wurden Schwedens und Finnlands NATO-Beitrittsprotokolle unterzeichnet.[438] Demnach steht ihre Eingliederung in die NATO unmittelbar bevor, wodurch dann die Linie der anglo-amerikanisch dominierten Ostflanke bis in den hohen Norden reichen würde. Der Russischen Föderation stünde dann eine viel breitere NATO-Front gegenüber. Bereits Mitte Mai 2022 hat Großbritannien – in logischer Fortführung der Balance of Power – für den Fall eines russischen Angriffs Schweden und Finnland schriftliche Solidaritätserklärungen zur **militärischen** Unterstützung erteilt.[439] Sohin hat ein NATO-Hauptpartner vorweg den Beistand garantiert. Dadurch würde beispielsweise ein russisch-finnischer Krieg automatisch auch Großbritannien einbeziehen, wodurch gleichzeitig gemäß Artikel 5 des NATO-Vertrags die kollektive Beistandspflicht **aller** NATO-Staaten ausgelöst werden könnte.[440]

Doch Großbritanniens Hilfe käme – wie schon in zwei Weltkriegen – viel zu spät oder gar nicht. Mit der Beteiligung an europäischen Waffenlieferungen für die Ukraine hat Deutschland – nicht nur aus russischer Sicht – gegen den sogenannten Zwei-Plus-Vier-Vertrag »über die abschließende Regelung in Bezug auf Deutschland« aus dem Jahr 1991 verstoßen. Dieser ist weder formal noch inhaltlich ein echter Friedensvertrag. Vielmehr handelt es sich, wieder einmal, teilweise um einen einseitigen Knebelvertrag, der gemäß Artikel 2 leider nur die Bundesrepublik dazu verpflichtet, »dass von deutschem Boden nur Frieden ausgehen wird.«[441] Objektiv betrachtet, sind die deutschen Waffenlieferungen an ein illegales ukrainisches Regime, das russische Minderheiten verfolgt, eindeutig dazu geeignet, »das friedliche Zusammenleben der Völker zu stören« und damit ein klarer Verstoß gegen Artikel 2. Warum sollte also im Falle eines deutsch-russischen Konflikts ausgerechnet Großbritannien oder ein anderer NATO-Staat erstmals Deutschland zu Hilfe kommen?

Großbritanniens tödliche Zündelei hat schon zweimal einen Weltkrieg entfacht. Wie erwähnt, war Russland mit den türkischen Meerengen zum ersten großen Krieg gegen Deutschland geködert worden. Da diesmal Russland der Feind ist, werden in der großen Schlacht um Eurasien gleich zwei seiner strategisch wichtigen Häfen bedroht: Sewastopol im Süden (Krim) und Murmansk im Norden (Halbinsel Kola). Die Durchfahrt vom Schwarzmeerhafen Sewastopol in das **Mittelmeer** erfolgt durch die türkischen Meerengen, wobei die Türkei bekanntlich ein NATO-Staat ist. Murmansk ist der einzige eisfreie Hafen, der bisher Russlands permanenten Zugang ins **Eismeer** gewährleistet. Dieser Hafen liegt direkt gegenüber der finnischen Grenze. Für Russland würde demnach Finnland als NATO-Mitglied eine direkte Flankenbedrohung im Nordwesten darstellen. Mit einer mutwilligen NATO-Blockade zweier russischer Häfen könnten wesentliche Teile der russischen Kriegsflotte und des Warentransfers auf dem Seeweg behindert werden. Auf diese Weise brächte man die Russische Föderation in noch ärgere Bedrängnis, um sie erneut zum militärischen Erstschlag zu nötigen.

Auf dem Landweg wird der russische Warentransport bereits massiv blockiert. Zusätzlich wird auf Geheiß der anglo-amerikanisch beeinflussten EU auch der inner-russische Gütertransfer erschwert. So unterbinden Polen und Litauen den Warenverkehr zwischen dem russischen Mutterland und der russischen Enklave

Kaliningrad (Königsberg).[442] In deren Grenzgebiet sind Polen und Litauen bereits im Juni 2022 »verteidigungsbereit«. Auch Russland bereitet sich auf einen Einsatz vor, wobei angeblich die Eroberung eines Korridors nach Kaliningrad in Betracht kommt.[443] Die Situation erinnert an die Unterbrechung des Verkehrs zwischen dem deutschen Mutterland und dem künstlich abgespaltenen Ostpreußen. Dazwischen lag das aufgrund des Versailler Diktats 1919 auf urdeutschem Gebiet geschaffene Polen, der Hauptgrund für den kurzen deutsch-polnischen Krieg 1939, der durch anglo-amerikanisches Betreiben vom lokalen Krieg zum Zweiten Weltkrieg entbrannte.[444]

Ein weiterer Beweis für das sehr enge Zusammenwirken von EU, NATO und USA ist die gewaltige Stärkung der NATO-Ostflanke im Rahmen der ab Ende Juni 2022 angekündigten **Aufstockung** der schnellen Eingreifkräfte bzw. der Speerspitze »von 40.000 auf über 300.000 Soldatinnen und Soldaten.« Gleichzeitig wird im neuen NATO-Strategiekonzept Russland als »größte Bedrohung für Frieden und Stabilität im euro-atlantischen Raum« eingestuft.[445] Die USA/NATO scheint es tatsächlich auf einen überregionalen Krieg anzulegen, um auf der eurasischen Kontinentalplatte einen weiteren großen Landkrieg zu erzwingen, wobei ins nähere Kalkül möglicherweise auch ein Atomkrieg gezogen wird.

In den USA selbst wird die aggressive NATO-Doktrin der **Erstverwendung** (First Use) von Nuklearwaffen angeprangert. Auf deren Irrationalität weist vor allem der in Washington ansässige Rüstungskontrollverband (Arms Control Association) korrekt hin: »Die nukleare Erstverwendungspolitik der NATO entbehrt jeder militärischen Begründung.« Schließlich besteht der Zweck von Atomwaffen nicht in deren primärer Anwendung, sondern ausschließlich in ihrem großen Abschreckungspotenzial. Dennoch weist die NATO seit Jahrzehnten jeden Anstoß zur Nichterstanwendung (No First Use) kategorisch ab.[446] Da der russische Präsident Wladimir Putin mit einem möglichen Einsatz von Atomwaffen gegen jeden Staat droht, der die groß angelegte Operation Russlands in der Ukraine stört, »ist das Risiko des Einsatzes von Atomwaffen erheblich erhöht.« Und weil die Militärstrategien von sowohl USA/NATO als auch Russland »die Option vorsehen, zuerst Atomwaffen gegen nichtnukleare Bedrohungen einzusetzen, könnten die Kämpfe **schnell** nuklear werden.«[447]

Ein solches Szenario würde das Ziel der anglo-amerikanischen Akteure der C-Diktatur zur Reduktion der Weltbevölkerung erheblich vorantreiben.

Massenmigration. Der lokale Ukraine-Krieg verschärft die europäischen Probleme mit der seit 2015 laufenden Massenmigration nach Europa, vor allem nach Mitteleuropa. Bis Juni 2022 sind zusätzliche **4,7 Millionen** Menschen, die aus der bzw. über die Ukraine geflohen sind, in Europa registriert worden.[448] Vor den verstärkten Migrationswellen im Gefolge von Kriegen wurde die österreichische Regierung bereits im Mai 2015 von mir schriftlich gewarnt.[449] Derartige Massenmigrationen werden absichtlich ausgelöst und als Waffe eingesetzt: *Weapons of Mass Migration* lautet die umfangreiche Studie der US-amerikanischen Universitätsprofessorin Dr. Kelly M. Greenhill. Betreffend NATO und Kosovo-Krieg bestätigt Greenhill: »Jetzt **sind** die Flüchtlinge der Krieg.«[450] Von USA/NATO werden mit illegalen Kriegen Migrationswellen absichtlich hervorgerufen, wodurch unschuldige Menschen entwurzelt und als unfreiwillige Waffe zur Destabilisierung Europas und insbesondere Deutschlands missbraucht werden.

Die indigene bzw. hellhäutige Bevölkerung Europas ergraut, weshalb sie mit dunkelhäutigen Migranten aufgefüllt wird. Dieser **Bevölkerungsaustausch** wird hochoffiziell »Replacement Migration« genannt. Die Ziele der völkischen Durchmischung, der Bastardisierung aller Kulturen und der Kapitulation aller ethnischen Entitäten zwecks Erzeugung einer hellbraunen Mischrasse hat Pentagon-Berater Thomas Barnett schon 2004 definiert. Sie decken sich weitläufig mit dem rassistischen Vorhaben von Dr. Ernest Hooton in den 1940er Jahren, die Deutschen auszurotten bzw. »den nationalen Rahmen mit einem Prozess des **Herauszüchtens** zu zerstören.« Wer sich gegen diesen Wahnsinn, der nunmehr offensichtlich gegen alle Hellhäutigen gerichtet ist, auflehnt, der soll auf der Stelle getötet werden. Barnett ruft klar und deutlich zum Mord auf »Kill them!«[451]

Hinweise auf all das und gleichzeitig ein leicht umsetzbares, mehrgliedriges Lösungskonzept wurden auf einer großen Pressekonferenz im November 2015 von mir vorgelegt. Das wichtigste Segment ist die Schaffung sicherer Zonen nahe der Krisengebiete.[452] Davon ist man nach wie vor weit entfernt, was eindeutig für die vorsätzliche Steigerung der Destabilisierung Europas ab dem Jahr 2022 spricht. Die Vertiefung bestehender ethnischer Konflikte sowie bürgerkriegsähnliche Szenarien sind vorprogrammiert. Anstatt sie im Vorfeld abzuwenden, werden in Österreich und Deutschland Einsätze von Soldaten gegen die eigene Bevölkerung trainiert (siehe oben). Eine Eskalation zum überregionalen Krieg würde den Umfang der Bevölkerungsreduktion erheblich erhöhen.

Verschlimmerung der Lieferengpässe. Zum erhöhten Risiko bürgerkriegsähnlicher Konflikte trägt auch die absehbare Verschlechterung der Versorgungslage wegen der fortschreitenden Lieferengpässe bei. Die bereits ab 2020 mit der Corona-Diktatur künstlich eingeleitete Rohstoffknappheit wird durch den Ukraine-Krieg verstärkt und prolongiert. Besonders hart betroffen ist die Chemie- und Kunststoffindustrie.[453] Die meisten Lebensmittelverpackungen haben einen hohen Kunststoffanteil. Fällt dieser Rohstoff weg, bricht die Versorgung mit der Masse der Nahrungsmittel zusammen. Dasselbe gilt für einen Energiemangel, insbesondere bei der Pasteurisierung im Rahmen der Milcherzeugung. Wegen explodierender Energiekosten werden höchstwahrscheinlich viele kleine und mittlere Unternehmen den Betrieb aussetzen oder ganz einstellen, wodurch die Arbeitslosenzahlen steigen und der bürgerliche Mittelstand womöglich endgültig ausstirbt. In der hausgemachten **Energiekrise** werden sich breite Teile der Bevölkerung mit an Sicherheit grenzender Wahrscheinlichkeit die Preise fürs Heizen und Kochen ab dem Herbst 2022 nur noch schwer oder gar nicht mehr leisten können.

Bedrohung durch Kernenergie. Der durch den Ukraine-Krieg mutwillig hergestellte Engpass an Erdgas und Erdöl zielt ganz offensichtlich auf die Forcierung der Atomenergie in Europa ab. Dass Kernenergie keine »grüne« Investition ist, besagt nicht nur der Hausverstand, sondern bestätigen auch jene Studien und Rechtsgutachten, die im Auftrag des österreichischen Umweltministeriums erstellt wurden.[454] Dennoch nimmt das **WEF** den erwähnten Bericht des IAEA-Leiters vom Mai 2022 zum Anlass, für Atomenergie Werbung zu machen, weil sie gemäß einer dubiosen Theorie der CO_2-Verminderung die »Klimaneutralität« begünstigt: »Kernenergie kann der Wendepunkt im Wettlauf um die Dekarbonisierung sein.«[455] Kurz danach, Anfang Juli 2022, erklärt die WEF-hörige EU den Atomstrom offiziell für »nachhaltig« und damit für »grün« im Sinne von »**CO_2-neutral**«. Dem risikobehafteten Atomstrom wird also von der EU das Ökolabel verliehen.[456]

Fest steht jedoch, dass der Einsatz von Kernenergie unsicher (Unfälle, Katastrophen) und daher gegenüber der Umwelt und allen künftigen Generationen unverantwortlich ist. Vor allem gibt es keine realistische Lösung für das Problem mit der gefährlichen Endlagerung des Atommülls. Das Konzept der Transmutation, also des »Zermahlens« zu angeblich harmloseren Teilchen, ist noch lange nicht ausgereift. Selbst wenn man auf diese Weise aus Atommüll Energie gewinnen könnte, so würde der nukleare Restabfall rund 1.000 Jahre weiterstrahlen.[457] Belgische Forscher sprechen zwar inzwischen von 300 Jahren, geben aber zu, dass nicht nur Teilchenbeschleuniger nötig wären, sondern auch neue Kernreaktoren.[458] Offensichtlich wird das Problem nicht zu Ende gedacht: In Endlosschleife produzierter Atommüll würde alle künftigen Generationen mit einer mindestens Jahrhunderte bis zu Hundertausende Jahre alten, kontinuierlich wachsenden nuklearen Erbschaft belasten, für deren sichere Lagerung niemand garantieren kann. Folglich ist das Konzept der Atomenergie **abzulehnen**.

Zudem würde der gewünschte und von Politikern garantiert bald wieder verlangte Ausbau der Atomstromkapazität die US-amerikanische Eroberung des europäischen Energiemarkts und die damit verbundene Zurückdrängung Russlands begünstigen. Gleichzeitig schließt sich an dieser Stelle der Kreis des Wahnsinns zur geplanten digitalen Diktatur, für deren allumfassendes Netz viel mehr Strom benötigt wird, als herkömmlich erzeugt werden kann. Zufall ist völlig ausgeschlossen.

Beurteilung der Fakten

> *Die Mehrheit der gewöhnlichen Bevölkerung*
> *versteht nicht, was wirklich geschieht.*
> *Und sie versteht noch nicht einmal,*
> *dass sie es nicht versteht.*
>
> Noam Chomsky[459]

> *Es gibt nichts Verborgenes, das nicht offenbar wird,*
> *und nichts Geheimes, das nicht an den Tag kommt.*
>
> Jesus[460]

Die Faktenlage hat uns wichtige Details des vielschichtigen und erbarmungslosen Dauerkriegs gegen die Freiheit der Staaten, der Völker und vor allem des Individuums präsentiert. Es folgt nun eine möglichst straffe Zusammenfassung der Kernaussagen und Muster. Daraus werden danach jene Schlussfolgerungen gezogen, die auf bislang geheime Absichten der verschiedenen Akteure schließen lassen. Auf diesen Grundlagen werden sodann plausible Entwicklungen bis zum Jahr 2030 beurteilt.

Kernaussagen und Muster

Mutter Natur sorgt dafür, dass Kinder geistig-seelisch frei zur Welt kommen, nahezu alle hochbegabt (98 Prozent). Mehr als zwei Drittel der Menschen sind genetisch stark prosozial veranlagt (70 Prozent), so gut wie alle Kinder und Jugendlichen sind empathisch und hilfsbereit. Im natürlichen Zustand der Entspannung entspricht die Frequenz unserer Hirnwellen dem Schwingungsfeld der Erde. Das wissenschaftlich nachgewiesene allgegenwärtige Energiefeld ist gleichbedeutend mit Gott. Denn gemäß den Überlieferungen spiritueller Meister wie Buddha und Jesus ist Gott reine Energie. Sie ist auch im Menschen präsent und folglich unsere ultimative Kraftquelle. Als Kinder haben wir sie unbewusst im Hier und Jetzt erlebt. Als Erwachsene können wir uns bewusst mit dem Energiefeld verbinden. Daher ist Gottes Energie in Form unseres **inneren** Kindes oder Tigers garantiert der effizienteste Schlüssel zur Selbstbefreiung aus gesellschaftlichen Zwängen, vermutlich der einzige. Indem wir uns bewusst entspannen und positiv ausrichten, können wir zusätzlich das Energiefeld der Erde positiv beeinflussen und dadurch anderen Menschen indirekt nützlich sein.

Unsere innere Kraftquelle wird jedoch von asozialen Parasiten dämonisiert und systematisch bekämpft. Die damit verbundene, religiös und in der Matrix antrainierte Hoffnung auf einen **externen** Erlöser hat zur fast vollständigen Distanzierung des Menschen von seiner wahren Natur geführt. Sodann ist er als Homo Idioticus und unbewusster Beitragstäter der Matrix nicht nur zur Bedrohung der Umwelt mutiert, sondern auch zum größten Feind seiner eigenen Spezies. Dafür gibt es mehrere Gründe: unnatürliche Entwicklung, systembedingter Drill zum Gehorsam, situative Nutzung der Grundangst. Nun zur Erläuterung dieser Stichworte.

Unnatürliche Entwicklung. Der Mensch hat sich von Beginn an unnatürlich entwickelt. Eine sehr plausible Erklärung hierfür ist, dass außerirdische Raumfahrer die ersten Menschen gentechnisch als Arbeitssklaven erzeugt haben; mit einem starken Hang zu Fleiß und Unterwürfigkeit. Laut behördlich dokumentierten Fällen werden bis zur Gegenwart unzählige Menschen von Aliens zwecks Vornahme von Experimenten entführt. Ob real oder erfunden, spielt hier keine Rolle. Fest steht, dass es **keinen** Grund zur Annahme gibt, dass es ausgerechnet technisch überlegene, im Geheimen agierende Außerirdische gut mit uns meinen.

Systembedingter Drill zum Gehorsam. Gesichert ist, dass Kindern in einem ausbeutenden System der Scheinfreiheit und Scheindemokratie (Matrix) der Bezug zu ihrer individuellen Schöpferkraft aberzogen wird. Die denaturalisierte Welt der Matrix sorgt dafür, dass unschuldige Kinder ihr wahres Selbst ignorieren und sich stattdessen den Deckmantel eines gesellschaftlich konstruierten Ichs überziehen: das parasitäre Über-Ego, das einseitig denkt und im vorauseilenden Gehorsam mit der Stimme seiner Unterdrücker spricht. Im unsichtbaren Gefängnis für den Verstand spielt die Bevölkerung zwei Arten von Rollen in diversen Ausprägungen: Häftlinge und Wärter. Trotz ihrer oberflächlichen Unterschiedlichkeit sind beide Rollenspieler in Wahrheit die Sklaven desselben Systems, das sie fleißig mit Gehorsam und Steuern füttern. Das System ist ein riesiges Konstrukt aus Angst und Stress, also jener Energien, die uns vom Schwingungsfeld der Erde **abkoppeln**. In ihrer unbewusst gewählten Opferrolle lässt sich die Masse der Menschen ihrer Individualität berauben, zu Minder- bis Mittelbegabten degradieren (96 Prozent) und zu gehorsamen Arbeitssklaven dressieren. Durch den systembedingten Kontaktverlust zum wahren Selbst geht auch der Selbstrespekt verloren. Deshalb entstehen ein chronisches Minderwertigkeitsgefühl und eine furchtbare **Angst**, auch den schäbigen Ersatz für das Selbst – Ego, Rollen – und damit die teuer bezahlte Stellung in der Matrix zu verlieren. Die mit der Selbstaufgabe verbundene Angst beruht zwar auf einer Illusion, sie wirkt aber so stark im Unbewussten, dass sie die Grundlage dreier Urängste ist: Angst vor Tod, Angst vor materiellem Verlust und Angst vor sozialer Ausgrenzung. Ihren inneren Machtverlust versuchen viele Menschen oft bis ins hohe Alter durch den äußeren Machtgewinn über andere auszugleichen. Sowohl real als auch im übertragenen Sinn ist die Matrix ein System des institutionalisierten Kindesmissbrauchs. Durch ihn dominiert eine lächerlich kleine Minderheit von einem Prozent eine überwiegende Mehrheit von 99 Prozent. Vorwiegend psychopathische Unterdrücker operieren in der Matrix mit tiefenpsychologischen Instrumenten: mit Feindbildern sowie der totalen Täter-Opfer-Umkehr in Verbindung mit der Angstabwehr bzw. Projektion der eigenen Ängste auf andere Menschen.

Der Ausbruch aus dem Gefängnis für unseren Verstand ist jederzeit – **sofort** – möglich. In dem Moment, in dem wir uns an die Einbettung ins allumfassende Energiefeld erinnern, löst sich die illusorische Identifikation mit dem

Matrix-Ego auf. Der innere Bruch mit dem System ist eingeleitet. Der Schlüssel dazu ist das hochbegabte Kind in dir, sprich der Tiger in dir. Er war schon immer da, er hat nur geschlafen.

Situative Nutzung der Grundangst. Die Unterdrücker der Freiheit schaffen regelmäßig künstliche Situationen des Chaos, um das System durch Anpassung an neue Entwicklungen zu stärken und das Sklavenvolk weiter zu schwächen. Etliche sozialpsychologische Experimente spiegeln die Unterdrückungsmuster der Matrix, indem sie beweisen, dass sich die Probanden sogar dann vollends in der zugedachten Wächterrolle verlieren, wenn die vermeintliche Versuchsanordnung offensichtlich verrückt ist. Ein Beispiel zur Erinnerung: Alle »Lehrer« sind davon überzeugt, auf Geheiß eines Kittelträgers bzw. Arztdarstellers einem herzschwachen Schüler trotz dessen schwindender Merkfähigkeit Stromstöße bis zu 285 Volt verpassen zu müssen (100 Prozent), **zwei Drittel** sogar bis zur letzten lebensgefährlichen Ladung von 450 Volt (65 Prozent). Mit diesen und anderen Experimenten ist der Nachweis erbracht, dass die Matrix ursprünglich freie Menschen zu kognitiv dissonanten, automatisch funktionierenden Robotern macht. Das System macht Menschen wehrlos gegenüber dem System und seinen situativen Vollstreckern.

So, und nur so, ist erklärlich, warum sich in der C-Diktatur ohne reale Notlage mehr als **drei Viertel** der Menschen in Österreich und Deutschland mindestens einmal schädliche Substanzen injizieren ließen. Ihre prosoziale Veranlagung und ihr blinder Gehorsam wurden schändlich missbraucht, sodass sie es geduldet haben, in einem verantwortungslosen Riesenexperiment als Versuchskaninchen herzuhalten. Der folgsamen Masse wurde eingetrichtert, sie müsse sich selbst vergiften, um andere zu retten. Dabei ist völlig untergegangen, dass COVID so gut wie sicher die Wirkungen der Grippe, Krankenhauskeime, Impfschäden und technischen EMF-Strahlungen verkörpert. Folglich hat die Masse ihre Freiheit für eine **Illusion** geopfert, weil sie zu feige war, epidemiologisch sinnlose Selbstschädigungen abzulehnen.

Insgesamt liegen etliche experimentelle und lebenspraktische Beweise dafür vor, dass das Problem am System das System selbst ist. Bewiesen ist auch, dass der religiös und in der Matrix eingeimpfte Gehorsam die **größte** Bedrohung für die Freiheit des Individuums, für das Überleben unserer Spezies und sogar für den Fortbestand der Erde ist. Ohne mit der Wimper zu zucken, opfert eine demokratisch nicht legitimierte, von niemandem gewählte Machtelite dutzende Millionen Menschen in Kriegen. Sie veranlasst, dass ein Atomwaffenarsenal zur mehrfachen Vernichtung der Erde bereitsteht. Dieselbe psychopathische Riege steckt dahinter, dass durch epidemiologisch nutzlose Corona-Maßnahmen hunderte Millionen Menschen gesundheitlich geschädigt werden, wahrscheinlich sogar einige Milliarden.

Abbildung 11 veranschaulicht die Veränderung bzw. Stärkung des Systems im Gefolge der in der Faktenlage dargestellten Situationen. Der Dreiklang der Angst (Tod, materieller Verlust, soziale Ausgrenzung), der unser Hirn vom Energiefeld der Erde löst, wird durch ein jeweils propagandistisch erzeugtes **Feindbild** potenziert. Durch massiven Stress geblendet, erkennt die Masse weder das tatsächliche Opfer der Bekämpfung und den wirklich attackierten Träger der Selbstbestimmung noch das Endziel der Systemveränderung.

Durch konstruierte Situationen verursachte Systemwechsel

Konstruierte Situation	Offizielles Feindbild	Tatsächlich bekämpft	Attackierte Selbstbestimmung	Verursachter Systemwechsel	Kriterien der Herrschaftsform
Religiöse Urlüge	Das Böse	Seele	Individuum	A-Diktatur 1	Ausdrücklich: Monarchien
1. Weltkrieg	Deutsche	Europa	Völker Nationen	A-Diktatur 2	Ausdrücklich: Kommunismus, NS
2. Weltkrieg	Deutsche	Europa	Völker Nationen	B-Diktatur	Bürokratische Scheindemokratie
Corona-Diktatur	Virus	Seele	Individuum	C-Diktatur	Chaos: totalitäre Scheindemokratie
Ukraine-Krieg	Russen	Europa	Völker Staaten	C-Diktatur	Chaos: totalitäre Scheindemokratie
Verschärfungen	Nonkonformität	Seele	Individuum	D-Diktatur	Digitale Diktatur

Abb. 11

Hierbei erfolgt jeweils eine vollständige Täter-Opfer-Umkehr. Im Rahmen der religiösen Bekehrung mittels der Urlüge der Fremderlösung ist das Feindbild das Böse, in der Corona-Diktatur ein Virus, bei den längst geplanten Verschärfungen die Nonkonformität. In allen drei Fällen ist der wahre Adressat der Bekämpfung jedoch die Individualität des Menschen, unser Schöpferpotenzial, unser wahres Selbst, unsere Anbindung an das Feld, unsere Einheit mit Gott oder, vereinfacht gesagt, unsere Seele. Es handelt sich jeweils um gezielte Angriffe auf die Selbstbestimmung des **Individuums**. Diese wird zugleich dämonisiert. Bei der europäischen Urkatastrophe Erster Weltkrieg sowie beim Zweiten Weltkrieg waren die Deutschen der offizielle Hauptfeind, während dafür im Ukraine-Krieg die Russen herhalten müssen.

Der anglo-amerikanischen Spaltungsstrategie der Balance of Power zufolge wird jedoch in Wahrheit Europa bekämpft. Vor allem das wirtschaftliche Gravitationszentrum Europas soll geschwächt werden, nämlich Deutschland, damit es zu keiner russisch-deutschen Kontrolle über Osteuropa und damit zu keiner eurasischen Weltmacht kommen kann. Besagte Kriege bekämpfen die Selbstbestimmung der **Völker** und **Nationen/Staaten**. Dass die hauptsächlich Verantwortlichen für Kriege inklusive des Kalten Kriegs und für andere Krisen wie die Corona-Diktatur gleichzeitig auch deren größte Profiteure sind, veranschaulichen die Abbildungen 12 und 13.

Alles Diktatur. Absichtlich erzeugte Probleme führen durch die Duldung der Masse zu den von der Minderheit gewünschten Lösungen. Situativ hervorgerufene Systemwechsel führen von einer Diktatur zur nächsten Diktatur. Dieser Begriff wird nur der Einfachheit halber verwendet; politikwissenschaftlich ist er nicht immer korrekt. Unter »Diktatur« ist im gegebenen Zusammenhang eine Herrschaftsform gemeint, bei der eine Minderheit der Masse diktiert, wo es lang geht, in der also die Bevölkerung keinen nennenswerten Einfluss auf die Politik hat. Dies trifft nicht nur auf die offiziell bzw. ausdrücklich totalitären Systeme zu, sondern ebenso auf die schon vor COVID herrschende totalitäre Scheindemokratie. Auch in ihr ist das Individuum nur scheinbar frei, faktisch geht es zwangsweise im Kollektiv unter. Die religiöse Urlüge und das Urverbrechen an den Deutschen haben **A-Diktaturen** (A wie ausdrücklich) hervorgebracht: die offiziell totalitären Systeme wie Monarchien, Kommunismus und Nationalsozialismus. Im Gefolge des Zweiten Weltkriegs sind **B-Diktaturen** (B wie Bürokratie) entstanden. Das sind kapitalistische Scheindemokratien, in denen die Bürokraten und das Bankenwesen dominieren. Das Kippen des gesamten Systems der B-Diktaturen – vor allem in den Bereichen Finanzen, Wirtschaft und Pensionen – war ab spätestens 2018 vorhersehbar, wie auch die CIA-Prognose für 2035 nahelegt. Daher wurden im Chaos der Corona-Diktatur und des Ukraine-Kriegs **C-Diktaturen** (C wie Chaos, Corona, CO_2) etabliert: totalitäre Scheindemokratien kommunistischer Prägung, in denen das chaotische Management eines künstlich erzeugten Notstands betrieben wird, um die Bürger ein weiteres Stück zu entrechten. Ganz nach Junckers Motto: »Schritt für Schritt, bis es kein Zurück mehr gibt.« Aus den bereits geplanten Verschärfungen könnte, wenn sich die Unterdrücker durchsetzen, das soziale Krebsgeschwür einer globalen **D-Diktatur** (D wie digital) erwachsen. Die wesentlichen Vorbereitungen hierfür sind bereits getroffen.

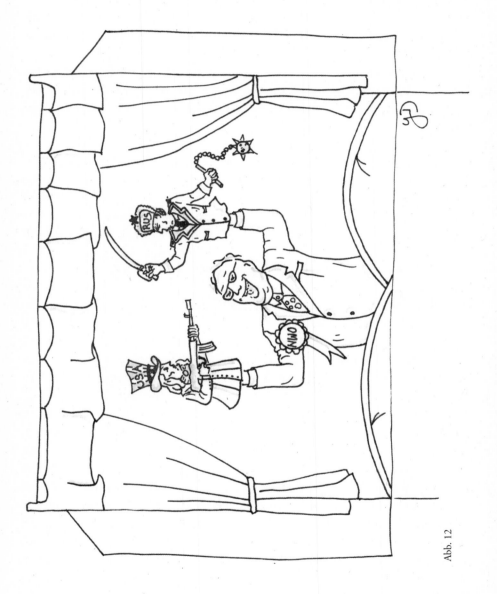

Abb. 12

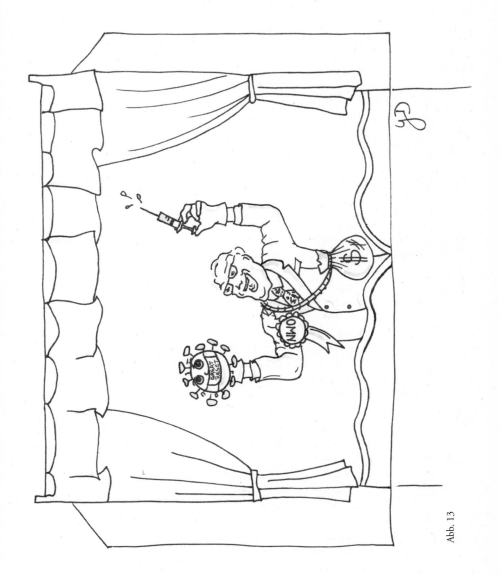

Abb. 13

Abbildung 14 enthält einen tabellarischen Überblick über die hinlänglich behandelten Zweck-Ziele-Mittel-Relationen der Akteure in den vier sorgfältig fabrizierten Situationen. Diese Mittel bauen aufeinander auf und ergänzen sich gegenseitig, sodass sich die Ziele und Zwischenziele zu breiten Teilen überlappen. Mit ihren identischen Mustern dienen sie sowohl einzeln als auch im Verbund dem Zweck der angestrebten globalen Herrschaft. Allerdings wird aufgrund des offensichtlichen Machtmissbrauchs die Agenda von immer mehr Menschen durchschaut.

Zweck-Ziele-Mittel-Relation der geplanten globalen Herrschaft

Mittel	Ziele	Zweck
Religiöse Urlüge	**Unbedingter Gehorsam der Massen**	
	Abspaltung vom wahren Selbst	
	Hoffnung auf externen Erlöser	
	Glaube an utopische Zukunft	
Erster Weltkrieg	**Globale Kapitaldiktatur**	
	Indirekte Kontrolle über Eurasien	
	Feindschaft Deutschland/Russland	
	Vollständige Zerstörung Deutschlands	
Corona-Diktatur	**Reduktion der Weltbevölkerung**	**Globale Herrschaft**
	Impfbedingte Tote (Risikopatienten)	
	Impfbedingte Gesundheitsschäden	
	Impfbedingte Unfruchtbarkeit	
	Digitale Diktatur bis 2025/2030	
	Erhöhung der Impfquoten / Impfpflichten	
	Kombination digitaler Impfdaten + QR-Code	
	Einführung globaler Digitalwährungen	
	Ausbau des Internets aller Dinge	
	Verfügbarkeit einer zentralen KI	
	Digitale Verhaltenssteuerung	
	Implantation von Mikrochips	
	Enteignung und Entrechtung	
	Utopische Technikreligion	
Ukraine-Krieg	**Indirekte Kontrolle über Eurasien**	
	Feindschaft Deutschland/Russland	
	Isolation + Destabilisierung Russlands	
	Massenmigration nach Mitteleuropa	
	Eroberung des europäischen Markts	
	US-Atomenergie in Europa	
	Lieferengpässe in Europa	

Abb. 14

Fatale Auswirkungen. Die Ergebnisse der religiösen Urlüge von der Fremderlösung zeigen sich ab 2020 in besonders niederträchtiger Form. Abgespalten vom wahren Selbst und tyrannisiert von der Dreifaltigkeit der Angst, hat das Volk in der C-Diktatur eine regelrechte psychologische Kriegsführung über sich ergehen lassen: Verfälschungen des Zahlenmaterials, Salamitaktik, Leugnung geplanter Maßnahmen, Durchführung in Wellen, Verschlimmerung nach Lockerung, Umkehrung des Üblichen zum Ausnahme-Regel-Prinzip und so weiter. Das Bild einer »epidemischen Lage« wurde mit sieben Arten politisch-medialer Falschmeldungen erzeugt. Nach vielen Monaten des Psychoterrors hat eine Mehrheit von über drei Vierteln einem **gentechnischen Erlöser** gehuldigt: dem Impfstoff. Parallel dazu hat die politisch-mediale Propagandamaschinerie die einzige reale Lösung dämonisiert, nämlich die auf dem Prinzip der Selbstbestimmung beruhende Pflege der natürlichen Immunität.

Das ist eine ungenierte Bösartigkeit unter dem Deckmantel »Wir sind die Guten.« In der Pandemie der Unterwürfigkeit hat sich ein völlig enthemmtes Unterdrückungssystem als **politisch-religiöse Ideologie** entpuppt. Fakten sind unerwünscht, weil gefährlich fürs System. Gefordert wird daher der absolute Glaube an das offizielle Narrativ. Dass der C-Diktatur eine totalitäre Religion innewohnt, ergibt sich anhand nachfolgender Kriterien, wie sie ähnlich von der Universitätsprofessorin Dr. Hannah-Barbara Gerl-Falkovitz erklärt werden:

➤ Vereinfachte Scheinlösungen
➤ Messianische Heilserwartungen
➤ Propagandistische Verstärkungen
➤ Bekämpfung gegenteiliger Erkenntnisse
➤ Politische Bestrafung der Unangepassten

Wie leicht zu erkennen ist, bestehen frappierende Parallelen zu den zwangskollektivistischen Systemen des Kommunismus und des Nationalsozialismus.[461] Schließlich sind beide ebenfalls politische Religionen.[462]

Auch aus Sicht der modernen Unterdrücker ist eine harte Vorgehensweise gegen die Wahrheit nötig, weil sie offen daliegt: Viele Studien und Schadensmeldungen beweisen, was seit Mitte 2022 sogar Politiker offen zugeben: Impfstoffe schädigen das menschliche Immunsystem. Der Volkswirtschaft und der selbständigen Erwerbstätigkeit an sich werden ebenfalls schwere Schäden zugefügt. Während Big Pharma Rekordumsätze einfährt, wird die Gesellschaft – wie von der Machtelite gewünscht – immer ärmer. Das soziale Leben wird sinnentleerter, das Individuum entseelter. Demokratie und liberaler Rechtsstaat sind so gut wie tot. Diese Katastrophe ist nachweislich hausgemacht. Daran haben viele Wächter mitgewirkt: Politiker, Journalisten, »Künstler«, Priester, Ärzte, Lehrer, Richter, Polizisten, Soldaten usw. Einige Straftatbestände wurden erfüllt, ein Krisenverbrechertribunal gegen die Hauptverantwortlichen ist fällig.

Völlig verrückt ist, dass hochrangige Drahtzieher im Hintergrund einer computersüchtigen Machtelite angehören, die einer utopischen Technikreligion verfallen ist. Überwiegend **alte** Männer, die sowohl mit der wirtschaftlichen als auch mit der politischen Elite dicht verzahnt sind, glauben an die körperliche Auferstehung als Cyborg und an das ewige Leben ihres Gehirns im Internet. Just ihr sogenanntes Internet aller Dinge beruht im Kontext von 5G und höher auf einer Waffentechnik, mit der ein massiver **Angriff** auf die Gesundheit, das Bewusstsein und das geistig-seelische Potenzial der Menschheit erfolgt. Bis zum Jahr 2030 wollen diese Transhumanisten sich selbst und ihre Mitmenschen in bio-digitale Hybride verwandeln, uns also von alldem »erlösen«, was uns zum Menschen macht. Weil sie ihre Seele und die Anbindung an das göttliche Energiefeld vermutlich nie bewusst erlebt haben, verwechseln diese Technikfetischisten das Bewusstsein mit ihrem verkorksten Gehirn. Darum setzen sie in ihrem Selbsthass auf das von elektrischem Strom und digitaler Technik abhängige Hirngespinst des ewigen Lebens als Roboterzombie. Erbärmlich. Mindestens so erbärmlich ist die politische Systemtreue von Religionen wie der katholischen und der buddhistischen: Nicht nur die Anbetung der KI wird ermöglicht, sondern auch der körperliche Eingriff der Impfung als moralisch notwendig propagiert. Noch viel erbärmlicher ist, dass sich durchgeknallte Technokraten und Transhumanisten anmaßen, die Geschicke der gesamten Menschheit zu lenken – und dass es die Masse vorerst hingenommen hat.

Zugegeben: Das unbestreitbare Problem des superexponentiellen Bevölkerungswachstums und des Handlungsbedarfs vor dem Zeitpunkt der Unumkehrbarkeit hat die Machtelite richtig erkannt. Das Ziehen der Notbremse vor dem Erreichen der kritischen Masse hin zu 12 Milliarden bis zum Jahr 2050 ist nicht von der Hand zu weisen. Ihre **menschenverachtende** Herangehensweise spricht jedoch dafür, dass wir es mit den Anhängern einer modernen Religion für Narzissten, Psychopathen, Stalker und waschechte Geisteskranke zu tun haben.

Als europäisches **Modellland** für die allgemeine Impfpflicht wurde offensichtlich Österreich ausgewählt. Die kleine, zentral gelegene Republik ist Drehscheibe für internationale Politik, Wirtschaft und Geheimdienstaktivitäten. Außerdem sind hierzulande die Wurzeln der nationalsozialistischen Verbrechen nicht ordentlich aufgearbeitet, obwohl – oder weil – dafür ursprüngliche Österreicher als höchste Funktionäre des Deutschen Reichs hauptverantwortlich waren: Adolf Hitler, Adolf Eichmann, Ernst Kaltenbrunner etc. Die mangelhafte Aufarbeitung führte dazu, dass einerseits der zwangskollektivistische Kommunismus immer noch salonfähig ist. Andererseits verhalten sich viele sogenannte Antifaschisten meinungsfaschistisch. Den Kapitalfaschismus völlig ausblendend, diskreditieren sie in der C-Diktatur ausgerechnet die Kämpfer für unsere Grund- und Freiheitsrechte als »Neonazis« und »Staatsverweigerer«.[463]

Trotz ungünstiger Ausgangslage hat der Widerstand einen beachtlichen Teil zur Aussetzung des Impfpflichtgesetzes beigetragen. Monatelange mühevolle Aufklärungsarbeit hat die politisch-mediale Propaganda aufgeweicht, weshalb rund 60 Prozent der Österreicher und Deutschen mit der Politik und den Leitmedien unzufrieden wurden. Aufgrund der niedrigen Umfragewerte wurde schließlich das Impfpflichtgesetz aufgehoben. Dennoch wurde das Ziel der Durchimpfung EU-weit auf **über 90 Prozent** erhöht und besonders auf **Kinder** ausgedehnt. Gemäß den offiziellen Planungen ist ab Herbst 2022 mit mehreren allgemeinen Impfpflichten gegen verschiedene Krankheiten zu rechnen. Erhöhte Impfziele schreien nach neuen Mitteln.

Kaum stand die Aussetzung der Impfpflicht im Raum, hat kurz darauf der russisch-ukrainische Krieg begonnen. Das mag ein Zufall sein. Jedenfalls wurde die willkommene Gelegenheit intensiv genutzt, den Frust der Bevölkerung über die rechtswidrigen Corona-Maßnahmen in eine negative Stimmung gegen Russland **umzulenken**. Der auf der wirtschaftlichen Ebene schon seit mindestens 2014 laufende Dritte Weltkrieg bekommt seit dem Frühjahr 2022 einige militärische Substanz. Mangels korrekter historischer Befassung wird jedoch die evidente Übereinstimmung der anglo-amerikanischen Muster im Ersten Weltkrieg und im Ukraine-Krieg nicht erkannt: geostrategische Spaltung Europas, Nötigung des Gegners – zuerst Deutschlands, dann Russlands – zum Angriff, politisch-mediale Provokationen. Auch 2022 findet eine komplette Täter-Opfer-Umkehr statt: Der dazu sogar völkerrechtlich verpflichtete Beschützer der russischen Minderheiten wird als Täter und Alleinschuldiger hingestellt – wie damals das deutsche Kaiserreich. Die potenziellen Verschlimmerungen dienen samt und sonders der anglo-amerikanischen Zielsetzung, Eurasien indirekt zu beherrschen: Lieferengpässe in Europa, Vertrieb US-amerikanischer Atomenergie in Europa, Massenmigration inklusive Konfliktpotenzial in Europa, militärisches Niederhalten der eigenen Bevölkerung, überregionaler Krieg oder Atomkrieg. Generell unterstützt der ansonsten sinnlose Krieg die Einführung neuer digitaler Währungen weltweit, mitunter in der Russischen Föderation. Somit dient der Ukraine-Krieg – genau wie die Corona-Diktatur – auch der globalen Realisierung der angestrebten **D-Diktatur**.

Hierfür ist die psychologische Grundlage die in der Corona-Diktatur durch systematischen Psychoterror bewirkte geistig-seelische Unterwerfung und Gewöhnung der Masse an ein zwar absurdes, aber auch Halt gebendes Reglement. Nach Pausen treffen neue oder verschärfte Regeln das aufgeweichte Zielpublikum umso härter. Weitere wichtige Maßnahmen zur Verschärfung der C-Diktatur befinden sich bereits in Umsetzung, Vorbereitung oder zumindest in Planung. Mit ihnen sollen die in Abbildung 14 aufgelisteten Ziele bis **2025** (Grobarbeit) bzw. **2030** (Detailarbeit) realisiert werden: mehrere Impfpflichten für verschiedene Krankheiten (intensive Ankündigung ab Mitte 2022), Abschluss des WHO-Pandemievertrags bis 2024, Ausrufung des Gesundheitsnotstands wegen Affenpocken (Juli 2022), mögliche Tarnung von pockenähnlichen Impfschäden als »Affenpocken« oder »Corona-Mutationen«, Einschränkung der Bewegungsfreiheit von Ungeimpften auch mit Zwangsgewalt (politische Ankündigung ab Mitte 2022), Enteignungen bzw. Zwangshypotheken auf Liegenschaften und Einzug von Sparguthaben (mehrfach diskutiert) und so weiter. Die für die D-Diktatur erforderliche Technik existiert bereits. Sie ist zumindest in der Phase der Einführung: digitale Impfdaten, QR-Code, Internet aller Dinge, digitale Identität, KI wie Aladdin von BlackRock, digitales Geld (Mitte 2022 weltweit 9 Prozent), digitale Verhaltenssteuerung, Mikrochips zum Transplantieren.

Bei der geplanten Einführung der D-Diktatur ist das alles entscheidende Jahr der Wendepunkte eindeutig **2025**. Das angepeilte Schlüsselereignis ist die folgenschwere Verknüpfung digitaler Impfdaten mit QR-Code, digitalem Geld, KI sowie digitaler Verhaltenssteuerung mittels angeblich bedingungslosem Grundeinkommen, faktisch aber gehorsamsabhängigem Sklavenlohn. Mit der absoluten Kontrolle über alle materiellen Lebensquellen könnte jede unerwünschte Nonkonformität mit Stumpf und Stiel ausgemerzt werden, weil Freigeister schlichtweg verhungern würden. Das planmäßige Ergebnis wäre ein noch nie dagewesener **Totalitarismus** digitaler Prägung. Im neokommunistischen Endzustand hätte die Bevölkerung – wie von Klaus Schwab bereits 2016 ersehnt – im Jahr 2030 kein Privateigentum und keine Privatsphäre mehr.

Zur Einleitung hat der WEF-Chef schon 2022 die in der Corona-Diktatur faktisch gescheiterte Parteipolitik für überflüssig erklärt und als Ersatz die von ihm längst geplante KI-gesteuerte **Governance 4.0** vorgeschlagen. Wie wir gesehen haben, wurde das Problem künstlich erzeugt. Ob die heimtückische Lösung der D-Diktatur angenommen wird, hängt davon ab, ob genügend Menschen rechtzeitig erkennen, dass sie Sklaven sind und es weiterhin bleiben wollen oder ob sie sich für ein selbstbestimmtes Leben entscheiden.

Chance auf positive Veränderung. Der Massenwiderstand ist zwar aus quantitativen (keine 3,5 Prozent) und qualitativen Gründen (zu wenige Aktive) gescheitert, jedoch wächst die an den Werten der Freiheit und Selbstbestimmung orientierte Parallelgesellschaft unaufhörlich weiter. Für einen friedlichen Wandel zum Positiven bedarf es rund **10 Prozent** der Bevölkerung, die bereits selbstbewusst neue Wege gehen und dabei ihre individuelle Freiheit verantwortungsvoll ausleben. Das immer schwächer werdende Erdmagnetfeld sowie die zahlenphysikalisch und astrologisch errechneten Wendepunkte 2022, 2025 und 2030 weisen auf die Chance eines kollektiven Bewusstseinssprungs in Richtung Selbstbestimmung hin. Sowohl die niedrige Impfquote von unter 10 Prozent als auch die Souveränitätsbewegung in Afrika könnten für den Rest der Welt eine Vorbildwirkung entfalten. Als Nachahmer in Österreich und Deutschland bieten sich ca. 70 Prozent genetisch prosozial veranlagte Menschen bzw. rund 60 Prozent Politik- und Medienflüchtige an. Mathematisch gesehen, stehen also die Chancen gut.

FREIHEUT-Übung 08: Nochmalige Betrachtung

Wenn du möchtest, kannst du jetzt blitzschnell die gesamte Faktenlage inklusive Kurzfassung überblättern und dir dabei Folgendes bewusst machen: Die hervorgehobenen Lösungsansätze sind einfach und kurz gehalten, weil echte Lösungen nicht kompliziert sind. Schließlich sind sie faktenbasiert, weshalb sie der Realität entsprechen. Was hingegen auf Illusionen, Lug und Trug aufbaut, bedarf einer längeren Analyse, um die versteckten Muster und Methoden sichtbar zu machen.

Übung

Zwingende Schlussfolgerungen

Aus obigen Kernaussagen und Mustern der Faktenlage leiten sich nachfolgende elf logisch zwingende Schlussfolgerungen ab. Sie weisen deutlich auf die Zuspitzung der Lage bis zum Schlüsseljahr 2025 und mögliche Entwicklungen hin. Die Stichworte lauten:

1. Keine Herrschaft ohne Duldung
2. Dauerkrieg gegen die Bevölkerung
3. Primärziel Bevölkerungsreduktion
4. Geschwächte Mischbevölkerung
5. Drohende ultimative Diktatur
6. Scheiternde Technikreligion
7. Erwartbare Verschärfungen
8. Einzigartiger Wendepunkt
9. Kein Fanal, keine Hilfe
10. Selbstbefreiung
11. Hoffnung

Ad 1. Keine Herrschaft ohne Duldung. Eine Minderheit von einem Prozent kann unmöglich eine überragende Mehrheit von 99 Prozent mit Gewalt beherrschen. Dazu sind zwei Dinge nötig: eine massive **Illusion** der Macht und deren Duldung. Durch Einschüchterung und Angst erzeugte Folgsamkeit ist die Nahrung des Systems. Auch wer schweigt, stimmt zu. John F. Kennedy sagte richtig: »Für den Triumph des Bösen reicht es, wenn die Guten nichts tun.«[464] Seit Beginn der Corona-Diktatur hat das Böse unmaskiert die Weltbühne betreten. Erstmals ist die vormals geheime Agenda für jeden sichtbar, der hinsieht. Schließlich wird für die Agenda indirekt geworben, weil sie ganz besonders die Zustimmung der Masse braucht. Dazu ließ man das bisher dichteste Gestrüpp an hinterhältigen Lügen wuchern. Die konzertierten COVID-Massenimpfungen sind die bislang stärkste und einheitlichste psychologische Waffe zur manipulativen Verhaltenssteuerung. Wer sich diesem Irrsinn beugt, ist vermutlich so gebrochen, dass er sich noch mehr Bevormundungen, Enteignungen und einen kommunistischen Lebensstil aufzwängen lässt.

Jedoch ist das öffentliche Narrativ dieser C-Diktatur so lächerlich, dass es von jedem Kind widerlegt werden kann: Das sogenannte Gesundheitssystem macht krank, weshalb es eigentlich Krankheitssystem heißen müsste. Darum haben die Unterdrücker diesmal die größte Angst vor der Wahrheit und vor jedem einzelnen Menschen, der sie ausspricht. Schließlich ist die unproduktive Minderheit von der arbeitenden Masse abhängig, und nicht umgekehrt. Daher erzeugt die selbsternannte Elite regelmäßig Illusionen aus Lügen. Deren Duldung wird mit Zensur und Psychoterror abgesichert. Angst und Utopien lenken von den wirklichen Problemen ab. Die Dauerbefassung mit Negativem bewirkt die **Ablenkung** vom eigenen Kreativpotenzial. Das Hauptproblem für das wahre Selbst ist, dass das Ego wegen seiner Fokussierung auf die Angst vor der Zukunft gehorsam gegenüber äußeren Regeln ist. Das riesengroße Theater aus Matrix und Chaos-Situationen läuft nur ab, weil die Minderheit Angst vor dem Erwachen der Masse hat. Zurecht. Denn sobald der Spuk durchschaut ist, zerbrechen der Reihe nach alle Illusionen der Macht.

Ad 2. Dauerkrieg gegen die Bevölkerung. Die erzeugten Krisen dienen kombinierten Zielen und demselben Zweck. Sie sind daher nicht gegen das offizielle Feindbild gerichtet, sondern in Wahrheit gegen die Bevölkerung, also gegen 99 Prozent Untertanen. Es handelt sich um einen permanenten, umfassenden Dauerkrieg gegen Freiheit und Selbstbestimmung. Nach beiden sehr realen Weltkriegen war der sogenannte Kalte Krieg mit sehr hoher Wahrscheinlichkeit nur eine **Riesenshow** zur Verängstigung und Ablenkung der Weltbevölkerung. Atomkrieg als ewige Angstkulisse. Dazu passend, beruht die Corona-Diktatur auf einer **Massenpsychose**. Anlässlich des Ukraine-Kriegs oberflächlich gegen Russland gerichtete Sanktionen werden faktisch die Bevölkerungen aller beteiligten Länder ins Mark treffen: Existenzängste, Lieferengpässe, hausgemachte Energiekrisen, Preisexplosionen, Verarmung nun auch des Mittelstands. Dabei könnte zwar die mit dem WEF verbundene russische Regierungsspitze eine Rolle als »Doppelagent« spielen, im Zweifel gilt jedoch die Unschuldsvermutung. Allerdings darf das Eskalationspotential für einen großen konventionellen Krieg in Eurasien nicht unterschätzt werden.

Ad 3. Primärziel Bevölkerungsreduktion. Mit sehr hoher Wahrscheinlichkeit ist mit den Massenimpfungen bis Mitte 2022 das Bevölkerungswachstum bereits soweit verringert worden, dass es bis 2050 zu keiner weiteren Verdoppelung der Weltpopulation kommt, also 12 Milliarden nicht erreicht werden. Die Kombination von erwartbaren höheren Sterberaten, weiteren Massensterilisationen durch Impfen, EMF etc. sowie krisenbedingt rückläufigem Kinderwunsch wird relativ sicher das Einpendeln der Weltbevölkerung bis zum Jahr 2050 bei einer Anzahl von etwa **9 Milliarden** bewirken. Die planmäßige Erhöhung der Impfquoten und die Erstreckung auf Kinder bestätigen meine Analyse von Ende 2020. Diese lautet, dass das Primärziel der NWO-Agenda die Reduktion der Weltbevölkerung ist. Bei der allein schon bio-technisch nicht realisierbaren Volldigitalisierung der Welt (siehe auch 5. und 6.) muss es sich um ein Sekundärziel handeln.[465] Dem offenkundigen Primärziel der Bevölkerungsreduktion entspricht das überall beobachtbare Faktum, dass seit vielen Jahren keine nennenswerten Maßnahmen zur Verbesserung des Sozialsystems getroffen werden. Schul-, Gesundheits- und Verkehrswesen, Energieproduktion etc. sind nicht auf eine höhere, sondern viel eher auf eine niedrigere Bevölkerungszahl ausgelegt.

Ad. 4. Geschwächte Mischbevölkerung. Massenimpfungen sind offensichtlich ein integraler Bestandteil eines Unterwerfungsrituals, welches sehr viele Menschen sowohl psychisch als auch physisch schwächt. Durch die künstlich erzeugte Unfruchtbarkeit und die kriegsbedingte Massenmigration werden anscheinend sowohl die Überalterung der hellhäutigen Bevölkerung Europas als auch ihr Austausch durch dunkelhäutige Migranten beschleunigt. Bereits heranströmende Menschenmassen könnten die europäischen Länder – inbesondere das Modellland Österreich und das wirtschaftliche Gravitationszentrum Deutschland – zeitnah von innen destabilisieren und vor allem die Völker weiter schwächen. Einerseits vermindern zu starke kulturelle Differenzen und ethnische Spannungen den sozialen Zusammenhalt, die wirtschaftliche Leistungsfähigkeit und den Widerstand gegen schädliches Regierungshandeln. Dabei kann ein – bereits vorgeübtes – militärisches Einschreiten mit Waffengewalt gegen die sich erhebende indigene Bevölkerung nicht ausgeschlossen werden. Andererseits reduziert die starke ethnische Durchmischung eines Landes so lange den ursprünglichen Volksstamm, bis gar **kein** einheitliches Volk mehr übrig ist, welches sein Recht auf Selbstbestimmung wahrnehmen könnte. Eine derart entkräftete Mischbevölkerung wäre der drohenden D-Diktatur schutzlos ausgeliefert. Genau das scheint die Absicht einiger NWO-Akteure zu sein. Schließlich erleichtert eine reduzierte und geschwächte Mischbevölkerung die Reorganisation des Systems.

Ad 5. Drohende ultimative Diktatur. In der C-Diktatur werden die Menschen für die totale psychische und physische Unterwerfung in der D-Diktatur präpariert. Das längst brüchige alte Finanz-, Wirtschafts- und Sozialsystem befindet sich in einem Zustand, der mit dem schon 2020 prognostizierten Abwärtstrend kurz vor der Weltwirtschaftskrise 1929 bis 1933 gleichzusetzen ist. Zu den Details siehe das Buch *Corona-Diktatur*.[466] Offenbar wird die Volkswirtschaft mutwillig ruiniert, um die Masse zu enteignen und vollständig vom neuen System der D-Diktatur abhängig zu machen. Mit relativ hoher Wahrscheinlichkeit ist die flächendeckende Einführung von **Digitalgeld** bis zum Jahr 2025 unabwendbar. Es wird darauf ankommen, ob es den Menschen dient oder ob es sie versklavt. Durch die angestrebte Vernichtung jeder wirtschaftlichen Selbständigkeit droht die größte Vermögensumverteilung der bisherigen Menschheitsgeschichte. Mit hoher Wahrscheinlichkeit wird versucht, die hausgemachte Energiekrise dazu zu nutzen, alte Atomkraftwerke wieder ans Netz zu hängen und neue zu bauen. Das geplante Gesamtvorhaben stellt den ultimativen Angriff auf alle menschlichen Lebensgrundlagen dar. Der völlig gläserne und verhaltensgesteuerte Mensch soll selbst, auch körperlich, **Bestandteil** des wachsenden digitalen Kontrollsystems werden: als fleischliche Antenne für elektromagnetische Wellen und als Mikrochip-Träger. Da technische EMF-Strahlungen sowohl das natürliche Schwingungsfeld der Erde als auch den mit ihm verbundenen Menschen angreifen, ist die beabsichtigte Totalentmenschlichung der ultimative Angriff auf die menschliche Natur, das Bewusstsein, die Individualität, die Schöpferkraft, die Seele und Gott.

Damit halbblinde Tyrannen die volle Kontrolle haben, wollen sie alle anderen Menschen ganz erblinden lassen. Hierzu sind allerdings der Umbau aller Menschen zu bio-digitalen Robotern aus Fleisch und Blut sowie die allumfassende Kontrolle durch KI bis 2030 weder nötig noch möglich. Jedoch ist die Etablierung einer D-Diktatur, die den Menschen total vom System abhängig macht, bis voraussichtlich 2030 technisch **realisierbar**, sofern die Grobarbeit bis 2025 abgeschlossen ist: die Verknüpfung digitaler Identitäten mit KI, Digitalgeld und vom Gehorsam abhängigem Grundeinkommen. Für die flächendeckende Einführung ist zwar die Erhöhung der Impfquoten förderlich, jedoch nicht zwingend nötig. Sobald das alte System zerbricht und auf die Sekunde durch das neue System abgelöst wird, würde sich die Masse vor lauter Angst »freiwillig« ins Netz einklinken, weil sie meint, sonst vom wirtschaftlichen und sozialen Leben ausgeschlossen zu sein. Bequemlichkeit und Gier sind starke Triebfedern, bei ausufernden Lieferengpässen auch der mangelbedingte Hunger.

Ad 6. Scheiternde Technikreligion. Aufgrund ihres ausschließlich mechanischen Weltbilds halten Transhumanisten, wie übrigens die meisten sogenannten Wissenschaftler, den Menschen für eine bloße Laune der Natur, wobei sie beide – Mensch und Natur – als Maschinen im technischen Sinn wahrnehmen. Folglich mutiert der Mensch in der transhumanistischen Mega-Utopie zum technisch integrierten Teil der Matrix. Während etablierte Religionen eine bessere Welt im Jenseits versprechen, verlegt der transhumanistische Gottkomplex das »Paradies« in die nahe Zukunft auf Erden. Das Opfer hierfür ist die Verstümmelung zum digitalsüchtigen und stromabhängigen Maschinenwesen. Diese erbärmlichen Kreaturen wären garantiert »weniger als menschlich oder nicht würdig eines Menschen«, was der Definition für das englische Wort »subhuman« entspricht.[467] Auf Deutsch: untermenschlich. Ihre seelenlose, entmenschlichende Religion müsste demnach statt Transhumanismus korrekt **Subhumanismus** heißen. Doch diese Utopie ist, zumindest nach menschlichem Ermessen, bis zum geplanten Zeitpunkt **nicht** realisierbar. Denn dafür kann nicht einmal die Primärarbeit bis 2025 abgeschlossen werden. Allein schon für das Internet aller Dinge, mit der eine KI alle Lebensbereiche steuern soll, wird mit sehr hoher Wahrscheinlichkeit nicht genügend Strom verfügbar sein. Schließlich kann die dafür nötige Riesenanzahl an Atom- und Kohlekraftwerken wohl nicht rasch genug gebaut werden. Außerdem passt das überhaupt nicht zur CO_2-Agenda. Weiters ist das Projekt der Bio-Digitalisierung des Menschen bis 2030 nicht massentauglich, weil nicht technisch umsetzbar, nicht leistbar und auch nicht attraktiv. Somit wird es bis 2030 höchstwahrscheinlich **keine** volldigitalisierte Welt geben. Dessen sind sich die Akteure bestimmt zumindest teilweise bewusst. Das »ewige Leben« als bio-digitales Monster scheint ohnehin der veralteten Geldelite vorbehalten zu sein. Zu den Details siehe das Buch *Corona-Diktatur*.[468]

Ad 7. Erwartbare Verschärfungen. Die Ziele für die Einführung der D-Diktatur haben sich teils nicht verändert, teils wurden sie sogar ausgebaut. Zum Beispiel sind ab Herbst 2022 mehrere Impfpflichten durch die Hintertür geplant. Die Agenda wird verschärft. Die neuen **Mittel** hierfür gehen mit an Sicherheit grenzender Wahrscheinlichkeit der Bevölkerung an die Existenz: üblicher »epidemischer« Psychoterror, Tarnung von Impfschäden als »virulente Krankheiten« oder als »CO2-bedingte Schäden«, Beschuldigung der unbeugsamen Gesunden, absichtlich verstärkte Engpässe, Teuerungen, Mangelwirtschaft, Enteignungen und dergleichen mehr. Mit einer besonders restriktiven Handhabung ist in Österreich und Deutschland zu rechnen. Die politisch Verantwortlichen werden für die von ihnen in der C-Diktatur angerichteten Schäden gewiss nicht die ultrareichen Drahtzieher im Hintergrund zur Kasse bitten. Wie das Amen im Gebet werden sie schamlos die Bevölkerung blechen lassen, wodurch sich die Armutsspirale noch schneller nach unten drehen wird. Der Spuk endet also garantiert **nicht** von selbst. Schließlich sind die Hauptakteure – im Gegensatz zu den restlichen 99 Prozent der Bevölkerung – extrem abhängig vom Systemwechsel. Die grundsätzliche Agenda ist alt. Bei der Umsetzung hatte man bisher relativ leichtes Spiel. Außerdem drohen den Verantwortlichen im alten System hohe Strafen. Selbst wenn sie wollten, hätten sie kein realistisches Ausstiegsszenario. Der Punkt, an dem das Volk den Verantwortlichen »Fehler« verziehen hätte, liegt schon sehr lange zurück. Unumkehrbarkeit bzw. Unverzeihlichkeit ist längst eingetreten.

Aus alldem folgt, dass die Verantwortlichen höchstwahrscheinlich Narzissten, Psychopathen oder Geisteskranke sind. Bekanntlich brechen derartige Charaktere ihr asoziales Verhalten **nicht** freiwillig ab. Die NWO-Akteure werden keine Ruhe geben, bis die Welt so umgestaltet ist, als würde sie ihnen gehören. Wie Stalker quälen sie so lange ihre Opfer, bis sie daran gehindert werden.

Ad 8. Einzigartiger Wendepunkt. Ab dem Herbst 2022 ist erneut mit der offiziellen Verschärfung der Lage zu rechnen. Im Falle der Duldung seitens der Bevölkerung werden sich die Wellen jeweils nach Lockerungen bis 2025 stetig steigern, um die Primärarbeit der D-Diktatur abzuschließen. Ab 2025 würde die D-Diktatur technisch-formell beginnen, weshalb danach die Wellen bis 2030 abflachen würden. Schließlich hätte die ab 2025 nahezu vollständig unterworfene Bevölkerung der Durchführung der Detailarbeiten nichts mehr entgegenzusetzen. Somit ist **2025** eindeutig das alles entscheidende Schlüsseljahr, ein historisch einzigartiger Wendepunkt. Die alte Normalität kommt zu 100 Prozent nicht wieder. Es kommt etwas ganz Neues. Im Jahr 2025 erfolgt die Weichenstellung zwischen A. Digitaler Diktatur oder B. Analoger Freiheit. Folglich steht die Machtelite unter hohem **Zugzwang**. Und wer unter Druck steht, der macht Fehler. Wir haben daher die große Chance, erstmals eine echte Demokratie in einem liberalen Rechtsstaat zu gewinnen.

Diese strategische Beurteilung ist nicht nur logisch, sondern wird auch von zahlenphysikalischen und astrologischen Experten bestätigt. Falls sich jedoch die Machtelite durchsetzt, wäre die Bevölkerung ab 2030 der D-Diktatur vollständig unterworfen. Das Diagramm in Abbildung 15 zeigt die Kurve der ab 2020 jeweils nach Lockerungen sukzessive gesteigerten Verschärfungen. Deren Fortsetzung erschließt sich aus den bis 2025 geplanten Umsetzungsmaßnahmen. Die wichtigsten Schritte sind oberhalb der Kurve eingetragen.

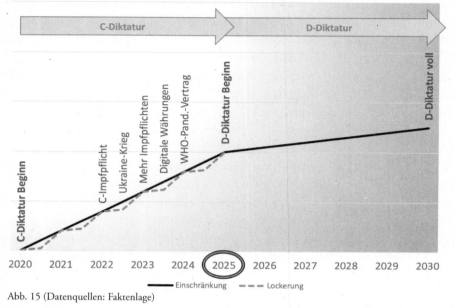

Erwartbare Einschränkungen der Freiheit 2020 bis 2030

C-Diktatur

D-Diktatur

C-Diktatur Beginn

C-Impfpflicht

Ukraine-Krieg

Mehr Impfpflichten

Digitale Währungen

WHO-Pand.-Vertrag

D-Diktatur Beginn

D-Diktatur voll

2020 2021 2022 2023 2024 2025 2026 2027 2028 2029 2030

Einschränkung — — — Lockerung

Abb. 15 (Datenquellen: Faktenlage)

Achtung! Die geplanten Verschärfungen können nur wirksam werden, falls sich die Masse der Bevölkerung gehorsam beugt und keine nennenswerte Parallelgesellschaft als vorbildfähige Alternative vorfindet. Diesfalls wäre das Leid noch nicht groß genug gewesen, sodass mit weiteren Verschlimmerungen gerechnet werden müsste. Leid ist wertneutral zu sehen, weil es immer auch eine **Chance** für die Entfesselung der Selbstbestimmung anbietet.

Ad 9. Kein Fanal, keine Hilfe. Die konsequente und erfolgreiche Anwendung der Salamitaktik und anderer Methoden des Psychokriegs in der C-Diktatur lässt die Schlussfolgerung zu, dass die Feinde der Freiheit mit an Sicherheit grenzender Wahrscheinlichkeit **kein** symbolträchtiges Ereignis (Fanal) erschaffen oder zulassen werden, an dem die Etablierung der D-Diktatur für jeden sofort erkennbar wäre. Außerdem ist davon auszugehen, dass zumindest die Hauptakteure sowohl die psychologischen Studien betreffend Gehorsam und Konformität als auch einschlägige zahlenphysikalische und astrologische Hinweise auf einen möglichen kollektiven Bewusstseinsprung kennen. Sie wissen, dass sich eine Masse von mindestens zwei

Dritteln gehorsam verhält, wenn man ihnen einen gewissen »sozialen Nutzen« vorgaukelt. Auch aus diesem Grund wird es höchstwahrscheinlich kein Fanal geben.

Anscheinend sind die Nutznießer und Mitläufer entweder naiv bis ahnungslos oder davon überzeugt, dass sie vom heranstehenden Systemwechsel profitieren. Folglich muss mit aller Deutlichkeit festgestellt werden, dass aus der Sicht des Individuums **keine** relevante Hilfe von außen zu erwarten ist. Mit großer Gewissheit wird sich die Masse der Politiker, Journalisten, Beamten etc. weiterhin hinter ihren Rollen als Systemwächter verstecken. Die zunehmende Spaltung in allen Bereichen wird den sogenannten Massenwiderstand vermutlich noch mehr schwächen. Weder Putin noch Trump werden die Menschen befreien, schon gar nicht Außerirdische. Auch Jesus oder Maria werden garantiert nicht einfliegen, um deine Probleme zu lösen. Niemand wird aus dem Nichts erscheinen, um dich zu retten.

Ad 10. Selbstbefreiung. Weil mit keiner Befreiung von außen zu rechnen ist, muss jeder sein eigener Erlöser sein. Das ist logisch und fair. Schließlich steht der Mensch in letzter Konsequenz immer allein da – und noch viel mehr im nunmehr größten Krieg gegen das Individuum. Folglich muss jeder Mensch seine Einzigartigkeit **selbst** verteidigen, indem er sie verantwortungsvoll auslebt. Dafür besteht dringender persönlicher Handlungsbedarf. Der wahre Great Reset ist nicht der vom WEF, sondern ein spiritueller Wandel. Dieser kommt von innen heraus. Der menschenverachtende Druck von außen stößt förmlich die Befreiung im Inneren an. Wie gesagt: Das Böse dient letztlich dem Guten. Bei dieser Transformation kann dir in Wahrheit nur ein Mensch helfen: der, den du im Spiegel siehst. Andere Menschen können dir nur Hilfe zur Selbsthilfe anbieten. Diese findest du zum Beispiel im zweiten Teil dieses Buchs. Was du daraus machst, liegt ganz allein in deiner Verantwortung. Das ist der gerechte Preis der Freiheit.

Ad 11. Hoffnung. Die historische Entwicklung der Menschheit zeigt, dass sie zunehmend in Richtung Freiheit tendiert. Trotz ihrer Riesenarmee von Spitzeln hat nicht einmal die paranoide Regierung der DDR rechtzeitig die Wende erkannt. Die hochgradige Absurdität der C-Diktatur und der geplanten D-Diktatur verdeutlichen, wie sehr sich das unterdrückende eine Prozent vor dem Erwachen der bisher beherrschten 99 Prozent fürchtet.

Ausgerechnet das größte technische Machtinstrument der Unterdrücker, das Internet, hat wesentlich zur Vernetzung und zum Erfolg des Corona-Widerstands beigetragen. Weil sie allem Anschein nach mit der D-Diktatur um einige Jährchen zu früh dran sind, haben die Feinde der Freiheit während der C-Diktatur massiv übertrieben. Sie haben den Bogen so sehr überspannt, dass er wahrscheinlich alsbald bricht und ihnen um die Ohren fliegt. Das ist die systembedingte Wurzel des Scheiterns der gesamten NWO. Auch aus diesem Grund genügt es, wenn der legitime Widerstand des Individuums **friedlich** erfolgt. Wie ich von Anfang an empfohlen habe, genügt es völlig, den verordneten Schwachsinn **konsequent** nicht mitzumachen. Denn daraufhin entlarven sich die Angreifer selbst als Unterdrücker, wodurch sie zum Misslingen des Zwangssystems beitragen.[469] Unseren individuellen Weg zu gehen, ist weit attraktiver für unsere Mitmenschen. Ihnen dürfen wir durchwegs Vorbilder sein, die vermitteln, wie man Kraft aus sich selbst schöpft.

Zum besseren Verständnis der sozialen Dynamik werfen wir einen Blick auf die Verhältnisse in der C-Diktatur bis Mitte 2021 und danach bis Mitte 2022.

Die Übermächtigkeit der politisch-medialen Propaganda und des staatlichen Zwangs bis etwa Mitte 2021 ist stark vereinfacht in Abbildung 16 dargestellt. Der umwälzenden Gruppe A steht die für Freiheit kämpfende Gruppe B gegenüber. Zweitere verfügt zwar über das Riesengeschütz der Wahrheit (Fakten), hatte aber damals noch zu wenig Kraft und Reichweite, um die Masse der Bevölkerung zu erreichen. Diese Masse hat sich, wie immer, daran orientiert, welche der beiden Gruppen dominiert. Bis Mitte 2021 war das eindeutig Gruppe A. Ihr Druck auf die Bevölkerung war immens. Wie auch in anderen sozialen Bereichen bestehen Gruppe A und B aus jeweils ca. 5 Prozent und die Masse aus ca. 90 Prozent der Bevölkerung. In der Regel setzt sich jene Gruppe durch, die zuerst 10 Prozent erreicht.[470]

Ab etwa Mitte 2021 hat sich der Einfluss der beiden Gruppen auf die Bevölkerung verlagert. Wie Abbildung 17 zeigt, konnte Gruppe B die Fakten viel besser an die Frau und an den Mann bringen: zunehmende Skepsis gegenüber Politik und Medien, größere Demos, aufstrebende Alternativmedien, wachsende Parallelgesellschaft, viele stille Akteure etc. Die dadurch abnehmende Wirkung der politisch-medialen Propaganda hat im Frühjahr zur Erhöhung des staatlichen Zwangs geführt. Demnach war das österreichische Impfpflichtgesetz nichts anderes als eine verdeckte Propaganda. Auch sie ist gescheitert, weil sich die Wahrheit über die hohe

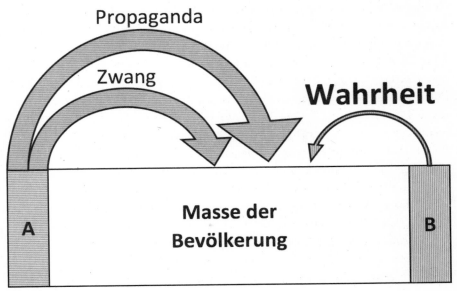

Abb. 16

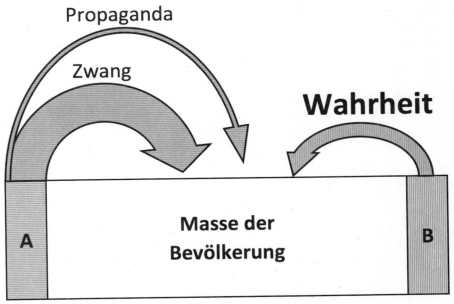

Abb. 17

Anzahl an Impfschäden in breiten Teilen der Bevölkerung durchgesetzt hat. Deshalb wurde das Impfpflichtgesetz sofort ausgesetzt. Zu diesem Zeitpunkt musste Gruppe B mindestens 10 Prozent erreicht haben. Kurz darauf eskalierte der Ukraine-Krieg, sodass sich die politisch-mediale Propaganda umgehend auf Russland eingeschossen hat. Schließlich musste das anrüchige Gesetz wegen absoluter Sinnlosigkeit aufgehoben werden, zumal sich überhaupt niemand mehr auf Druck impfen ließ. Als sich damit Gruppe B endgültig durchgesetzt hat, waren jedenfalls die niemals geimpften 25 Prozent auf ihrer Seite, potenziell vermutlich sogar bis zu 50 Prozent, sohin auch vormals Impfwillige. Diese neuen Impfgegner sind die idealen Verbündeten der Gruppe B. Zum Vergleich: Aus vormaligen freiwilligen Rauchern werden oft die militantesten Nichtraucher. Umso mehr müssen erwachte unfreiwillige Impfgeschädigte fast zwangsweise überzeugte Impfgegner werden. Daraus folgt, dass die Unterdrücker für die Durchsetzung ihrer sogar höheren Impfziele ab Herbst 2022 **andere** Geschütze auffahren müssen (siehe Punkt 7.).

Dieser sehr wichtige Sieg einer freiheitsbewussten Minderheit gibt berechtigten Anlass zur Hoffnung auf die zeitnahe Abwendung der D-Diktatur. Hierzu muss Gruppe B jedenfalls bis zum Schlüsseljahr **2025** erfolgreich sein. Nach abgeschlossener Primärarbeit wäre die D-Diktatur bestimmt nur schwer umkehrbar, ab 2030 wohl nur mit großen Risiken und sehr hohem zeitlichem Aufwand. Die Chance auf den Sieg muss auch deshalb bis 2025 gepackt werden, weil bis dahin noch genügend Menschen leben, die zumindest einen Hauch von echter Freiheit erlebt haben. Für unseren Erfolg spricht, dass Lügen und Zwang unattraktiv sind, Wahrheit und Freiheit positiv anstecken, rund 70 Prozent ohnehin prosozial veranlagt sind, ein potenziell großer Bewusstseinssprung bevorsteht, die Stimmung bereits kippt, der unmittelbare politisch-mediale Gegner nicht sehr schlau ist und keine massentaugliche Ideologie hat. Der alte Spruch, man könne sich aus dem Ärger anderer einfach heraushalten, gilt seit der C-Diktatur nicht mehr. Denn seit 2020 geht es jedem einzelnen Menschen direkt ans Leder. Viele Menschen haben nichts mehr zu verlieren außer ihre Restfreiheit, und daher eröffnen sich neue Optionen. Das ist sehr gefährlich für das System, denn es reicht die Nichtkooperation: einfach »**Nein!**« sagen. Der Troll stirbt, sobald wir ihn nicht mehr füttern. Dazu kommt, dass die Masse zwar immer noch kognitiv dissonant, gleichzeitig aber auch erschöpft und bequem ist. Ihr anerzogener Egoismus könnte sich insofern positiv auswirken, als sich die absehbaren materiellen Mängel bei einigen nicht nur in Frustration äußern werden, sondern auch in der Suche nach Erkenntnis. Fazit: Die erforderlichen 10 Prozent und mehr sind locker möglich.

Aber Achtung! Aus mehreren Gründen wäre es ein fataler Fehler, selbst untätig zu bleiben und abzuwarten, bis Gruppe B endlich jene 10 Prozent erreicht hat, die ihre Individualität bewusst ausleben. Erstens könnte man diesen Prozentsatz nicht zeitgerecht messen. Zweitens wird er wesentlich schneller erreicht, wenn möglichst viele Menschen aktiv als **Vorbilder** agieren. Drittens besteht immer die Möglichkeit des Scheiterns, weshalb man idealerweise schon vorher zur ohnehin wachsenden Parallelgesellschaft gehört. Und viertens sollte man den Tiger in sich prinzipiell ohne Rücksicht auf das Verhalten der Schafherde erwecken. Dabei können Staatsdiener zu echten Volksdienern und Multiplikatoren der Freiheitsbewegung werden. Auch in oder neben ihrer amtlichen Funktion. Dazu muss man nicht unbedingt den Beruf opfern, wie ich es getan habe. Das System kann und soll ja von **innen** heraus verändert werden.

Als europäisches Modellland der neuen Freiheit kommt neben Österreich in erster Linie Mitteldeutschland in Frage (das wahre Ostdeutschland ging mit den Weltkriegen verloren). Schließlich haben die sogenannten Ossis in etwa vier Generationen ganze fünf Diktaturen durchgemacht: Monarchie, Nationalsozialismus, Kommunismus, Turbokapitalismus, Corona-Diktatur. Jetzt ruft die Freiheit umso lauter. Also könnte sich von den Ossis und Ösis der germanische Geist der Freiheit auf den gesamten deutschsprachigen Raum und danach auf den Rest der Welt ausdehnen. Das könnte der wahre weltgeschichtliche Auftrag von uns Deutschen sein.[471] Dazu gehört, statt Richter und Henker wieder Dichter und Denker zu sein. Otto von Bismarck meinte: »Wenn die Deutschen zusammenhalten, so schlagen sie den Teufel aus der Hölle.«[472] Der aktuelle Krieg ist gegen Seele und Geist gerichtet. Also können wir ihn nur mit Seele und Geist gewinnen.

Wenngleich unsere Chancen gutstehen, wäre es ein unverzeihlicher Fehler, die Absichten und Möglichkeiten der diktatorischen Akteure zu unterschätzen.

FREIHEUT-Übung 09: Selbständige Beurteilung

Das nächste Kapitel enthält Spekulationen, vor denen mir schaudert und die ich innerlich ablehne, gerade weil sie logisch hergeleitet sind. Falls es dir ähnlich ergeht, kannst du selbst anhand der Abscheulichkeiten, zu denen auch ganz »normale« Menschen fähig sind, beurteilen, ob anscheinend seelenlose Wesen nicht noch Schlimmeres im Schilde führen könnten.

Exkurs: Geheime Feindabsichten?

Aus den bisher genannten Mustern und logischen Schlussfolgerungen lässt sich ableiten, dass anscheinend geisteskranke Feinde der Freiheit geheime Absichten verfolgen, die vermutlich noch gefährlicher sind als ihre bereits bekannten Ziele. Was die im Kapitel *Corona-Diktatur* genannten Gruppen von Akteuren sicher eint, ist ihr absoluter Wille zum Machterhalt und -ausbau. Alles Weitere ist zwar logisch zu begründen, muss aber **Spekulation** bleiben.

Erste Gruppe. Ganz ohne Bezug auf geheime Machenschaften ist festzustellen, dass eine im Auftrag von einseitig denkenden, hochgradig materialistischen Kontrollfreaks programmierte **KI** nichts anderes erwarten lässt als ein menschenverachtendes Unterdrückungsinstrument. Dieses wäre noch gefährlicher, falls dahinter eine reale Verschwörung einer bis dato geheimen Gruppierung steckt. Nur weil es darüber einige absurde Verschwörungstheorien gibt, kann so etwas nicht einfach ausgeschlossen werden.

Achtung! Ich betone hiermit noch einmal, dass es sich in diesem Abschnitt um **Spekulationen** handelt. Wie bereits erklärt, werden Außerirdische nur thematisiert, um den nicht gerade wenigen messianisch Alien-Gläubigen vor Augen zu führen, dass die Rettung **nicht** aus dem Weltall kommen wird. Diese Feststellung ist die einzige Auswirkung auf die danach beurteilten Szenarien.

Folgende Darstellung ist denkmöglich, wenngleich ich sie als eher **unwahrscheinlich** einstufe: Der Faktenevidenz würde entsprechen, wenn ein Geheimbund mit technisch überlegenen Außerirdischen kooperiert, um die Menschheit zu dezimieren, den Rest gentechnisch zu verändern und vollständig zu unterwerfen. Die Mittel hierfür sind vorhanden und werden bereits eingesetzt. Humanoide bzw. perfekt anpassungsfähige Aliens, die äußerlich vom Erdenmenschen kaum zu unterscheiden sind, könnten tatsächlich **bereits** unter uns wandeln, vielleicht von Anfang an. Wie es prosoziale Menschen gibt, so müsste es auch menschenfreundliche Außerirdische geben. Diesfalls scheint sich ihr positiver Einfluss jedoch in engen Grenzen zu halten. Folglich dürften die meisten humanoiden Aliens teilnahmslose Mitläufer oder Profiteure sein. Ein Teil könnte selbst zum Kopf der Machtelite gehören. In beiden Fällen bestünde Grund zur Annahme, dass humanoide Aliens einen beachtlichen Anteil der rund 5 Prozent Psychopathen ausmachen. In Ermangelung nennenswerter natürlicher Feinde könnten diese Wesen quasi ein Regulativ zur Verringerung der Erdbevölkerung sein, die einzigen überlegenen Feinde. Falls sie sich biotechnisch von der ursprünglichen Natur ihrer eigenen Spezies entfremdet haben, würden sie wohl die Erde als riesiges Versuchslabor betrachten, in dem sie sich Menschen als unfreiwillige Zuchttiere und Organspender für außerirdische Körper und deren genetische Auffrischung halten. Haben sie die Rezepturen gentechnischer Impfstoffe entwickelt? Wurde hierfür das Genmaterial ihrer Entführungsopfer verwendet?

Eventuell sind menschenfeindliche Aliens identisch mit Dämonen, von denen in Mythologien und Religionen berichtet wird. Unter einem Dämon ist ein »(böser) Geist« bzw. »Mittelwesen zwischen Gott und Mensch« zu verstehen.[473] Für Christen müsste interessant sein, dass Jesus von zwei Menschenklassen gesprochen hat: Die seelenlose Klasse hat nur einen Geist als Leihgabe bekommen, um verehren zu können, sowie die Erkenntnis als Rüstung gegen die Herrscher des Chaos. Die andere Klasse, die keiner Herrschaft unterworfen ist, wurde mit Geist und Seele ausgestattet. So steht es in einer frühchristlichen Schrift, dem gnostischen Judas-Evangelium.[474] Sind uns feindlich gesinnte Aliens, Psychopathen und Dämonen möglicherweise verschiedene Bezeichnungen für ein und dieselben seelenlosen Wesen in Menschengestalt? Beneiden sie die beseelte Menschheit, weil sie ihre eigene Anbindung an das göttliche Feld vergessen oder vernichtet haben? Liegt der ganzen Tyrannei letztlich der **Neid** auf unsere individuelle Beziehung zu Gott zugrunde?

Das für die Menschheit schlimmste Szenario wäre, dass hier ansässige Außerirdische lediglich Wegbereiter für die vollständige Übernahme der Erde sind. Von weit entfernten Planeten könnten bereits Generationenraumschiffe oder überlichtschnelle Fluggeräte hierher unterwegs sein, damit die Passagiere am Tag X die von uns errichtete Infrastruktur übernehmen. Weil wir uns selbst schwächen und dezimieren, bräuchten sie sich nur noch ins gemachte Nest setzen. Anhand ihrer spekulativen Absicht, die zum Zeitgeschehen passt, kann mit sehr hoher Wahrscheinlichkeit angenommen werden, dass Außerirdische **keine** Unterstützung für unterdrückte Menschen sind, sondern viel eher eine Bedrohung. Darüber habe ich nach mehreren Monaten illegaler Corona-Maßnahmen nachgedacht, zumal es eine allumfassende Erklärung mit klarem Feindbild wäre. Eine solche ist jedoch **nicht** zwingend erforderlich, auch weil die bekannten Verantwortlichen offiziell Menschen sind. Außerdem stufe ich obige Darstellung, wie gesagt, als eher unwahrscheinlich ein. Daher werden die spekulativen Absichten der fiktiven ersten Gruppe im Folgenden **nicht** berücksichtigt.

Zweite bis vierte Gruppe. Die Personenkreise, Machtansprüche und Instrumente der anglo-amerikanischen Globalisierungsclique, der NWO-Agenten und der Transhumanisten haben eine große gemeinsame Schnittmenge, die nicht allein auf die Bevölkerungsreduktion beschränkt ist. Trotz Verblendung und Torschlusspanik muss den Akteuren bewusst sein, dass sie zumindest einen Teil ihrer offengelegten Ziele für die D-Diktatur mit sehr hoher Wahrscheinlichkeit **nicht** zeitgerecht umsetzen können. Folglich ist davon auszugehen, dass neben Plan I, der vollen D-Diktatur, noch zwei weitere Pläne existieren.

Die volle D-Diktatur, also **Plan I,** sieht offenbar die Implementierung einer **Weltregierung** auf der Grundlage von KI und Digitalgeld vor. Hierzu lassen sich durch Impfungen, EMF-Strahlung etc. krank gemachte Menschen leichter steuern und ausbeuten. In diesem Kontext könnten kursierende Berichte über metallische Nanopartikel in Impfstoffen einen hohen Wahrheitsgehalt haben. Vor den getrübten Augen der orientierungslosen Masse werden Staat und Demokratie höchstwahrscheinlich absichtlich zum Einsturz gebracht, die mit dem WEF eng verbundene Parteipolitik als inkompetent vorgeführt, damit die entwurzelten Untertanen einen Sündenbock haben, gegen ihre aktuellen Regierungen losgehen und der neuen Weltregierung zujubeln. Innerstaatliche Konflikte scheinen also **erwünscht** zu sein. Mit sehr hoher Wahrscheinlichkeit wird die Machtelite Gewalt im Volk provozieren, um unerwünschte Kritiker »legal« aus dem Verkehr ziehen zu können. Schon vor der offiziellen Machtübernahme werden sich die neuen Regenten höchstwahrscheinlich den Großteil der besitzfähigen Materie unter den Nagel reißen: vor allem Grundstücke, Gebäude, Rohstoffe und Produktionsmittel, aber auch Edelmetalle und wertvolle Kunstwerke. Dadurch wären sie reicher an realen Vermögenswerten als alle historischen Monarchen zusammen. Und mächtiger.

Die transhumanistische Vollunterwerfung der Menschheit bis 2030 ist zwar, wie gesagt, mit an Sicherheit grenzender Wahrscheinlichkeit gescheitert, jedoch könnte es stattdessen einen **Plan II** geben: eine **Lichtfalle,** sprich eine vermeintlich nettere Variante der NWO. Das wäre eine vorgetäuscht lichtvolle Alternative zur D-Diktatur in Form einer fantastischen Religion, welche die Erlösungssehnsucht der jahrelang gequälten Menschen maximal ausnutzt. Zu denken ist an die Kombination des pseudoesoterischen Mythos vom Goldenen Zeitalter mit Digitaltechnik. Als moderner »Erlöser« kommt so ziemlich jeder erdenkliche Unsinn in Betracht, der besser als die D-Diktatur zu sein scheint und dem Muster der Fremderlösung entspricht. Im Bereich des Vorstellbaren sind ein biotechnisch modifizierter Superguru mit meditativen Botschaften von fremden Sternen oder »Gott« selbst, ein aus dem morphogenetischen Feld sprechender KI-Engel, ein höchstpersönliche Erlösungs-Codes ausspuckender »Quantenfeld-Computer«, ein mütterlicher Roboter-Messias, uns liebevoll materiell versorgende Außerirdische und so weiter.

Derlei Täuschungen könnten die zumindest teilweise Realisierung der subhumanistischen Utopie begünstigen. Die biotechnische »Unsterblichkeit« wäre nur für die kleine Machtelite selbst vorgesehen. Hingegen würde man niedere Sektenmitglieder mit billigen Versprechungen zum Narren halten oder die finanzielle Abhängigkeit verarmter Menschen ausnutzen, um sie als Arbeitssklaven und Träger **biologischer Rohstoffe**« zu missbrauchen. Hierfür ist das genetische Material dunkelhäutiger Menschen wahrscheinlich besser geeignet, weshalb ihre relativ niedrigen Impfraten in Kauf genommen werden. Das großteils unfruchtbare Sklavenvolk würde wahrscheinlich in volldigitalisierten Städten leben, wo Kinder bewilligungspflichtig sind, nur noch aus der Retorte kommen und Eigentum der Konzerne sind. In der Phantasie des superreichen »Landadels« lebt und pflanzt er sich in einer weitestgehend natürlichen Umgebung fort. Auf diese Weise wäre die saubere Blutlinie der geistesgestörten »Götter« gesichert.[475]

Für eine parallele Entwicklung könnte **Plan III** das Nebeneinander von Elementen der geplanten D-Diktatur und der wachsenden Parallelgesellschaft so lange vorsehen, bis eine der beiden Seiten obsiegt oder bis sie in einer neuartigen Kombination verschmelzen. Denkbar wäre zum Beispiel eine moderne Form der Monarchie, in der ein gewählter König pseudoreligiöse Richtlinien für die digitaltechnische Verwaltung vorgibt.

Fünfte Gruppe. Ein beachtlicher Teil der Politiker und Journalisten bräuchte weder in die bekannten Ziele noch in etwaige geheime Pläne der ersten bis vierten Gruppe eingeweiht sein. In Anbetracht der gezeigten Inkompetenz wäre dies auch nicht ratsam. Ihre egozentrische Engstirnigkeit lässt sie ohnedies alles bereitwillig mitmachen, wovon sie sich Machterhalt oder -zuwachs erwarten. Wahrscheinlich geht es ihnen primär darum, ihren gerechten Strafen für Verbrechen in der C-Diktatur zu **entgehen**, ihren Kopf mittels Flucht in die D-Diktatur aus der Schlinge zu ziehen. Mit sehr hoher Wahrscheinlichkeit begreift die Masse dieser Akteure nicht, dass es ihnen in der KI-gesteuerten D-Diktatur selbst ans Leder ginge, weil sie für die Machtelite schlichtweg keinen Nutzen mehr hätten. Die klaren Gewinner wären weiterhin profitmaximierende Konzerne vor allem in der Pharma- und IT-Branche.

Achtung! Ein bewusstes Zusammenwirken einiger, vielleicht auch aller Akteure ist zwar sehr wahrscheinlich, der Großteil ihrer Utopien ist allerdings höchstwahrscheinlich **nicht** bis 2030 realisierbar. Bei obigen Ausführungen handelt es sich, wie schon mehrfach klargestellt, um Spekulationen. Auch wenn sie zur Faktenlage passen, können sie dennoch falsch sein. Falls sie korrekt sind, würde dies die **Verbissenheit** der Akteure unterstreichen. Auch wenn ihre Geheimabsichten eventuell nicht existieren, so treffen doch in jedem Fall die Muster, Kernaussagen und Schlussfolgerungen der Faktenlage zu.

Übung

FREIHEUT-Übung 10: Resonanz

Die Zukunft ist ungewiss. Zwar sind die Szenarien dieses Kapitels stringent hergeleitet, jedoch kann niemand exakt vorhersagen, was tatsächlich passieren wird. Darum solltest du genau beobachten, auf welches Szenario du mehr anspringst. Hast du Angst vor einer schrecklichen Zukunft (A.) oder hoffst du auf einen guten Ausgang (B.)? Zieht es deine geistige Energie stärker zum Problem (A.) oder fokussierst du eher auf die Lösung (B.)? Womit gehst du mehr in Resonanz?

Wahrscheinliche Szenarien bis 2030

Die Beurteilungsgrundlage für die Prognose künftiger Szenarien ergibt sich aus den offiziellen Plänen, der daraus ersichtlichen Zweck-Ziele-Mittel-Relation der Akteure-Gruppen zwei bis fünf, den erkennbaren Mustern und daraus gezogenen Schlussfolgerungen. Es handelt sich um die einfachste und plausibelste Erklärungsgrundlage mit möglichst wenigen Variablen. Sie entspricht der in der Wissenschaftstheorie und -methodik angewandten Vorgangsweise namens Ockhams Razor (Ockhams Rasiermesser). Dabei werden überflüssige Erklärungen einfach wegrasiert,[476] in unserem Fall die fiktiven Akteure der ersten Gruppe. Von der spekulativen Beurteilung geheimer Absichten nehmen wir nur eine mögliche Lichtfalle sowie die bestätigte Tendenz mit, dass die Akteure-Gruppen erstens nichts Gutes mit uns vorhaben und zweitens nicht von selbst damit aufhören werden.

Auch wenn der größte Angriff schon erfolgt wäre, müssten für die Ausrollung der D-Diktatur noch einige der längst vorbereiteten Mittel eingesetzt werden. Jedoch kann niemand die Zukunft vorhersagen, schon gar nicht präzise. Zu unsicher sind der Faktor Mensch und der Zufall, sprich etwaige unvorhersehbare Ereignisse. Seriös können nur die wahrscheinlichsten Szenarien **grob** skizziert werden. Mehr an Prognose ist weder möglich noch erforderlich. Hauptsächlich vom Verhalten einer kritischen Masse von etwa 10 Prozent der Bevölkerung hängt ab, wie sich der ab 2020 eingeleitete Wandel bis zum Schlüsseljahr 2025 und danach bis 2030 auswirken wird: A. Digitale Diktatur oder B. Analoge Freiheit (Siehe Abb. 18).

Achtung! An der vollständigen Einführung von digitalen Währungen bis 2025 wird, wie gesagt, mit relativ hoher Wahrscheinlichkeit kein Weg vorbeiführen. Auf einem anderen Blatt steht, ob das **Digitalgeld** unter einer zentralen Kontrolle zur Unterwerfung missbraucht (A.) oder ob es sich um ein dezentrales, machtneutrales Zahlungsmittel handeln wird, das sich mit der grundlegend analogen Freiheit ergänzt (B.). Zwar sind bis etwa 2025 parallele Prozesse und Mischformen sehr wahrscheinlich, jedoch schließen sich beide Entwicklungsmöglichkeiten in letzter Konsequenz gegenseitig aus. Das betrifft sowohl das Kollektiv als auch – und ganz besonders – das Individuum.

Abb. 18

A. Digitale Diktatur

Das alte System schießt sich selbst ins Aus. Der Machtelite schwimmen zwar die Felle davon, jedoch ist eher nicht anzunehmen, dass es sich bei den ab Herbst 2022 zu erwartenden Maßnahmen lediglich um ein rachsüchtiges Nachbeben im Rahmen eines schleichenden Ausstiegs seitens narzisstisch gekränkter Politdarsteller handeln wird. Aus den genannten Gründen – Zeitplan, Zugzwang, Psychopathie – streben skrupellose Akteure weiterhin die Dezimierung, Entrechtung, Enteignung, psychische Unterwerfung und sogar physische Integration der Bevölkerung in das neue technische Kontrollsystem an. Sollte ihnen das bis 2030 gelingen, dann würde das wohl für lange Zeit das Aus der Freiheit und Selbstbestimmung bedeuten. In der D-Diktatur wären fast vollständig entmenschlichte Sklaven selbst Bestandteile des Bösen.

Allerdings sind bis Mitte 2022 breite Teile der Bevölkerung aufgewacht. Auf Dauer lassen sich die vielen Millionen Impfschäden weder verharmlosen noch kaschieren. Die gesamte COVID-Lüge wird aller Voraussicht nach bis Mitte 2023 öffentlich aufgeflogen sein. Daher müsste die Machtelite eine noch **stärkere** Angstkulisse erzeugen, um die Masse endgültig in die Knie zu zwingen und zur Duldung der D-Diktatur zu nötigen. Dabei hätten die Unterdrücker weniger vorhersehbar zu agieren, dafür aber umso raffinierter und skrupelloser. Die Programmierung des Sklavenverstands mittels Angst vor **existenzbedrohlichen** Krisenverläufen würde genau solche Gedankenbilder hervorrufen, die mit jenen negativen Emotionen verbunden sind, welche die neue Realität im Sinne der Herrschenden erschaffen. Krisenbedingte Situationen des Mangels erzeugen jeweils einen Notstand, der im Zuge eines Chaos-Managements zum angestrebten Systemwechsel missbraucht wird. Als Mittel hierfür kommen ab Herbst 2022 in erster Linie folgende künstlich erzeugte oder nur vorgetäuschte **Notlagen** in Betracht:

1. Epidemischer Notstand
2. Verteilungsnotstand
3. Klimanotstand
4. Bürgerkrieg
5. Lichtfalle
6. Krieg

Dies ist, ohne Anspruch auf Vollzähligkeit, die wahrscheinlichste chronologische Abfolge mit gesteigerter Intensität. Jedoch gilt: je höher die Zahl, desto unwahrscheinlicher der Eintritt des Ereignisses. Am wahrscheinlichsten ist ein »epidemischer« Notstand, am unwahrscheinlichsten ein großer Krieg. Schließlich kann sich die Machtelite kein Fanal leisten. Daher wird es sich bestimmt um ein multidimensionales Geschehen handeln. Logisch und konsequent im Sinne der bisherigen Zermürbungstaktik wäre eine eher teilweise, regional verstreute und parallele Anwendung bzw. **Kombination** obiger oder weiterer Elemente.

Ad 1. Epidemischer Notstand. Nach COVID stehen für die nächste Blödemie insbesondere folgende »virale Bedrohungen« zur Auswahl: Corona-Mutationen, »schlimme« Grippewellen, Affenpocken, V-AIDS etc. Diesfalls stünde die heillose Überlastung des Pflegesystem heran. Faktisch ginge es um Impfschäden und impfbedingte Autoimmunkrankheiten. Was der Körper vor der Impfung noch unterdrücken konnte, bricht seither durch. Alte Krankheiten kommen neu hervor. Für dieses Fiasko wird die politisch-mediale Propagandamaschinerie sehr wahrscheinlich die Ungeimpften und den Klimawandel verantwortlich machen. Auf diese Weise könnte man die verstärkte Produktion von mRNA-Impfstoffen für verschiedene Krankheiten rechtfertigen. Und man bekäme die erwünschten Impfpflichten entweder propagandistisch durch die Hintertür, vertraglich über die WHO oder, besonders dreist, mit neuen Gesetzen. Papier ist bekanntlich geduldig. Auf jeden Fall ist mit intensiven Impfkampagnen vor allem für Kinder zu rechnen. Scharfe Lockdowns wird es, zumindest vorerst, vermutlich nicht geben, weil sich zu viele Bürger nicht daranhalten würden. Stattdessen wird höchstwahrscheinlich eher unterschwellig manipulativ versucht, die Bevölkerung mit einer unberechenbaren **Mixtur** aus indirekten Zwangsmitteln zu zermürben: sture Nichtanerkennung von Ausnahmeattesten (Genesung, Immunität), Hygiene-, Test- und Maskenpflichten, Betretungs- und Arbeitsverbote, im Fall des Zuwiderhandelns hohe Strafen und andere Sanktionen wie verweigerte Sozialleistungen etc. Eine Verschärfung epidemischer Gesetze könnte das kriminelle Ausnahmemanagement zur Regel erheben. Fiele das Musterland Österreich um, käme als nächstes Deutschland dran, danach die restliche EU.

Viele Menschen werden wieder alles mitmachen, diesmal jedoch weit weniger als 2020 und 2021. Je dreister die unter Zeitdruck stehenden Regierungen vorgehen, desto mehr Logikfehler machen sie, worauf wieder mehr Menschen aufwachen. Mit hoher Wahrscheinlichkeit ist davon auszugehen, dass die Wirkung der politisch-medialen Propaganda ab dem Frühjahr 2023 stark nachlassen wird. Ab Ende 2024 könnte sie ganz versagen. Folglich stünde ab etwa Mitte 2023 die Verlagerung der Macht auf andere Chaos-Situationen bevor.

Ad 2. Verteilungsnotstand. Ein weiterer Angstverstärker ist die politisch bedingt schlechte Wirtschaftslage. Deshalb standen bereits bis Mitte 2022 einige Millionen Existenzen vor dem Ruin. Etliche weitere kleine und mittlere Unternehmen stellen den Betrieb ein, die Arbeitslosenzahlen steigen, zahllose Menschen verarmen. Dieser Abwärtstrend wird zusätzlich durch die hausgemachte Energiekrise befeuert. Ab dem Herbst 2022 werden sich sehr viele Menschen die explodierenden Energiekosten kaum oder gar nicht mehr leisten können. Heizen, Warmwasser, Kochen und gesunde Nahrung wird für sie zum Luxus oder zum Wunschtraum. Viele Menschen werden ihre Rechnungen nicht mehr bezahlen können. Ihnen drohen Pfändung und Enteignung. Der Großteil der Haushalte wird das gesamte Einkommen und wahrscheinlich auch einen beachtlichen Teil des Ersparten für die Lebenserhaltung verbrauchen. Die restlichen Rücklagen sind von der Enteignung bedroht. Mangels Sparfähigkeit und Finanzkraft verlieren Kreditschuldner ihre Liegenschaften. Zudem wird vermutlich das Eigentum an Grund und Boden mit gewaltigen Steuern oder Zwangshypotheken belastet, das Rentenkapital mangels großer staatlicher Zuschüsse zunehmend entwertet. Voraussichtlich werden die Steuerzahler bis zur Existenzvernichtung geschröpft. Schließlich muss die Regierung irgendwie den Anschein eines Versuchs unternehmen, die dauerhaft zerrütteten Staatsfinanzen zu sanieren. Insgesamt ist mit einem **massiven Verarmungsschub** zu rechnen.

Die mit Knappheit verbundenen Angstkonflikte würden die psychosomatischen Wurzeln von Krankheiten verstärken. Außerdem gäbe es mehr Depressive und Selbstmorde.

Weitere **Engpässe** und Lieferketteneinbrüche verteuern nicht nur die Produkte, sondern können auch einen Verteilungsnotstand auslösen, der den Druck auf die Bevölkerung erhöht. Aller Voraussicht nach wird man es zu keinen spontanen landesweiten Totalausfällen der Versorgung kommen lassen, weil sie als Fanal verstanden werden könnten. Im Zuge der mutwillig fortgesetzten Mangelwirtschaft werden ab 2023 ziemlich sicher zumindest schubweise Lieferausfälle und teilweise regionale Versorgungseinbrüche zu verzeichnen sein, wie es sie in der DDR gegeben hat, vielleicht auch heftiger. Werden mangels Energie Nahrungsmittel und andere wichtige Produkte nicht hergestellt, verpackt oder gekühlt, dann müssen, um heftige Unruhen zu verhindern, die verfügbaren Ressourcen halbwegs gerecht verteilt werden, quasi **kriegswirtschaftlich.** Zu denken ist vor allem an gehorsamsabhängige, digitale Bezugskarten für alle Bürger und ebensolche Grundeinkommen für ein riesiges Heer von Arbeitslosen. Danach möchte man wahrscheinlich – parallel zum allgemeinen Verzicht auf Grundeigentum – den generellen Schuldenerlass und das gehorsamsabhängige Grundeinkommen für alle einführen. Damit wäre einerseits ein unheilvoller Schritt in Richtung volle Abhängigkeit von der öffentlichen Hand bzw. digitaler Vollunterwerfung gemacht. Durch den zügigen Systemwechsel zur D-Diktatur bis 2025 wäre vermutlich andererseits die schon lange erwartete Hyperinflation und der damit verbundene Finanz-Crash hinausgezögert oder ganz vereitelt. Jedenfalls wäre der bürgerliche Mittelstand ausgerottet, Konzerne und große Unternehmensketten wären gestärkt. Ganz nach Plan.

Ganz nach Plan wäre auch, wenn es bis 2025 doch zu einer Hyperinflation kommt, vor der natürlich das alte System total ausgeplündert wird. Sollten die Federal Reserve und die Europäische Zentralbank zur vermeintlichen Eindämmung der Inflation Leitzinserhöhungen beschließen, dann könnte dies zum totalen Kollaps des bereits angeschlagenen Finanzwesens und der gesamten Wirtschaft führen. In diesem Fall müsste mit der sofortigen vollen Ausrollung der Digitalwährungen – wie geplant – nahtlos die D-Diktatur eingeführt werden. Dazu wäre man bis voraussichtlich 2025 bereit.

Schwer zu prognostizieren ist, ob und wann es zu einem **Blackout** kommt, also zu einem Totalausfall der Stromversorgung. Generell erhöht sich mit der verstrichenen Zeit auch das Risiko für Blackouts. Das trifft insbesondere im Kontext von Energiekrisen, technischen Überlastungen, Personalausfällen und Naturkatastrophen zu. Bis 2025 wird es mit sehr hoher Wahrscheinlichkeit aufgrund technischer Gebrechen zu regionalen bzw. partiellen Blackouts kommen, zu etwa 50 Prozent auch zu einem europaweiten Blackout. Von einem planmäßigen flächendeckenden Blackout ist eher nicht auszugehen, weil man sich damit seines wichtigsten Herrschaftsinstruments (Strom, Internet) berauben und die Bevölkerung entwöhnen würde. Als Notbremse käme allerdings auch das in Betracht. Mit Sicherheit wird zwar von Seiten der Regierungen mit der Blackout-Gefahr Angst geschürt, jedoch ohne konstruktive Lösungen oder wirksame Vorsorgen für den Notfall zu treffen. Das bedeutet, dass die Menschen auf sich gestellt sind und daher **selbst** vorsorgen müssen. Siehe dazu die Analysen und Empfehlungen im Buch *Corona-Diktatur.*[477]

Sollten bei mehreren zeitgleichen regionalen Blackouts noch Energiereserven vorhanden sein, werden zuerst die Privathaushalte abgedreht. Ohne Strom kein fließendes Wasser, kein Kühlschrank, kein Elektroherd, kein Telefon, kein Internet etc.

Für die politisch-mediale Propaganda wird kurz der Strom aufgedreht. Etwas später ist auch die Wirtschaft ohne Strom. Erfahrungsgemäß kommt es bereits kurze Zeit nach dem Ausfall der Stromversorgung zu Plünderungen, Gewalt, Chaos und zur heillosen Überlastung der Exekutive.

Ad 3. Klimanotstand. Zwar hat der Mensch Einfluss auf den CO^2-Ausstoß, jedoch wird der Streit über Menge und Wirkung wohl nie geklärt werden. Darüber lassen sich dicke Bücher schreiben. Meine Frau und ich handeln schon seit vielen Jahren freiwillig umweltbewusst, sparen Strom, heizen selten, verzichten weitestgehend auf Kraftfahrzeuge und bringen sogar größere Bücherbestellungen mit dem Fahrrad zur Post. Dies tun wir aus Liebe zur Natur und zu uns selbst. Allerdings stört uns eine politisch-mediale Hysterie, die Kinder und Jugendliche als soziale Spaltwerkzeuge missbraucht und in Wahrheit mit dem mehrfach schädlichen Atomstrom liebäugelt. An echten, vom Menschen aus Einsicht freiwillig mitgetragenen Lösungen scheint kaum jemand Interesse zu haben. Die zum Teil berechtigte CO^2-Agenda dient offenbar als neuer Angstverstärker, der die Masse für die nächste C-Diktatur bereitmachen soll: die **CO^2-Diktatur.**

Seit dem sachlich nicht gerechtfertigten EU-Siegel der »CO^2-Neutralität« für die Kernenergie ist mit noch mehr absurden und schädlichen Maßnahmen zu rechnen. Mit sehr hoher Wahrscheinlichkeit wird man ab dem Herbst 2022 mittels satanischer Verdrehung versuchen, uns reale Impfschäden und Übersterblichkeiten als Folgen einer »hohen CO^2-Belastung« bzw. des »Klimawandels« zu verkaufen. Weitere Preiserhöhungen und Rationierungen könnten letztlich in der Unleistbarkeit oder im **Verbot** für die älteste und zugleich CO^2-neutralste aller Heizmethoden münden: der Verbrennung von Holz, das nicht anderes ist als gespeicherte Sonnenenergie.[478] Spätestens im Winter 2022 wird die Parteipolitik, eventuell die sogenannte Opposition, höchstwahrscheinlich die Reaktivierung und/oder den Neubau von Atomkraftwerken fordern. Bei einer weiter ausufernden Mangelwirtschaft ist ferner mit der **Beschränkung** von fossilen Brennstoffen auf den öffentlichen Dienst, gefährliche und lebenswichtige Transporte zu rechnen. Kommt eine CO^2-Steuer für Haustiere, mehr als zwei eigene Kinder und dergleichen?

Ad 4. Bürgerkrieg. Aus der korrekten Sicht der Bevölkerung wird ihr Land – öffentlich wahrnehmbar – an die Wand gefahren. Deshalb werden ab dem Herbst 2022 wahrscheinlich größere Demonstrationen gegen jene Regierungen stattfinden, die Volk und Land in den Ruin treiben. Diese Demos werden jedoch, wie immer, aus dem lebenspraktischen Zusammenhang gerissen und daher vermutlich nicht viel mehr sein als ein kollektives Frustventil. Mit dem Einsatz militärischer Einheiten gegen die Bevölkerung ist mit hoher Wahrscheinlichkeit zu rechnen. Bei weiter intensivierter Mangelwirtschaft sind spätestens ab dem Winter 2022 Eskalation und Gewaltakte **vorprogrammiert.** Epidemiologisch sinnlose Einschränkungen der Freiheit, offensichtliche CO^2-Kneblungen, Warenengpässe, Verarmung und vor allem Hunger könnten die ab dem Frühjahr 2023 ohnehin erwartbare Abnahme der Propagandawirkung beschleunigen und zu offener Aggression innerhalb der Bevölkerung führen. Wenn »Brot und Spiele« vorbei sind, weil der Kühlschrank leer ist und die Glotze nicht mehr tröstet, ist mit einer Gewalt auf der Straße zu rechnen, welcher die Exekutive nicht Herr werden kann. Je mehr die Versorgung partiell einreißt, desto mehr wird geplündert. Zuerst in den Läden, dann bei den Nachbarn. Dafür würden sich typische Banden bilden und gegenseitig bekriegen.

Mit sehr hoher Wahrscheinlichkeit wird die Bevölkerung mit voller Absicht gegen tatsächlich unfähige Politmarionetten aufgebracht. Ab voraussichtlich Mitte 2023 werden sie von ihren übergeordneten NWO-Akteuren offiziell fallengelassen und noch intensiver medial vorgeführt. Nach ihren Rücktritten oder Abberufungen möchte man wahrscheinlich, als Zwischenlösung, radikale Politikerdarsteller bzw. neue globale Führer einsetzen, welche die Masse noch mehr aufpeitschen, um sie bis 2025 in die Zielgerade zur Weltregierung auf KI-Basis zu bringen.

Falls sich die Masse nicht freiwillig fügt, werden möglicherweise Volksaufstände absichtlich provoziert, um hungrige Plünderer als Terroristen oder Kombattanten einzustufen. Dies würde die Anwendung von Kriegsrecht im Bürgerkrieg nach sich ziehen, wodurch Erschießungen und Todesstrafen einen höheren Anschein von Rechtmäßigkeit bekämen. Spätestens zu diesem Zeitpunkt kann davon ausgegangen werden, dass sich etwa ein Drittel der Exekutive nur noch um den Schutz der eigenen Familie kümmert. Ein weiteres Drittel könnte sich direkt auf die Seite der Bevölkerung stellen, sofern sie zahlenmäßig überlegen ist und friedlich bleibt. Möglicherweise stünde also das verbleibende Drittel schon in den eigenen Reihen einer Übermacht der Gerechten gegenüber. Das würde den Sieg der Aufständischen bedeuten.

Ad 5. Lichtfalle. Eine von diversen Notlagen bis zu bürgerkriegsähnlichen Zuständen tyrannisierte und aufgeweichte Bevölkerung wäre vermutlich dazu bereit, sich auf eine vermeintlich sanftere Erlösungsutopie einzulassen: die subhumanistische Lichtfalle. Sie könnte in völlig unerwarteten Tarnkleidungen kommen, weshalb für uns alle besondere **Wachsamkeit** angebracht ist. Im Falle des Scheiterns der Lichtfalle wäre wahrscheinlich die Ultima Ratio (letzter Ausweg) ein großer Krieg.

Ad 6. Krieg. Sobald die überwiegend russisch bevölkerten Gebiete am Donbass größtenteils unter der militärischen Kontrolle Russlands stehen, wird es dort mit an Sicherheit grenzender Wahrscheinlichkeit erneut Referenden geben, die jene von 2014 vollinhaltlich bestätigen. Unmittelbar danach werden Donezk, Luhansk und etwaige andere Gebiete auf ihren Wunsch völkerrechtskonform in die Russische Föderation eingegliedert. Jedoch wird Kiew mit Unterstützung der westlichen Drahtzieher mit sehr hoher Wahrscheinlichkeit den Krieg zu verlängern wissen, wahrscheinlich bis mindestens Ende 2022, vermutlich sogar länger. Je länger er anhält, desto wahrscheinlicher wird die Eskalation zu einem überregionalen Krieg, ausgehend etwa von Bosnien, Kosovo, Nahost oder Taiwan. Jedoch ist, bei allem Wahnsinn der Drahtzieher, ein richtig großer Krieg eher unwahrscheinlich, so lange das übliche Zähnefletschen dazu ausreicht, die Weltbevölkerung von der häppchenweisen Umsetzung der NWO-Ziele **abzulenken**. Ein längerer konventionell und/oder hybrid geführter Krieg würde den Versorgungsnotstand, die Wellen der Massenmigration und etwaige bürgerkriegsähnliche Zustände dramatisch verschlimmern. Mit an Sicherheit grenzender Wahrscheinlichkeit würde Russland zwar als Sieger, aber auch geschwächt hervorgehen. Der größte Profiteur wäre bestimmt China. Die USA/NATO wird möglicherweise bis 2025 massiv an Einfluss in Europa verlieren. Schließlich dürften die wahren bzw. anglo-amerikanischen Kriegsursachen und ihre Wirkweise in absehbarer Zeit öffentlich bekannt sein. Da ein Atomkrieg die Erde auch für die Machtelite zerstören würde, ist seine bewusste Auslösung sehr unwahrscheinlich. Vermutlich wird aber die nukleare Angstkulisse weiterhin ausgenutzt, weshalb ungeplante Zwischenfälle nicht gänzlich ausgeschlossen werden können.

Achtung Spekulation! Eventuell werden europäische Staaten, sofern sie sich wirtschaftlich wieder im 18. oder 19. Jahrhundert befinden, Russland als Retter herbeirufen. Die eventuell völlig enthemmte russische Regierung könnte sich dann – gemeinsam mit dem chinesischen Establishment – als Turbolader der neokommunistischen KI-Weltregierung entpuppen. Energie und Waren gäbe es nur im Gegenzug für die völlige Unterwerfung.

Exkurs: Irlmaier-Szenario. Prophezeiungen sind grundsätzlich keine taugliche Grundlage für strategische Beurteilungen. Beachtung verdienen jedenfalls die Visionen des bayrischen Sehers Alois Irlmaier (1894 bis 1959) für den Dritten Weltkrieg. Einerseits hatte dieser stark konsultierte Mann eine sogar gerichtlich bestätigte Trefferquote von rund 90 Prozent.[479] Andererseits bestehen zum Großereignis Dritter Weltkrieg und vor allem zu einer dreitätigen Finsternis »rund 5.000 Einzelvorhersagen von rund 250 Sehern«, die der deutsche Forscher Stephan Berndt in einer elektronischen Datenbank zusammengefasst hat.[480] Da sie mit Irlmaiers Vision von besagtem Hauptszenario zusammenpassen, ist davon auszugehen, dass sie, also die Vision, mit einer sehr hohen Wahrscheinlichkeit von ca. 90 Prozent zuverlässig ist. Darunter ist zu verstehen, dass sich dieses Visionsbündel theoretisch komplett erfüllen könnte. Besonders beachtlich ist, dass die meisten Vorstufen zum Dritten Weltkrieg, die Alois Irlmaier bereits in den 1950er Jahren und früher vorhergesehen hat, inzwischen eingetreten sind. Er hat Dinge angekündigt, die er damals gar nicht wissen oder kennen konnte. Die grobe Reihenfolge aus damaliger Sicht ist: großer Wohlstand, extremer Glaubensabfall und Sittenverfall, allgegenwärtige Kästchen (Smartphones?), Massenmigration nach Europa, hohe Inflation und Geldabwertung, untragbare Steuerlast, Spaltung der Gesellschaft und Familie (C-Diktatur?), Revolution.[481]

Die von Irlmaier gesehene Kriegsgeschichte lautet in Kurzform: Nach einer Friedenskonferenz (im Gefolge des Ukraine-Kriegs 2022?) und der Ermordung einer hochstehenden Person greift Russland überraschend mit drei gepanzerten Stoßkeilen Europa an, wobei nördlich der Donau rasch der Rhein erreicht wird. Daraufhin legen Drohnen aus dem arabischen Raum so etwas wie einen gelben Riegel (chemische Waffen?) zwischen Adria und Ostsee, um den russischen Aufmarsch zu zerschlagen. Westliche Kräfte aus dem deutschen Raum drängen die Russen zurück. Zudem kehrt eine gefährliche dreitägige Finsternis ein, vor der man sich unbedingt im eigenen Haus verbarrikadieren sollte. Wichtig: Die Deutungen weisen auf **keinen** Atomkrieg in Mitteleuropa hin. Der konventionelle Kriegsverlauf ist zwar hart, dauert aber »nur« etwa drei Monate. Zuletzt kommt, so Irlmaier, eine wunderschöne Zeit des Friedens.[482]

Zu beachten ist, dass die meisten Seher keine in sich geschlossene Vision haben, die wie ein kompletter Spielfilm abläuft. Auch Alois Irlmaier hat zu verschiedenen Zeiten viele einzelne Details gesehen, die erst im Nachhinein wie ein Mosaik zusammengesetzt wurden.

Wie schon mehrfach erwähnt, ist der Dritte Weltkrieg bereits im Gange, zumindest wirtschaftlich. Eine Eskalation zum militärischen Großkrieg könnte zum Beispiel im Sommer 2023 erfolgen. Wer trotz relativ **geringer** Wahrscheinlichkeit sichergehen möchte, sollte zur rechten Zeit die Gebiete nördlich der Donau und östlich des Rheins meiden.[483]

Am wichtigsten ist, nicht in vorauseilende Panik zu verfallen. Schließlich beschreiben Zukunftsvisionen immer nur mögliche Entwicklungen. Eine wirklich gute Vision ist zwar mit sehr hoher Wahrscheinlichkeit theoretisch treffsicher, tritt aber praktisch **nicht** ein. Die Zukunft steht ja, wie gesagt, nicht fest. Genügend Menschen könnten den Seher ernst nehmen oder ihr Verhalten aus anderen Gründen zum Positiven hin verändern. Wichtige Variablen sind der Faktor Mensch und unvorhersehbare Ereignisse, sogenannte Zufälle.

Exkurs: Naturkatastrophen. Mit einiger Wahrscheinlichkeit werden sich auf der Erde in den Jahren 2023 bis 2030 große geophysikalische Ereignisse zutragen. Möglich sind beispielsweise Vulkanausbrüche, Sonnenstürme und Meteoriteneinschläge. Sie könnten den Anstrengungen der Unterdrücker entgegenlaufen und die Menschenmassen zur höheren Einsicht führen, dass große Probleme regional, gemeinsam und ohne Politiker effizienter zu lösen sind.

Mit einer **sehr geringen** Wahrscheinlichkeit werden alle ungünstigen Umstände von selbst und gleichzeitig eintreten. In diesem Fall ließe sich der Teufel wie folgt an die Wand malen: Hyperinflation, Finanz- und Wirtschaftskollaps, Depression, Explosion des Renten- und Krankenkassensystems, Zerbrechen des Sozialstaats, Versorgungseinbrüche, Blackouts, Plünderungen, Bandenkriege, nicht länger beherrschbare Massenmigration, zwangsweise Räumung von Zweitwohnsitzen für Asylwerber, ethnische Konflikte, gewalttätige Migranten, Gebiets- und Verteilungskämpfe, aktivierte Terrorzellen, Naturkatastrophen, großer Krieg, Überlebenskampf jeder gegen jeden ...

Dieses Worst-Case-Szenario ist zwar relativ unwahrscheinlich, es ganz auszuschließen wäre jedoch grobfahrlässig. Schließlich sollte man sich im Rahmen einer verantwortungsbewussten Krisenvorsorge nicht auf den besten Fall vorbereiten, sondern stets auf den denkbar **schlimmsten**. Das richtige Motto lautet: auf das Schlimmste vorbereiten, aber stets **positiv** denken und handeln. Wer auf eine totale Katastrophe geistig und materiell gut vorbereitet ist, kann im Chaos ruhig, spontan und flexibel handeln – erstrecht, wenn es gar nicht so schlimm kommt.

Selbst wenn sich vom beschriebenen Negativpotenzial bis zum Schlüsseljahr 2025 »nur« etwa die Hälfte realisieren sollte, dann würde höchstwahrscheinlich einer der drei NWO-Pläne (I, II oder III) zum größten Teil bis 2030 aufgehen. Mit sehr hoher Wahrscheinlichkeit wird versucht, die Bevölkerung bis 2025 mit einem Flickenteppich aus obigen Elementen zu zermürben. Sollte sich die große Masse »freiwillig« beugen, weil ihr für ein realistisches Leben in Freiheit und Selbstbestimmung nicht genügend Vorbilder zur Verfügung stünden, dann hätten wir eine neokommunistische Weltdiktatur. Diese könnte nach 2030, wenn überhaupt, nur durch einen gewaltigen Einsatz von Schweiß und vermutlich auch Blut wieder entfernt werden. Wer möchte das seinen Nachkommen antun?

B. Analoge Freiheit

Bis mindestens 2025 geht es um alles: Gesundheit, Freiheit, Eigentum, Demokratie, Zukunft der Kinder. Der **Kipppunkt** zum Wandel liegt höchstwahrscheinlich im Winter 2022. Einerseits wird das Chaos ab dann vermutlich alles bisherige in den Schatten stellen. Andererseits wird die krampfhafte politische Überregulierung zur »Schadensabwehr« mit an Sicherheit grenzender Wahrscheinlichkeit noch mehr Schäden anrichten. Bis spätestens Mitte 2023 wird jeder jemanden kennen, der völlig verarmt ist oder einen schweren Impfschaden hat. Das können Politik und Medien weder schönreden noch umkehren. Dennoch werden viele Menschen weiterhin am alten System klammern. Die aussichtlos wirkende Lage verstärkt ihre alten Traumata. Eine massive Existenzbedrohung blockiert ihre Kraft, macht sie vorerst denk- und handlungsfähig. Viele andere Menschen werden die riesige Chance erkennen. Bei ihnen wird sich, sobald der Einfluss der poltisch-medialen Propaganda ab Mitte 2023 stark zurückgeht, die angst- und stressbedingte Resonanz mit dem Negativen erheblich reduzieren oder ganz auflösen. Wer nichts Materielles mehr zu verlieren hat, bei dem wird sich durch höheres Leid und massiven Schmerz ein innerer Bruch mit der Matrix vollziehen. Ein regelrechter Schleudergang in die **Wirklichkeit** wird die Illusionen der Macht deutlich sichtbar machen, auch die Illusion einer Auswahl zwischen Medien, politischen Parteien oder den NWO-Plänen I bis III. Sehr viele werden erst durch einen größeren Schock erwachen und erstmals in der unbequemen Realität ankommen: Die Menschheit ist am absoluten Entwicklungstiefstand angelangt. Technisch zu weit fortgeschritten, sind wir nicht nur körperlich, sondern auch seelisch und geistig völlig degeneriert.

Der wahre Notstand ist nicht materieller, sondern geistig-seelischer Natur. Die schlimmste Krankheit ist das Leiden der Seele. Die schlimmste Energiekrise ist der Verlust der inneren Kraftquelle. Durch diese kurzfristig sehr schmerzlichen Erkenntnisse wird die Rückkoppelung an unsere kreative Schöpferkraft und an das Schwingungsfeld der Erde erleichtert. Heilung wird fast von selbst eintreten.

Aber Achtung! Das Motto »Alle retten mich, nur nicht ich« hat ausgedient. Wie erwähnt, wird niemand kommen, um dich zu retten. Brutal ausgedrückt, wird sich niemand die Mühe machen, deinen Arsch zu retten. Es ist ja dein Arsch. Den musst du daher schön **selbst** retten. Die anderen sind mit ihren eigenen Ärschen beschäftigt. Das durch die menschenverachtenden Maßnahmen der C-Diktatur offengelegte Lebensthema lautet eindeutig Selbstbefreiung. Die harte Wirklichkeit, in der wir de facto schon lange vor der C-Diktatur gesteckt sind, hat eine tiefere Ursache: Ignoranz gegenüber der Natur, vor allem gegenüber unserer eigenen.

Äußerlich massiv unterdrückte, aber innerlich gefestigte nordamerikanische Ureinwohner haben die aktuelle Katastrophe schon lange vorhergesehen und geduldig davor gewarnt. Häuptling Arvol Looking Horse vom Stamm der Lakota (Teton Sioux) hat 2017 erklärt, warum wir ins Chaos kommen mussten:

> *»Weil wir davor gewarnt haben,*
> *dass Sie eines Tages das erschaffen werden,*
> *was Sie nicht kontrollieren können.*
> *Und dieser Tag ist da.«*[484]

Wir befinden uns am Kulminationspunkt einer krankhaft materialistischen und egozentrischen Fehlentwicklung. Die äußere Energiekrise spiegelt die **innere** Energiekrise: die menschliche Seelenkrankheit. Das alte materialistische Weltbild muss zerbrechen, weil es gegen die Natur, gegen unser Schöpferpotential und damit gegen Gott gerichtet ist. Das Chaos ist nötig, damit wir endlich realisieren, dass das **Menschsein** oberste Priorität hat.

Was ist bis zum Schlüsseljahr 2025 zu tun? Die chaotische Lage drängt uns zur Positionierung, zwingt uns die **Entscheidung** förmlich auf. Es geht darum, endlich das Schwert der Wahrheit zu ziehen, es zu ent-scheiden, also aus der Scheide zu ziehen. Das ist die Grundbedeutung des Wortes »scheiden«: spalten, trennen.[485] Die Entscheidung über den Weltenwechsel (A. oder B.) muss jeder individuell für sich selbst treffen: rein innerlich, ganz unspektakulär. Wer nicht als Sklave an der eigenen Dumpfheit zugrundegehen will, **muss** endlich aus seiner Komfortzone herauskommen, die Schädlichkeit seines bisherigen Weltbilds erkennen und sich für Neues öffnen. Das Erdulden einer vorgesetzten Scheinrealität muss enden. Daran führt kein Weg vorbei, wenn wir die Phase der kollektiven Selbstzerstörung abwenden und 2025 einen gesunden Umbruch erleben wollen. Auf diesem Weg sollten wir uns nicht überraschen lassen und einfach nur reagieren. Weise ist, wer sich vorbereitet und agiert. Uns klar zu positionieren, Rückgrat zu zeigen und dem Bösen entgegenzutreten, bedeutet aber nicht, wieder in die Angst zu kommen, sich gegen etwas zu stemmen und blindlings um sich zu schlagen. Im Gegenteil.

Wir machen spirituelle Selbstverteidigung. Dabei sollen wir im **Herz** bleiben. Wer in diese positive Energie hineingeht und in die Natur hinausgeht, wird dort zeitnah feststellen, dass die beste Antwort auf den ultrastressigen Zwangskollektivismus die innere Ruhe und die verantwortlich gelebte Individualität ist. Verbunden mit der Urkraft, werden wir vom Opfer zum **Schöpfer** mit der Wirkkraft der Realität. Wir dürfen die Zukunft positiv gestalten, dabei die Ressourcen der Erde freiwillig schonen, bewusster konsumieren, die digitale Technologie zum Wohl der Menschheit nutzen, unser eigenes Potenzial entfalten, friedlich neue Ideen entwickeln und individuell realisieren. Freiheit und Selbstbestimmung beruhen weniger auf einer Technik, sondern kommen viel eher **intuitiv**. Folglich ist es sinnvoll, unser geistig-seelisches Immunsystem zu stärken. Ein positiver Begleiteffekt einer lebhaften Intuition ist, dass an ihr jede KI scheitern muss. Diese dumme Pseudointelligenz kann ja nicht einmal den menschlichen Verstand ordentlich einschätzen.

Wichtig ist, sich nicht mehr in irgendeine Spaltung hineinziehen zu lassen und für negative Energien bewusst keine Rezeptoren mehr zu haben. Die Vernetzung und gegenseitige Stärkung mit Gleichgesinnten sind sinnvoll. Man sollte sich davon nicht abhängig machen, sondern selbstbestimmt bleiben.

Wer dem alten System Energie entzieht, sollte dies legal und für den positiven Wandel tun. Die eigene Energie soll auf eine kreative, friedliche Lösung gerichtet sein. Der befreiende Wandel kann nur von innen kommen, in erster Linie für uns selbst. Vielleicht erstmals aus echter Liebe zu uns selbst. Wir sind Teil des Systems. Mangels Errettung von außen können wir das System nur verändern, indem wir uns **selbst** verändern.

Genau jetzt, in diesem Moment, ist die richtige Zeit, zu erkennen, dass die äußeren dunklen Seiten des Systems unseren inneren Schattenseiten entsprechen. Wenn wir also unsere **eigenen** Schattenseiten erkennen und auflösen, dann tragen wir dadurch zur Reinigung des gesamten Systems bei. Schritt für Schritt. Wir dürfen der personifizierte Wandel sein. Wenn sich daran rund 10 Prozent der Bevölkerung – oder mehr – als aktive **Vorbilder** halten, dann wird 2025 der Umbruch zu Freiheit und Selbstbestimmung glücken.

Kein Sieg ohne Opfer. Realitätskontrolle: Rund 829 Millionen Menschen weltweit leiden am Hunger. Im Jahr 2020 haben ca. 14 Millionen kleine Kinder unter fünf Lebensjahren an schwerer akuter Mangelernährung gelitten.[486] Das sind echte Probleme! Dagegen haben wir nur lächerliche Luxusproblemchen. Unsere Altvorderen haben echte Krisen gemeistert. In realen Kriegen haben sie echtes Blut und echtes Leben gelassen. Wir müssen nicht einmal Schweiß opfern. Alles, was wir aufgeben dürfen (!), sind überkommene Illusionen und Glaubenssätze. Alles, was wir tun müssen, ist freundlich, aber konsequent »Nein!« zu sagen und den Wahnsinn zum eigenen Wohl – für Gesundheit und Freiheit – einfach nicht mehr mitzumachen:

Friedliche Nonkonformität genügt.

Wir brauchen nur keine Masken aufsetzen, sämtliche Test ablehnen, uns nicht mit Impfstoffen vergiften und nicht wie Hunde chippen lassen. Einen minimalistischeren Freiheitskampf kann man sich kaum ausdenken: Illusionen durchschauen (Matrix, Ego, Rollen), eigene Begabung entdecken, kreativ handeln. Was könnte fairer und leichter sein als das?

Wer nicht einmal dazu bereit ist, soll von mir aus weiterleiden. Solchen Menschen lege ich nur noch Albert Einsteins Definition von Wahnsinn ans Herz:

Wenn ich für jemand anderen kämpfe, dann garantiert nicht für Erwachsene, die sich selbst wehren könnten. Im Geiste unserer Altvorderen kämpfe ich nur noch für jene, die sich aktuell selbst nicht zur Wehr setzen können: sehr alte und sehr junge Menschen sowie künftige Generationen. Einen anderen Auftrag habe ich mir nicht erteilt. Daher habe ich auch keinen Anspruch darauf, den kompletten Wandel noch zu erleben. Bisher habe ich alles in meiner Macht Stehende getan, damit bis 2025 ein positiver Wandel **eingeleitet** ist. Das sollte genügen.

Wie gesagt: Unsere Chancen auf den Sieg stehen gut. Jahrelang haben viele von uns der größten satanischen Welle widerstanden. Wir befinden uns in der potenziell kürzesten Diktatur aller Zeiten. Das derzeitige System ist so kaputt, dass es ziemlich sicher nicht mehr geflickt werden kann. Gemäß meiner subjektiven Wahrnehmung haben die Feinde der Freiheit bereits verloren, weil sie massiv gegen universelle Gesetze verstoßen. In diesem Sinne habe ich im November 2021 anlässlich eines aktuellen Kündigungsschreibens vom Verteidigungsministerium gegenüber Stefan Magnet, dem mutigen Programmchef des investigativen TV-Senders *AUF1*, vor laufender Kamera erklärt, warum ich damals in den Angriffsmodus übergegangen bin:

»Jetzt geht es in den Infight [Nahkampf]. Diese Leute haben einen Krieg begonnen – jetzt, konkret mit mir – den sie erst verstehen werden, wenn sie ihn verloren haben. Und sie werden ihn verlieren!«

Schließlich haben gewisse Leute »Kräfte geweckt, die sie nie kapieren werden. Jetzt geht es voll zur Sache!«[488] Diese Aussage kam im TV-Studio spontan aus mir heraus, direkt aus meiner Seele. Vermutlich kam das mit einer ähnlichen Energie, mit der viele Menschen das vormalige Impfpflichtgesetz (2022) bekämpft und gewonnen haben. Dabei ging es zumindest mir nicht primär ums Dagegensein, sondern ganz klar um die **Freiheit** an sich.

Bezüglich der Entwicklung bis 2025 wird mir, wenn ich darüber nachdenke, manchmal etwas mulmig. Aber meine **Intuition** sagt mir, dass sich spätestens 2025 alles in hellem Licht auflöst. Alles wird gut. In meinem Herzen weiß ich das einfach. Schließlich spüre ich, dass alles schon gut ist, auch wenn wir es noch nicht sehen können oder wollen. Zweifler meinen vielleicht, dass das nur meine Phantasie sei.

Dem würde ich entgegenhalten, dass es ab 2020 gar keine C-Diktatur gegeben hätte, wenn genügend Menschen dieselbe »Phantasie« der Freiheit gehabt hätten. Als Schöpfer haben wir die Kraft zur Veränderung. Bis mindestens 2025 müssen wir durchhalten. Das mentale Konditionstraining hierfür machen wir im zweiten Kapitel.

II.

DER TIGER IN DIR

Der Weg aus dem Chaos
führt zuerst nach innen.

Das offensichtlichste, aber vielfach verkannte Phänomen von Krisen ist, dass sie die meisten Menschen noch mehr aus dem Hier und Jetzt zerren, als sie es in der Matrix ohnehin schon sind. Die einen wünschen sich ausgerechnet jene Vergangenheit bzw. Normalität zurück, welche der Krise den Weg geebnet hat. Die anderen flüchten sich geistig in eine ungewisse Zukunft, in der sie sich entweder alles noch schrecklicher ausmalen oder von irgendeinem Messias die Kohlen aus dem Feuer holen lassen. Beides hat nichts mit der Realität zu tun. Im besten Fall reißen uns Krisen aus der Komfortzone und ermutigen uns dazu, im **Hier und Jetzt** in uns zu gehen und das Leben aktiv neu auszurichten. Hierzu scheint die angstbeherrschte C-Diktatur mit ihrem düsteren Ausblick auf die D-Diktatur der ideale Anlass zu sein. Denn die Angst vor dem äußeren Chaos weist uns auf die Angst vor der Selbstwerdung hin. Die ganze Mega-Show mit gigantischer Angstkulisse findet ja nur statt, weil erbärmliche Kontrollfreaks Angst vor dem riesigen Potenzial haben, das in jedem von uns steckt.

Unser Groll auf die Unterdrücker kann zwar im ersten Ansatz befreiend wirken, auf Dauer schadet er uns aber. Die Realität ist nämlich, dass kontrollsüchtige Menschen, die wir als Unterdrücker wahrnehmen, unsere unfreiwilligen **Helfer** sind. Sie und ihre Angst erfüllen exakt dieselbe Funktion wie der als dienstbarer Geist getarnte Teufel (Mephisto) in Johann Wolfgang von Goethes *Faust*. Er ist »ein Teil jener Kraft, die stets das Böse will, und stets das Gute schafft.«[489] Unsere vormaligen Unterdrücker sind die **Presswehen** bei der Wiedergeburt unseres inneren Kindes. Eine Ablehnung der Presswehen wäre nicht nur sinnlos, sondern auch kontraproduktiv, weil sie uns vom Wesentlichen ablenkt: der längst fälligen Geburt. In der Funktion der Presswehen beschleunigt das sogenannte Böse das Hervortreten des sogenannten Guten. Wer sich zu lange auf das Beschleunigungsmittel eines Vorgangs konzentriert, also auf die Presswehen, hat vermutlich Angst vor dem, was der Vorgang hervorbringt, in diesem Fall vor dem inneren Kind oder Tiger bzw. dem eigenen Potenzial. Zu lange war es in uns versteckt.

Viele von uns haben sich schon lange genug im Kreis des Wahnsinns gedreht und gehofft, dieselben Gedanken, Emotionen und Handlungen könnten neue Resultate bringen. Es ist Zeit für echte Lösungen, für das Neue. Wer die Nase voll davon hat, auf der Autobahn in oder gegen die Fahrtrichtung zu rasen, kann einfach die nächste Abfahrt nehmen. Wer es satt hat, mit oder gegen den Strom zu schwimmen, darf **jetzt** aus dem Fluss steigen, sitzenbleiben oder neue Wege gehen. Wer nicht mehr mitspielt, kann sein eigenes Spiel erschaffen. Vielleicht sollte man zuerst einmal zur Ruhe kommen. Denn die allergrößte Gabe ist in uns drinnen: Wissen, Weisheit, Potenzial. Wir brauchen gute Führung durch unser Herz und ein ganzheitliches, seelengerechtes Denken.

Wenn Erfolgstrainer ihre Klienten Autosuggestionen wie »Ich bin super!« oder »Ich schaffe das!« mantrisch herunterbeten lassen, dann ist das ein guter erster Ansatz, der vormals negatives Denken in positives Denken umprogrammiert. Wenn das aber schon alles ist, das Denken also einseitig, oberflächlich und egozentrisch bleibt, muss es wieder zum Materialismus führen. Auf diese Weise bleibt der Klient in der Matrix gefangen. Damit sollte endlich Schluss sein.

FREIHEUT-Übung 11: Selbstreflexion

Bei Bedarf kannst du an dieser Stelle über die Übungen 01 bis 10 reflektieren. Dazu wäre es hilfreich, falls vorhanden, deine eigenen Notizen heranzuziehen. Da es sich um einen individuellen Prozess handelt, gibt es für die Selbstreflexion natürlich keine Musterlösungen. Hilfestellungen bieten die folgenden Kapitel, vor allem die Ausführungen betreffend Polarität, Resonanz/Gegenresonanz und Projektion. Jetzt folgen einige unverbindliche Anregungen.

Ad Faktenlage und -bewertung. Je intensiver und länger deine emotionalen Reaktionen und dein Kopfkino bei den Übungen zur Selbstbeobachtung (01 bis 04 und 06), zur kritischen Betrachtung (05), zur Einfühlung (07) und nochmaligen Betrachtung (08) ausgefallen sind, desto stärker liegt dein Fokus auf der Außenwelt und deiner Rolle als Opfer oder Sklave des Systems. Falls dich einige Fakten besonders aufgeregt haben, hast du vielleicht einen

Schock gebraucht, damit du ausgetretene Pfade verlassen kannst. Eventuell hast du die meisten Fakten schon gekannt oder zumindest erahnt, weshalb dich mehr die Zusammenschau der Muster und Schlussfolgerungen beschäftigt hat. Diesfalls wäre interessant, wie sehr du dich in die selbständige Beurteilung der Spekulationen (09) vertieft und was du daraus abgeleitet hast.

Ad mögliche Szenarien bis 2030. Die ausschlaggebende Frage bei Übung 10 ist, womit du mehr in Resonanz gegangen bist: mit der Angst bzw. dem Problem (A.) oder mit der Hoffnung bzw. der Lösung (B.). Gehe bei dieser Einschätzung bitte behutsam mit dir um! Es genügt völlig, wenn du deine Reaktionen beobachtest. So kann dir bewusst werden, dass da zwar eine Reaktion abläuft, du sie aber nicht bist. Du bist nur der Beobachter, die Schwingtür zwischen äußerer Wahrnehmung und innerer Interpretation. Eventuell entscheidest du, vorerst einfach im Hier und Jetzt zu sein. Im Idealfall betrachtest du A. und B. nüchtern als das, was sie sind: Möglichkeiten. Wichtig ist, dass du in Ruhe **dein** eigenes Potenzial realistisch einschätzt und den weiteren Weg auf **deine** ganz individuelle Weise gehst.

Falls du dich dabei blockiert fühlst und einfach nicht weiterkommst, könnte es daran liegen, dass auf dir ein starker Druck lastet, weil du dich selbst verurteilst, dich irgendwo verrannt oder in etwas verbissen hast. Die meisten Menschen gehen mit sich selbst am härtesten ins Gericht, in abgeschwächter Form mit ihren Mitmenschen.

Solange jemand nicht mit sich im Reinen ist, geht er unbewusst auf Konfliktkurs. Reichhaltiges Anschauungsmaterial liefern Politik und Medien, aber auch Leute im sogenannten Widerstand, die zornig auf die vielen »Schlafschafe« rund um sich herum sind. Selbstverständlich sind die bekämpften Zustände eine Schande für einen angeblich demokratisch-liberalen Rechtsstaat. Wenn aber die berechtigte Aufregung ausufert und man andauernd nur Verantwortliche im Außen sucht, ist das ein wichtiges Signal dafür, dass man selbst noch keine Verantwortung übernommen hat und nicht in seiner individuellen Schöpferkraft ist. Um sie zurückzugewinnen, sind zuerst einmal die eigenen Schattenseiten anzusehen, muss man sich selbst dafür **verzeihen**, dass man vor der C-Diktatur nicht aus der gemütlichen Komfortzone gekrochen ist, weil man blind oder feige und daher selber ein »Schlafschaf« war.

Sobald man mit sich selbst im Reinen ist, kann man seinen Mitmenschen jene Zeit zugestehen, die sie individuell zum Lernen brauchen. An vorderster Stelle braucht man Zeit und Energie für sich selbst. Wie im Schießkrieg hat auch im psychologischen Krieg die Erhaltung der Kampfkraft eine sehr hohe Priorität. Unabhängig vom Problem ist es heilsam, sich einmal selbst in den Arm zu nehmen.

Übung

FREIHEUT-Übung 12: Selbstannahme
Falls dir danach ist, lass deine Tränen oder Schreie einfach raus! Dazu kannst du allein in den Keller oder, noch besser, in den Wald gehen. Dann klopf dir zärtlich auf die Schulter. Du kannst dich freuen, dass du eine mehrjährige satanische Unterdrückung überstanden hast. Vergib dir selbst jene Fehler, die du glaubst, gemacht zu haben. Sei dir bewusst, dass du zu jeder Zeit dein Bestmögliches gegeben hast. Sei sanft zu dir! Wenn du magst, sitze dabei in der Wiese oder umarme einen Baum. Im Herzen kannst du verinnerlichen, ab nun achtsamer mit dir selbst umzugehen, vielleicht auch mit deinem Umfeld.

In der immer verrückter werdenden äußeren Welt ist die beste und vermutlich einzige Zuflucht in uns selbst. Für die Bergung unseres inneren Schatzes empfiehlt sich ein ganzheitlicher Ansatz, bei dem die Intuition und der Verstand zum Einsatz kommen: Herz und Hirn, sprich Seele und Geist. Wir brauchen beides sowie einen gesunden Körper. Unsere Komplettierung zur harmonischen **Körper-Seele-Geist-Einheit** ist daher ein essentielles Lebensziel. Unter der Seele ist im Folgenden nicht nur die Gefühlsebene zu verstehen, sondern auch und sogar primär die im Bereich des Herzens spürbare Seele, die uns mit dem göttlichen Energiefeld verbindet. Der Geist wird gesellschaftlich vorwiegend mit der Denkfähigkeit des Gehirns gleichgesetzt, also mit dem Verstand. Gleichzeitig wird der Geist aber auch als höchste Quelle spiritueller Kraft verstanden: die allgegenwärtige Energie Gottes. Überrascht es dich, dass wir uns erst mit einem ruhigen verstandesmäßigen Geist der Realität bewusst sein können, dass wir eins mit dem spirituellen Geist sind?

Selbsterkenntnis bedeutet zu erkennen, was in uns steckt. Es bewusst freizulegen, nennen wir **Selbstbefreiung**. Danach zu handeln, fällt unter **Selbstbestimmung**. In Wahrheit laufen diese Prozesse eher parallel als einzeln ab. Darauf versucht nachfolgende Struktur bestmöglich Bedacht zu nehmen.

Selbsterkenntnis

Du wurdest als Original geboren.
Möchtest du als Kopie sterben?

Mit der Erkenntnis über unser wahres Selbst lockert sich der Schafspelz von **selbst**. Durch die Erinnerung, wer wir wirklich sind, kommt der Tiger zum Vorschein. Die hierzu bedeutendsten, aber gerade in der ultrahektischen Wegwerfneuzeit kaum noch gestellten Lebensfragen lauten:

> ➤ Wer oder was bin ich?
> ➤ Woher komme ich?
> ➤ Wohin gehe ich?

Kurz gesagt, ist jeder von uns ein individueller Ausdruck der göttlichen Schöpfungskraft. Wir sind sowohl einzigartig als auch Teil des großen Ganzen. In diesem Sinne sind wir endloses Bewusstsein und ein einzigartiger Teil Gottes. Zusammen sind wir Gott. Aus dieser kosmischen Energie kommen wir und in sie kehren wir wieder zurück. Dieser Vorgang wiederholt sich, bis unsere Seele genug Erfahrungen gemacht hat.

Die vermutlich folgenschwerste Täuschung der Menschheitsgeschichte ist die fundamentale Lüge von der angeblichen Trennung der materiellen von der spirituellen Welt. In Wahrheit sind sie eins. Die Annahme einer Dichotomie (Zweiteilung), Isolierung oder gar Nichtexistenz der spirituellen Ebene macht Menschen quasi zu gespaltenen Persönlichkeiten. Die materielle und die spirituelle Welt gehören zusammen, weshalb eine korrekte Wissenschaft materiell und spirituell zugleich sein muss. Schließlich ergänzen sich naturwissenschaftliche und quantenphysikalische Fakten mit psychologischen und philosophischen Erkenntnissen, mit den spirituellen Lehren von Buddha und Jesus sowie mit unzähligen transzendenten Erfahrungen. Die Kernaussagen dieses Kapitels können in *Tiger in High Heels* und weiteren hier angeführten Quellen vertieft werden.

Kommen wir zur Sache. In der frühen Kindheit ist die **originelle Einheit** mit Gott in der Regel zwar ungestört, aber nur unbewusst im Hier und Jetzt präsent. Wir haben einfach nur existiert, ohne etwas erreichen zu wollen, ohne uns an etwas zu erinnern. Gedanken an die Zukunft oder die Vergangenheit gab es nicht. Höchstwahrscheinlich macht exakt diese ursprüngliche und unbeschwerte Einzigartigkeit bei 98 Prozent der Kinder deren Hochbegabung aus. Sie ist unser Naturell und Ausdruck unseres wahren Selbst, das jedoch spätestens beim Schuleintritt systematisch vernebelt wird. Im allgemeinen Gefängnis für den Verstand schlüpft das ersatzweise gespielte Ego in die selbsterwählte Sklavenrolle – und fühlt sich von allem getrennt. Der Tiger (Selbst) hat sich den Schafspelz angezogen und hält sich fortan für ein Schaf (Ego), das sich aber in der riesigen Herde verloren fühlt. Die Heilung liegt darin, sich seiner wahren Natur und der originellen Einheit mit Gott wieder bewusst zu werden. Man braucht sich nur daran zu **erinnern**. Dadurch kann der Tiger den Schafspelz ablegen.

Es geht also mitnichten darum, sich selbst mit neuen Lebensformeln zu quälen, sich krampfhaft neu zu erfinden oder einem egozentrischen Superguru zu verfallen, der uns so lange das Leben erklärt, bis sein Geldbeutel voll ist und wir selbst innerlich leer sind. Das alles entscheidende Kriterium ist die eigene unmittelbare **Erfahrung**. Daher solltest du niemandem blind glauben, auch mir nicht. Du sollst selbst **wissen**. Gesichertes Wissen liefert nur die eigene Erfahrung. Echte Helfer werden dir lediglich den Weg weisen und dich maximal ein Stück begleiten. Gehen musst du selber. Wissenschaftliche Beweise sind nützliches Futter fürs Gehirn. Daran besteht kein Zweifel. Jedoch müssen alle von außen kommenden Erkenntnisse, wenn sie überzeugen sollen, selbst geprüft, erfahren und begriffen werden. Wie soll der spirituell Suchende durch die Schilderung der schönsten Erleuchtungsszene seines Meisters selbst Erleuchtung erfahren? Was hat ein sexuell unbefriedigter Mensch von der wissenschaftlichen Erkenntnis, wie der Orgasmus funktioniert? Wie soll eine TV-Kochsendung unseren Hunger stillen? Das kann nicht klappen, sondern nur Appetit machen. Kochen oder zumindest essen müssen wir selbst.

Gerade weil wir einzigartige Wesen sind, können wir unsere inneren Früchte – Freiheit und Selbstbestimmung – nur **selbst** ernten. Diese »Arbeit« kann uns niemand abnehmen. Sie kann viel Freude bereiten und blitzschnell erledigt sein. Das hängt allein von uns ab. Für dein ganz persönliches Abenteuer kann ich dir nur die Verstärkung deines vielleicht ohnehin schon sehr guten geistig-seelischen Rüstzeugs anbieten. Dabei handelt es sich um bestens dokumentierte Fakten, logische Argumente, philosophische Einblicke, spirituelle Erkenntnisse sowie meine eigenen Erfahrungen. Ihre Mischung stellt zwar eine wahrscheinlich unwiderlegbare Beweiskette im wissenschaftlichen Sinne dar, jedoch kann sie ihren Zweck nur durch deine eigene Erfahrung erfüllen. Betrachte daher bitte nachfolgende Darstellung als unzulänglichen Versuch, die Realität zu beschreiben. Zum einen können Worte niemals dem gerecht werden, was sie beschreiben. Das Wort »Orgasmus« ist nun einmal nicht der Orgasmus selbst. Zum anderen erlebst du deinen »kleinen Tod« garantiert etwas anders als jeder andere Mensch. Ebenso ist deine originelle Einheit mit Gott deine ganz **individuelle** Erfahrung der Realität. Bestimmt zeigt aber die nun folgende Beweisführung hilfreiche Muster und Parallelen auf.

Originelle Einheit mit Gott

Wie vorhin erwähnt, sind wir eine Einheit aus Körper, Seele und Geist. Wir bestehen also nicht einfach nur aus einem dieser drei einzelnen Elemente, sondern sind sie alle zusammen und damit auch ihre Summe. Jeder einzelne Mensch ist ein absolutes **Unikat**, eine einzigartige, unverwechselbare, nicht austauschbare Kombination aus Körper, Seele und Geist. Als einmalige Individuen sind wir jedoch gleichzeitig auch mit dem großen Ganzen **verbunden**.

Schon körperlich sieht kein Individuum aus wie ein anderes. Die Welt ist voller Unikate. Sogar eineiige Zwillinge sind nicht wirklich identisch, haben verschiedene Pupillen, Fingerabdrücke und so weiter. Dennoch sind alle Geschöpfe irgendwie evolutiv bzw. biologisch miteinander verwandt, chemisch mit dem Heimatplaneten und atomar mit dem Universum verbunden. Unsere Körper bestehen nämlich unbestreitbar, wie alle Lebewesen, aus jenen Atomen, die beim sogenannten Urknall bzw. aus Gott heraus entstanden sind. Unsere individuelle Seele ist die unsterbliche Entität in uns. Sie ist materielos oder feinstofflich und verbindet uns direkt mit dem großen Ganzen, sprich der schöpferischen Urkraft des Lebens, dem allgegenwärtigen Energiefeld hinter und in allen Dingen: Gott. Unsere Gefühle sind ebenfalls sowohl individuell als auch jenen der Mitmenschen sehr ähnlich. Deshalb können wir jederzeit miteinander in Resonanz gehen (Mitgefühl, Konflikt). Wie bei den Gefühlen gilt auch für unsere Denkinhalte das Prinzip der Einzigartigkeit bei gleichzeitiger Ähnlichkeit und Resonanzfähigkeit. Eine ebenfalls direkte Verbindung und Wechselwirkung besteht zwischen dem entspannten Geist (Gehirnwellen) und dem Energiefeld der Erde. Unserer Verbindung mit dem großen Geist Gottes sind wir uns schlagartig bewusst, sobald wir unsere Körper-Geist-Seele-Einheit harmonisch entwickeln.

Entwickeln bedeutet etwas zuvor Eingewickeltes auswickeln bzw. sich entfalten im Sinne von »stufenweise herausbilden«.[490] Demnach kann nur ausgewickelt oder entfaltet werden, was vorher eingewickelt oder zusammengefaltet war. Seit der Kindheit ist unsere originelle Einheit mit Gott im aufgepfropften Matrix-Ego-Konstrukt eingewickelt. Wir brauchen sie also nur wieder auszuwickeln, indem wir störende Schichten abtragen. Zur Selbstbefreiung kommen wir im gleichnamigen Kapitel. An dieser Stelle **ent-wickeln** wir die in uns angelegte Selbsterkenntnis. Das Prinzip der originellen Einheit ist auf folgenden Ebenen sowohl wissenschaftlich erwiesen als auch für jeden Interessierten rational nachvollziehbar: körperlich (atomar, biologisch, chemisch), seelisch im Sinne von gefühlsmäßig sowie geistig (ähnliche Denkinhalte, synchrone Wellen von Hirn und Erde). Auch die Existenz der materielosen oder feinstofflichen Bindeglieder – unserer Seele und Gottes Geist – kann logisch argumentiert und zumindest indirekt bewiesen werden. Sie existieren nicht losgelöst von einander, sondern bilden eine Einheit.

Unsterbliche Seele

Die Existenz der unsterblichen Seele ist keine Frage des Glaubens, sondern des **Wissens**. Dieses Wissen ist mehrfach gesichert, zumal unmittelbar erfahrbar und anhand objektiver Kriterien nachweisbar.

Neben dem grobstofflichen Körper »haben« wir auch einen feinstofflichen: die Seele. Sie ist unsere interne Schnittstelle zu Gott. Viele Menschen wissen intuitiv und spüren im Bereich des Herzens, dass sie eine unsterbliche Seele »haben«. In Wirklichkeit haben wir die Seele nicht nur, viel mehr ist sie jener unvergängliche Teil in uns, der unserer wahren, ursprünglichen Natur entspricht. Und die ist spirituell. Kurzum: Wir **sind** die Seele. Diese unsichtbare Entität hat ähnliche Umrisse wie der physische Körper, füllt ihn quasi aus. Du kannst dir die Seele wie ein durchsichtiges Geistwesen vorstellen, ähnlich wie ein Gespenst. Die Seele braucht den Körper, um sich durch ihn in der grobstofflichen Welt zum Ausdruck zu bringen. Seele und Körper sind füreinander so etwas wie Transportmittel. Der Körper ist das grobstoffliche Fahrzeug der Seele in der materiellen Welt. Und die Seele ist das feinstoffliche Fahrzeug des Körpers in der spirituellen Welt. Allem Anschein nach ist die Seele an zwei Stellen besonders mit dem Körper verbunden: im Herzen auf der Gefühlsebene und im Gehirn auf der Verstandesebene (siehe Abb. 19). Die wichtigsten Andockstellen sind anscheinend die angeblich geheime fünfte Kammer des Herzens und die Zirbeldrüse im Gehirn.

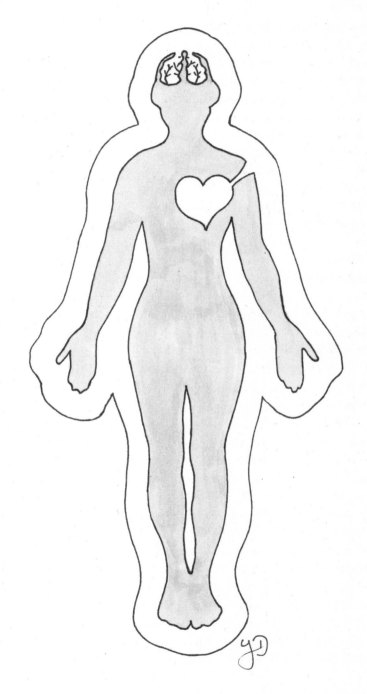

Abb. 19

Für die Existenz der Seele ist der beste, weil direkte Beweis die unmittelbare Erfahrung. Manche spüren sie bei der Meditation, in luziden Träumen (bewussten Klarträumen), beim sexuellen Höhepunkt oder im Zuge einer physischen Überanstrengung. Viele wissenschaftlich dokumentierte Beweise für die Existenz der Seele liefern Nahtoderfahrungen in Verbindung mit außerkörperlichen Wahrnehmungen sowie weitere richtungsweisende Phänomene wie das Sehen ohne Augen. Bei diesen außergewöhnlichen Naturerscheinungen ist das Vorhandensein der Seele nicht nur wissenschaftlich indiziert, sondern – bei genauer Betrachtung – sogar unabdingbare Voraussetzung.

Nahtoderfahrungen (NTE). Dabei handelt es sich um sehr reale, besonders klare und bewusstseinserweiternde Erlebnisse, die sterbende oder bereits klinisch tote Menschen an der Schwelle zum oder im sogenannten Jenseits machen, während sie im sogenannten Diesseits vom Körper und Gehirn losgelöst sind. Es sind die Erfahrungen der Seele. Denn in der Regel sind nahtoderfahrene Menschen, weil Herzschlag und Atmung bereits ausgesetzt haben, ohne medizinisch messbares Bewusstsein. Um es klarzustellen: Medizinische Studien beweisen, dass die NTE »tatsächlich zu einer Zeit erlebt wird, in der im Gehirn keine Aktivität mehr messbar ist und alle Gehirnfunktionen ausgefallen sind.«[491] In der absoluten Bewusstlosigkeit bei einem Totalausfall der Hirnfunktionen kann aber das Gehirn überhaupt nicht an der NTE teilhaben. Dennoch nehmen die Betroffenen – entgegen jeder schulmedizinischen Verneinung – ihre NTE nachweislich luzide wahr, also **völlig klar,** grundsätzlich sogar klarer als jedes andere Erlebnis. Mehr noch: Die Erlebnisse während einer NTE haben anscheinend »einen **größeren** Realitäts- und Wahrheitsgehalt« als tagtägliche Erlebnisse im sogenannten Wachzustand.[492]

Weltweit wurden bereits tausende Fälle medizinisch erfasst,[493] erstmals ab 1965 von der schweizerischen Ärztin Dr. Elisabeth Kübler-Ross, Assistenzprofessorin für Psychiatrie und Trägerin einiger Ehrendoktorhüte. Kübler-Ross gilt auch deshalb als Pionierin, weil sie sowohl hunderte Sterbende betreut als auch deren außerkörperliche und jenseitige Erlebnisse dokumentiert und sogar durch eigene unmittelbare Erfahrung bestätigt hat.[494] Auch ihre Arbeit wird bestätigt, vielfach sogar, zuerst 1975 vom US-amerikanischen Psychiater Dr. Raymond Moody.[495] Aus den vielen exzellenten Forschungen sticht besonders jene des niederländischen Kardiologen Dr. Pim van Lommel hervor. In seinem Buch *Endloses Bewusstsein* werden alle relevanten medizinischen Fakten übersichtlich dargestellt und wissenschaftlich ausgewertet. Das Ergebnis lautet: »Eine NTE ist ein Aspekt des endlosen Bewusstseins«, also des allumfassenden Bewusstseins. NTE sind der Beweis für das Vorhandensein einer letzten Quelle des Bewusstseins in einem höherdimensionalen Raum.[496] Einer US-amerikanisch-britisch-österreichischen Studie zufolge haben bei einem Herzstillstand rund 9 Prozent der Betroffenen eine NTE.[497] Insgesamt berichten neuen Forschungen zufolge etwa 4,2 Prozent der Bevölkerung von einer NTE.[498] Aktiv betrifft sie gemäß einer US-amerikanischen Studie etwa jeden zwanzigsten Menschen,[499] und zwar unabhängig von sozialen Kriterien wie Herkunft, Hautfarbe, Geschlecht, soziale Schicht, Bildung oder Religion.[500]

Folglich leuchtet ein, dass jede NTE **höchstindividuell** erlebt wird: »Keine zwei Nahtoderfahrungen sind gleich«, weiß Dr. Jeffrey Long,[501] ein ursprünglich skeptischer US-amerikanischer Facharzt für Radioonkologie und Begründer der weltweit größten Datenbasis zum NTE-Phänomen im Rahmen der *Near Death Experience Research Foundation*.[502] Obwohl alle NTE subjektiv verschieden sind, treten objektive Muster von bis zu 12 Elementen in einer üblichen Reihenfolge auf: 1. Lösung des Bewusstseins vom Körper bzw. außerkörperliche Erfahrung, 2. Schärfere Sinne, 3. Intensive Gefühle von Frieden und Liebe, 4. Durchqueren eines Tunnels, 5. Strahlendes Licht, 6. Begegnung mit Lichtwesen, 7. Veränderte Wahrnehmung von Zeit oder Raum, 8. Lebensrückschau, 9. Eintritt in eine »himmlische« Dimension, 10. Besonderes Wissen, 11. Wahrnehmung einer Barriere, 12. Rückkehr in den physischen Körper. Näher erforschte NTE weisen sieben dieser Elemente oder mehr auf.[503]

Das sowohl für den Betroffenen selbst als auch für die Forschung wichtigste Element ist die bei allen NTE auftretende **außerkörperliche** Erfahrung (AKE). Bei AKE wird mitunter der eigene physische Körper komplett von außen erblickt, ganz so als wäre man ein Zuschauer.[504] Bei rund 50 Prozent der AKE werden solche irdischen Vorgänge beobachtet, die eindeutig der objektiven Realität entsprechen. Bei einer AKE erhebt sich gewöhnlich »der Punkt des Bewusstseins über den Körper«, in geschlossenen Räumen zunächst bis zur Zimmerdecke, von wo aus dann sehr oft tatsächlich die Reanimationsversuche am eigenen Körper gesehen und/oder gehört werden. Derartige Erinnerungen der Nahtoderfahrenen werden in etwa der Hälfte der Fälle durch unabhängige »Dritte objektiv auf ihre Realität überprüft« (46,5 Prozent bei Dr. Long), wobei sage und schreibe 92 Prozent der Angaben »ohne den geringsten Fehler vollständig korrekt waren.« Beachtlich ist auch, dass die Erinnerungen aus einer AKE nicht nur »bemerkenswert akkurat«, sondern auch **»wesentlich präziser«** sind als jene der Kontrollgruppe ohne AKE.[505]

Zum Beispiel hat ein Mann nach seinem Herzstillstand im Spital »von der oberen Ecke des Raums« gesehen, wie unten sein Körper mit einem externen Defibrillator reanimiert wird. Seine exakten Beobachtungen von Menschen, Geräuschen und Aktivitäten während der Reanimation werden von den Krankenakten **bestätigt**.[506] Andere komatöse Nahtoderfahrene hören oben von der Zimmerdecke, wie unten über das Abstellen jener Geräte diskutiert wird, die ihre Körper künstlich am Leben erhalten. Oder wie beim Reanimieren geflucht wird »Komm schon, verdammter Mistkerl!« Ein Patient hat während der Reanimation seines im Koma liegenden Körpers von oben beobachtet, wie ihm dabei von einem Pfleger die Zahnprothese entfernt wird und er sie in eine ausziehbare Schublade legt. Das Gebiss wurde erst wieder aufgefunden, als der erfolgreich reanimierte Mann sowohl den Pfleger als auch die Schublade identifiziert hat.[507] Das Bewusstsein einer Frau hat sich während ihrer körperlichen Wiederbelebung, die sie in allen Details beobachtet hat, über das Krankenhaus erhoben. Währenddessen hat sie im dritten Stock auf dem Sims folgenden Tennisschuh gesehen: Männerschuh, links, dunkelblau, abgenutzte Stelle über dem kleinen Zeh. Etwas später wurde exakt dieser Schuh an exakt der beschriebenen Stelle vorgefunden.[508] Eine polizeiliche Auskunft bestätigt angeblich die Richtigkeit jenes amtlichen Kennzeichens, welches ein Patient während seiner Herzoperation mittels AKE über der Unfallstelle schwebend erkannt hat. Es handelte sich um das fahrerflüchtige Kfz.[509]

Obwohl man eine Steigerung kaum für möglich hält, kommt es noch besser: AKE werden in den genannten Elementen – ohne irdisches Vorwissen – sowohl von Kindern[510] als auch von gebürtig Tauben und Blinden so gehört und gesehen, als hätten sie nie eine körperliche Einschränkung gehabt.[511] Der aus meiner Sicht eindrucksvollste Fall ist der einer **geburtsblinden** Frau, die vor der NTE nicht das Geringste gesehen hatte, nicht einmal Licht. Nach einem Autounfall hat sie im Zuge der AKE sowohl das Unfallfahrzeug (VW-Bus) und den Rettungswagen als auch die gesamte Umgebung, das Krankenzimmer mit Metallbahre, beteiligte Personen und ihren eigenen Körper detailliert visuell beobachtet und danach **völlig korrekt** beschrieben. Und das von einer Frau, die durch ihre physischen Augen noch nie etwas gesehen hat und auch nie etwas sehen wird.[512]

Achtung! Diese und viele weitere von harten Fakten und unabhängigen Dritten verifizierten Angaben beweisen, dass sich Nahtoderfahrene an real Erlebtes erinnern, das sie nicht mit den Sinnen des grobstofflichen Körpers wahrgenommen haben. Die Faktenevidenz beweist zudem, dass es sich bei NTE um keine Träume,

Phantasien oder Illusionen handelt. Viel mehr liefern NTE mit AKE über irdische Vorgänge den **unwiderlegbaren Beweis**, dass das wahre menschliche Bewusstsein nicht an den grobstofflichen Körper gebunden ist. Während der völlig korrekten Wahrnehmung der objektiven Realität befindet sich ja der leblose und daher zur Wahrnehmung ohnehin unfähige Körper unterhalb des Beobachters bzw. der beobachtenden Entität. Die sich außerhalb befindende beobachtende Entität betrachtet von oben ihren sterbenden bzw. toten Körper mitsamt Schädel, Augen, Ohren und Gehirn. Folglich kann dieser Körper nicht an der korrekten Beobachtung seiner selbst beteiligt sein. Das ist aus naturwissenschaftlichen und logischen Gründen absolut ausgeschlossen. Daraus muss folgerichtig abgeleitet werden, dass die beobachtende Entität 1. unser wahres Bewusstsein darstellt, das 2. objektiv real ist, 3. eine spirituelle bzw. feinstoffliche Natur hat, 4. unabhängig vom grobstofflichen Körper existiert und daher 5. endlos ist. Demnach muss die beobachtende Entität das sein, was gemeinhin **Seele** genannt wird.

Diese stringente Feststellung wird durch die restlichen Elemente der NTE im vollen Umfang untermauert. Den vermeintlich neuen, weil schwerelosen Körper empfinden die Betroffenen »als einen **spirituellen** beziehungsweise immateriellen Körper, der ohne jeden Widerstand durch feste Strukturen wie Mauern oder Türen hindurchgehen kann.«[513] Dieser spirituelle Körper hat »so etwas wie eine Figur« und wird auch als »Farbwolke« oder »Energiefeld« bezeichnet. Die Körperteile scheinen aus Licht zu bestehen.[514] Bei mehr als drei Viertel (76,2 Prozent bei Dr. Long) der Nahtoderfahrenen breiten sich »unvorstellbarer Frieden oder Heiterkeit« aus, mehr als die Hälfte (52,2 Prozent) empfindet »unvorstellbare Freude«.[515] Die transzendente Erfahrung mit einem unbeschreiblich schönen, hell strahlenden, aber nicht blendenden Licht ist üblicherweise mit einem tiefen Gefühl der absoluten Akzeptanz, der bedingungslosen Liebe, dem Erkennen der allgegenwärtigen Einheit aller Dinge sowie mit der Begegnung mit »mystischen Wesen« verbunden. Diese werden oft als »Lichtwesen ohne erkennbare Gesichtszüge« oder als Engel beschrieben. Für die Echtheit der Erfahrung spricht, dass diese Wesen auch von kirchlich religiös geprägten Nahtoderfahrenen ohne Flügel gesehen werden. Die Kommunikation mit ihnen verläuft direkt und telepathisch.[516]

Beim sogenannten Tod werden also im Rahmen der NTE himmlische Hochgefühle freigesetzt. Diese wären an sich vollkommen sinnlos, wenn die Berufsskeptiker richtig lägen, dass das Leben nur ein Zufall und daher nach dem Tod einfach aus sei. Hier drängt sich die rhetorische Frage auf, ob nicht gerade die überwältigend positiven Gefühle bei NTE darauf hinweisen, dass wir der ultimativen Realität ganz nahe sind. Ein wichtiges Faktum ist, dass der jenseitige Teil der NTE bzw. AKE vielfach als **Heimkehr zur Quelle** erlebt wird. Davon kann ich aus eigener Erfahrung berichten.

Bevor wir zu meiner NTE kommen, ist zu erwähnen, dass ich schon als kleines Kind einige AKE hatte, allerdings ohne Todesnähe, sondern in luziden Träumen. Solche **spontanen** AKE haben etwa 10 Prozent der Menschen, bis zu 25 Prozent der Kinder und Heranwachsenden.[517] In meinen kindlichen Klarträumen habe ich im freien Flug Details der Umgebung – Dächer, Schornsteine, Bäume, Autos – aus einer einzigartigen Vogelperspektive gesehen, die ich zuvor mangels Verfügbarkeit weder im Fernsehen noch anderswo wahrgenommen habe.[518] Eine sehr ähnliche Perspektive durfte ich erstmals viele Jahre später als Heeresoffizier beim Konturenflug im militärischen Hubschrauber erleben. Bereits in der bewegten Kindheit war mein liebstes Forschungsthema die Seele. Da ich schon sehr früh wusste, dass in mir reine Seelenenergie pulsiert, konnte ich mich nie mit der im Schulunterricht vermittelten Phantasie anfreunden, dass wir Menschen nur Blut, Fleisch und Knochen unter der Haut haben sollen.[519] Als mein Vater im Jahr 2000 nach einigen Jahren schwerer Krankheit sterbend in meinen Armen lag, haben sich in einer tief bewegenden Szene kurz vor seinem letzten Atemzug unsere Seelen berührt. Noch am selben Abend haben zwei mir nahestehende Menschen und ich gemeinsam dasselbe erlebt: Im selben Raum im Kreis sitzend, haben wir bei völliger Windstille in exakt demselben Moment gespürt, wie sich die Seele meines Vaters durch ein kühles Vorbeistreichen am Nacken und am Kopf bei jedem von uns verabschiedet hat.[520]

Diese Erfahrungen sowie meine gesammelten Erkenntnisse betreffend Seele und Gott waren bereits in der Erstauflage von *Tiger in High Heels* (2009) abgedruckt. Da sich daran nichts geändert hat, befinden sie sich identisch in der aktuell fünften Auflage (2018). Ab der vierten Auflage (2013) ist lediglich die Schilderung meiner NTE aus 2012 hinzugekommen.[521] Diese ist, wie auch der diesbezügliche Pressebericht in *GesünderNet*,[522] aus zwei Gründen sehr kurz gefasst: Zum einen hatte ich damals die NTE selbst noch nicht richtig verarbeitet, zum anderen zeigte sich mein damaliges Umfeld meist ignorant bis spöttisch oder ängstlich. Im Folgenden gebe ich meine NTE detailliert wieder, indem ich mich auf den unmittelbaren Eintrag in meinem »Lebensbuch« beziehe. Darin halte ich nur grundlegende Erkenntnisse und Ereignisse fest.

Um das Jahr 2010 habe ich ein großes Lebensziel erreicht, das wahrscheinlich jeden Menschen in der einen oder anderen Form bewegt: die Vereinigung vermeintlicher Gegensätze, konkret die Symbiose weiblicher und männlicher Wesensanteile. Dies habe ich auch gesellschaftlich umgesetzt: Nach einem fordernden Rechtskampf konnte ich beim Verfassungsgerichtshof die Aufhebung des menschenverachtenden indirekten Operationszwangs an Transsexuellen, der übrigens starke Parallelen zum indirekten Impfzwang aufweist, für ganz Österreich bewirken. Und im Jahr 2011 hat das deutsche Bundesverfassungsgericht, unter Bezug auf meinen Fall, den OP-Zwang in Deutschland gekippt.[523] Nachdem ich im Internet einige Morddrohungen von OP-Süchtigen bekommen hatte, wurde ich auf Buchbesprechungen von anderen deutschen Transsexuellen umarmt. Zweiteres hat mir zwar sehr gutgetan, jedoch habe ich, ohne jemals lebensmüde gewesen zu sein, tief in mir gewusst, dass mein »irdischer Auftrag« erfüllt war.

Dass es tatsächlich so war, habe ich am 27.01.2012 in Bayern im wahrsten Sinn des Wortes erlebt bzw. überlebt. Im guten Glauben an die ärztliche Diagnose »Kehlkopfentzündung« begab ich mich faktisch mit einer schweren Lungenentzündung zu einer literarischen Veranstaltung. Am Vorabend des Events saß ich mit neun weiteren Menschen beim Abendessen, als mein Gesicht plötzlich dunkelrot anlief und ich mit nach hinten gedrehten Pupillen zur Seite kippte. Atemstillstand. Offenbar ging der (laut späteren Röntgenbildern) vereiterte linke Lungenflügel nicht mehr auf. Auf meine Tischnachbarn habe ich wie tot gewirkt, weshalb sie schon mit der Reanimation beginnen wollten. Währenddessen habe ich Folgendes erlebt:

Völlig ruhig stehe ich aufrecht und mit ausgestreckten Armen in einem raumlosen Raum. Er ist geschmeidig gewölbt, ohne Kanten zu haben. Alles ist strahlend weiß, blendet mich aber nicht. Das Äußere fühlt sich in mir drinnen »wolkig« an, wie ein sanfter Bodennebel. Die Temperatur ist sehr angenehm, zugleich warm und kühl. Eine musiklose Musik dringt durch den Raum und mich hindurch. So stelle ich mir die wohlige Grundschwingung des Universums vor. Das Gefühl ist erhaben und rein. Ohne Verwunderung darüber weiß ich, dass ich zuhause angekommen bin. Eine unbeschreibliche Liebe und Annahme, die ich noch nie zuvor gefühlt habe, sind hier zugleich außerhalb und in mir. Eine Weile stehe ich so da, in vollkommener Einheit mit allem. Jetzt neigt sich mein durchgestreckter Körper im Zeitlupentempo rückwärts, bis ich horizontal über dem Boden schwebe. Noch nie dagewesene Energien der liebenden Einheit und stillen Kraft durchströmen mich. So könnte es sich als Baby in Mamas Bauch angefühlt haben. Ich schaue mich um. Rund um mich herum stehen hunderte oder tausende Lichtwe-

sen. Sie haben mich sanft aufgefangen. Von der Kontur her sehen sie alle gleich aus,
als bestünden sie aus gelb und orange strahlendem Licht. Sie haben keine Flügel und
keinen Heiligenschein. Im Bereich des Kopfes befindet sich kein Gesicht. Aber ich sehe
so etwas wie die Umrisse eines angedeuteten Antlitzes, wie ein Fotonegativ ihres vorigen
Lebens auf der Erde. Es ist aber niemand darunter, den ich erkenne. Diese fremden und
doch vertrauten Wesen halten und streicheln mich sanft am ganzen »Körper«. Er sieht
»wolkig« durchsichtig aus. Nun höre ich eine unfassbar schöne Stimme innerhalb und
außerhalb von mir. Es ist die Stimme der Lichtwesen, die mir sagt: »Du hast alles gut
gemacht. Du kannst gleich hierbleiben, wenn du magst!«

Es fühlt sich richtig an, dass hier mein Zuhause ist. Hier ist die reinste Harmonie,
hier ist der tiefste Frieden. Im Wissen, dass ich bleiben darf, zische ich wie ein Blitz
durch einen Schleier in die »andere Welt« zurück. Sie besteht parallel. Zurück in mei-
nem Fleischkörper springe ich auf und schreite voll aufgeladen im Raum auf und ab,
während ich meinen erstaunten Zuhörern meine Ideen zum morgigen Event schildere.
Ich sitze auf einer Kommode oder einem Tisch, als mich alle nur anstarren. Ich frage
sie: »Warum schaut's ihr mich so blöd an?« Die Gegenfrage lautet, welche Drogen ich
eigentlich nehme. Natürlich winke ich ab, weil ich außer Alkohol noch nie etwas Dro-
genartiges konsumiert habe. Mein Umfeld hatte vorhin den Eindruck, dass ich tot war.
Kurz darauf erinnere ich mich nach und nach an den wunderschönen Ort, an dem ich
vor kurzem noch war. Traurigkeit befällt mich. Ich ziehe mich aufs Zimmer zurück.

Wieder eingezwängt in der Fleischrüstung, kam ich mir in der viel zu engen irdischen Welt mit ihren unzähligen Schubladen und Schachteln deplatziert vor wie ein
Clown auf meiner eigenen Beerdigung. Einige Zeit fühlte ich eine fast schmerzliche
Sehnsucht nach der jenseitigen Parallelwelt. Dort »drüben« gab es keinen Richter,
kein Urteil, kein Gefängnis. Meine Seele durfte die bis dahin nur erahnte energetische Omnipräsenz Gottes bewusst erfahren. Für mich ist absolut klar, dass die vielen Lichtwesen, die allem Anschein nach mit mir telepathisch kommuniziert haben,
unsterbliche Seelen sind, die ihre irdischen Lektionen schon gemacht hatten. Ein
stilles Verlangen nach »drüben« verspüre ich bis heute, jedoch im klaren Wissen,
dass drüben und hüben verbunden sind – durch die Seele.
  Skeptischen Ärzten zufolge sei meine – und auch jede andere – NTE unmöglich.
Das schließen sie daraus, dass jede Wahrnehmung und noch mehr die Erinnerung
völlig ausgeschlossen seien, weil bei einem Atemstillstand neben dem Herz auch
das Hirn sofort abschaltet. Die Begründung ist zwar korrekt, die Schlussfolgerung

aber falsch. Denn bei der NTE habe ich sowohl Erfahrungen gemacht als auch die Erinnerungen daran behalten. Sie sind mit allen Sinneseindrücken und Details unauslöschlich in mir abgespeichert wie nichts anderes in diesem Leben. Die jenseitige Wirklichkeit habe ich also faktisch realer erlebt als alles Diesseitige. Daher ist meine NTE sozusagen realer als real, nämlich das **Realste**, was ich je erlebt habe. Im Vergleich dazu ist das irdische Leben eine schlechte TV-Werbesendung mit Bild- und Tonstörungen. Was die Schulmedizin dazu sagt, ist mir, offen gesagt, völlig egal. Apropos: Ein schulmedizinischer Lungenarzt meinte, dass es beim – von mehreren Zeugen beobachteten – Atemstillstand unmöglich sei, dass ich ohne künstliche Beatmung zu mir gekommen bin. Auch die vollständige Heilung meiner Lunge ohne die kleinste Narbe sei quasi unmöglich, obwohl sowohl die Entzündung als auch die Gesundung mit Röntgenbildern dokumentiert sind. Ich habe erwidert, dass Hummeln, obwohl sie es laut sogenannten Experten gar nicht können dürften, dennoch rotzfrech über ganze Bergketten fliegen. Die sogenannte Wissenschaft von heute ist morgen oft nur der Irrtum von gestern. Nachher ist nämlich »laut neuesten Erkenntnissen« vieles genau anders herum. Darum ist Wissenschaft oft nur Glaubenschaft, sprich eine neue Form der Religion.[524] Echte Wissenschaft schafft Wissen. Zu diesem Zweck hat sie auch unbequeme, fachübergreifende Fragen zu stellen, sich bei ihrer Beantwortung ergebnisoffen an die Fakten zu halten und logisch vorzugehen.

Exkurs: Selbstheilung. Die schnelle Heilung meiner Lungenflügel führe ich auf die intuitive Aktivierung der eigenen Heilkräfte zurück, die jedem Menschen zur Verfügung stehen. In einer dreiwöchigen Kur im Heilstollen von Oberzeiring (Steiermark) habe ich mir zuerst visuell und dann faktisch das Gift aus dem Körper gepresst. Mit Hilfe des Personals wurden alle regulären Anwendungen auf den Vormittag verlegt. Ich habe sie gern und gewissenhaft gemacht: Radergometer, Gymnastik, Atemübungen, Inhalationen, Moorpackungen, Massagen. Ab dem frühen Nachmittag war ich täglich zwischen drei und sieben Stunden Bergwandern. Ganz allein im geliebten Wald, im großen Wohnzimmer der Germanen. Die große Trinkblase im Rucksack ermöglichte den prompten Flüssigkeitsausgleich. Der war dringend nötig, weil ich mit meinen Auswürfen immer längere Strecken markiert habe, bis die Lunge wieder sauber war. Nach einer lockeren Runde im Schwimmbecken wurde der Abend in einer geselligen Saunarunde durch drei Aufgüsse gekrönt. Der rasche Heilungserfolg war der Anlass für das noch vor Ort geführte Interview für das erwähnte Gesundheitsblatt, welches über meine NTE berichtet hat.[525]

Achtung! Wie gesagt, beweisen NTE mit AKE über objektiv beweisbare irdische Vorgänge, dass der Sitz des menschlichen Bewusstseins eine feinstoffliche Entität ist, die unabhängig vom physischen Körper existiert. Diese nennen wir Seele. Obwohl keine weitere Beweisführung nötig ist, erstellen wir zur Sicherheit ein logisches Gesamtbild. Die restlichen Elemente der NTE sind zwar durch Dritte nicht unmittelbar überprüfbar, jedoch spricht für ihre Echtheit insbesondere ihre beeindruckende Häufigkeit mit weltweit übereinstimmenden Mustern. Zudem lässt sich bei Menschen mit NTE »ein nachhaltiger und tiefgreifender Wandel der Lebenseinstellung, der Glaubensauffassung, der Werte und des Verhaltens beobachten.« Dazu zählt ein Bewusstseinswandel in Verbindung mit einem gesteigerten Selbstwertgefühl, das einen unabhängiger von der Anerkennung anderer macht. Nahtoderfahrene denken mehr in großen Zusammenhängen und bilden sich eher eine objektive Meinung. Weiters werden sie viel körperbewusster, neugieriger, abenteuerlustiger und risikofreudiger, gleichzeitig aber auch wertschätzender gegenüber dem Leben. Auch die Intuition und das Mitgefühl für andere sind stärker ausgeprägt. Eine vorige Kirchenbindung wird deutlich geringer, während zugleich die eigene Spiritualität wächst. All das hängt mit der Befreiung von der Todesangst zusammen.[526] Schließlich ist der uns vorgegaukelte Tod eine Illusion: »Es gibt keinen Tod.«[527]

Wir Nahtoderfahrene haben etwas großartig Reales erlebt, das für uns in der Regel ein sehr wichtiger Wendepunkt im Leben ist. Daher unterliegen wir keiner religiösen Utopie, weshalb wir auch kein Bedürfnis haben, jemanden von unserer Spiritualität zu überzeugen. Wir haben viel Empathie für unsere Mitmenschen und wissen, dass sich jeder Mensch nur selbst aus der Matrix befreien kann. Daher bieten manche von uns ihr Wissen bedingungslos an. Ich selbst hatte meine NTE, wie erwähnt, sogar im eigenen Buch nur kurz beschrieben. Durch die NTE wurde ich viel unabhängiger von der Wertschätzung meiner Mitmenschen. Wenige Monate später, im Mai 2012, habe ich meine Frau Jasmin kennengelernt und erstmals in diesem Körper die bedingungslose partnerschaftliche Liebe erfahren dürfen. Wir sind, wie man so schön sagt, ein Herz und eine Seele. Diese Liebe ist sozusagen der private Grund, warum ich von der NTE zurückgekommen bin. Obwohl ich schon seit 2015 Verfassungsbrüche und Geschichtslügen aufdecke, wurde mir mein »sozialer Auftrag« erst ab Mitte 2020 im Rahmen der C-Diktatur so richtig bewusst. In der NTE wurde bei mir die Reset-Taste gedrückt. Mein Ich hat sich zwar nicht ganz anders, aber doch neu ausgerichtet auf Wahrheit, Naturverbundenheit, Licht und Liebe. Dazu kommt eine eiserne Entschlossenheit aus dem Herzen heraus. Die für diesen Weg erforderliche Kraft und den Mut schöpfe ich aus meinem spirituellen Urvertrauen bzw. dem erlebten Wissen, dass mein Wesenskern die Seele ist.

Die Existenz der Seele wird auch durch jene offensichtlich nicht kognitiven Phänomene bewiesen, die mit der klassischen Wissenschaft nicht erklärt werden können, obwohl sie regelmäßig nach wissenschaftlichen Kriterien beobachtet und anerkannt werden. Neben NTE/AKE nennt der Universitätsdozent und Biophysiker Dr. Ulrich Warnke Placebo- und Nocebo-Effekte, terminale Geistesklarheit trotz zerstörtem Gehirn bei Alzheimerpatienten unmittelbar vor dem Tod, luzides Träumen, **paraoptische Rezeption** (Sehen ohne Augen), Hellsehen (Remote Viewing gemäß CIA), Traumtelepathie (zwischenmenschlich geteilte Träume), hoher IQ trotz geringster Hirnmasse von nur 5 Prozent, telekinetischer Transfer von Gehirnaktivitäten (indirekter Reizempfang), Telesomatik (mentale Beeinflussung von Schwingungsfeldern), geistige Beeinflussung atomarer Strukturen, außergewöhnliche Leistungen von Savants (Erkrankten mit verminderter Intelligenz) und Synästhetikern (die Sinnesreize unüblich verbinden). Diese anerkannten Phänomene belegen laut Dr. Warnke, dass das Bewusstsein nicht an das Gehirn gebunden ist. Folglich ist Bewusstsein ein universelles Prinzip, das wir nur benutzen.[528] In seinem Buch über Quantenphilosophie und Spiritualität kommt Warnke zum nachvollziehbaren Ergebnis, dass das Bewusstsein nicht die Folge der Gehirnaktivität ist. Es ist genau umgekehrt: Die Ursache ist das Bewusstsein, die Gehirnaktivität die Folge. Das Gehirn ist, ähnlich wie ein TV-Gerät, lediglich der Empfänger: »Bewusstsein nutzt das Nervensystem zum Zweck der Wahrnehmung.« Demzufolge ist das Gehirn »immer nur ein Werkzeug zur Abkoppelung des geistigen Prinzips Bewusstsein an der Materie.«[529]

Das Gehirn fungiert quasi als innerer Bildschirm für die Signale des allumfassenden Feldes. Dieses Faktum wird uns von paraoptisch Sehenden besonders anschaulich vor Augen geführt.

Sehen ohne Augen. Bei der paraoptischen Rezeption geht es um die Fähigkeit, ohne Augen zu sehen. Diese grundsätzlich in jedem Menschen angelegte Gabe wurde vom französischen Professor für Philosophie Louis Henri Farigoule bereits um 1920 wissenschaftlich erfasst. Nachdem er seine Erkenntnisse im Selbsttest belegt hatte, wurden sie unter dem Pseudonym Jules Romains im Buch *La Vision extra-rétinienne et le sens paroptique* (Sehen ohne Retina und paraoptischer Sinn) veröffentlicht.[530] Die paraoptische Fähigkeit gilt in Russland als wissenschaftlich anerkannt.[531] Im Rahmen von regelmäßig stattfindenden Ausbildungen werden die physisch-visuellen Sinnesorgane, also die Augen, der meist minderjährigen Schüler mit mehreren Augenbinden vollständig abgedichtet. Obwohl nicht das geringste Restlicht durchdringen kann, erkennen die Schüler sogar winzige Details korrekt. Davon kann man sich vor Ort selbst überzeugen. Sehr zu empfehlen ist auch die Videodokumentation *Kinder mit Superkräften? – Sehen ohne Augen*, deren Protagonisten selbst das argwöhnische Filmteam überzeugt haben. Die gefilmten Kinder sind unbeeindruckt. Denn sie wissen, dass sie mit ihrem inneren Licht, dem **Dritten Auge**, fast so gut sehen wie mit den physischen Augen, nur ein wenig verschwommener.[532]

Beim Kurs *Sehen ohne Augen* lernen Kinder und Jugendliche von 6 bis 21 Jahren meist im Schnellverfahren, allein mit dem Dritten Auge und dem Zugang zur universellen Intelligenz zu lesen, zu schreiben, Ball zu spielen, Roller zu fahren und vieles mehr. Durch die Nutzung dieser intuitiven, bewusstseinserweiternden Fähigkeit haben Kinder ganz allgemein wesentlich mehr Freude und Erfolg beim Lernen. Kreativität und logisches Denken werden gefördert, wodurch das Selbstvertrauen gestärkt wird. Natürlich können auch Erwachsene diese Fähigkeit für sich selbst aktivieren. Jedoch ist die Freilegung des Zugangs etwas aufwändiger, weil er durch die Programmierung in der Matrix (Erziehung, Schule, Medien) verschüttet ist. Diverse Coaches mit verschiedenen Methoden sind im Internet zu finden.[533] Über erfolgreiches Sehen ohne Augen in Österreich wurde 2018 von der Juristin Dr. Lygia Simetzberger in einem Bezirksblatt berichtet.[534]

Wer jederzeit, direkt, gesund und gratis aus dem spirituellen Verbundnetz klarsehen kann, dem ringt das verbohrte Ziel eines technischen Internets aller Dinge nur ein mildes Lächeln ab.

Achtung! Es ist also erwiesen, dass überwiegend junge Menschen objektiv reale Informationen aus dem Feld visuell und klar sehen, ohne dass dabei die physischen Augen im Spiel sind. Diese Funktion muss daher zwingend eine **feinstoffliche Entität** übernehmen. Höchstwahrscheinlich bedeutet der Begriff »Drittes Auge« nichts anders als die Seele, die statt den physischen Augen außerhalb des Körpers sieht. Diese Erklärung ergibt mit den NTE mit AKE über irdische Abläufe ein rundes Bild. Sohin liefert Sehen ohne Augen, objektiv betrachtet, den zweiten ultimativen Beweis für die Existenz der Seele.

»Niemand ist so blind wie die, die nicht sehen wollen,« sagte der irische Dichter und Satiriker Jonathan Swift.[535] Jenen Menschen, welche die gezeigten Beweise weder anerkennen noch selbst sehen wollen, ist kaum zu helfen. Wenn ehrlich interessierte Zweifler noch mehr Beweise fordern, könnte man sie fragen, ob sie einen Sinn darin sehen, die Liebe zu ihren Kindern oder Partnern zu beweisen. Die Liebe ist ja auch da, obwohl sie für die Augen unsichtbar ist. Ebenfalls visuell unsichtbar sind sämtliche Gefühle und Gedanken, Gedankenübertragung, Schlafträume, Tagträume und Phantomschmerzen amputierter Gliedmaßen sowie messbare Phänomene wie Magnetismus, Radar- und Radiowellen, EMF-Strahlung, Hirnwellen, Schwingung der Erde, physikalisches Quantenfeld und so weiter. Die beobachteten Wirkungen lassen auf die Quelle schließen.

Wir sind Gott

Gottesdefinition. Gott ist die schöpferische Urkraft des Lebens, die energetische Quelle allen Seins, das allumfassende Energiefeld hinter und in allen Dingen, sprich das omnipräsente Feld. Von Prof. Dr. Albert Einstein wurde es richtig als die einzige Realität erkannt (siehe Kapitel *Gott ist Energie*). Aus dieser Quelle kommen wir, in ihrer Kraft leben wir körperlich, in sie kehren wir zurück. An jedem Ort und zu jeder Zeit sind wir mit der Quelle, dem Geist Gottes, über unsere unsterbliche Seele verbunden. Meine interdisziplinäre Beweisführung in *Tiger in High Heels* wird sowohl von NTE und Sehen ohne Augen bestätigt als auch von anderen wissenschaftlichen Expertisen gestützt.

Gottbeweis. Wie bei der Existenz der unsterblichen Seele geht es auch bei Gott nicht um Glauben, sondern um Wissen. Beweisen kommt von »weisen«, worunter man ursprünglich »wissend machen« versteht. Beweisen bedeutet, etwas »als wahr, richtig nachweisen« und »zeigen«.[536] Ein Beweis liefert gesichertes **Wissen**. Im juristischen Sinn ist ein Beweis das bestätigende Ergebnis eines Verfahrens, das auf die Feststellung von Tatsachen gerichtet ist. Der einzige wirkliche Beweis ergibt sich direkt aus der Beobachtung der Fakten – wie zum Beispiel im Rahmen einer NTE und der bewussten Selbsterkenntnis. Schon vor meiner NTE habe ich argumentiert, dass man die Existenz Gottes nicht mehr beweisen muss, weil sie längst bewiesen ist. Der beste Beweis ist das Leben selbst. Doch obwohl es direkt vor ihren Sinnen liegt, können oder wollen es viele Menschen einfach nicht wahrnehmen.

Da bei ihnen das Herz blind ist, kann man sie nur über den Verstand erreichen, indem man viele indirekte Beweise, also Indizien- oder Anscheinsbeweise, in einer hohen Dichte vorbringt, die kein schlüssiges Gegenargument mehr zulassen. Wenn die vorgebrachten Erkenntnisse und der aus ihnen gezogene Erkenntniswert zwingend sind, gilt die Existenz Gottes als bewiesen. Für den Berufsskeptiker kann aber diese verstandesmäßige Beweisführung nicht mehr sein als ein großer Schritt in die richtige Richtung. Die unmittelbare Erfahrung darf jeder selbst machen.

Die meisten sogenannten Gottesbeweise sind zwar in sich schlüssige Argumente, aber keine echten Beweise. Zum einen ermangelt es ihnen an einer überprüfbaren Gottesdefinition und zum anderen an der Auswertung messbarer Fakten.

Ein triftiges Argument und so etwas wie einen indirekten Beweis für die Existenz Gottes hat der römische Anwalt, Politiker, Philosoph und Schriftsteller Marcus Tullius Cicero im ersten Jahrhundert vor unserer Zeitrechnung vorgelegt: Alle Völker glauben, »dass es eine göttliche Kraft und Natur gibt.« Da diese Überzeugung weder durch Verabredungen noch durch Gesetze bewirkt wird, steht für Cicero fest, dass die Übereinstimmung aller Völker in der ganzen Sache »für ein **Naturgesetz** genommen werden« muss.[537] Das intuitive Wissen nahezu der gesamten Menschheit ist zweifelsohne ein starkes Indiz für die Existenz Gottes.

Einen umfassenden Indizienbeweis hat Thomas von Aquin im 13. Jahrhundert erbracht. Die in seinem zentralen Hauptwerk *Summa Theologiae* formulierten fünf Wege des kosmologischen »Gottesbeweises« beruhen zwar auf dem damals verfügbaren Wissen, jedoch werden die Kernaussagen durch heutige wissenschaftliche Erkenntnisse im vollen Umfang bestätigt. Schließlich hat Thomas von Aquin schon damals korrekt aufgezeigt, dass Gott kein einzelnes personifiziertes Wesen wie der außerirdische Schöpfer nach abrahamitischer Tradition sein kann, sondern ausschließlich das **Sein** selbst. Gott ist die Existenz per se. Besagte fünf Wege lassen sich wie folgt aufs Einfachste reduzieren: Erstens ist Gott der **unbewegte Beweger**, der die erste Bewegung veranlasst hat. Weil sich nichts Physikalisches aus sich selbst heraus verursachen kann, muss Gott zweitens die allererste Wirkursache sein. Daraus folgt, dass Gott drittens jenes Notwendige bzw. unendliche Nichtphysikalische ist, aus dem alle endlichen physikalischen Objekte hervorgehen. Viertens ist Gott die Ursache allen Seins, der Gutheit und Vollkommenheit. Und fünftens ist Gott kein Zufall, sondern das vernünftig **Erkennende**, von dem alle Naturdinge auf ein Ziel hin geordnet werden.[538]

Diese fünf grundlegenden Erkenntnisse spiegeln sich sowohl in antiken philosophischen Abhandlungen und spirituellen Lehren als auch in modernen bio- und quantenphysikalischen Erkenntnissen sowie in den wissenschaftlichen Beweisen für Wiedergeburten.

Seele als individueller Selbstausdruck Gottes. Im Kapitel *Außerirdische Götter* haben wir festgestellt, dass die sogenannten Götter entweder technisch überlegene Außerirdische oder Erfindungen sind. Phantasien vom Vatergott oder von der Muttergöttin sind auf den Himmel projizierte Sehnsüchte nach dem allumsorgenden Elternteil, den sich verzweifelte Erwachsene wünschen, weil sie sich machtlos fühlen und wieder oder erstmals beschützt werden möchten wie ein sorgloses Kind. Es wird versucht, das eigene chronische Minderwertigkeitsgefühl durch einen vermeintlichen außerirdischen Mehrwert zu kompensieren. Dass aber Gott überhaupt kein personifiziertes Einzelwesen sein kann, bekräftigt die von Nahtoderfahrenen erlebte und logisch begründbare allgegenwärtige Realität Gottes als spirituelle Energie hinter und in allen Dingen. Diese unmittelbare Erfahrung der energetischen Omnipräsenz Gottes können wir in jeder Sekunde des Lebens machen: durch Erkenntnis unseres wahren Selbst, also der Seele. Von Nahtoderfahrenen und Hellsichtigen wird die Seele wie ein durchsichtiger Körper beschrieben, der in etwa dieselben Umrisse wie der physische Körper hat (siehe oben). Der feinstoffliche Körper füllt also den grobstofflichen quasi aus. Demzufolge ist die einzelne Seele nicht etwa identisch mit dem allgegenwärtigen Feld, sondern – wie alle anderen Seelen auch – dessen **höchstindividueller** Ausdruck.

Überlieferungen aus allen Zeiten und Kulturen zeigen, dass sich der Mensch seiner spirituellen Seele früher viel bewusster war als heute. Schamanen aller Naturvölker wissen, dass die Seele den Körper verlassen und auf Reisen gehen kann, »bei den Eskimos sogar zum Mond.«[539] In der überwiegend seelen- und gottlosen »Wissenschaft« unserer Wegwerf-Spaßgesellschaft ist anscheinend völlig untergangen, dass die Existenz der Seele bereits im antiken Griechenland zum Basiswissen der berühmtesten Mathematiker, Ärzte, Philosophen, Lehrer und Dichter gehörte. Daran erinnern uns der Philosoph Karl R. Popper und der Oxford-Professor für Medizin Dr. John C. Eccles in ihrem Buch *Das Ich und sein Gehirn.* Zum Beispiel beschreibt der Dichter Homer die Seele als »luftartig – wie ein Atem.« Für den gelehrten Arzt Hippokrates ist das Gehirn nur der Interpret des Bewusstseins, weil die als Luft bezeichnete **Seele** dem Gehirn überhaupt erst den Verstand gibt. Demokrit, Philosoph und Begründer der Atomphysik, verortet die Seele zweifach: erstens rational im Herzen und zweitens nicht denkend im restlichen Körper. Auch dem Mathematiker Pythagoras ist die Existenz immaterieller verborgener Wesen bewusst. Auf ihn oder den Philosophen Philolaos geht die Auffassung zurück, »dass die **unsterbliche** Seele eine Harmonie oder eine harmonische Abstimmung abstrakter Zahlen darstelle.« Der universalgelehrte Philosoph und Naturforscher Aristoteles erklärt, dass die von den Winden geborene Seele »aus dem All in Lebewesen eintritt, wenn sie atmen.« In der grundsätzlich nährend beseelten Welt verfügt nur der Mensch neben dem Körper auch über eine unsterbliche rationale Seele. Und diese Seele ist sich ihrer selbst **bewusst.**[540] In der aristotelischen Lehre ist die Seele das Prinzip der Bewegung. Der unbewegte Beweger ist der Zweck, der die Welt bewegt.[541] Platon zufolge ist der Steuermann der Seele der Geist. Schon 500 Jahre vor dem Frühchristentum vertritt Pythagoras das Prinzip der Wiedergeburt, nämlich »das Überleben und die Reinkarnation der Seele oder die Seelenwanderung.« Dabei wird die wiedergeborene Seele »für ihre Taten durch die Art – die moralische Qualität – ihres nächsten Lebens belohnt oder bestraft.«[542]

Auch gemäß der Bibel hat der Mensch eine individuelle Seele. Dem Schöpfungsmythos des Alten Testaments zufolge wird dem aus Erdauswurf gebauten Menschen der Atem des Lebens eingeblasen, wodurch er zur **lebenden Seele** wird.[543] Der Körper wird also erst durch das Einblasen der Seele innerlich lebendig. Gleichzeitig wird am lebendigen Körper die Existenz der Seele äußerlich sichtbar. Laut Neuem Testament hat auch Jesus deutlich zwischen Seele und Körper unterschieden, zum Beispiel wenn er erklärt, dass man den Leib getrennt von der Seele töten kann.[544] Wir sollen Gott von ganzem Herzen und von ganzer Seele lieben, indem wir unseren Nächsten lieben wie uns selbst.[545] Mit der Seele bzw. in der Liebe sind wir also mit Gott.

Gott ist in uns. Die Begründung, warum wir keinen personifizierten »Gott« lieben sollen, ist, dass Gott keine Einzelperson sein kann, weder Jesus noch ein außerirdischer Raumfahrer wie JHWH. Die Argumentation des Neuen Testaments ist so logisch wie einfach: »Niemand hat Gott je gesehen.«[546] Schließlich ist Gott Energie: Licht, Geist und Liebe. Gott ist das Leben selbst und das **Licht**, in dem es keine Finsternis bzw. keinen Schatten gibt.[547] Der unvergängliche, unsichtbare, einzige Gott ist das noch nie erblickte Unsterbliche, das »in unzugänglichem Licht wohnt.«[548] Aus diesem Licht kommen unsere Seelen. Dazu sagt Jesus gemäß Thomasevangelium (siehe unten): »Wir sind aus dem Licht gekommen, dem Ort, wo das Licht aus sich selbst geworden ist.«[549] Zu dieser göttlichen Urquelle des Lichts passt die quantenphysikalische Sicht, dass das Bewusstsein und das allgegenwärtige Feld aus kohärentem oder schattenlosem Licht bestehen.[550] Gott ist **Geist**, weshalb wir im Geist und in der Wahrheit beten sollen.[551] Dabei geht es um die Wahrheit vom »unvergänglichen, unsichtbaren, einzigen Gott.«[552] Wo der Geist Gottes wirkt, da ist Freiheit.[553] Die Freiheit resultiert aus der wohl wichtigsten Erkenntnis, die Jesus den Pharisäern wie folgt erklärt: »Das Reich Gottes kommt nicht so, dass man es an äußeren Zeichen erkennen könnte. Man kann auch nicht sagen: ›Seht, hier ist es!‹, oder: ›Seht, dort ist es!‹ Denn das Reich Gottes ist schon mitten unter euch.« Der letzte Satz wird auch wie folgt übersetzt: »Das Reich Gottes ist in euch.«[554] In der deutschen Übersetzung von Martin Luther lautet er: »Denn sehet, das Reich Gottes ist inwendig in euch.«[555] Stimmig ist auch die wortgetreue Übersetzung aus dem masoretischen Text: »Die Regentschaft des Gottes ist innerhalb von euch.«[556] Zum Schluss der fast identischen Stelle im unverfälschten Thomasevangelium lautet es hingegen: »Aber das Königreich ist

innerhalb von euch und außerhalb von euch.«[557]

Es ist bereits »ausgebreitet über die Erde, und die Menschen sehen es nicht.«[558] Die genannten Stellen verdeutlichen, dass Gottes Energie unsichtbar und bereits überall präsent ist, um uns herum und in uns selbst. Gott ist also auch in uns. Darum ist es auch kein Wunder, dass uns Jesus ans Herz legt, dass wir perfekt sein sollen wie Gott: »Darum sollt ihr vollkommen sein, wie euer Vater im Himmel vollkommen ist.«[559] Der Ausdruck »Vater im Himmel« kann, so es überhaupt Jesu eigene Worte sind, nur eine Metapher für eine nicht irdische Schöpferenergie sein.

Schließlich sollen wir uns gemäß Jesu Anleitung geistig-seelisch vervollkommnen: »Wer die Erklärung dieser Worte findet, wird den Tod **nicht schmecken**.« So ist es im ersten Logion (Vers) des Thomasevangeliums niedergeschrieben.[560] Das Evangelium nach Thomas ist eine jüdische, frühchristliche und zugleich gnostische Schrift aus dem ersten Jahrhundert, die erst 1945 in Oberägypten im Original entdeckt wurde. Da dieser Text bestimmt unverfälscht, weil vom Kirchenkorrekturstift verschont geblieben ist, wird er bis heute nicht in die vatikanische Schriftensammlung aufgenommen. Schließlich bietet das Thomasevangelium einen erstmals authentischen Einblick in die wahre Jesus-Lehre, die für alle Gefängniswärter brandgefährlich ist.[561] Dennoch kann man auch im rigoros verfälschten Neuen Testament noch einige Stellen zur Selbstbefreiung finden, die perfekt ins Thomasevangelium passen würden. Zum Beispiel schreibt der sonst vielfach irrende Paulus im Brief an die Galater ganz im Sinne von Jesus: »Wer im Vertrauen auf das Fleisch sät, wird vom Fleisch Verderben ernten. Wer aber im Vertrauen auf den Geist sät, wird vom

Geist ewiges Leben ernten.«[562] Diese Aussage ist zum einen ideal auf den ersten Vers des Thomasevangeliums abgestimmt, zum anderen deckt sie sich auch mit Vers 111: »Und wer lebt aus dem Lebendigen, wird den Tod **nicht schauen** und auch nicht Furcht.« Ein wichtiger Beisatz lautet: »Wer sich selbst findet, dessen ist die Welt nicht würdig.«[563] Demnach ist die von Jesus gelehrte Lösung die Selbsterkenntnis.

Achtung! Jesus sagt mit keinem Wort, dass der Körper nicht stirbt. Im Gegenteil. Wer sich an das absonderliche Hirngespinst der körperlichen Auferstehung klammert, der wird mit seinem Körper verfaulen. Wer hingegen auf den Geist Gottes setzt, der ohnehin in uns ist, der wird den sogenannten Tod weder kosten noch sehen. Der Tod ist eine Illusion, weil erstens die Seele ewig lebt und zweitens der sich zersetzende Leichnam in neue Materie übergeht. Wer das gnostische Prinzip des ewigen Lebens bzw. der Wiedergeburt verinnerlicht, kann sich in seiner Seele selbst finden und sich daher ihrer bewusst sein. Für Aristoteles und Jesus bedeutet Selbstbewusstsein gleichzeitig **Seelenbewusstsein**. Schließlich ist die Seele das wahre Selbst. Das Leben im Bewusstsein der unsterblichen Seele ist furchtlos. Im Hier und Jetzt, temporär auf Erden, ewig im allgegenwärtigen Feld. Schließlich ist Gott dasselbe wie die **Liebe**, weshalb wir durch die Liebe eins mit Gott sind. In der Sprache des Neuen Testaments: »Gott ist die Liebe; und wer in der Liebe bleibt, der bleibt in Gott und Gott in ihm.«[564] Diese Grundlagen können in *Tiger in High Heels* vertieft werden.[565] Zu Jesu konkreter Anleitung, wie man sich selbst befreit, kommen wir im nächsten Kapitel.

Im krassesten Widerspruch zur wahren Lehre Jesu stehen die Dogmen des Vatikans. Mit ihrem zwanghaften Irrglauben haben die Kirchenväter jahrhundertelang unzählige Menschen seelisch fehlgeleitet und in die Arme der sogenannten Wissenschaft getrieben, die oft als eine Art Ersatzreligion missverstanden wird. Doch früher einmal hat die Wissenschaft das Spirituelle im Materiellen erkannt.

Vermutlich wissen die allerwenigstens Akademiker, wie konkret die Auffassung des vielfach zitierten Philosophen René Descartes von der Seele und Gott war. Im Jahr 1649 hat der begnadete Vordenker, der auch Mathematiker und Naturwissenschaftler war, sein aus 212 Artikeln bestehendes Werk *Les Passions de l'âme* (Die Leidenschaften der Seele) veröffentlicht. Darin betont Descartes die Dualität von Körper und Seele, wobei »alle Arten von Gedanken, die in uns sind, zur **Seele** gehören.«[566] Sohin wusste der Begründer des modernen Rationalismus wie schon zuvor Hippokrates, dass die Gedanken nicht im physischen Gehirn entstehen. Weiters war sich René Descartes darüber im Klaren, »dass die Seele abwesend ist, wenn man stirbt.«[567] Denn es ist logisch, »dass die Seele wirklich mit dem ganzen Körper verbunden ist« und dass sie sich »ganz von ihm löst«, sobald der Körper stirbt.[568] Außerdem hat Descartes erkannt, dass zwar »die Seele mit dem ganzen Körper verbunden ist, es aber in ihm einige Teile gibt, in denen sie ihre Funktionen intensiver ausübt als in allen anderen.« Entgegen der Ansicht von vielen, die Seele sei verstärkt im Herzen und im Gehirn tätig, kommt Descartes zum Schluss, »dass der Teil des Körpers, in dem die Seele unmittelbar ihre Funktionen ausübt, keineswegs das Herz ist, auch nicht das ganze Gehirn, sondern nur **Teile** im Innersten davon [...]. Im Gehirn ist das »eine bestimmte sehr kleine Drüse, die sich in der Mitte ihrer Substanz befindet,« wo die Seele »ihre besonderen Funktionen intensiver ausübt als in den anderen Teilen.«[569] Im Herzen selbst verortet Descartes keine direkte Wirkstelle der Seele, weil die Empfindungen im Herzen »nur durch einen kleinen Nerv gefühlt werden, der vom Gehirn zu ihm hinabsteigt.«[570]

Wie heutige NTE-Berichte zeigen, lag Descartes schon damals mit seiner Feststellung über die Verbindung der Seele mit dem ganzen Körper richtig. Man könnte sagen, dass die Seele den Körper ausfüllt oder der Körper die Seele. So werden meines Erachtens auch die Schmerzen von nicht mehr vorhandenen Gliedern, die Phantomschmerzen, auf einmal nachvollziehbar. Bezüglich der Verbindung Seele-Gehirn liegt Descartes anscheinend ebenfalls richtig. Jedoch scheint er im Hinblick auf die angeblich nicht vorhandene Andockstelle der Seele am Herzen falsch zu liegen.

Verbindung Seele-Herz. In fast allen Kulturen versteht man das Herz intuitiv als Sitz der Seele, der Weisheit, des Mutes und starker Gefühle wie der bedingungslosen Liebe. Nicht umsonst ist das weltweite Symbol für die Liebe das Herz. Weise Menschen sagen, dass wir auf unser Herz hören sollen. In der Regel ist das Herz wirklich ein besserer Ratgeber als das Gehirn. So viel steht auf der intuitiven Ebene fest, was sich aber wissenschaftlich unterfüttern lässt. Nach mehr als 25 Jahren wissenschaftlicher Forschungsarbeit am menschlichen Herzen hat das Heartmath Institute 2015 eine 112-seitige Studie über Herz und Leistungsfähigkeit vorgelegt. Unter anderem wird die vierfache Kommunikation zwischen Herz und Gehirn erklärt: neurologisch, biochemisch, biophysikalisch und energetisch bzw. kardioelektromagnetisch. Die stärkste Quelle elektromagnetischer Energie im menschlichen Körper ist das Herz. Sein elektrisches Feld »ist etwa 60 Mal größer in der Amplitude als die elektrische Aktivität, die vom Gehirn erzeugt wird.« Das vom Herzen erzeugte Magnetfeld ist sogar mehr als **100 Mal stärker** als jenes des Gehirns. Mit einem Magnetometer kann das Herzfeld bis zu knapp einem Meter (3 Fuß) in alle Richtungen rund um den Körper gemessen werden.[571]

Demnach ist die stärkste Kommunikation des menschlichen Körpers, vor allem über das allgegenwärtige Feld, jene des Herzens. Das Herz hat zwar selbst ein eigenes »kleines Gehirn«, dieses ist jedoch gemäß der Expertise des Neurokardiologen Dr. John A. Armour lediglich »ein innewohnendes Nervensystem« bzw. »die letzte Relaisstation für die Koordination regionaler Herzindizes.«[572]

Derartige Details legen nahe, dass die intuitive Weisheit des Herzens direkt mit der Seele zusammenhängt. Die weit außerhalb des Körpers messbare elektromagnetische »Aura« des Herzens muss sich weitgehend mit der Ausstrahlung der Seele überlappen. Weisheit bzw. nichtlokale Intuition erhält das Herz »aus dem höheren Informationsfeld der Seele«, von der es über das »psychophysiologische System in das energetische Herz strömt«, um von Moment zu Moment unsere Erfahrungen und Interaktionen mitzuteilen. Dieses Phänomen wird vom Heartmath Institute als **Herzintelligenz** bezeichnet. Sie ist jenes höhere Bewusstsein, zu dem wir Zugang haben, wenn wir Verstand und Emotionen synchron auf das energetische Herz ausrichten.[573]

Vielleicht hilft die Seele auch beim Herzschlag mit. Über die »technische« Funktion des Herzens als Blutpumpe wissen wir zwar sehr viel, aber noch lange nicht alles. Trotz hochtechnischer Medizin und jahrzehntelanger Forschung gilt das Phänomen des ersten Herzschlags nach wie vor als Geheimnis. Kurz nachdem sich Eizelle und Spermium verbunden haben, entsteht gemäß dem Bauplan des Lebens der Embryo. Es dauert nicht lange, bis seine ersten Zellen pulsieren: »Gerade einmal 21 Tage alt und erst fünf Millimeter groß ist der Embryo, da beginnt sein winziges Herz zu schlagen. Genau das wird es unaufhörlich tun bis ein Leben endet.« Unbestreitbar ist das erste funktionstüchtige Organ des Embryos das noch schlauchförmige Herz. Doch niemand weiß, was diesen Schlauch in der vierten Woche dazu bewegt, sich erstmals rhythmisch zusammenzuziehen.[574] Der örtliche Ursprung des Herzschlags ist der 1906 entdeckte Sinusknoten.[575] Doch was gibt diesem elektrischen Taktgeber den ersten Impuls? Kommt er von der Seele, während sie sich im neuen Körper einnistet?

Eine winzige Schnittstelle zwischen Seele und Herz wurde um 1920 vom deutschen Arzt Dr. Ernst Otto Haenisch entdeckt: die von ihm so benannte fünfte Herzkammer. Sie liegt an der Hinterwand des Herzens, weist einen Durchmesser von ca. vier Millimetern auf und besteht aus Vakuum. Unter dem Pseudonym Otoman Zar-Adusht Hanish hat der in die USA ausgewanderte Dr. Haenisch 1931 in Leipzig vorgetragen, unter anderem über den **»göttlichen Funken«** in der fünften Herzkammer. Dieser erleuchte den Menschen, »damit wir die Erkenntnis erlangen, dass der Mensch hier ist, um das Leben zu genießen.« Der Mediziner war sich bewusst, dass Gott allgegenwärtig ist, auch im vermeintlichen Nichts: »Sogar das Luftlose im Ewigen ist in unserem Wesen enthalten, ebenso wie die ewig schöpferische Intelligenz oder das göttliche Atom in unserem Wesen ist. Und so werden Atom und Äther in dieser luftleeren Zelle, dieser fünften Kammer, getrennt gehalten.« Nur das **Bewusstsein** kann den göttlichen Funken mit dem Ego verbinden.[576]

Da der Mensch sowohl Gefühl als auch Verstand hat, erachte ich es als zwingend logisch, dass die Seele jeweils eine zentrale Andockstelle im Herzen und im Gehirn hat. Das ergibt Sinn, weil beide Organe sowohl systemtragende als auch spirituelle Funktionen haben.

Verbindung Seele-Gehirn. Die von Descartes gemeinte kleine Seelenanbindung im Gehirn ist die Zirbeldrüse. Sie hat zwar mit wenigen Millimetern nur die Größe einer Sojabohne, steuert aber den gesamten Tag- und Nachtrhythmus mittels Produktion des Hormons und Neurotransmitters Serotonin und dessen Umwandlung zu Melatonin.[577] Außerdem gilt die Zirbeldrüse als Sitz des **Dritten Auges**. Sie hängt mit den Phänomenen der Intuition und des Hellsehens zusammen, weshalb die Zirbeldrüse »das Fenster in andere Bereiche unserer Existenz ist.« So steht es im Lexikon über die seelischen Ursachen der Krankheiten. Es wurde auf Basis der vom Mediziner und Theologen Dr. Ryke G. Hamer entdeckten fünf biologischen Naturgesetze (5BN) erstellt.[578]

Der bereits erwähnte Biophysiker Dr. Dieter Broers erklärt anschaulich, dass die Zirbeldrüse ein »magnetisches Organ« ist, das maßgeblich an der Synchronisierung unserer Hirnwellen mit der Schumannfrequenz beteiligt ist. Die Zirbeldrüse, auch Epiphyse genannt, ist so angelegt, dass sie »immer wieder in Resonanz geht mit der Schumannfrequenz und uns mit der **Quelle** an sich verbinden möchte.« Deshalb hat die Zirbeldrüse einen großen Anteil am Prozess der Bewusstwerdung.[579] Außerdem ist die Zirbeldrüse neben der Produktion von Melatonin für die Abgabe des auch als »Spirit Molekül« bekannten DMT (Dimethyltryptamin) verantwortlich. Das ist »der stärkste bekannte halluzinogene Neurotransmitter«, der sowohl in meditativen Zuständen als auch bei NTE vermehrt ausgeschüttet wird. Dies öffne praktisch das zwischen den Augenbrauen befindliche feinstoffliche Dritte Auge bzw. das über dem Scheitel liegende Kronen-Chakra gemäß indischer Yogatradition.

Sohin ermöglicht, so Broers, die Zirbeldrüse **geistiges und feinstoffliches Sehen** mittels Freisetzung von DMT.[580] Melatonin und DMT bezeichnet er als körpereigene Wunderdrogen, die Zirbeldrüse versteht er als Tor zum Allbewusstsein.[581] Weil sie bewusstseinsweitende Neurotransmitter und Hormone produziert, sei die Zirbeldrüse wie kein anderes Organ »für unsere Spiritualität und ein erweitertes Bewusstsein zuständig.«[582] Rein auf die organische Ebene bezogen, ist das wohl kaum zu bestreiten. Die wichtige organische Rolle der Zirbeldrüse für unser spirituelles Wachstum kann dank Wissenschaftlern wie René Descartes, Dr. Ryke G. Hamer, Dr. Dieter Broers und anderen als gesichert betrachtet werden.

Wahrscheinlich erzeugt Dieter Broers bei manchen Lesern einen Trugschluss, wenn er den Anschein erweckt, dass es ausschließlich die genannten psychischen Wirkstoffe seien, die uns überhaupt erst »eine Bewusstseinserweiterung bzw. eine Selbsterkenntnis ermöglichen.« Zwar verdanken wir laut Dr. Broers unsere normalen Träume den Wirkstoffen Pinoline und DMT, »die noch selten auftretenden Erfahrungen wie Nahtod-Erlebnisse, Klarträume und Erleuchtung (!) kommen jedoch nur durch das DMT zustande.«[583] Diese Aussage ist zwar objektiv falsch, aber im organisch-funktionellen Sinn garantiert richtig gemeint. An anderen Stellen ist nämlich mitunter von der meditativen Aktivierung der Zirbeldrüse die Rede.[584] Deshalb muss klar sein, dass die Hormonausschüttung dem Geistig-Seelischen folgt, und nicht umgekehrt.

Erst Geist, dann Materie. Zur Sicherheit ist generell wie folgt klarzustellen: Zum einen treten NTE und Klarträume nicht selten, sondern relativ häufig auf. Zum anderen ist hinlänglich bewiesen, dass NTE in Verbindung mit AKE über irdische Vorgänge gar nicht im Gehirn, sondern eindeutig außerhalb des Körpers erlebt werden – von der Seele und noch dazu höchstindividuell. Daraus ist mit Sicherheit korrekt abzuleiten, dass die Ausschüttung der »Wunderdroge« DMT keinesfalls die entscheidende Ursache für eine NTE ist, sondern lediglich ein organisch-funktioneller Begleiteffekt. Es kann daher festgestellt werden, dass die Zirbeldrüse bei NTE und bei Klarträumen – wie auch beim Orgasmus und bei der Meditation – bewusstseinserweiternde Hormone freisetzt, **weil** die Seele endlich klarsieht. Ursache Klarsehen, Wirkung Hormonfreisetzung. Zuerst kommt der Geist, dann die Materie. Jesus sagte: »Der Geist ist's, der lebendig macht.« Das Fleisch allein hat keinen Wert, der Geist liegt in den Worten.[585] Das heißt, dass die Materie aus dem Geist hervorgeht, und nicht andersherum.[586] Zuerst sehen wir den Kuchen vor dem geistigen Auge, dann backen wir ihn. Zuerst planen wir ein Haus, dann bauen wir es. Ähnlich wie beim Liebesspiel weiß man auch aus der praktischen meditativen Erfahrung, dass das von Zen-Buddhisten angestrebte »warme Gefühl« nicht vorher, sondern erst durch die richtige Praxis kommt. Der große japanische Zen-Meister Shunryû Suzuki wusste und lehrte, dass dieses warme Gefühl, das im Bewusstsein der All-einheit im **Herzen** entsteht, die Erleuchtung ist. Wer etwas anderes sucht, hat Pech gehabt.[587] Somit gilt beim Orgasmus, bei der Meditation, bei der NTE und bei Klarträumen dasselbe Prinzip: erst loslassen, dann glücklich sein.

Schließlich eröffnet die Selbsterfahrung der Seele die wahre menschliche Natur auf der spirituellen Ebene. Dabei spielen gewiss sowohl das Herz als auch das Gehirn eine tragende Rolle.

Unbewegter Beweger. In Wirklichkeit besteht zwischen Schöpfung und Evolution keinerlei Unterschied. Dass eine »unpersönliche Gottheit« im Sinne eines höheren Wesens existiert, welches »das Universum in Gang gebracht hatte«, ist Charles Darwins eigene Beschreibung. Somit ging der Begründer der Evolutionstheorie – wie zuvor Aristoteles und Thomas von Aquin – von einem unbewegten Beweger aus. Fest steht, dass sich das Programm des Erbguts in den Zellen Schritt für Schritt entwickelt, wobei ein ständiger Rückkoppelungsprozess zwischen Zellen und Genen stattfindet. Folglich ist die Entwicklung nicht vorprogrammiert. Evolution ist vielmehr die in die Lebewesen selbst verlegte Entwicklung. Vorgegeben scheint lediglich die **Zielrichtung** zu sein, dass sich in der Materie immer mehr Geist verdichtet. Bei der Entstehung des Neuen greift die Energie Gottes jedoch nicht ein. Vielmehr erfährt sich Gott selbst an der Entwicklung jeden Lebewesens, vor allem in jeder individuellen Seele des Menschen. Weil alles eins ist, sind wir Gott.[588]

Demnach ist Gott nicht statisch, sondern **dynamisch**. Das erinnert an den korrekten Sinnspruch, dass die einzige Gewissheit im Leben die Ungewissheit ist. Die einzige Konstante ist die Veränderung. Weil alles in Bewegung ist, steht die Zukunft nicht fest. Wie sie konkret aussehen wird, kann auch Gott nicht wissen, weil Gott eben selbst Teil des Prozesses ist. Das quantenphysikalisch nachgewiesene Feld bringt mit seiner Energie all das hervor, was in ihm an Möglichkeiten veranlagt ist. Diese Feldenergie ist Gott. Sie bzw. Gott erfährt sich anhand des manifestierten Potenzials, das man daher geistig-seelische Schöpfung nennen kann.

Zur Erkenntnis über das endlose Bewusstsein des Menschen ist Dr. Pim van Lommel durch die Untermauerung von NTE-Studien mit quantenphysikalischen Forschungen gelangt. Überzeugt haben ihn (wie auch mich) folgende quantenphysikalische Phänomene: Komplementarität bzw. wechselseitige Entsprechung von

Teilchen und Wellen, Verschränkung bzw. tiefe innere Verbindung und Nicht-Lokalität von separaten Teilchen, die sich über große Distanzen hinweg instantan, das heißt augenblicklich, beeinflussen können. Demnach liefert die Quantenphysik Beweise für das nur in seiner Wirkung wahrnehmbare physikalische Feld. Auf diesen Grundlagen ist Dr. van Lommel »zur festen Überzeugung gelangt, dass das Bewusstsein weder an eine bestimmte Zeit noch einen bestimmten Ort gebunden ist.« In einem von Nicht-Lokalität geprägten Raum, »in dem Vergangenheit, Gegenwart und Zukunft gleichzeitig existieren und zugänglich sind, ist das vollkommene und endlose Bewusstsein allgegenwärtig.« Folglich ist es

»ständig um uns herum und in uns präsent.«[589]

Es ist daher »**innerhalb von euch und außerhalb von euch**«, lautet Jesu Botschaft über die unsichtbare Energie Gottes. Demnach ist die einzige Realität das allumfassende Feld, ist die Erkenntnis von Dr. Albert Einstein (siehe oben). Somit liegt haargenau derselbe Aussagewert sowohl wissenschaftlich als auch spirituell vor.

Im gegebenen Kontext stellt der Physikprofessor Dr. Andreas Neyer in seiner Abhandlung über Quantenphysik und NTE klar, dass sie »zwei Facetten der einen umfassenden Wirklichkeit« sind, die trotz gewisser Unterscheide »als ein gegenseitiges Durchdringen von Geist und Materie interpretiert werden können.« In Analogie zur Delokalisierung von Wellenfunktionen ist in Situationen wie einer NTE, also beim Übergang vom Wachbewusstsein in das erweiterte Bewusstsein, »die Seele offenbar in der Lage, sich zu delokalisieren, sich vom Körper zu entfernen.« Die materielose Seele, die mühelos Materie jeder Beschaffenheit durchdringen kann, beinhaltet auch gemäß Neyer »die personale Identität« des Menschen. Daher ist er »fest davon überzeugt, dass der Geist des Menschen, seine Persönlichkeit, seine Seele nicht vergeht, sondern in eine andere Wirklichkeit übergeht.« Folglich scheint das »ewige Leben« gemäß Dr. Neyer »eine Art **Naturgesetz** zu sein, gleichermaßen gültig für alle Menschen – und zwar unabhängig von Alter, Geschlecht, Rasse und Religion.« Das durch NTE abgerundete Gesamtbild unterstreicht »die organische Vernetztheit von allem mit allem« und lässt »eine göttliche Wirklichkeit im Hintergrund« erahnen, »die alles umfasst und trägt.« Im gesamten Universum hat das Leben neben einer physisch-materiellen Basis auch »eine geistige, bewusstseinsartige Qualität.« Die Evolution kann daher als »eine Entwicklung von Bewusstsein« verstanden werden.[590]

Quelle und Ziel. Gott ist zugleich die Quelle und das Ziel. Diese quantenphysikalisch und naturwissenschaftlich fundierte Erkenntnis wird Gott im Neuen Testament wie folgt in den Mund gelegt: »Ich bin das Alpha und das Omega.«[591] In diesem Geiste versteht der französische Jesuit und Paläontologe Pierre Teilhard de Chardin die Entwicklung des Universums als materielle, lebendige und geistige Bewegung, die von der Anziehungskraft Gottes angetrieben wird. Sowohl die materielle als auch die spirituelle Evolution verläuft von Gott als Anfang (Alpha) auf das universale Schöpfungsziel der Einheit alles Geschaffenen in Gott (Omega) hinaus.[592]

Sogar elektrische Maschinen wie fahrende Roboter zieht es verstärkt zur Energie des Lebens hin. Wissenschaftlich dokumentiert ist, dass ein fahrender Roboter viel öfter in die Nähe von vollen Brutkästen fährt als zu leeren. Regelmäßig und von der sonstigen Norm abweichend, rollen solche Maschinen in die Nähe von Küken, von denen sie für die Mutter (Henne) gehalten werden.[593] Anscheinend geht die elektrische Steuereinheit des Roboters in Resonanz mit den elektromagnetischen Feldern der Küken.

Zurück zum Menschen. Prof. Dr. John C. Eccles, der für seine gehirnphysiologischen Forschungen mit dem Nobelpreis geehrt wurde, fordert uns freundlich dazu auf, endlich zu erkennen, dass wir »sowohl spirituelle Wesen sind, die mit einer Seele in einer spirituellen Welt [...] existieren, als auch materielle Wesen, die mit ihrem Körper und ihrem Gehirn in einer materiellen Welt existieren.«[594] Die materielle Welt ist Welt 1. In Welt 2, der mentalen Welt, kann die subjektive Komponente eines jeden von uns, also »das bewusste Selbst, als **Seele** identifiziert werden.« Die Identifikation von Welt 2 mit der Seele entspricht, so Eccles weiter, »im Grunde genommen der Haltung Descartes.« In diesem Kontext zitiert Prof. Eccles seinen Freund, Kollegen und Nobelpreisträger Prof. Dr. Charles Scott Sherrington neun Tage vor dessen Tod: »Die **einzige Realität**, die es jetzt für mich gibt, ist die menschliche Seele.«[595] Zwar wird die individuelle Entität von den Wissenschaftlern Suzanne und Robert Mays als »Geist« bezeichnet, jedoch meinen sie damit eindeutig den individuell menschlichen Geist im Sinne der Seele: Sie ist »der Sitz der bewussten Erfahrung« und »interagiert direkt mit den kortikalen Neuronen« bzw. mit dem Gehirn. Aus diesen und weiteren Quellen schließt der Forscher Allan Trevor treffsicher, dass die wesentliche Eigenschaft der Seele (genannt »Geist«) »die phänomenale Erfahrung eines bestimmten Individuums« und damit »der Sitz der wesentlichen **Individualität** der Person« ist. Mehr noch:

Diese »Person« ist die Seele.[596]

»Auf geheimnisvolle Weise ist Gott der Schöpfer all der lebenden Formen, die im Evolutionsbereich entstanden,« besonders des Menschen, die »das bewusste Selbst einer unsterblichen Seele« haben.[597] Und jede unsterbliche Seele ist die individuelle Ausdrucksform Gottes.

Sie kommt aus dem omnipräsenten Feld, das vom bereits zitierten Biophysiker Dr. Ulrich Warnke als das »Meer aller Möglichkeiten« bezeichnet wird. Es existiert auch in unseren Körpern »in jedem Atom (zwischen Atomkern und Elektronen) und es ist auch zwischen den Atomen, also zwischen den Elektronen, die Moleküle aufbauen.« Das Universum ist nichts anderes als ein riesiges Wissens- oder Informationsfeld, aus dem unsere Seele (das Unterbewusstsein) lebenswichtige Daten empfängt. Sie hat Eingebungen, fühlt und weiß. Sodann werden diese Daten vom Verstand (dem Bewusstsein) »in einen verbalen oder symbolischen Code« wie Begriffe, Regeln und geistige Schubladen übertragen. Sohin bilden die Innenwelt und die Außenwelt aus quantenphilosophischer und spiritueller Sicht eine Einheit.[598] Demnach gibt es keine Trennung zwischen der spirituellen und der materiellen Welt. Sie ist eine Illusion. Die Realität ist der ewige Kreislauf des Lebens.

Beweise für Wiedergeburten. »20 überzeugende und wissenschaftlich bewiesene Fälle« lautet der vielversprechende Untertitel des Buchs *Reinkarnation* des kanadischen Psychiaters Dr. Ian Stevenson. Die Aussage des offenbar allein vom Verlag gewählten Untertitels wird von Stevenson, dem Begründer der Reinkarnationsforschung, gleich in der Einleitung relativiert: Seine 20 Fälle haben Schwächen, weshalb sie die Reinkarnation nur nahelagen. Allerdings zeigt die gewissenhafte Forschungsarbeit »eine große Anzahl von Zeugen für viele Fälle und das Fehlen einer erkennbaren Motivation und Gelegenheit für einen Betrug« auf. Vor allem gibt es keine Erklärung für die Demonstration von spezifischen oder ganz eigentümlichen Fertigkeiten, die der jeweilige Mensch sowohl im Vorleben als auch im jetzigen Leben beherrscht, ohne sie im aktuellen Leben erlernt oder ererbt zu haben. Ausdrücklich ist die einzige plausible Erklärung das »**Überleben des Todes**«, wobei Reinkarnation oder Besessenheit in Betracht kommen. Zwar will der Autor keine Wahl treffen, jedoch räumt er schlüssig ein, dass mit dem Vorleben völlig übereinstimmende, im aktuellen Leben angeborene Entstellungen oder Muttermale »einwandfrei verbürgt sind« und daher »**eindeutig** die Reinkarnationshypothese« unterstützen. Ian Stevensons akribische Aufbereitung mündet in der Zusammenfassung von sieben Fällen mit charakteristischen Informationsmustern, einem Fall mit beglaubigtem Verhaltensmuster sowie zwei bezeugten Fällen mit physischen

Mustern, davon einer völlig übereinstimmend. Zudem hat seit Abschluss seiner Forschungen 1966 der Umfang derartigen Beweismaterials zugenommen. Daher kommt Dr. Stevenson schlussendlich doch zum Ergebnis, dass im Prinzip »**einige Beweise** dafür [vorliegen], dass der Mensch den physischen Tod überlebt.«[599]

Daran kann im Verbund mit den genannten bio- und quantenphysikalischen Fakten nicht der geringste Zweifel bestehen. In Übereinstimmung mit der traditionellen christlichen Lehre ist gemäß Prof. Dr. John C. Eccles zu hoffen, dass die durch den sogenannten Tod befreite Seele eine andere Zukunft findet, »mit einem noch tieferen Sinn [...].«[600] Das logische Konzept der Reinkarnation liefert auch die vermutlich einzige plausible Erklärung für das verschiedene Verhalten von sehr ähnlichen Menschen mit identischen Erlebnissen, wie etwa als Kind sexuell missbraucht worden zu sein. Der eine wird selbst Kinderschänder. Der andere verarbeitet sein Trauma kreativ, indem er als Regisseur feinfühlige Portraits über Opfer und Täter erschafft. Allem Anschein nach handelt es sich um zwei Seelen mit verschiedenem Erfahrungsstand.

Gemäß einer sehr stimmigen indianischen Sichtweise wird uns bereits vor der Reinkarnation, »wenn wir also noch in der Geisterwelt leben, spirituell alles gegeben,« was wir für das aktuelle Erdenleben brauchen. Dieses Wissen vergessen wir jedoch wieder während des Prozesses zwischen Empfängnis und Geburt. Es kommt aber »später in Träumen wieder zu uns zurück,« sobald die richtige Zeit dafür gekommen ist.[601]

Eine ebenfalls sehr stimmige Schilderung des Reinkarnationskreislaufs stammt von der gnostischen Bruderschaft der Rosenkreuzer, die der Stimme der Rose des Herzens folgt. Darunter befinden sich einige Ärzte. Sie wissen, dass der Mensch nur »durch den Mangel an universeller Kenntnis« in seinem physischen Leben »der Unsicherheit, Angst, Sorge, Aussichtslosigkeit und Gebundenheit dem Tod unterworfen« ist. In diesem Unbewusstsein dreht sich schon seit langer Zeit das Rad der Geburt und des Todes. Dabei muss der unsterbliche Mikrokosmos zwecks Verbindung mit einer sterblichen Persönlichkeit unentwegt wieder »in den Stoff eintauchen«. Bei einer NTE steigt die Seele als »der unsichtbare Lenker des Körpers« wieder aus selbigem aus. Die neuerlich inkarnierte Seele erinnert sich aber »immer wieder an das höhere Leben« im allgegenwärtigen Feld. Aus der Erinnerung an das Jenseits stammt das Verlangen im Diesseits »nach absoluter Gerechtigkeit, Nächstenliebe und einem menschenwürdigen Dasein«, das jedoch das dualistische Dasein nicht bieten kann. Noch nicht, wie ich ergänzen möchte. Entwickelt sich die alte

Seele durch den Funken im Herzen zu einer neuen Seele, dann ist sie nicht aus dem Willen des Menschen geboren, sondern aus der Gnosis. Aus ihr »entsteht dann der unsterbliche Geist-Seelen-Mensch, der dreifache Körper als Ebenbild Gottes.« Es geht also um »die Auferstehung des Geist-Seelen-Menschen aus dem Grab des natürlichen Menschen.« Für die neue Seele gibt es dann keinen Grund mehr, erneut wiedergeboren zu werden. Die Rückkehr zum Ursprung ist ja bereits geglückt. Das Fazit lautet, dass die **Rückkehr zum Ursprung** das einzige Ziel ist.[602]

Alpha und Omega sind eins: Gott. Aus diesem Feld kommen wir her, dorthin kehren wir zurück. Der Kreislauf wiederholt sich, bis unsere Seelen ihre Lektion der Selbsterkenntnis gelernt und in der materiellen Welt manifestiert haben. Unsere Seelen sind also die sich selbst erfahrenden Bindeglieder zwischen Alpha und Omega. In diesem Sinne, und nur in diesem, sind wir Gott. Die gezeigte Faktenevidenz und die daraus gezogenen Erkenntnisse ergeben eine schlüssige Beweiskette, die vermutlich unzerbrechlich ist. Das Kapitel der Selbsterkenntnis können wir daher mit den Worten »Quod erat demonstrandum« (Was zu beweisen war) schließen. Kurz: Q.e.d.

Über diese Beweisführung allzu lange zu grübeln, kann verwirrend sein. Sie sagt dir nämlich nicht, wer du konkret bist. Sie erklärt nur, was du vom Potenzial her bist, nämlich ein individueller Selbstausdruck Gottes. Die Betonung liegt auf individuell. Folglich kannst ausschließlich du **selbst** wissen, wer du bist. Dabei hörst du am besten auf dein Herz. Sobald du dich an den Tiger in dir erinnerst, wirst du feststellen, dass Selbsterkenntnis leichtfallen darf. Wie du das bereits gelockerte Schafsfell ganz abstreifen kannst, betrachten wir jetzt.

Selbstbefreiung

> *Eine freigeborene Seele*
> *kann man nicht einfangen.*
>
> Mitch Walking Elk

> *Zahme Vögel singen von Freiheit.*
> *Wilde Vögel fliegen.*
>
> John Lennon[603]

Nachdem die oben skizzierten Meilensteine der Selbsterkenntnis einem mir nahestehenden Menschen, der technisch hochbegabt ist, nähergebracht wurden, hat er ernsthaft gefragt: »Und was heißt das jetzt? Was kann man damit anfangen?« Überrascht habe ich wie aus der Pistole geschossen geantwortet: »Na, einfach alles!« Die nachgeschobene Erklärung ist beim ihm gut angekommen: Jeder von uns ist sein eigener Ausdruck Gottes, weshalb niemand das Recht hat, unseren individuellen **Selbstausdruck** einzuschränken. Allerdings bedeutet die Freiheit, ein bewusster Teil Gottes zu sein, auch, dafür die Verantwortung zu tragen.

Eine freigeborene Seele kann man nicht einsperren, singt Mitch Walking Elk in der Sprache der Unterdrücker seines Volks: »You can`t capture a free born soul.«[604] Dieser Mann, der zu den Stämmen der Cheyenne, Hopi und Arapaho gehört, muss es wissen, denn Mitch kennt einige US-amerikanische Gefängnisse von innen. Obwohl seine Zeit der direkten Konfrontation mit den skrupellosen Unterdrückern der Urbevölkerung Nordamerikas längst vorbei ist, sagt der 1950 geborene »Indianer« mit erhobenem Haupt: »Ich werde mich niemals ergeben!« Seine Selbsterkenntnis führt ihn nämlich auf die Wurzeln seiner Ahnen zurück. Der Kampf für die Freiheit wird jetzt indirekt geführt, indem man auf gute alte Werte besinnend nach vorne schaut. Nachzulesen im Buch *There will be no surrender*, das bisher nicht zufällig nur auf Deutsch erschienen ist.[605]

Das Letzte und zugleich Wichtigste, was uns im Leben bleibt, ist die seelische Integrität, die Freiheit im Selbstausdruck der Seele. Darin liegt die einzige echte Freiheit. Sie zu leben, ist unser gottgegebenes Recht, sie zu verteidigen unsere Pflicht. Wenn wir dieses Recht und diese Pflicht nicht angemessen wahrnehmen, bleiben wir allem Anschein nach dem Kreislauf der Reinkarnation so lange ausgesetzt, bis wir es richtig machen. Für die Freiheit des seelischen Selbstausdrucks sollten wir in jedem Moment bereit sein, sowohl das Schöne zu empfangen als auch Widrigkeiten hinzunehmen, wenn nötig sogar den körperlichen Tod. Allerdings ohne Todessehnsucht. Ganz im Gegenteil: Wir sollen **jeden einzelnen Moment** voll und ganz leben, als wäre er unser letzter. Das bedeutet Selbstbefreiung. Dabei legen wir, wie erwähnt, den durch Selbsterkenntnis gelockerten Schafpelz ganz ab. Es geht darum, unser unmittelbar erfahrenes und/oder rational erkanntes Inneres bewusst freizulegen, indem wir angebliche Gegensätze in uns vereinen. Dadurch kehren wir zu uns selbst zurück, sodass sich der Kreis schließt.

Eine runde Sache

Bei spirituellen Höhenflügen ist es wichtig, die Bodenhaftung nicht zu verlieren, nicht weltfremd oder überheblich zu werden. Wir sollen schön auf dem Boden der Realität bleiben. Nur so können wir unseren »Auftrag« erfüllen, durch unser bewusst individuell geführtes Erdenleben die Realität zum Ausdruck zu bringen, dass das Spirituelle und das Materielle zusammen eine runde Sache bilden. Ganz offensichtlich drückt sich die universelle Intelligenz in der Regel nicht kantig aus, sondern rund. Galaxien haben die Form von Ellipsen oder Spiralen. Alle darin beobachtbaren Sonnen, Planeten und Monde sind kugelförmig, natürlich auch die Erde. Sie haben keine kantigen Ränder wie eine Schachtel, keinen Punkt, den man Anfang oder Ende nennen könnte.

Exkurs: Kugelförmige Erde. Im 21. Jahrhundert gibt es immer noch einige Verwirrte, die der höchst absurden Theorie der flachen Erde anhängen, obwohl die Kugelform längst vielfach bewiesen ist. Hier die wichtigsten drei Beweise: Erstens weisen, wie gesagt, alle von uns beobachtbaren Himmelskörper eine Kugelform auf. Der sichtbar kugelförmige Mond der Erde dreht sich synchron zur Erdrotation. Folglich ist aus wissenschaftlicher Sicht ausgeschlossen, dass ausgerechnet die Erde flach sei. Zweitens kann jeder Interessierte die Erdkrümmung selbst experimentell nachweisen: Der Strahl eines am Ufer waagrecht fixierten Lasers wird auf das Segel eines davonfahrenden Schiffs gerichtet. Je weiter sich das Schiff entfernt, desto höher wandert der Laserpunkt auf dem Segel nach oben. Der Laserstrahl verläuft also ab einer gewissen Distanz nicht mehr waagrecht zur Wasseroberfläche. In weiterer Folge fährt das Schiff irgendwann einmal komplett unterhalb dieses Laserstrahls.[606]

Das ist ein direkter Faktenbeweis für die Erdkrümmung, die ohnehin wissenschaftlich errechnet ist. Diese – und viele andere – Beweise widerlegen die Flacherdentheorie als Schwachsinn, während sie die Richtigkeit der vom Weltraum aus gemachten Fotos vom Erdball bestätigen und sie zum dritten Beweis erheben. Gegenständlicher Exkurs war nötig, weil die alternative Medienlandschaft von Flacherdlern unterwandert wurde, um seriöse Aufklärer in einen Topf mit Spinnern zu werfen. Höchstwahrscheinlich handelt es sich um eine geheimdienstliche psychologische Operation. Ähnlich hat die CIA nach der Ermordung von John F. Kennedy vom tatsächlichen Staatsstreich abgelenkt, indem sie alle echten Aufklärer als »Verschwörungstheoretiker« brandmarken ließ. Das ist auf Punkt und Strich im CIA-Dokument 1035-960 bewiesen.[607]

Zurück zur runden Sache. Im Einklang mit den runden Formen im gesamten Universum sind neben Schädel und Augen auch kleinste Teile des menschlichen Körpers – Blutkörperchen und Atome – eher rund bzw. kugelförmig. Ebenso ist der im Kapitel *Selbsterkenntnis* quantenphysikalisch untermauerte Kreislauf des Lebens eine runde Sache. Einige spirituelle Strömungen haben als Symbol den Kreis. Im Zen-Buddhismus steht der Ensō-Kreis (siehe Abb. 20) sowohl für Ästhetik, Eleganz, Stärke und Erleuchtung als auch »für das Universum, die Unendlichkeit und die Leere.«[608] Keltische Kreuze wie zum Beispiel das High Cross im irischen Killamery (siehe Abb. 21) sowie die Irminsul, das frühmittelalterliche Heiligtum der Sachsen in der Interpretation auf der Bornhöhe in Harbarnsen-Irmenseul (siehe Abb. 22), haben starke Parallelen zum indianischen Medizinrad (siehe Abb. 23). Bei allen dreien wird das Grundsymbol, der Kreis, durch ein Kreuz in vier Segmente geteilt.

Sämtliche indianischen Stämme wussten um den Kreislauf der Reinkarnation: Geburt – Tod – Wiedergeburt. Dazu erklärt Sun Bear, der Medizinhäuptling des Bären-Stammes, einer medizinischen Gesellschaft vieler Rassen, »dass die Erde und alle Wesen der Schöpfung Teil eines magischen **Lebenskreises** sind.«[609] Das Medizinrad der amerikanischen Ureinwohner stellt vermeintliche Gegenpole in einem Kreislauf dar, wie etwa die vier Himmelsrichtungen, Jahreszeiten, Tageszeiten und Naturelemente (siehe Abb. 24). Dass deren Übergänge fließend sind, kann jeder von uns selbst beobachten. Zum Beispiel ist die Nacht nicht nur dunkel und der Tag nicht nur hell. Der Mond erhellt den Waldweg. Von der Sonne Bestrahltes wirft dunkle Schatten. Menschliche Eigenschaften bilden ebenfalls eine runde Sache, weshalb in den vier Segmenten des Medizinrads auch körperliche, seelische und geistige Elemente dargestellt werden können.[610]

Abb. 20

Abb. 21

Abb. 22

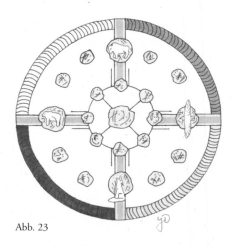

Abb. 23

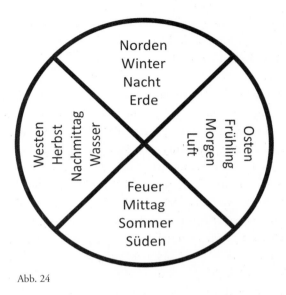

Abb. 24

Folglich ist das indianische Medizinrad sowohl »ein magischer Kreis, der die ganze Welt in sich einschließt«, als auch ein wichtiges Instrument zur Selbsterkenntnis. Der Kreislauf des Lebens und die ständige Veränderung aller Dinge zeigen deutlich auf, »dass wir einen Punkt erreichen müssen, an dem wir das Einssein, die **Einheit**, die uns mit allen Dingen des Universums verbindet, wahrhaftig in uns verspüren und dass wir jene geistige Einheit in allen Bereichen unseres Seins widerspiegeln müssen.« Unsere Bestimmung auf der Erde ist, »den Willen des Großen Geistes auszuführen und unserer Mutter, der Erde, zu dienen.« Das tun wir, indem wir die Visionen, die unser wahres Selbst aus dem Jenseits empfängt, »auf der diesseitigen Ebene des Lebens« verwirklichen, »was uns zu **Spiegelbildern** der Kraft macht, die uns alle erschaffen hat.«[611]

Diese Schöpfungskraft bringt sehr viele Dinge hervor. Dem schon erwähnten Zen-Meister Shunryû Suzuki zufolge »existieren die vielen Dinge nicht getrennt voneinander, sondern sie sind eng miteinander verbunden. Und das bedeutet, dass sie praktisch **eins** sind.« Gemeint ist die »Einheit von Subjektivem und Objektivem«, also die »Einheit von Innen und Außen.« Obwohl sie eins sind, sind Subjekt und Objekt »gleichzeitig auch zwei.«[612] Das wahre Selbst ist dessen gewahr. Die Idee der Polarität wird vom Verstand des sich von allem getrennt fühlenden Egos erzeugt: »Wir selbst kreieren gut und schlecht, indem wir Dinge als gut oder schlecht bewerten.« In Wirklichkeit gibt es hell und dunkel nicht: »Hell und dunkel existieren nur in eurem Geist.«[613]

Die Entscheidung für die Wahrnehmung der Realität liegt allein bei uns. Verhindern kann sie letztlich nur unser anmaßender Intellekt bzw. die Arroganz unseres Verstandes. Das Gehirn ist, wie gesagt, nur der Bildschirm oder Interpret dessen, was die Seele aus dem allgegenwärtigen Feld empfängt, eine Brücke zur rationalen Verarbeitung des seelisch Empfangenen. Zweifellos ist der Verstand ein nützliches Werkzeug. Wenn sich dieses Werkzeug aber selbst zum Handwerker oder Baumeister erklärt, gewinnt das einseitige Denken Oberhand, während das Seelische mehr und mehr verkümmert. Darin liegt die Wurzel für alle Ängste, vor allem für den Dreiklang der Urangst (Tod, materieller Verlust, soziale Ausgrenzung). Aus ihm entsteht das egozentrische Gefühl, zwar allein und ungeliebt, zugleich aber der wichtigste Teil in einer feindlich gesinnten Welt zu sein. In dieser Illusion der Trennung von allem nimmt das Ego die zusammenhängenden Teile als unvereinbare Gegensätze wahr.

Die Lösung ist eine von Sun Bear vermittelte indianische Weisheit. Sie klingt wie eine Lehre Jesu: Wir sollen unser Herz öffnen, damit »das Licht der Liebe und der Einheit, die das Universum erschaffen hat, hereinströmen und jene abgeflachten und trostlosen Landschaften erleuchten« kann, die wir manchmal fälschlich für unser Zuhause halten. Durch die Herzöffnung sollen wir das Leben und seine mannigfaltigen Erscheinungsformen **neu erfahren**.[614] Auch Prof. Dr. John C. Eccles unterstreicht das ausdrücklich so genannte »Konzept des Vorranges unserer bewussten Erfahrung«, wobei er sogar von deren »absoluter Realität« überzeugt ist. Gegenüber der bewussten Erfahrung ist die materielle Welt nur »eine Realität zweiter Ordnung«.[615] Damit befinden sich Eccles und die von ihm zitierten Kollegen in bester Gesellschaft mit Buddha, Jesus und einigen spirituellen Führern der Naturvölker. Ihnen zufolge sollen wir nichts Neues suchen, sondern das uns bereits Umgebende und unser Innerstes erstmals ganz bewusst und damit neu wahrnehmen. Wenn wir völlig im Hier und Jetzt sind, erkennen wir die Realität der »Gegensätzlichkeit bei wesenhafter Zusammengehörigkeit«. So lautet die bildungssprachliche Definition der Polarität.[616] Mit anderen Worten: Die sogenannten Gegensätze bilden eine Einheit und im wahrsten Sinne des Wortes **eine** runde Sache.

Gegenpole vereinen

Unsere Seele weiß, dass die All-einheit aller Dinge der Realität entspricht. Folglich bedeutet Selbstbefreiung die bewusste Vereinigung der vermeintlichen Gegensätze **in uns** selbst, geistig und auch äußerlich. Die vom Ego im anerzogenen Mangelbewusstsein wahrgenommene Trennung endet, sobald wir sie als Illusion erkennen. Indem wir die Gegenpole auf ganz individuelle Weise in uns vereinen, bringen wir unsere Seele in der materiellen Welt zum Ausdruck. Auf diese Weise verlässt der Tiger den Käfig. Er ist frei. Im Hier und Jetzt.

Sogenannte Gegensätze wie hell und dunkel oder weiblich und männlich sind unzulängliche sprachliche Versuche des Verstandes, die Dinge in der vermeintlich dualen Welt klar zu ordnen. Mit den sprachlich definierten Gegenpolen sind gesellschaftlich anerkannte Wertungen und Erwartungen verbunden, die zwar zeitlich und kulturell variieren, aber meist rein gar nichts mit der Realität bzw. der wahren Natur der Dinge zu tun haben. Das gilt zwar nicht ausschließlich, aber ganz besonders für das biologische Geschlecht des Menschen. Allein schon an der Haartracht wird ersichtlich, wie unnatürlich und menschenverachtend menschliche Normen sein können. Obwohl die Natur für Männer **eindeutig** langes Kopf- und Barthaar vorsieht, sollen sie auch heute noch beides – wie Sklaven – für die Gesellschaft stutzen. Langes Haar ist gesellschaftlich meist nur Frauen vorbehalten, wobei damit auch unnatürliche Erwartungen wie Färben, Kopftuch etc. verbunden sind. In der Natur sind gewöhnlich die Männchen stärker und prächtiger als die Weibchen: Der männliche Löwe hat die stolze Mähne, der männliche Pfau das beeindruckende Rad, der Hahn den Kamm und die bunten Federn, der Erpel das schönere Gefieder und so weiter. Nur der Mensch verdreht die natürliche Veranlagung zum glatten Gegenteil, wie die hauptsächlich auf Frauen ausgerichteten Industrien für Mode, Kosmetik und plastische Chirurgie beweisen. Dieses simple Beispiel künstlich erzeugter Gegensätze steht für viele soziale Normen, die das unsichtbare Gefängnis für den Verstand ausmachen.

Eine leicht verständliche und hocheffiziente Anleitung, wie wir das unsichtbare Gefängnis für den Verstand verlassen und uns selbst befreien können, stellt uns Jesus zur Verfügung. Dieser weise Mensch zeigt uns, wie schon mehrfach erwähnt, dass Gott als das omnipräsente Feld zugleich innerhalb und außerhalb von uns ist. Der rebellische Mensch Jesus beginnt also seine Selbsterlösungslehre mit der Selbsterkenntnis. Er bezieht sich auf das Göttliche im Menschen, der dadurch zu seinem eigenen Messias wird. Jesus ist »nur« der weise Überbringer der Nachricht, dass die Polarität zwischen Himmel und Erde eine Illusion ist. Die abstrakte Polarität zwischen den illusorischen Begriffen »Himmel« und »Hölle« hebt die deutsche Heavy-Metal-Band *Accept* künstlerisch auf: »Heaven is never in heaven and hell is down on earth.« Auf Deutsch: »Der Himmel ist niemals im Himmel und die Hölle ist auf Erden.«[617]

Den Schlüssel zur erkenntnisreichen Aufhebung der Polarität liefert Jesus gleich mit. Es ist das **Kind** in uns. Vier Gleichnisse sind sogar im ansonsten durch Verfälschungen entstellten Neuen Testament enthalten. Darin nimmt Jesus zur Veranschaulichung jeweils auf reale Kleinkinder Bezug: »Wer so klein sein kann wie dieses Kind, der ist im Himmelreich der Größte«, lautet die Antwort auf die absurde Frage seiner Jünger nach einer Rangordnung im Himmelreich.[618] Dass sich das Himmelreich nicht nur über den Wolken befindet, sondern – wie Jesus es regelmäßig betont – überall und daher auch hier auf der Erde, stellt er besonders mittels anschaulichen Verweisen auf lebendige Kinder klar: »Denn Menschen wie ihnen **gehört** das Himmelreich.«[619] Eindeutig geht es um die Annahme von einem Urzustand, der zwar bereits hier auf der Erde vorhanden, aber mit dem manipulierten Verstand des Erwachsenen nicht mehr erkannt werden kann: »Wer das Reich Gottes nicht **empfängt** wie ein Kind, der wird nicht hineinkommen.«[620] Hinein kommt nur, »wer es **annimmt** wie ein Kind.«[621] Mit dem Kind meint Jesus einen Säugling, sprich ein Baby. So beschreibt es das Thomasevangelium: »Jesus sah kleine (Kinder), die gesäugt wurden.« Dann sagte er zu seinen Jüngern: »Diese kleinen (Kinder), die **gesäugt** werden, gleichen denen, die in das Königreich eingehen.«[622]

Demnach ist erneut bestätigt, dass das »Reich Gottes« kein geographischer Ort ist, sondern ausschließlich energetischer Natur. Nur der kann es erfahren, der es voll in sich aufnimmt wie ein Säugling die Muttermilch.

In den ersten beiden Lebensjahren befindet sich das Kleinkind in der oralen Phase. Im ersten Jahr des frühkindlichen Stadiums ist das Baby noch total, aber unbewusst im **Hier und Jetzt**. In der Regel wird es ja – wie von selbst – mit allem versorgt, was es braucht. Es braucht und hat noch keine eigene Sprache. Begriffe und Zwangsregeln sind ihm fremd. Die unbewusst erlebte Einheit ist ein Zustand von innerer Leichtigkeit und inniger Verbundenheit. Wenn wir uns diesen Zustand als Erwachsene bewusst zurückholen, nennt man ihn Erleuchtung. Das frühkindliche Sein im Hier und Jetzt hängt damit zusammen, dass wir uns noch nicht als eigenständiges, von allem getrenntes Ich wahrnehmen. Bis in das zweite Lebensjahr hinein identifizieren sich Kinder nicht einmal mit dem Namen, den sie von ihren Eltern erhalten haben. Vielmehr sprechen sie alle von sich selbst in dritter Person.[623]

In der ersten Hälfte des zweiten Lebensjahrs übernimmt das Kleinkind das elterliche Wort »Nein«, erstmals ab etwa anderthalb Jahren verteidigt es sein Spielzeug mit einem klaren »Mein« und entdeckt zur Selbstbezeichnung das »Ich«.[624] Danach ahmt das Kind immer mehr das egozentrische Verhalten seiner Umgebung in der Matrix nach, bis es sein wahres Selbst vergisst, sich vollständig mit dem Ego identifiziert und seine sozialen Rollen bis zur Selbstaufgabe spielt (siehe Kapitel *Gefängnis für den Verstand*).

Den Weg der Selbstbefreiung aus dem Irrgarten der Matrix weist Jesus ähnlich wie Buddha. Dem Neuen Testament entnehmen wir Jesu Erklärung, dass das Reich Gottes nur von dem gesehen werden kann, der »**von neuem geboren** wird.« Dabei geht es aber offenkundig nicht um den Kreislauf der Reinkarnation. Auf die unverständige Entgegnung eines Pharisäers, dass ein alter Mann nicht in den Schoß seiner Mutter zurückkriechen kann, um ein zweites Mal körperlich zur Welt zu kommen, entgegnet Jesus bewundernswert geduldig: »Wenn jemand nicht aus Wasser und Geist geboren wird, kann er nicht in das Reich Gottes kommen.« Man soll eben nicht aus dem Fleisch neu geboren werden, sondern aus dem **Geist**. Nur in diesem Sinne sollen wir »von neuem geboren werden.«[625] Ohne jeden Zweifel ist ein innerer Wandel gemeint.

Damit ist dreierlei klargestellt: Erstens ist das sogenannte Paradies die überall und daher auch auf der Erde allzeit präsente Energie Gottes. Zweitens ist der Schlüssel zur Erinnerung an diese objektive Wahrheit das Kind in uns. Drittens sollen wir nicht lästig plärren und in die Windeln machen, sondern wieder bewusst im Hier und Jetzt sein wie ein Säugling. Das ist mit der Wiedergeburt im Geist gemeint. Es geht um die Vereinigung dessen, was der egozentrisch verdrehte Verstand als Gegensätze einstuft.

Nachdem ihn seine Jünger gefragt haben, ob sie klein werden müssen, um ins Reich Gottes zu kommen, antwortet Jesus mit einer direkten Anleitung zur Selbstbefreiung aus dem einseitigen Denken:

> *»Wenn ihr die zwei (zu) <u>einem</u> macht und wenn ihr das Innere wie das Äußere macht und das Äußere wie das Innere und das Obere wie das Untere und wenn ihr das Männliche und das Weibliche zu einem <u>einzigen</u> macht, damit das Männliche nicht männlich (und) das Weibliche (nicht) weiblich ist [...].«*[626]

In einer weiteren gnostischen Schrift bestätigt Petrus, dass Jesus den Jüngern folgendes »Geheimnis« anvertraut hat: »Wenn ihr nicht das Rechte macht wie das Linke und das Linke wie das Rechte und das Obere wie das Untere und das Hintere wie das Vordere, so werdet ihr das Reich Gottes nicht erkennen.« Ähnlich bestätigt Philippus, dass Jesus sagte: »Wenn ihr nicht machen werdet euer Unteres zum Oberen und das Linke zum Rechten, werdet ihr nicht in mein Reich eingehen.«[627] Selbstbefreiung bedeutet sohin die Aufhebung **sämtlicher** Gegenpole und deren ultimative Verbindung zu einer Sache. In diesem Sinne schreibt Paulus, dass es vor Gott keine Unterschiede gibt: »Hier ist nicht Mann noch Frau, denn ihr seid in allem einer [...].«[628] Dazu stellt Jesus gemäß Thomasevangelium am Bespiel der Frau fest, dass sie durch Vermännlichung »zu einem lebendigen Geist« wird: »Denn jede Frau, wenn sie sich männlich machen wird, wird in das Königreich der Himmel eingehen.«[629] Und der Mann befreit sich, wie aus obigem Zitat hervorgeht, durch seine Verweiblichung. Der Mensch soll ja alle Gegensätze in sich vereinen, wobei bis heute die größte soziale Herausforderung ist, »das Männliche und das Weibliche zu einem einzigen« zu machen.

Alle von Jesus genannten begrifflichen Gegensatzpaare – männlich/weiblich, innen/außen, oben/unten, rechts/links, vorne/hinten – und viele mehr sind zwei Seiten derselben Medaille. Nichts veranschaulicht das besser als das aus der chinesischen Philosophie stammende Symbol von Yin und Yang: Das Helle und das Dunkle bilden eine Einheit, wobei das Helle bereits einen Teil des Dunklen und das Dunkle einen Teil des Hellen in sich hat (siehe Abb. 25).

Abb. 25

Das offensichtlichste und im Kern so gut wie alle Menschen betreffende Gegensatz-paar betrifft die Selbstbefreiung. Dabei geht es eben nicht um Denaturalisierung, sondern, ganz im Gegenteil, um das Durchschauen **widernatürlicher** Erwartun-gen und **sozialer** Zwänge, denen der Mensch allein aufgrund seines biologischen Geschlechts systembedingt ausgesetzt ist. Zur Sicherheit ist klarzustellen, dass es natürliche Unterschiede zwischen Mann und Frau gibt. Es verbindet sie aber mehr, als sie trennt. Die realen Verschiedenheiten sind zwar klein wie eine Erbse, sie wer-den aber künstlich zu einem Heißluftballon aufgeblasen, um das Individuum und seine sozialen Bindungen unter Kontrolle zu halten. Sticht man mit der Nadel der Erkenntnis in den Ballon hinein, kommt nur heiße Luft heraus. Es geht um das Ablegen jenes Rollenverhaltens, das uns im Selbstausdruck der wahrscheinlich zwei-geschlechtlichen Seele hindert. Was daher Jesus mit seiner Lehre der Selbstbefreiung sicherlich nicht meint, sind Geschlechterkriege um die Vorherrschaft von Mann oder Frau, Überbetonung des Männlichen oder des Weiblichen, genitalanpassende Operationen an Transsexuellen, kosmetische Chirurgie, Frühsexualisierung in Kin-dergarten und Schule oder politisch verordneter Genderwahn. Das alles entstammt einem krankhaft materialistischen Denken und hat darum nichts mit dem bewus-sten Sein im Hier und Jetzt zu tun. Was Jesus in vielen Gleichnissen und in konkre-ten Anleitungen zur Vereinigung der Gegensätze zum Ausdruck bringt, entspricht älteren fernöstlichen Weisheiten. Buddhas Selbstbefreiungslehre stimmt exakt mit jener von Jesus überein. Details hierzu können *Tiger in High Heels* entnommen werden,[630] ebenso zu meiner eigenen Transformation.[631]

Im vorliegenden Buch ist nur ein kurzer Abriss möglich. Meine biographischen Ausführungen sollen nicht das Ego füttern, weder meines noch das des Lesers. Die Transformation aus mir selbst heraus soll niemandem etwas vorschreiben, sondern nur aufzeigen, dass Selbstbefreiung für jeden Menschen möglich ist. Schließlich handelt es sich dabei um einen höchstindividuellen Vorgang. Dieser duldet keine Konformität, keinen Gehorsam gegenüber dem System.

Vom Sternzeichen Krebs mit Aszendent Schütze wurde ich 1971 in eine Welt der äußerlichen Gegensätze geboren. Aufgewachsen bin ich auf einem Bauernhof mit-ten in Linz und im teils gewalttätigen Ehekrieg meiner mich liebenden Eltern. Da sie viel mit sich beschäftigt waren, durfte ich mich weitestgehend frei entwickeln, bevorzugt im riesigen Garten. Schon als kleiner, einfühlsamer und stark naturver-bundener Junge wusste ich, dass ich einmal als Frau leben werde. Damals habe ich zwar bereits mit dem lieben Gott gesprochen (Gebet), aber freilich keine Ahnung von Jesus und seiner Selbstbefreiungslehre gehabt. Ausgerechnet im mir verhassten Kindergarten hatte ich ein wunderschönes Erlebnis der energetischen Einheit mit einer liebevollen und zugleich kraftvollen Kindergartentante. Dieses führte zu einer immer klareren Anima-Vision von mir als gefühlvolle und zugleich starke Frau. Größer und stärker als alle anderen wollte ich werden, weil ich als Kind nicht selten von Jugendlichen verspottet und verprügelt wurde. Dank eisernem Willen, intensivem Kraftsport und handgreiflichen Erfahrungen in der Linzer Subkultur bin ich zu einem gestandenen Mannsbild mit 191 Zentimetern und rund 120 Kilogramm herangereift. Mein wohlgehütetes Geheimnis war ein Aktenkoffer voller Mädchensachen. Schließlich wurde ich zu einem pflichtgetreuen Offizier, der sich an den Wochenenden in die sexy Diva *Monique Dumont* verwandelt hat. Dieses Doppelleben war ein sowohl erotisch-aufregendes als auch anstrengendes Versteckspiel. In der äußerlich gespielten weiblichen Rolle habe ich mir die kindliche Empathie und Kreativität so lange bewahrt, bis sich im Rahmen einer mehrjährigen psychosozialen Ausbildung neben zwei eher unglücklichen Ehen auch gleich meine beiden Geschlechterrollen in Luft aufgelöst haben. Das bisher äußerlich Getrennte hat sich in mir verschmolzen. Auf diese Weise wurde ich neu geboren, habe ich das innere Kind umarmt bzw. den Tiger befreit. Seither findet mein Leben außerhalb von sozialen Schachteln statt, sprich »outside all boxes«. So lautet es in der Beschreibung des Kinofilmprojekts *Der Soldat Monika*. Es handelt sich um ein Novum. Mit der Freibeuter Filmproduktion entsteht unter der Regie des schonungslos, aber einfühlsam aufdeckenden Regisseurs Mag. Paul Poet eine Mischung aus Dokumentation, Psychogramm und Vision. Der öffentlich geförderte Film soll ab Anfang 2024 laufen.[632]

Apropos laufen: Es dürfen ruhig Tränen kullern, wenn im Folgenden von einer Zwiebel die Rede ist. Gemeint ist die aus verschiedenen Schichten bestehende Zwiebel der Selbstbefreiung. Die äußerste Schicht besteht aus der offiziellen, gesellschaftlich gespielten Rolle, der nach außen gezeigten Persönlichkeit. Hinter dieser Maske versteckt sich die nächste Schicht, nämlich das Ego, das wegen seiner starken Bedürftigkeit von niemandem erkannt werden möchte. Ego und Rollen bzw. Persönlichkeit sind jene gesellschaftlich aufgeklebten Schichten, die dem Kind in uns die klare Sichtweise nehmen. Sie legen sich wie ein Schleier der Unwissenheit über das wahre Selbst. Wir sollten nicht vergessen, dass es sich um eine »freiwillige« Geistverdunkelung im Austausch für soziale Rundumversorgung, vermeintliche Anerkennung und Liebe handelt. Für die geistige Umpolung vom kreativen Schöpfer zum armen Opfer sind wir selbst verantwortlich. Unser wahres Selbst weiß das. Es bildet den Kern der Zwiebel, sprich das Kind oder den Tiger in uns (siehe Abb. 26).[633]

Abb. 26

Wenn das Rollenspiel nicht zu unserer Seele passt, können wir die Persönlichkeit jederzeit anpassen. Es ist aber weder nötig noch sinnvoll, die Persönlichkeit oder das Ego zu vernichten. Einerseits brauchen wir ein starkes Ego, um in der Matrix überleben oder uns zumindest teilweise in sie einklinken zu können, ohne Schaden zu nehmen. Andererseits entspringt der Wunsch nach Ego-Auflösung nicht dem Herzen, sondern dem Verstand bzw. dem einseitigen Denken. Das Denken kann zwar seine eigenen Muster erkennen (siehe Kapitel *Kraftquelle Geist*), sich aber nicht selbst abstellen. Dazu bedarf es anderer Mittel, wie etwa der Meditation. Wenn sich aber das Ego selbst bekriegt, kommt es in anderer Form noch stärker zum Vorschein. Dass das Verdrängte unbeherrschbar wird, beweisen heillos egozentrische und profitorientierte Gurus, die uns ausgerechnet zur restlosen Vernichtung des Egos aufrufen. Oder buddhistische Mönche, die zwar ihre Egokriege in abgeschiedenen Klöstern führen, aber in der Öffentlichkeit demütig für ihren Unterhalt betteln und sich dem politischen Impfzwang beugen.

Wie gesagt, brauchen wir ein starkes Ego. Aber die Identifikation mit ihm ist schädlich. Es ist beeindruckend, wie gut der junge Daniel Radcliffe seine Filmrolle als Harry Potter gespielt hat. Fatal wäre jedoch, wenn er sich auch im realen Leben für einen Zauberer hielte, der auf einem Besen reiten kann ...

Die größte Verwirrung der Menschheit scheint die Identifikation mit dem Ego und der ihm entsprungenen Persönlichkeit zu sein. In der umfangreichen ICD, der internationalen Klassifizierung der Krankheiten, sind zur Freude von Big Pharma so viele Krankheiten aufgelistet, dass der falsche Anschein erweckt wird, es gäbe gar keinen gesunden Menschen.[634] Vor nicht allzu langer Zeit wurden sogar noch gleichgeschlechtlich Liebende, also Lesben und Schwule, als krank eingestuft. Transidente Menschen (Transsexuelle, Transvestiten) behandelt man heute noch als persönlichkeitsgestört. In Wahrheit sind jedoch nicht diese Menschen krank, sondern das gesellschaftliche Zwangskorsett der Matrix, das sich geradezu von der Identifikation mit Ego und Persönlichkeit ernährt. Wer sich nicht ins Zwangskorsett der Matrix pressen lässt, wird kurzerhand als krank erklärt. Folglich ist die ICD ein Kontrollinstrument für die medizinischen Wächter der Matrix. Ohne den direkten Beweis antreten zu können, bin ich felsenfest überzeugt, dass der Großteil der Krankheiten gemäß ICD Zivilisationskrankheiten sind, die durch die Vernebelung des wahren Selbst beim Schlüpfen ins Ego-Korsett entstehen. Aus fachlicher und eigener Erfahrung weiß ich, dass viele Krankheiten die direkten Folgen der systembedingten Denaturalisierung und Selbstentfremdung sind, es sich also um regelrechte **Systemkrankheiten** handelt. Darum ist es kein Wunder, dass die ICD unter den psychischen Störungen ausgerechnet die schlimmste und weitverbreitetste Zivilisationskrankheit der Menschheitsgeschichte nicht nennt: die Identifikation mit Ego und Persönlichkeit.

Demnach **müssen** die Matrix-Konstrukte Persönlichkeit und Ego gestört werden, wenn der Mensch geheilt und ganz werden möchte. Meines Erachtens sind die bewusste Ego- und Persönlichkeitsstörung dringend nötig, damit der Mensch erkennt, dass er beides nicht wirklich ist, sondern seine Seele.[635]

Ausschließlich vor diesem Hintergrund habe ich 2009 die erwähnte verfassungsgerichtliche Aufhebung des indirekten OP-Zwangs an Transsexuellen bewirkt. Ich war und bin zwar nicht gegen die geschlechtsangleichende OP an sich, wohl aber gegen jede Form des Zwangs, vor allem zu chirurgischen Eingriffen, mit welchen die Genitalen unumkehrbar verstümmelt, die Gesundheit geschädigt und die Betroffenen nicht selten in den Selbstmord getrieben werden. Gegen etwas zu sein, sollte immer nur der erste Schritt sein. Primär wollte ich die **Freiheit** der Entscheidung erkämpfen, wie wir unserer Seele Ausdruck verleihen. Ich möchte hiermit jedem Menschen empfehlen, bei seiner individuellen geschlechtlichen Identität und sexuellen Orientierung ausschließlich auf das Herz zu hören und sich nicht nach familiären Wünschen oder politischen Vorgaben zu richten. Selbstbestimmung war auch meine Motivation beim Kampf gegen den indirekten Impfzwang und das illegale Impfpflichtgesetz 2022. In meiner Selbstwahrnehmung ist für mein Seelentransportmittel nur ein Mensch verantwortlich. Das bin ich. Und niemand anders. Wenn ich meinen Körper meditativ visualisiere, kann ich vieles selbst heilen. Skalpelle und Nadeln spielen dabei keine Rolle. Stattdessen kommen die Natur und Lichtenergie zum Einsatz.

Zur ganzheitlichen Heilung des Menschen lautet die Empfehlung der Rosenkreuzer: »Richte nun dein Herz auf das Licht und erkenne es.«[636] Dabei geht es um die göttliche Urquelle des Lichts, in dem kein Schatten ist, sowie um die Erinnerung, dass wir eine Seele haben. Dadurch werden Ego und Persönlichkeit automatisch gestört, sodass wir die Elemente verschiedener Rollenbilder individuell zusammensetzen und in uns vereinen können. Wenn wir männliche und weibliche Anteile sowie andere vermeintliche Gegenpole in uns ausgleichen, können wir eine harmonische Körper-Seele-Geist-Einheit sein und in vollen Zügen im Hier und Jetzt leben. Dazu stehen uns bestimmte Kraftquellen zur Verfügung.

Kraftquellen nutzen

Für die Ausschöpfung unseres individuellen Potenzials bietet die materielle Welt, in der wir leben, ein reichhaltiges, aber auch begrenztes Betätigungsfeld. Die größten Hindernisse stellen sich viele Menschen unbewusst selbst in den Weg, weil sie ihre Kraftquellen nicht kennen oder nicht richtig nutzen. Wir haben körperliche, seelische und geistige Kraftquellen. Sie können bewusst genutzt werden, wobei man idealerweise eine gesunde Balance herstellt.

Seelischer Orgasmus. Beim vollständigen Orgasmus, der nicht nur ein körperlicher Erguss ist, sind wir total im Hier und Jetzt. Denn in diesem Moment sind das Ego und das Denken einfach nicht da. Nicht umsonst lautet der Beiname des Orgasmus »der kleine Tod«. Die Illusion des Egos ist kurz gestorben. Deshalb vermittelt der Orgasmus einen Hauch jenes Einheitsgefühls, das Nahtoderfahrene erleben. Der Orgasmus findet also nur oberflächlich körperlich und primär seelisch statt. Denn durch den Orgasmus fühlen wir unsere **Seele**.

Laut Dr. Ruediger Dahlke wissen wir schon lange, »dass Orgasmen ein zentrales und nicht etwa ein geschlechtliches Geschehen sind.« Die auf dem Weg zum Höhepunkt freigesetzten Hormone und »Bindemittel« dienen »offensichtlich dem Erhalt der Beziehung.« Das entspricht dem natürlichen Streben, »die Art zu erhalten und eine familiäre Situation zu sichern, die den Kindern ein möglichst sicheres Nest bietet.« Und die Ausschüttung von Serotonin hängt mit inniger **Liebe** zusammen, also mit »einem ruhigen Empfinden tiefsten Wohlbehagens«.[637]

Wenn Liebende sich während des Höhepunkts minutenlang in die offenen Augen schauen und/oder intensiv an den Knospen der Brust spielen, kann die damit verbundene Dopamin-Ausschüttung »eine Art körpereigene Drogentherapie in Gang setzen, die es in sich hat.«[638]

Spirituelle Transzendenzerfahrungen sind an haargenau denselben Mechanismus gekoppelt, der evolutiv aus dem Vorgang des Orgasmus entstanden ist. Dieses Faktum wurde vom US-amerikanischen Gehirnforscher Prof. Dr. Andrew Newberg nachgewiesen. Tantra und andere mystische Disziplinen behalten also recht, dass das Sexuelle die **Einheit** aus Materiellem und Spirituellem ist. In diesem Kontext wurde vom schweizerischen Psychiater Prof. Dr. Carl Gustav Jung erkannt, dass die erlebte Einheit mit allem keine Spekulation des Verstandes sein kann, sondern immer eine unmittelbare seelische Erfahrung ist. Folglich gibt es laut Dr. Jung eine seelische Existenz, die nicht verstandesmäßig erfunden und gehandhabt werden kann. Schließlich umfasst die Ganzheit sowohl das Bewusste als auch das Unbewusste.[639] Übrigens war C. G. Jung selbst nahtoderfahren, und zwar inklusive AKE.[640]

Das Fazit lautet: Beim Orgasmus erspüren wir die Seele über den Körper. Umgekehrt nehmen wir über die Seele auch den Körper wahr.

Körperbewusstsein. Mehrfach schädliche Corona-Maßnahmen zeigen, dass das staatliche Gesundheitssystem eigentlich ein zwanghaftes Krankheitssystem ist. Allerdings erbringt die restaurative Medizin teils großartige Leistungen, weshalb wir unausweichliche Operationen getrost dem Arzt unseres Vertrauens überlassen können. Das können wir aber weitestgehend ausschließen, indem wir unseren Körper **präventiv** stärken und gesund erhalten. In diesem Verständnis sind nicht Ärzte oder die Regierung für unseren Körper zuständig, sondern nur wir selbst. Sobald ein Bewusstseinswandel zur Anerkennung des Körpers als Transportmittel oder Tempel für Seele und Gehirn führt, gehen wir sorgfältiger mit ihm um. In Liebe und Dankbarkeit übernehmen wir die alleinige Verantwortung für unsere Gesundheit.

Mutter Natur. Der ideale Ort, um den Körper – und mit ihm Seele und Geist – voll zu spüren, indem wir uns mit der Erdschwingung synchronisieren, ist überall dort, wo wir ungestört in der freien Natur sein können. Weil sich ein Liebesgedicht an die Natur aus der Feder des englischen Romantikers und Freiheitskämpfers Lord Byron nur schwer in deutsche Worte fassen lässt, ohne es zu entweihen, liest man es am besten im Original. Hier ein Auszug aus *Childe Harold's Pilgrimage*:

> *There is a pleasure in the pathless woods,*
> *there is a rapture on the lonely shore,*
> *there is society where none intrudes,*
> *by the deep sea, and music in its roar:*
> *I love not man the less, but nature more ...* [641]

Ohne Rücksicht auf das Versmaß bedeuten diese wunderschönen Zeilen: Es gibt Vergnügen in den pfadlosen Wäldern. Es gibt Entrückung an der einsamen Küste. Es gibt Gesellschaft, wo keiner eindringt, am tiefen Meer, und Musik in seinem Brausen. Ich liebe nicht den Menschen weniger, sondern die Natur mehr.

FREIHEUT-Übung 13: Innere Uhr

Ratsam ist, sich seiner individuellen körperlichen Grundbedürfnisse bewusst zu werden. Am besten begibt man sich für einige Tage in die freie Natur, vorzugsweise in den **Wald**. Dort synchronisieren sich Körper, Seele und Geist von selbst mit der Erdschwingung. Aus meiner Erfahrung helfen besonders: Umarmen von Bäumen, auf dem Rücken liegendes Beobachten

Übung

der Baumwipfel und des Himmels, Barfußgehen über saftige Wiesen und in Bächen, Baden in Flüssen, Schwimmen in Seen, Schlafen unter freiem Himmel. Wichtig ist, diese Zeit völlig analog zu verbringen, also in voller digitaler Abstinenz, ohne störende EMF-Strahlung durch elektrische Geräte wie Handy, Computer und Fernseher. In der Natur werden wir uns wieder unserer inneren Uhr bewusst. Wir speichern in uns ab, zu welchen Zeiten wir wieviel Schlaf brauchen, wie viel Bewegung, frische Luft, Tageslicht, Sonne, reines Wasser und gesunde Nahrung. Sowohl für arme als auch für reiche Menschen ist die Erfahrung bedeutsam, wie **wenig** wir eigentlich zum Überleben und Gesundsein brauchen. Alles darüber hinaus ist Luxus.

Wer schon einmal eine mehrtägige Wanderung oder ein Überlebenstraining gemacht hat, weiß genau, was ich meine. Kurz vor dem Ende des Kalten Kriegs wurde ich beim Bundesheer infanteristisch ausgebildet, mehrere Monate davon in der Waffengattung Jagdkampf. Das ist so etwas wie uniformierter Partisanenkampf. Hauptsächlich in den Wäldern des Mühlviertels (Oberösterreich) haben wir Hinterhalte, Überfälle und Störaktionen auf feindliche Kommando- und Versorgungseinrichtungen geübt. Geschlafen haben wir nur kurz, im Schlafsack, auch im Winter ohne Zelt, das heißt unter freiem Himmel auch bei Minusgraden. Nach einigen Tagen und Nächten der psychischen und physischen Überanstrengung war es für mich immer wie ein Wunder, wieder »daheim« in der Kaserne zu sein, auf einem flachen Boden zu gehen und im Waschraum den Wasserhahn aufzudrehen. Da kam sogar warmes Wasser heraus. Kurz gesagt, habe ich gelernt, wie man längere Zeit im Wald überlebt. Daher habe ich das in unserer Kultur Alltägliche als das zu schätzen gelernt, was es ist: Luxus.[642]

Jeder obdachlose oder hungerleidende Mensch kann das bestätigen. Ich denke, dass wir die künstlich erzeugten Engpässe der C-Diktatur bewusst dazu nutzen sollten, wie unsere Altvordern mit weniger auszukommen und dabei glücklich zu sein.

FREIHEUT-Übung 14: Selbst-Test

Nach einer Woche völliger digitaler und medialer Abstinenz in der strahlungsfreien Natur sind wir wieder für einige Zeit vom Dreck der Matrix gereinigt. In der nächsten Woche klinken wir uns voll bewusst in die Matrix ein, um im Selbsttest alle Dinge und Ereignisse als begrenzte Erfahrung des begrenzten Ichs zu erleben – im gleichzeitigen Wissen, dass wir in Wahrheit endloses Bewusstsein sind. Beobachten genügt. Das ist der wahre Selbst-Test, bei dem sich das Sklavenblut der Matrix wie von selbst aus uns herauspresst.

Selbstheilung. Zu unserem seelischen Glück trägt auch bei, wieder oder erstmals autonom gesund zu sein. Wir sollen **selbst** unser eigener Arzt sein, sagt der homöopathische Arzt Dr. Klaus Bielau, der mit der Gemeinschaft der Rosenkreuzer verbunden ist. Für Jasmin und mich ist Klaus Bielau der Arzthelfer unseres Vertrauens. Es sieht sich nämlich insofern als Arzthelfer, als er seine Praxis in Graz nach dem Motto des schweizerischen Arztes und Naturphilosophen Paracelsus führt:

> *»Der Patient sei sein Arzt, der Arzt dessen Helfer.«*

Das Lebensmotto von Paracelsus, dem sich auch Dr. Bielau verschrieben hat, lautet: »Eines anderen sei nicht, wer er selbst sein kann.« (alterius non sit qui suus esse potest). Für Bielau gibt es keine Krankheiten bzw. Probleme, sondern nur Lösungen. Die sogenannten Krankheiten sind nämlich nichts anderes als die körpereigenen Heilungsversuche. Daher spricht man besser nicht vom Immunsystem, sondern von der **Lebenskraft**. Diese gilt es selbständig zu stärken. Schließlich geht es um Selbstheilung. Was sonst? Wir müssen lernen, für unser Leben Verantwortung zu übernehmen, falls wir tatsächlich daran interessiert sind, zuerst seelisch und in der Folge körperlich gesund zu bleiben oder zu werden. Natürlich ist die gesundheitliche Souveränität untrennbar mit unserer innersten Bestimmung verbunden, ein individuelles Bildnis Gottes zu sein. Als die wesentlichen Schritte hierzu nennt Klaus Bielau die Selbsterkenntnis, Selbstverantwortung und Selbstheilung, wobei die Betonung immer auf dem Wort »Selbst« liegt. Eine andere Heilung als Selbstheilung hat es noch nie gegeben, kann es für den bewusstwerdenden Menschen gar nicht geben. Dazu gehören eine sinnvolle Lebensführung und ein Interesse an den natürlichen Zusammenhängen. Diese vermittelt Bielaus Buchreihe *Wendezeit der Medizin – Die Erneuerung der Heilkunst.*[643]

Vom natürlichen Grundsatz der Selbstheilung sind viele weitere Mediziner überzeugt, so zum Beispiel der Facharzt für Radiologie Dr. Gerd Reuther. In seinem Buch *Der betrogene Patient* von 2017 legt er offen, warum unsere Selbstheilungskräfte der Pharmabranche ein Dorn im Auge sind: Die Selbstheilung ist schlicht und ergreifend kein Geschäftsmodell. Wenn wir uns mit der Schuldmedizin behandeln lassen, ist laut Dr. Reuther unser Leben in Gefahr.[644] Auf dieses Faktum weist auch meine strategische Analyse aus 2009 über jene Akteure und Machthaber hin, die von unserer Identifikation mit dem systemabhängigen Ego profitieren. Siehe dazu das Kapitel *Pharmaindustrie und Mediziner* in *Tiger in High Heels*.[645] Wesentliche Aspekte der Selbstheilung sind das Erkennen und Beheben der seelischen Ursachen von Krankheiten. Diese werden im bereits erwähnten, im Geiste von Dr. Ryke Geerd Hamer verfassten Lexikon *Die seelischen Ursachen der Krankheiten* behandelt,[646] ebenso in Dr. Ruediger Dahlkes Handbuch der Psychosomatik und Integralen Medizin mit dem Titel *Krankheit als Symbol*.[647]

Die Lehren der Ywahoo vom Stamm der Cherokee-Indianer, deren Meditationspraxis vor mehr als 133.000 Jahren entstanden sein soll, beziffern das potenzielle Höchstalter des Menschen mit **127 Jahren**: »Das ist die Gabe, die unser Erbgut enthält.« Wir können es ausschöpfen, »wenn wir den Weg der Schönheit in Harmonie beschreiten, wenn wir unsere Beziehungen zueinander klarhalten,« weil dadurch »die **Lebenskraft** nicht vermindert« wird.[648] Demnach wissen die nordamerikanischen Ureinwohner, dass die Lebenskraft durch eine geistig-seelische Wandlung destruktiver persönlicher Eigenschaften erhalten wird.

Die diesbezügliche Bestätigung seitens der westlichen Wissenschaft liegt inzwischen vor. So führt das Studium hunderter Forschungsarbeiten zum eindeutigen Ergebnis, dass ein starkes soziales Netzwerk (Familie, Freunde) das Sterberisiko um etwa 45 Prozent senkt. Gute soziale Bande, Empathie, Freundlichkeit, Optimismus und Lebensgenuss begünstigen ein hohes Alter bis zu 100 Jahren, lautet das Resümee der Wissenschaftsjournalistin Marta Zaraska in ihrem Buch *Was uns jung hält*. Zu ihren Recherchen zählen neben den erwähnten Studien auch etliche Gespräche mit führenden Wissenschaftlern auf den Gebieten Zoologie, Epidemiologie, Molekularbiochemie, Neurowissenschaften und Cyberpsychologie.[649] Bis zur Standardisierung in der Medizin können jedoch einige Jahrzehnte vergehen. Daher ist es empfehlenswert, gleich bei sich selbst anzufangen.

Anhand von einigen kontrolliert überlieferten und daher glaubhaften Beispielen aus der Praxis beschreibt Dr. Ulrich Warnke, wie die bewusste Veränderung der Persönlichkeit Krankheiten wandeln und sogar ganz heilen kann: »Wechselt der Mensch seine Persönlichkeit, was trainiert werden kann, verschwindet oft auch seine Krankheit.« Dabei spielen meist bestimmte Techniken der Bildvorstellung eine Rolle, »ein Denken und Handeln auf verschiedenen Kanälen gleichzeitig.« Werden Krankheiten komplett ausgeblendet, hängt das vorwiegend mit **meditierenden** und

imaginierenden »Gedanken über eine Rückkehr zur Gesundheit« zusammen.[650] Imaginieren leitet sich von »imago« ab, dem lateinischen Wort für Bild, Bildnis oder Abbild.[651] Wer imaginiert, stellt sich etwas bildhaft vor.

Wie wir unsere Schnittstelle zwischen Seele und Gehirn, die Zirbeldrüse, selbst entkalken und aktivieren können, ist den detailreichen Anleitungen von Dr. Dieter Broers zu entnehmen. Einige Stichworte seien genannt: Entgiftung von Toxinen wie Aluminium, Glyphosat und Quecksilber, Ausleitung von Fluorid aus Körper und Wasser, Entwöhnung von jeglichem Elektrosmog, gesunde Ernährung, Klangtherapie, Mediationen und Visualisierungsübungen.[652]

Körperliche Intelligenz. Die Kunst stressfrei zu leben vermittelt Dr. Dagmar Kashiwakura, Meisterin in Qi Gong und Karate-Wettkämpferin, gemeinsam mit Dominik Remde, einem in der Erwachsenenbildung tätigen Kampfsportler. In ihrem Buch *KörperIntelligenz nutzen* erklären sie: »KörperIntelligenz bezeichnet eine ideale Balance von Körper, Geist und Seele, die uns befähigt, mit Leichtigkeit Dinge zu vollbringen, die unsere bisherigen Vorstellungen beträchtlich übersteigen und die wir nicht für möglich gehalten hätten.« Angeblich physikalisch Unmögliches wird zum Beispiel bei Übungen erbracht, bei denen mehrere Männer mit vereinten Kräften keine Chance haben, einen einzelnen Mann festzuhalten, der dabei mühelos – ganz von selbst – aufsteht. Diesbezügliche Videobeweise findet man im Internet. Dahinter steckt das offene Geheimnis, dass man seine körperliche Intelligenz nur so zulassen muss wie die **Gegenwart**. So etwas wie Erwartungen, Forderungen oder Vorschriften kommen daher bei der äußerst effektiven, gewaltfreien Selbstverteidigung nicht vor. Ein wichtiger Bezugspunkt der Körperübungen ist immer die Gegenwart, also das Hier und Jetzt.[653]

Kraftquelle Seele

Pures Sein im Hier und Jetzt. Die Vergangenheit ist vorbei, die Zukunft ungewiss. Gedanken daran sind somit Illusionen. Der einzige reale Zeitpunkt ist immer jetzt. Die Realität findet genau jetzt statt, in exakt diesem Moment, in dem du das jeweilige Wort dieses Absatzes liest. Beim nächsten Wort beginnt bereits das neue Jetzt. Und so weiter. Unsere Seele, die unsere endgültige Realität ist, befindet sich immer im Hier und Jetzt. Auch deshalb ist das Hier und Jetzt die einzige reale Zeit.

Die Selbsterkenntnis der Seele ist meiner Erfahrung nach unsere stärkste Kraftquelle. Sie ist auch die Quelle der bedingungslosen Liebe und des philosophischen Humors ist. Diese starken Energien haben gemeinsam, dass sie die menschengemachte Zeit anhalten.

Bewusste Atmung. Die einfachste und fast überall anwendbare Methode, im Hier und Jetzt zu sein, ist die bewusste Atmung. Zen-Meister Shunryû Suzuki hat gelehrt, dass das, was wir Ich nennen, »nur eine **Schwingtür** [ist], die sich bewegt, wenn wir einatmen und ausatmen.« Wenn wir in der Meditation frei von allen Gedanken und Vorstellungen sind, realisieren wir, dass die durch die Atmung erfahrene Bewegung der Schwingtür eine universelle Aktivität ist. Folgen wir der Bewegung der Schwingtür mit reinem und ruhigem Geist, dann ist kein Ich mehr vorhanden, kein Körper, kein Geist, keine von uns getrennte Welt. Nur noch die Schwingtüre ist da.[654] Dass Shunryû absolut richtig liegt, beweist der Selbsttest: Versuchen wir den Atem auch nur kurz anzuhalten, dann wird unser Körper unmittelbar zum Luftholen gezwungen. Das heißt, dass niemand zu denken braucht, damit wir atmen. **Wir werden geatmet**. Wir sind, wie Jesus sehr oft betont hat, bereits mit allem versorgt. Wie ein Zen-Meister hat Jesus gesagt, dass wir an nichts festhalten sollen:

»Werdet Vorübergehende!«[655]

Das bedeutet aber nicht, dass wir nicht gerne leben sollen. Ganz im Gegenteil! Gerade über Jesus wurde gemurrt: »Was ist dieser Mensch für ein Fresser und Weinsäufer, ein Freund der Zöllner und Sünder!«[656] Derartiges wurde ihm mehrfach vorgeworfen.[657] Folglich hat Jesus authentisch gelebt – und zwar im Hier und Jetzt, wie ein Kleinkind in der oralen Phase, nur eben bewusst. Ein Vorübergehender zu sein, bedeutet daher, das Leben zwar voll und ganz zu genießen, aber nicht daran zu klammern. Denn wer klammert, hat Angst etwas zu verlieren. Und wen Verlustangst quält, der befindet sich nicht mehr im Hier und Jetzt, sondern einseitig denkend in der Illusion einer düsteren Zukunft. In diesem Kontext lautet auch Shunryû Suzukis Grundlehre, »man solle an nichts festhalten«, die »**Freiheit von allem**« schmecken und üben, »als sei dies euer letzter Augenblick.« Die Essenz des Lebens brachte der beherzte Zen-Meister mit folgendem Buchtitel auf den Punkt: *Seid wie reine Seide und scharfer Stahl*. Die Gegenpole in uns zu vereinen, ist das Ziel: »Das Allerwichtigste ist, fähig zu sein, das Leben zu genießen, ohne sich von den Dingen in die Irre führen zu lassen.«[658]

Zurück zur ursprünglichen Natur. Der Tiger pfeift auf Multitasking. Der Tiger trinkt nicht, während er wittert. Wenn der Tiger trinkt, dann trinkt er. Wenn er wittert, dann wittert er. Wenn er die Beute erlegt, dann erlegt er die Beute. Wenn er frisst, dann frisst er. Und wenn er sich ausruht, dann ruht er sich aus. Sowohl im schriftlichen Werk als auch im Hörbuch *Der Tigerbericht* erklärt Shunryû einem einsamen Wanderer: »Der **Tiger** tut alles, was er tut, mit uneingeschränkter Hingabe. So tut er stets sein Bestes.«[659] Den Tiger in uns setzt Shunryû offenbar mit dem Kind in uns gleich. Schließlich sollen wir »zu unserer ursprünglichen Natur zurückkehren wie ein Kind zu seiner Mutter.« Daher werden wir bei intensiver Übung »Kindern wieder ähnlicher werden.«[660] Wir sollen zwar grundsätzlich an den Dingen interessiert, zugleich aber auch voller Lebensfreude sein wie ein **Baby**. Während der Übung sind wir »so geborgen wie ein Baby im Schoß seiner Mutter.« Und um unseren Atem sollen wir uns kümmern, »so wie eine Mutter auf ihr Baby aufpasst. Wenn ein Baby lächelt, dann wird seine Mutter auch lächeln.«[661] Neben dem Urvertrauen geht es eindeutig auch um unsere Einzigartigkeit: Wie im Leben soll jeder von uns auch in der Meditation »seinen **eigenen** Weg gehen.«[662] Denn Erleuchtung erlangen, heißt, »über alle Vorstellungen von Gut und Böse, Leben oder Tod hinauszugehen«, mit allem eins und einfach wir selbst zu sein. Schließlich lautet die tiefste Wahrheit:

»Ursprünglich sind wir eins mit allem.«[663]

Zazen, die berühmte Sitzmeditation, wird ausschließlich geübt, »um wir selbst zu sein und frei von unseren müßigen Anstrengungen und nutzlosen Neigungen zu sein.« Unabhängig von der Körperhaltung gilt: »Wenn ihr dort, wo ihr seid, aufrecht steht, **ist** das Erleuchtung.« Weil wir bereits Buddha sind, werden wir unsere »wahre Natur auf verschiedene Weise zum Ausdruck bringen.« Erleuchtung können wir daher auch erfahren, während wir an Blumen schnuppern, Geräusche hören, ein heißes Bad nehmen oder aufs Klo gehen.[664]

Seelischer Stuhlgang. Mit dem humorvollen Begriff »Toiletten-Zen« meint Shunryû, dass man sich durch Zazen entleert, »nachdem wir unseren Geist gefüllt haben.« Dabei zitiert er Zen-Meister Ummon, der die Frage, was Buddha ist, wie folgt beantwortet: »**Toilettenpapier**«, sprich »etwas, womit man sich auf dem Klo abwischt.«[665] Ganz offensichtlich ist der wahre Zweck jeder Meditation die eines seelischen Stuhlgangs, bei dem wir unseren gedanklichen und emotionalen Kot in der Toilette des großen weiten Nichts hinunterspülen. Bei der Erleichterung entsteht, wie beim echten Stuhlgang, ein angenehm warmes Gefühl. Allerdings ist das von Zen-Buddhisten explizit angestrebte »warme Gefühl« und »warme Herz« selbst schon die Erleuchtung.[666]

> **Selbstliebe.** Beim warmen Gefühl geht es um ein »**völliges Zutrauen zu uns selbst**« und darum, uns selbst so anzunehmen, wie wir wirklich sind,[667] also in unserer wahren Natur. Sich bedingungslos anzunehmen, heißt, sich selbst zu lieben. Frei von belastenden Gedanken und Gefühlen, können wir hier und jetzt alles in uns aufnehmen wie ein Kleinkind, das heißt, ohne es zu benennen und ohne es zu bewerten: »Wenn ihr alles in euch aufnehmt, »ist das das wahre Selbst.«[668]

Eins mit allem. Alles in uns selbst zu finden, »bedeutet, den **großen Geist** zu finden, der alles umfasst, und diesem gemäß zu üben,« schreibt Shunryû Suzuki in *Leidender Buddha – Glücklicher Buddha*. Im Bewusstsein der All-einheit besteht eine natürliche Harmonie von Verschiedenheit und Gleichheit. Jedes Wesen ist selbst die Wahrheit. Deshalb ignoriert ein erleuchteter Mensch die einzelnen Dinge nicht, »und er haftet auch nicht an ihnen, nicht einmal an der Wahrheit.«[669] Alles ist gut, was immer es ist: »Alle Dinge sind Buddha. Und es gibt noch nicht einmal einen Buddha.«[670] Mit diesem scheinbaren Widerspruch bringt Shunryû zum Ausdruck, dass auch Buddha nur ein Begriff ist, ein Produkt des Verstandes und daher eine Illusion. Die einzige Realität ist ja das wortlose Hier und Jetzt. Darum hat Shunryû im vollen Ernst gesagt:

> *»Wenn du Satori [Erleuchtung] erreicht hast,*
> *wirf es weg und mache weiter Zazen!«*[671]

Das ist vernünftig, zumal es nichts zu erreichen gibt. Die Erleuchtung ist ja immer in uns. Man kann sie nicht erreichen wie ein Ziel. Wer sie besonders hervorhebt oder sich damit wie ein eitler Guru schmückt, der agiert aus seinem Ego und nicht aus seinem wahren Selbst. Der Tiger in uns sucht und lobt sich nicht, er ist einfach da. Die Natur des Tigers in uns ist das pure Sein im Hier und Jetzt. Die erwähnte Zahlenphysikerin Ingrid Raßelenberg drückt diese Realität wie folgt aus:

»Ich bin einfach göttlich.«

Im gleichnamigen Buch beschreibt Raßelenberg, dass sie obige Aussage wortwörtlich meint: »ICH BIN einzigartig und wirke in diesem Augenblick EINFACH durch mein GÖTTLICH-Sein!« Diese Kernaussage bringt »alles Wissenswerte über unser Mensch-Sein zum Ausdruck. Mehr ist nicht erwähnenswert und könnte genügen,« würden wir diese nachweislich reale Wahrheit problemlos »zum fixen Inhalt unseres Bewusstseins« machen.[672] Hier schließt sich der Kreis zu Jesu ultimativer Selbstbefreiungslehre: »Wenn ihr euch erkennt, dann werdet ihr erkannt werden; und ihr werdet wissen, dass ihr die Söhne des lebendigen Vaters seid.«[673]

Zwischen Gottes Energie innerhalb und außerhalb von uns sind wir selbst die Schwingtür. Aber nicht nur die Seele als göttliche Entität können wir als Kraftquelle nutzen, sondern auch negativ empfundene Gefühle und verdrängte Schattenseiten. Indem wir sie integrieren, stellen wir das Einheitsbewusstsein her, empfinden wir bedingungslose Liebe und entfalten wir unser volles Schöpferpotenzial.

Bedingungslose Liebe. Nur wer sich selbst liebt, kann auch andere lieben. Der Schlüssel dazu kann auch eine schwierige oder gescheiterte partnerschaftliche Beziehung sein. Zuerst ein wenig Theorie zu Polarität, Resonanz und Projektion. Über die **Polarität**, die wir schon behandelt haben, sagt der Volksmund: Wo Licht ist, da ist auch Schatten. Oder: Es gibt nichts Positives ohne Negatives. In der dualen Welt trifft das zu, und zwar in beiden Richtungen: Wo Schatten ist, da ist auch Licht. Wo Negatives ist, da gibt es auch Positives. Mit der Polarität hängt das fundamentale Prinzip der **Resonanz** zusammen. Resonanz leitet sich vom lateinischen »resonare« ab, das auf Deutsch »widerhallen« bedeutet. Gehen wir mit etwas in Resonanz, dann erzeugt es in uns einen Nachhall, einen Nachklang. Das heißt, wir schwingen oder tönen mit.[674] Allerdings wird das Prinzip der Resonanz von sehr vielen Menschen, auch von einigen »spirituellen«, unbewusst missachtet. Eine Seite, die wir durch erhöhte Resonanz überbetonen, wuchert auf der anderen Seite unbewusst mit. In der Lichtfalle ist der Schatten versteckt: Gehen wir verstärkt mit dem (irdischen) Licht oder Positiven in Resonanz, baut sich parallel dazu eine unbewusste **Gegenresonanz** mit dem Schatten bzw. Negativen auf. Umgekehrt ist in der Schattenfalle das Licht verborgen: Fokussieren wir übermäßig auf den Schatten bzw. das Negative, enthält die unbewusste Gegenresonanz das Licht bzw. Positive. In beiden Fällen machen wir uns etwas vor, belügen wir uns selbst.

Den Selbstbetrug projizieren wir in aller Regel auf ein Gegenüber, gewöhnlich auf einen Menschen im näheren Umfeld. Durch die **Projektion** wird unsere innere Gegenresonanz äußerlich wahrnehmbar. Nicht selten beruht die Übertragung auf Gegenseitigkeit, sodass sich zwei oder mehrere Menschen wechselseitig ihre unterdrückten Schatten- oder Lichtseiten spiegeln. Dabei treten meist Ängste und Gefühle der Enttäuschung wie Zorn oder Traurigkeit auf. In der **Ent-täuschung**, der beendeten Täuschung, liegt aber auch die Chance, eine bewusste Balance zwischen (irdischem) Licht und Schatten herzustellen, worauf die schattenlose Urquelle des Lichts durch uns strahlen kann.

Als geläufiges Beispiel aus dem praktischen Leben betrachten wir das Verpuffen der magischen Verliebtheit nach etwa einem halben Jahr Beziehung und die darauf ersatzweise folgende Abneigung. Eigenschaften des Partners, die vorher magisch anziehend wirkten, wie etwa Draufgängertum oder Anhänglichkeit, werden nach rund sechs Monaten als immer abstoßender wahrgenommen, zum Beispiel als Rüpelhaftigkeit oder Klammersucht. Die vormaligen Lichtseiten des Partners gelten fortan als Schattenseiten. Für dieses Phänomen habe ich aus meiner Tätigkeit in der Paarberatung sowie aus der Analyse meiner eigenen zwei geschiedenen Ehen vor der NTE folgende Erklärung abgeleitet: Beziehung bedeutet, unbewusst etwas zu **beziehen** wie Waren im Supermarkt. Was der Mann nicht an »Weiblichkeit« (Hingabe, Weichheit etc.) in sich selbst entwickelt, bezieht er unbewusst bei der Frau. Und was die Frau nicht in sich selbst an »Männlichkeit« (Durchsetzung, Härte etc.) in sich findet, bezieht sie unbewusst beim Mann. Natürlich gilt das, im übertragenen Sinn, auch für gleichgeschlechtliche Beziehungen. Die unterbewusste Gegenresonanz sucht nach einem Ausgleich durch Projektion auf den Partner. In der Regel kommt es zuerst zu faulen Kompromissen, danach zu Gefühlsausbrüchen und Konflikten, die früher oder später zur Trennung führen. Wird das Muster nicht erkannt und durchbrochen, wird es auf den nächsten Partner übertragen. Beziehungssupermarkt.[675]

In diesem Wirrwarr schaffen es dennoch einige Paare, in den Schattenseiten des Gegenübers ihre eigenen zu erkennen, ihre Bedürfnisse selbst aufzufüllen, sich harmonisch zu ergänzen und die bedingungslose Liebe zu leben.

Wir sind niemandem zum Gehorsam verpflichtet außer unserer Seele und damit Gott. Daher haben wir es jederzeit in der Hand, in den Heißluftballon der Geschlechterrollen zu stechen, die winzigen natürlichen Unterschiede zum anderen Geschlecht bzw. Partner zu erkennen und uns endlich selbst alles an »Weiblichkeit« oder »Männlichkeit« zu geben, was wir zum Selbstausdruck der Seele brauchen. Dann sind Yin und Yang in uns selbst in Balance. Auf diese Weise erinnern wir uns, wer wir wirklich sind, nehmen wir uns selbst an. **Selbstliebe** ist die Grundlage dafür, dass wir auch andere Menschen annehmen und wirklich lieben können. Durch Selbstannahme und -liebe kann aus einer ersten hormonellen Anziehung und egozentrischen Hollywood-Verliebtheit die echte, umfassende, **bedingungslose** Liebe werden. Dann, und nur dann, sind zwei Menschen ein Herz und eine Seele.

Meditation. Bedingungslose Liebe kommt direkt aus dem Herzen, entspringt also unmittelbar der Seele. Daher ist die bedingungslose Liebe zweifellos eine extrem starke Kraftquelle, wahrscheinlich die stärkste überhaupt. Sie entfaltet sich, wenn der Verstand still ist und wir eins mit unserer Umgebung sind. Dies funktioniert am besten in der freien Natur. Im Einklang mit der Natur beruhigt sich das einseitige Denken. Im Wald erkennen wir, dass die einzige Realität jeder einzelne Baum ist. »Wald« ist nur der illusorische Begriff für eine Vielzahl von einzelnen Bäumen, eine geistige Schablone für das Kollektiv. Aber auch Begriffe für einzelne Dinge sind nicht real. Sie beschreiben nicht die Essenz der Sache, schon gar nicht ihre energetische Grundstruktur. Daher hat Jesus über Gott gesagt: »Spaltet ein **Holzstück**, ich bin da. Hebt den **Stein** auf und ihr werdet mich dort finden.« Das hängt damit zusammen, dass die materiellen Erscheinungen ein Ausdruck des Lichtfeldes sind. Darum heißt es ja unmittelbar darüber: »Ich bin das Licht, dieses, das über allem ist. Ich bin das All; das All ist aus mir herausgekommen. Und das All ist zu mir gelangt.«[676] Damit im Einklang schreibt der indianische Medizinhäuptling Sun Bear: »Geh in Harmonie mit Mutter Erde.« Denn manchmal erfährt man die Urkraft des Lebens, »indem man ein Tier beobachtet, wie es mit den ihm innewohnenden Kräften den Bedürfnissen und Anforderungen seines Lebens gerecht wird. Diese Kraft kann man auch aus der Betrachtung eines Steines, einer Pflanze oder in den Gesängen der Winde oder des irdischen Herzschlages schöpfen.«[677]

Philosophischer Humor. Humor ist, wenn man trotzdem lacht. Unter philosophischem Humor verstehe ich ein bewusstes Lustigsehen von eigentlich eher traurigen Umständen, ohne dabei in Satire, Schadenfreude oder Spott abzuleiten. Es geht darum, die Dinge zwar so zu sehen, wie sie wirklich sind, darin aber auch den Spaß an der Skurrilität der Menschenwelt gegenüber der Natur zu entdecken. Selbstverständlich meinen es jene Autolenker ernst, die in der C-Diktatur mit aufgesetzter Maske alleine im eigenen Wagen sitzen wie ein Schoßhündchen mit Maulkorb. Aus einer höheren Sicht kann man diese harte Kost eigentlich nur mit Humor gesund verdauen. Im Wissen, dass es zu keiner Zeit eine reale Notlage gab, sind die epidemiologisch völlig sinnlosen Corona-Maßnahmen nach dem Motto »Ich verhau mich selbst, damit du keine Schmerzen hast« eine mehrjährige Realsatire. Und die selbstschädigenden wirtschaftlichen Maßnahmen gegen das ressourcenreiche Russland nach dem Motto »Frieren für den Frieden« betrachtet man am besten als 24-Stunden-Live-Kabarett.

Besonders heilsam ist das herzhafte Lachen über sich selbst. An einem der von mir geleiteten FREIHEUT-Seminare hat ein Ingenieur aus Tirol namens Franz teilgenommen. Er war von der Gesamtlage der C-Diktatur so irritiert, dass wir uns alle am Ende der Veranstaltung im Kreis zusammengesetzt haben. Aufgrund unserer Rückmeldungen hat Franz herausgefunden, dass er die C-Diktatur vielleicht in Form eines Kabarettprogramms aufarbeiten wird. Dazu haben wir ihn mit reichlich Applaus ermutigt, als er völlig sachlich und wertfrei Beschreibungen wie folgende vom Stapel gelassen hat: Seit dem Beginn der Corona-Diktatur fühlt er sich wie ein Fahrgast in einem Reisebus, der auf den Abgrund zurast. Franz ist der einzige, der die Situation durchschaut und vor der bevorstehenden Katastrophe warnt. Aber die anderen Fahrgäste sind damit beschäftigt, den Buslenker zu beklatschen, weil er so toll fährt. Diese Schilderung in Kombination mit der besorgten Mimik, der fröhlichen Stimme und den leuchtenden Augen hat unsere Lachmuskeln stark beübt. Und die von Franz.

Weil wir schnell zum Kern vordringen und dabei auch Freude haben dürfen, enthält *Tiger in High Heels* acht unkonventionelle Meditationen, die man allein üben und beliebig abwandeln kann. Dabei geht es um die erlebte Einheit mit der Natur, bildhafte Reflexionen und heiteres Lachmuskeltraining.[678] Als Beispiel wiederhole ich hier gerne einen Auszug aus der fünften Meditation:

Übung

FREIHEUT-Übung 15: Lustige Ego-Suche (Auszug)

Am besten gehst du auf eine größere freie Fläche, auf der du herumtollen kannst, wie du willst. Stell dir während dem Gehen folgende Frage: »Wer bin ich?« Frage dich dann mehrfach selbst: »Wer ist Ich?« Mach die Augen zu und schau in deinen Körper. Siehst du dein Ego? Wo ist da jemand, der »Ich« heißt? Stell dir diese Frage am besten ganz laut. Musst du schon lachen? Du wirst innen nichts finden. Spiel ein beleidigtes Kind, dass gern sein Ich finden würde. Lass die Arme und Mundwinkel hängen wie ein trauriger Clown. Kuller mit deinen Augen. Vielleicht hat sich das Ich ja im Kopf versteckt. Schaffst du es nicht, mit deinen Augen in deinen Kopf hineinzublicken? So ein Pech aber auch. Jetzt bist du noch trauriger. Oder lachst du gerade? Plötzlich kommt der Geistesblitz. Du sagst laut: »Vielleicht ist mein Ich ja hinter mir?« Dreh dich um. Siehst du dein Ich? Nein? Nun, dann dreh dich ganz schnell um. Vielleicht reagiert dein Ich ja sehr rasch und versteckt sich immer genau hinter dir. Dreh dich nun wie verrückt im Kreis und versuche dein Ego zu fangen: »Huhu, Ego … hallo Eeeeeeegooooo… wo bist du? Komm her!« Dreh dich bis zur Erschöpfung wie ein Hund, der in seine eigene Rute beißen möchte …

Wie gesagt, geht es nicht darum, das Ego zu vernichten. Wir sollen nur die Identifikation damit erkennen und loslassen. Dann klappt es auch wieder mit den klaren Gedanken. Das ist sinnvoll, weil wir zur eigenen Komplettierung neben einem gesunden Körper und einer lebhaften Seele auch einen klaren Geist bzw. Verstand brauchen.

Kraftquelle Geist

Einige selbsternannte »spirituelle Lehrer« und andere Suchende meinen, der Verstand könne nichts zur Erleuchtung beitragen. Doch sie haben keine Ahnung. Ihre falsche Meinung beruht auf mangelnder Selbsterfahrung, einseitigem Denken und damit auf dem Ego. Tatsächlich kann aber der Verstand bei der Selbstbefreiung sogar **sehr** nützlich sein. Einerseits gibt es mehrere Stufen des Denkens, deren oberste – das ganzheitliche Erfassen – in die Erleuchtung mündet. Andererseits weist uns gerade der Verstand mit seinen lästigen Gedankenmustern deutlich auf das Erfordernis von seelengerechten Denkformen und Stille im Gehirn hin.

Ganzheitliches Denken. Die Komplexität des menschlichen Denkens findet theoretisch auf acht Ebenen statt, die jedoch ineinanderfließen und potenziell eine Einheit bilden. Auf Basis der entwicklungspsychologischen Ebenentheorie von Prof. Dr. Clare W. Graves haben die US-amerikanischen Unternehmensberater Don Beck und Chris Cowan 1996 ihr geniales Konzept der Spiraldynamik (Spiral Dynamics) veröffentlicht. Wie in einer Spirale führen die acht Ebenen des Denkens vom Instinkthaften ganz unten (1) bis hinauf zur holistischen bzw. ganzheitlichen Sichtweise (8). Ganz oben thront eine alle Ebenen vereinigende adaptive Kernintelligenz, der **erwachte** Weltblick.[679] Eine sehr gute graphische Zusammenfassung befindet sich auf der Homepage des globalen Ökodorf-Netzwerks.[680] Ken Wilber, ein Vertreter der integralen Psychologie, unterteilt die acht Ebenen des Denkens in zwei Ränge. Das Denken ersten Ranges betrifft die Ebenen 1 bis inklusive 6 mit ihren eher einseitigen Überzeugungen in Detailbereichen, während der zweite Rang des Denkens dem **ganzheitlichen** Erfassen der Ebenen 7 und 8 entspricht.[681] Die genannten Kernaussagen zu den Ebenen des Denkens sind die perfekte Ergänzung zur bisher behandelten geistig-seelischen Selbsterkenntnis. Deshalb versteht sich Abbildung 27 im doppelten Wortsinn als die **Spiralmuschel des Geistes**.

Das über Ebene 8 thronende Ohr der Spiralmuschel kann als zweiseitige Verbindung zum Geist Gottes verstanden werden, nämlich als Ort des Eintritts für geistig-seelische Energie aus dem allgegenwärtigen Feld und des Austritts in dasselbe. Bis zu diesem obersten Punkt bauen alle Ebenen des Denkens aufeinander auf. Sie gehören daher zusammen, wobei eine Entwicklung von materiellen Bezügen zu immer mehr Vergeistigung stattfindet. Demnach ist es völlig sinnlos, einzelne Ebenen als schlecht zu betrachten und sie abzulehnen.

Allerdings stimme ich seit langem mit Ken Wilber überein, dass sich zwar nahezu das gesamte Weltgeschehen nur bis zur relativ niedrigen Ebene 5 des wissenschaftlichen Denkens abspielt, aber in der Regel nicht einmal das ordentlich funktioniert, weil insbesondere Politik und Wirtschaft bisher Ebene 6 nicht erreicht haben. Rund 0,1 Prozent Obdachlose denken auf Ebene 1, ca. 10 Prozent der Bevölkerung auf Ebene 2, ca. 20 Prozent auf Ebene 3, 40 Prozent auf Ebene 4 und 30 Prozent auf Ebene 5. Insgesamt erreichen nur etwa **10 Prozent** Ebene 6, die sie bereitmacht für den »Quantensprung« in das Denken zweiten Ranges. Auf die Ebenen 7 und 8 schafft es bisher lediglich etwa ein einziges Prozent.[682] Das schon in der Kindheit geförderte Konkurrenzdenken führt zu einer rücksichtslosen Rivalität nach dem Motto fressen oder gefressen werden. Das ist mit dem einseitigen Denken des Egos gemeint.[683] Daran hat sich bis 2022 nichts geändert, wie die C-Diktatur mit ihrem menschenverachtenden Impfzwang und ihren selbstschädigenden Sanktionen

VOLL ERWACHTES BEWUSSTSEIN
Bewusster Austausch mit dem omnipräsenten Energiefeld

ERLEUCHTUNG, ERWECKUNG
Wahres Selbst im Hier und Jetzt
Befreiter Tiger, befreites Kind

Rang	Ebene	Art des Denkens	Umfang des Denkens
Ganzheitliches Erfassen — 2	8	**Holistisch (ganzheitlich)** Synergie, Universalität	**Allverbundenheit** Gefühl + Wissen
	7	**Integrativ** Flexibilität, Spontanität	**Systemisch, global** Autonomie + Verantwortung
Überzeugung in Detailbereichen — 1	6	**Empfindsames Selbst** Inneres, Empathie	**Weltzentrisch** Gleichberechtigung
	5	**Wissenschaftlich** Analyse, Planung	**Logisch, formal, rational** Materieller Gewinn
	4	**Konformistische Regel** Absolute Prinzipien	**Ethnozentrisch** Ordnung, Gesetz, Gehorsam
	3	**Mächtige Götter** Macht, Ruhm	**Egozentrisch** Macht, Durchsetzungsfähigkeit
	2	**Magisch, animistisch** Rituale, Magie	**Egozentrisch** Ahnen/Stammesbewusstsein
	1	**Archaisch, instinkthaft** Wille zum Überleben	**Egozentrisch** Nahrung, Wärme, Schutz

Abb. 27 (Datenquellen: Fn 676 bis 680)

gegen die Russische Föderation eindrucksvoll beweist. Der größte Intelligenztest der Menschheitsgeschichte verdeutlicht, wie wichtig es ist, dass der dumme Spruch »Der Klügere gibt nach« alsbald keine Anwendung mehr findet. Damit wir nicht weiterhin die Herrschaft der Dümmeren haben, müssen sich die Klügeren, die bereits auf Ebene 6 oder höher denken, endlich durchsetzen.[684]

Die potenziell zu jeder Zeit bestehende große Chance der Menschheit, »sich zusammen über das ›**Empfindsame Selbst**‹ [Ebene 6] in das ganzheitliche Denken hinein zu entwickeln,«[685] wird mit sehr hoher Wahrscheinlichkeit beim prognostizierten kollektiven Bewusstseinssprung ab 2025 von einer kritischen Masse der Bevölkerung wahrgenommen werden. Das heißt, dass höhere Prozentsätze als oben angegeben ab Ebene 6 und darüber möglich sind.

Unabhängig davon sollte jeder Mensch, wie gesagt, seinen **individuellen** Weg gehen. Jeder von uns darf seinen inneren Tiger ganz allein befreien, indem er bewusst zur holistischen Sichtweise vordringt und damit in jene Einheit zurückkehrt, in der er schon als Kleinkind unbewusst eingebettet war. Ist der Tiger frei, erhalten wir unsere Hochbegabung zurück, werden wir vom Opfer wieder zum Schöpfer. Diesmal sogar bereichert um die schmerzlichen, aber wertvollen Erfahrungen in der Matrix des einseitigen Denkens. Das heißt, wir können uns freuen. Denn fortan wissen wir genau, wie wir im Bedarfsfall unsere Individualität zu schützen haben.

Wie erwähnt, ist für die Selbstbefreiung keine Arbeit im technischen Sinn erforderlich. Jeder Leistungsdruck wäre sogar kontraproduktiv. Es geht ja nicht um die Erweiterung der inneren Trophäensammlung mit neuen Pokalen der Egozentrik. Um unsere wahre Natur freizulegen, kann man nichts dazugewinnen und anhäufen, sondern muss man etwas loswerden: die Identifikation mit Rollen (Masken) und Ego. Wir brauchen sie nur zu durchschauen und die Identifikation damit loszulassen. Durch Erkenntnis und Loslassen eliminieren wir die Matrix in uns, pressen wir jeden Tropfen Sklavenblut aus uns heraus. Auf diese Weise kommt unsere wahre Natur von **selbst** zum Vorschein. Das endlose Bewusstsein der Seele war schon immer da und wird es immer sein. Anders ausgedrückt: Die Erleuchtung war schon immer in uns wie das **Licht** hinter verrußtem Lampenglas. Wenn wir den Schmutz Schicht für Schicht abtragen, strahlt das Licht wieder nach außen.

Methodisch ist ein ganzheitlicher Ansatz zu empfehlen. Im Gedenken an die Selbsterkenntnis, die All-einheit und unsere potenzielle Körper-Geist-Seele-Einheit sollten wir parallel zu den körperlichen und seelischen auch die geistigen Kraftquellen nutzen. Hierbei hat gemäß meiner persönlichen und beruflichen Erfahrung die Kombination von Meditationstechniken mit den nun folgenden Denkrezepten ein besonders großes Potenzial.

Gedankenmuster durchschauen. Ein Wildwuchs an verselbständigten Gedanken schreit förmlich nach unserer Aufmerksamkeit. Turbulente Gedankenwirbel verdeutlichen uns, dass ein Gefängnis für den Verstand existiert. Was eingesperrt ist, kann ausbrechen. Es gibt also mindestens eine Möglichkeit, den Gehirnknast zu verlassen. Das beste Mittel dazu ist die vollständige Wahrnehmung im Hier und Jetzt, zum Beispiel im Rahmen der Meditation. Ein wichtiger Teilschritt ist, seine Ängste verstandesmäßig zu durchschauen und sie sinnvoll zu nutzen. Sobald wir das tun, beginnt sich der systembedingte Gehorsam von selbst aufzulösen. Zusammen mit der Meditation bedeutet das die vollständige Entgiftung von der Matrix.

Weil die meisten Menschen im einseitigen Denken der Ebenen 1 bis 5 festhängen, verdrängen sie unbewusst das Hier und Jetzt, also den gegenwärtigen Moment, indem sie gedanklich in der Vergangenheit verweilen oder auf eine Zukunft zusteuern, wobei beide »Zeiten« in ihrer Vorstellung besser oder schlechter sind als ebendieser Moment. Demnach ist der tonangebende Verstand ein Störenfried, Dieb und Feigling. Mit seinem Dauerkrawall bestiehlt er sich selbst um das pure Sein im Hier und Jetzt, indem er in die Vergangenheit oder in die Zukunft flieht. Gedanken an die Vergangenheit bringen in der Regel Schwärmereien nach dem Motto »früher war alles besser«, Scham, Schuldgefühle, Trauer oder Wut mit sich. Hingegen verursachen Gedanken an die Zukunft gewöhnlich substanzlose Hoffnungen oder diffuse Ängste. Vergangenheit und Zukunft sind aber Illusionen, umso mehr die Gedanken daran. Die Vergangenheit ist ein **nachgestellter** voriger Moment, der im Kopf nie dem entsprechen kann, wie er tatsächlich war. Nicht einmal die Gedanken an eine NTE entsprechen exakt den realen Erlebnissen. Nur in der Seele sind sie, zumindest bei mir, fest abgespeichert. Die Zukunft ist nichts anderes als ein **vorgestellter** nächster Moment, von dem niemand wissen kann, wie er wirklich sein wird.

Folglich sind Gedanken an Vergangenheit und Zukunft reine Phantasievorstellungen, fiktive Produkte unseres Denkens. Gelegentlich schaden sie nicht, brauchen wir sie sogar. Aber das permanente Anhaften an den Gedanken über fiktive

Momente betäubt unsere Sinne für den einzigen realen Moment: das Hier und Jetzt. Das ist der Selbstrausschmiss aus dem Paradies. Schließlich findet das reale Leben, die unmittelbare Wirklichkeit, immer im Hier und Jetzt statt. Das ganze Leben existiert nur aus dem **gegenwärtigen** Moment heraus. Zwar haben wir die Gedanken an eine erlebte Vergangenheit oder an eine potentielle Zukunft im Hier und Jetzt, jedoch sind diese gegenwärtig nicht real. Mehr noch: Derartige Gedanken reißen uns aus der einzigen Realität: dem Sein im Hier und Jetzt. Für sehr viele Menschen scheint der gegenwärtige Moment nichts anderes zu sein als eine einzige Katastrophe, die sie einfach nicht wahrhaben wollen, vor der sie fliehen. Wohin uns die Identifikation mit dem Verstand und seinen surrealen Projektionen in eine utopische Zukunft führen können, zeigt das Extrembeispiel des Transhumanisten Raymond Kurzweil: bis zur absoluten Selbstaufgabe, zur Negation alles Natürlichen in uns, all dessen, was uns als Mensch ausmacht. Dahinter steckt eine riesige zitternde **Angst**.

Die Lösung liegt darin, uns geistig in die Gegenwart zu bringen. Das ist die vielzitierte **rechte** Zeit. Vom Wortstamm her bedeutet rechts richtig, sittlich gut und so weiter.[686] Links hingegen steht für lahm und schwach. Wer jemanden linkt, der betrügt.[687] Alle politischen und religiösen Ideologien, alle Ismen, haben gemeinsam, dass sie links sind und Menschen linken. Denn ihre Utopien betrügen ihre Anhänger um die Realität des Hier und Jetzt, indem sie auf die Zukunft gerichtete Heilserwartungen schüren. Sie linken den Hausverstand und betrügen die Herzen der Menschen um die Realität der Gegenwart. Das gilt, wie gesagt, für jeden Ismus. Die politische Beweisführung, dass neben dem Kommunismus auch der Nationalsozialismus links war, wurde von mir an anderer Stelle erbracht.[688] Hier geht es ausschließlich darum, dass sämtliche Ismen das vermeintliche Heil in eine illusorische Zukunft verlegen. Das tatsächliche Heil gibt es aber nur zur rechten Zeit, und die ist immer jetzt. Genau jetzt!

Ängste nutzen. Von unseren Ängsten werden wir dem Hier und Jetzt entrissen und gewöhnlich in eine furchtbare Zukunft entführt. Wenn wir sie aber erkennen und richtig einsetzen, können unsere Ängste **starke** Verbündete sein. Es ist daher sinnvoll, den eigenen Angsttypus rational zu begreifen. Hierzu empfehle ich das tiefenpsychologische Standardwerk *Grundformen der Angst* von Dr. Fritz Riemann. Vereinfacht gesagt, entsprechen vier Grundformen der Angst vier Persönlichkeitstypen: Der Schizoide hat wegen seines Strebens nach Unabhängigkeit Angst vor der

Selbsthingabe, während den nach Abhängigkeit strebenden Depressiven die Angst vor der Selbstwerdung quält. Der Zwanghafte strebt nach Beständigkeit und hat daher Angst vor der Veränderung, den Hysterischen hingegen belastet in seinem Streben nach Veränderung die Angst vor der Notwendigkeit. Alle möglichen Ängste sind laut Dr. Riemann »letztlich immer Varianten dieser vier Grundängste.« Sie hängen mit den vier Grundimpulsen der Erde zusammen, »die ebenfalls zu unserem Dasein gehören und sich auch paarweise ergänzen und widersprechen«: Fremdumdrehung (Revolution, Umkreisung der Sonne), Eigendrehung (Rotation, Drehung um die eigene Achse), Schwerkraft und Fliehkraft.[689] Siehe dazu auch Abbildung 28.

Grundformen der Angst

Persönlichkeit	Streben nach	Angst vor	Problem mit
Schizoid	Unabhängigkeit	Selbsthingabe	Fremdumdrehung
Depressiv	Abhängigkeit	Selbstwerdung	Eigendrehung
Zwanghaft	Beständigkeit	Wandlung	Schwerkraft
Hysterisch	Veränderung	Notwendigkeit	Fliehkraft

Abb. 28 (Datenquelle: Rie97 bzw. Fn 686, 687, 688, 690, 691, 692)

Da diese Grundordnung ein großes Ganzes ergibt, sollte es einen nicht verwundern, dass er beim Versuch, sich einer der vier Persönlichkeitsstrukturen zuzuordnen, zu keinem eindeutigen Ergebnis kommt, »sondern wahrscheinlich **von allen** etwas in sich entdeckt, wie auch von jeder der Grundängste.«[690] In verschiedenen Lebensbereichen entspricht man zwar jeweils etwas mehr einer konkreten Grundform der Angst als den drei anderen, jedoch handelt es sich, wie auch das Medizinrad in Abbildung 29 darstellt, um gegengelagerte Kräfte. Diese Erkenntnis ermöglicht es uns, die Ängste insgesamt in Balance zu bringen.

Abb. 29

Zur Veranschaulichung ein Beispiel: Vor der NTE entsprach ich beziehungstech-
nisch am ehesten dem depressiven Typ, der vor lauter Angst vor der Selbstwerdung
(Eigendrehung) lieber sich selbst aufgibt, als seine Partnerin zu verlieren. Folglich
zog ich eher schizoide Frauen an, die Angst vor der Hingabe (Fremdumdrehung)
hatten. Ihr übermächtiger Impuls zur Unabhängigkeit bzw. Eigendrehung bedeutet, psychologisch gesehen, »Selbstbewahrung und Ich-Abgrenzung überwertig leben.«[691] Die Lehren aus der in jeder Hinsicht extremen zweiten Ehe mit der »dunklen Frau« führten dazu, dass ich ab der Trennung weibliche und männliche Anteile
– gewissermaßen schizoid – in mir selbst gefunden und intuitiv verbunden habe.
Bis dahin war ich im Hinblick auf die spirituelle Suche im Alleingang unterwegs
und daher eher dem schizoiden Typus zuzuordnen. Weil ich mich im Rahmen der
Selbstwerdung selbst gefunden habe, war ich ab sofort auch in der Partnerschaft in
Sachen Spiritualität offen. Insgesamt ist durch die Realisierung der zuvor verdrängten Selbstwerdung eine Balance bzw. gegenseitige Aufhebung der Ängste entstanden.[692]

Wie das Kapitel *Selbsterkenntnis* zeigt, sind wir alle unverwechselbare Individuen. Es besteht daher Grund zur Annahme, dass die schizoiden Persönlichkeiten zwar ebenfalls aus ihrem Ego heraus agieren, aber eine relativ günstige Ausgangsposition haben, wenn es um die spirituelle Selbstwerdung geht. Dasselbe gilt für die hysterischen Persönlichkeiten, die dem Zauber am Neuen und dem Reiz am Abenteuer völlig verfallen sind, weil sie Angst vor dem Endgültigen, Notwendigen und vor allem »vor der Begrenztheit unseres Freiheitsdranges« verspüren.[693] Auf den ersten Blick scheinen Schizoide und Hysterische für das Bewahren ihrer Individualität im Zwangssystem der Matrix besser gewappnet zu sein als Depressive und Zwanghafte. Denn die Schizoiden und Hysterischen gehen eher aktiv oder aggressiv auf das Neue im Leben zu. Mit ihnen arbeitet man in der Therapie wesentlich einfacher als mit eher passiven Menschen, die sich alles einzeln aus der Nase ziehen lassen.

Bemerkenswert ist daher, dass der in diesem Buch vielfach erwähnte Dreiklang der Urangst am ehesten den **passiven**, sprich depressiven und zwanghaften Persönlichkeiten zuzuordnen ist.

***Todesangst,** die größte Angst im Leben, stellt eine massive unterbewusste Blockade dar. Deshalb leben viele Menschen gar nicht richtig. Vielleicht sollte man ihnen sagen, dass es ein Leben vor dem Tod gibt. Todesangst ist letztlich der Ausdruck der Angst vor der Wandlung und der Vergänglichkeit. Sie kennzeichnet den Zwanghaften und entspricht seiner extrem ausgeprägten Sehnsucht nach Dauer sowie verlässlicher Wiederkehr des Gewohnten und Vertrauten.[694] Hinsichtlich der spirituellen Selbstwerdung ist jedoch die Masse der Menschen, die sich wegen der Angst vor der Eigendrehung an die Matrix und das Ego klammern, am ehesten als **depressiv** einzustufen. Todesangst ist im Grunde die Angst des Egos vor seiner eigenen Vernichtung. Eine Illusionsblase fürchtet sich also vor ihrem Zerplatzen.

Sobald wir erkennen, dass der Tod eine Illusion ist, weil wir das Beständigste auf der Welt in uns tragen, nämlich die unsterbliche Seele, dann **verpufft** die ursprüngliche Angst vor dem Tod oder dem Sterben im Bruchteil einer Sekunde. Dadurch wird sehr viel Energie für die Selbstwerdung frei. Die vormalige Angst war also immer schon ein starker Verbündeter, der zum Erkennen der Realität herausfordert und bei der Geburt des inneren Kindes als Presswehen dient.

Ängste aller Art zeigen Abhängigkeiten vom alten System auf. Wer keine Angst mehr vor dem Tod hat, kann auch die nachrangigen Ängste vor materiellem Verlust und sozialer Ausgrenzung leichter durchschauen und ablegen.

* **Angst vor materiellem Verlust** entspricht dem Wesen des **Zwanghaften**. Die verdrängte Todesangst verschiebt sich nämlich darauf, »dass man nichts wegwerfen kann, überflüssige Dinge um sich häuft und alles vermeidet, was an die Vergänglichkeit und das Ende erinnert.«[695] Einer alten Weisheit zufolge bekommt jeder eine Sucht, der nicht in sich selber sucht. Gemeint ist jede mögliche Form des Sucht- und Sammelverhaltens: Alkohol, harte Drogen, Medikamente wie Psychopharmaka, synthetische Hormone (unter Sportlern), Essen, Extremsport, Sex, Beziehungen, Konflikte, Arbeit, digitale Medien, Smartphones, Computer, Autos und so weiter. Eine erfolgreiche Auseinandersetzung mit dem eigenen Suchtverhalten zeigt auf, dass es nichts anderes ist als ein destruktiver Ersatz für die konstruktive Suche nach dem inneren Kind oder Tiger. Im Grunde müsste jede Anhäufungs- und Sammelsucht quasi von selbst wegfallen, sobald die Angst vor dem Tod erloschen ist. Bis dahin hilft vielleicht folgende Anregung: Es erscheint hochgradig absurd, dass viele Menschen die schönste Zeit des Tages an Orten verbringen, an denen sie eigentlich nicht sein wollen. Dort verrichten sie monotone Arbeiten, die ihnen eigentlich zuwider sind und die ohnehin nicht genug Geld einbringen, sodass sie Kredite aufnehmen, um sich jenen Ramsch zu kaufen, den sie bei einem gesunden Selbstwert gar nicht bräuchten. Mit den Worten des österreichischen Schauspielers Walter Slezak: »Viele Menschen benutzen das Geld, das sie nicht haben, für den Einkauf von Dingen, die sie nicht brauchen, um damit Leuten zu imponieren, die sie nicht mögen.«[696]

* **Angst vor sozialer Ausgrenzung** ist die Kehrseite des Bedürfnisses, dem Umfeld optisch und intellektuell zu gefallen. Diese auf einem Mangelbewusstsein beruhende Angst geht bei vielen Menschen so weit, dass sie öfter im Internet mit ihren Bildern, Videos und Meinungen um »Likes« und Abonnenten betteln, als sie den Moment wahrhaftig erleben und sagen, was sie wirklich fühlen und denken. Antizipierte Konformität in der digitalen Welt ist eine moderne Zivilisationskrankheit. Die Angst vor sozialer Ausgrenzung gehört am ehesten zum **depressiven** Typ. Denn Abhängigkeit ist »das zentrale Problem der Menschen, die wir als die depressiven bezeichnen wollen.« Vor allem in der partnerschaftlichen Beziehung brauchen sie Sicherheit und eine gewisse Garantie. Ihre Verlustangst ist die Kehrseite ihrer Ich-

Schwäche.[697] Allerdings verdeutlicht auch hier das sozial aufgepfropfte identitäre Anhaften an die Matrix-Konstrukte Ego und Persönlichkeit, dass im Rahmen der spirituellen Selbstbefreiung die große Maße der Menschen depressiv ist. Auch diese Schwäche kann gleichzeitig mit der Todesangst aufgelöst werden. Denn die stärkste Bindung und Liebe steckt in der Seele und Gott. Wer noch nicht so weit ist, kann sich vorerst auf die Auflösung der Gegenpole konzentrieren (siehe oben).

Nachträglich glückliche Kindheit. Besonders hartnäckige Gedankenmuster und Ängste hängen oftmals mit traumatischen Erlebnissen in der Kindheit zusammen. Jedoch ist von ausschließlichen Schuldzuweisungen an die eigenen Eltern und andere Bezugspersonen in der Kindheit dringend abzuraten. Ebenso von unnötig langen Analysen oder Therapien. Daher vorweg ein kurzer Witz. Knut erzählt seinem Freund Detlev: »Seit 10 Jahren bin ich wegen meiner Kopfschmerzen bei einem tollen Psychoanalytiker in Behandlung.« Darauf Detlev: »Und? Sind die Schmerzen weniger geworden?« Knut erbost: »Nein! Aber jetzt weiß ich genau, warum ich sie habe!« Ein noch kürzerer Irrwitz aus dem realen Alltag lautet: Einige Psychotherapeuten sind auch noch stolz darauf, wenn sie von denselben Klienten wegen desselben Problems jahrelang aufgesucht werden.

Ein offenes Geheimnis besagt, dass es für eine glückliche Kindheit nie zu spät ist. Dazu braucht man nicht unbedingt einen Therapeuten. Anschauliche Anleitungen, wie man das verletzte innere Kind **selbst** heilen kann, enthält zum Beispiel das Buch *Das Kind in uns* vom US-amerikanischen Psychologen Dr. John Elliot Bradshaw. Darin vermittelt er unter anderem, wie man als Jugendlicher oder Erwachsener belastende Situationen der Kindheit ganz allein bereinigt, also ohne Beteiligung Dritter wie damals Involvierte oder Helfer. Mittels eigener **Imaginationen** verändert man die Situation in seinem Gehirn zum Positiven. Das lindert die seelische Belastung und löst sie irgendwann ganz auf.[698]

Auch der therapeutische und gleichzeitig humorvolle Roman *Normal war gestern*, der nach mehrjähriger gemeinsamer Arbeit am Filmprojekt der Filmlegende Peter Hajek mit mir im Jahr 2014 veröffentlicht wurde, enthält einige praktische Methoden zur Selbstheilung des verletzten inneren Kindes.[699] Quälende Gedanken an die Vergangenheit sind, wie gesagt, unbewusste Illusionen. Es ist daher legitim, sie durch **bewusste** Illusionen aufzulösen – mithilfe des Verstands. Darum stelle ich hier gerne die Selbstheilungsmethode *Kopfkino* zur Verfügung. Sie ist John Bradshaw sowie dem besagten Roman entlehnt und stellt eine Mischung aus verschiedenen therapeutischen Methoden dar.[700] Im eigenen Kopfkino kann man sowohl alte als auch aktuelle Probleme in sich auflösen, zum Beispiel wenn ein Konfliktpartner nicht zur Versöhnung bereit oder nicht mehr greifbar ist.

Übung

FREIHEUT-Übung 16: Kopfkino

Mach es dir zuhause gemütlich, als würdest du im Kino sitzen. Du kannst eine reale Leinwand benutzen oder auf eine weiße Wandfläche fokussieren. Oder du schließt die Augen und stellst dir in der Phantasie eine Kinoleinwand vor. Der Vorteil dieser Methode ist, dass du sie überall und in jeder Körperposition anwenden kannst, zum Beispiel in der Natur und im Liegen. Betrachte nun deine Leinwand und lasse die belastende Situation in allen Details, an die du dich erinnerst, wie eine Filmszene vor dir ablaufen. Vielleicht eine Szene aus der Kindheit, aus der Partnerschaft oder aus dem beruflichen Alltag.

Halte die Szene genau dort an, wo sie für dich am schlimmsten ist. Friere das Bild ein. Du siehst jetzt dein erstarrtes Kino-Ich und neben dir jenen Menschen, der dir Schmerz oder Kummer bereitet. Eventuell sind es mehrere Personen. Fühle dich voll und ganz in diese Situation ein, sei dir aber bewusst, dass du sie jetzt ändern kannst. Sobald du dazu bereit bist, schwebst du geistig in das Bild hinein, stellst dich neben dein Kino-Ich und fragst es, wie es ihm geht. Du kannst es trösten und fragen, was es braucht, damit es ihm besser geht, ob du ihm helfen sollst oder ob es die Situation lieber allein klärt. Es ist alles möglich, was die Lage verbessert, also auch Phantastisches. Wichtig ist, dass dein Kino-Ich die Situation zu seiner Zufriedenheit löst und daraus gestärkt hervorgeht.

Sobald diese Punkte geklärt sind, schwebst du wieder in deine ursprüngliche Position vor der Leinwand. Jetzt lässt du die Szene genau so weiterlaufen, wie es sich dein Kino-Ich gewünscht hat. Spüre nach, so lange du es brauchst. Wenn es sich gut anfühlt, baue die Leinwand wieder ab, atme tief durch, klinke dich wieder in der materiellen Realität ein und schone dich den restlichen Tag. Bei Bedarf kannst du mit einem vertrauten Menschen über dein Kopfkino reden, es wiederholen oder abändern. Es ist ja dein Kopfkino. Du schreibst das Drehbuch und führst Regie.

Bei dunklen Gedanken und Ängsten, die aus der Vergangenheit stammen, ist es heilsam, dir selbst anerkennend auf die Schulter zu klopfen und dich daran zu erinnern, dass die damalige Situation längst Geschichte ist. Damals hast du sie zwar real erlebt, aber auch schon überstanden. Ab sofort hast du es in der Hand, wie du damit geistig-seelisch umgehst.

Erfolg in jedem Fall. Erfolg bedeutet sowohl Erreichen des Ziels als auch Ausgang und Wirkung.[701] Demnach ist der Erfolg die nachfolgende Auswirkung dessen, was wir uns, bewusst oder unbewusst, gedanklich zum **Ziel** gesetzt haben. Das alltägliche Leben beweist, dass der Erfolg unserer Gedanken in jedem Fall eintritt, ob wir es wahrhaben wollen oder nicht. Wer mit dunkler Wolle strickt, erschafft einen dunklen Pullover. Wer lieber einen hellen Pulli hat, sollte helle Wolle verwenden. Es liegt allein an uns, ob wir als unbewusste Opfer der Matrix destruktive Erfolge oder als bewusste Schöpfer konstruktive Erfolge erzielen. Wir sind **immer** die Schöpfer unserer eigenen Welt, je nach Bewusstsein destruktiv oder konstruktiv. Was wir bekämpfen, wächst genauso durch unsere Energie wie das, was wir erschaffen. Was wir links liegen lassen, zerfällt zu Staub. Daher sollten wir stets darauf achten, worauf wir unsere Energie lenken. Unsere Entscheidung erzeugt den Unterschied: dunkel oder hell, Angst oder Liebe.

Die große Masse der Erdenbürger hat sich, wie gesagt, durch die Identifikation mit dem Ego und seinen Rollen eher unbewusst selbst zum Opfer gemacht. Der Erfolg ihrer Unterordnung in der Matrix ist, dass sie seither großteils durch fremde Bilder und Gedanken im Kopf gesteuert sind. In diesem Sinne unterliegen sie einer **Fremdsteuerung**, die durch einen absurden Glauben an Fremderlösung verstärkt wird. Aber nicht nur die Inhalte des Denkens, sondern auch seine Formen sind systematisch manipuliert. Vor allem das Schulsystem tritt unsere natürlichen individuellen Bedürfnisse mit Füßen, indem es die künstliche Dominanz des einseitigen und abstrakt-begrifflichen Denkens in die Köpfe der Schüler presst. Dadurch treten uns leichter fallende, weil von Mutter Natur begünstigte bildhaft-anschauliche Denkweisen in den Hintergrund. Gemäß widernatürlichen Lehr- und Stundenplänen wird Kindern kontinuierlich fremdes Wissen eingetrichtert, wodurch ihnen die Möglichkeit genommen wird, es selbst zu begreifen.[702] Außerdem wird Kindern in der Denkschmiede der Matrix ein selbstschädigendes **Anti-Fehler-Programm** eingehämmert, das es ihnen nicht erlaubt, aus Fehlern gehirngerecht zu lernen. Dieses Faktum erläutert Vera F. Birkenbihl, die wohl begnadetste Denkmeisterin aller Zeiten, sehr anschaulich und damit gehirngerecht: In der Schule werden Fehler rot angestrichen und schlecht benotet, überall wird man wegen Fehlern beanstandet, oft unter dem Deckmantel der angeblich konstruktiven Kritik. Anstatt Fehler und Probleme als geistige Abenteuer zu sehen und den Lerneffekt zu nutzen, »vergeuden wir für den Rest unseres Lebens so wahnsinnig viel Zeit und Energie damit, Fehler wegzureden, Schuldige zu suchen, Schuld auf andere abzuschieben oder Rechtfertigungen zu basteln.«[703]

Auf diese Weise werden seit der Industrialisierung der Arbeitswelt unzählige geistig-seelisch abgestumpfte Fließbandarbeiter herangezüchtet, auch wenn sie heutzutage ihre Brötchen als Fachkraft im Büro oder als Professor an der Universität verdienen. Mit dem Fokus auf das Negative (Fehler, Probleme) bringt einseitiges Denken in der Regel genau das hervor, was wir angeblich nicht wollen. Denke jetzt bitte **nicht** an den vielzitierten rosaroten Elefanten im Kirschbaum. Welches Bild hattest du gerade im Kopf? Das Unterbewusstsein kennt nun einmal keine Negationen wie »nicht«, »nie« oder »kein«. Ist neben dem Widerstand gegen eine Sache keine konstruktive Alternative im Sinne eines positiven Bildes vorhanden, blendet das Unterbewusstsein die Negation einfach aus und verinnerlicht nur die Sache selbst. Auf diese richtet es das ganze Denken und Handeln aus. Besonders deutlich ist das bei jenen Negationen zu erkennen, die auf die Zukunft gerichtet sind. Wer dauernd an das künftige Nicht-Rauchen denkt, muss rauchen, weil das seinem Bild im Kopf entspricht. Mit dem Programmsatz im Kopf »Ich muss mit dem Rauchen aufhören« muss man immer wieder rauchen, um immer wieder damit aufzuhören. Sehr viele Menschen werden vom Charakter her genau wie ihre Mutter oder ihr Vater, gerade weil sie sich schon früh geschworen haben, »niemals« wie dieser Elternteil zu werden. Wer der Trennungsangst folgt und seinen Partner unbedingt nicht verlieren möchte, programmiert sich unterbewusst darauf, dass er ihn wegstößt. Weil der unterbewusste Programmsatz der sogenannten Antifaschisten der Faschismus ist, legen sie ein entsprechendes Verhalten an den Tag. Der Schuss der Negation geht nach hinten los. Letztlich wird man zu dem, was man hasst.

Jedoch ist ein Ausstieg aus dem fremdgesteuerten Denken **jederzeit** möglich, indem wir das Muster erkennen und uns neu ausrichten. Die erwähnten Ywahoo-Lehren der Cherokee-Indianer besagen, dass wir schädliche Denkmuster der Spannung loslassen sollen. Im Verständnis der Cherokee »ist alles, was du denkst, so wirklich, wie wenn du Wasser auf den Fußboden spucken würdest. Weil du etwas gedacht hast, hat dies bereits etwas in Bewegung gesetzt.« Konsequent ist daher, dass wir für unser Denken verantwortlich sind.[704] Ein sehr weiser Spruch, der vermutlich chinesische und jüdische Wurzeln hat, lautet: »Achte auf deine Gedanken, denn sie werden Worte. Achte auf deine Worte, denn sie werden Handlungen. Achte auf deine Handlungen, denn sie werden Gewohnheiten. Achte auf deine Gewohnheiten, denn sie werden dein Charakter. Achte auf deinen Charakter, denn er wird dein Schicksal.«[705]

Zur Klarheit der Gedanken brauchen wir auch unsere Intuition. Darum hat Albert Einstein korrekt festgestellt: »Der intuitive Geist ist ein heiliges Geschenk und der rationale Verstand ein treuer Diener. Wir haben eine Gesellschaft erschaffen, die den Diener ehrt und das Geschenk vergessen hat.«[706] Es ist also höchste Zeit, dass wir wieder die **Intuition** ins Denken einbeziehen. Dabei hilft uns, dass wir intuitiv wissen, welche Form des Lernens gut für uns ist: »Lernen durch Einsicht ist der schnellste Weg.« Hierzu erinnert uns Vera F. Birkenbihl, dass gehirngerechtes Lernen mit dem Aha-Effekt zusammenhängt, also jedem inneren »Aha!« beim eigenen Begreifen mit **beiden** Gehirnhälften.[707] Dabei laufen beide Gehirnhälften synchron: Herr Analyse/Detail in der linken sowie Frau Synthese/Überblick in der rechten Gehirnhälfte. Dieses natürliche Synchronlaufen entspricht dem Zustand der frühkindlichen Entspannung.[708] Daher setze ich die bewusste Erinnerung und Zurückeroberung des inneren Paradieses mit dem integrativen Denken auf Ebene 7 und vor allem mit dem holistischen Denken auf Ebene 8 gleich, sohin mit der Erleuchtung oder ihrer Vorstufe. Sie ist die bewusste Rückkehr zur unbewusst empfundenen bedingungslosen, umfassenden Liebe im Hier und Jetzt, die wir in der Kindheit unbewusst erlebt haben.[709]

Geistige Selbstbefreiung und Selbstbestimmung bedeuten, als Schöpfer seine **eigenen** inneren Bilder und Gedanken zu erschaffen, um einen konstruktiven Erfolg herbeizuführen. Das erfordert, an die Stelle der negierten Sache bewusst eine bejahte Sache zu setzen, also jenes **konkrete** Bild, das wir wirklich sehen wollen. Alles, was wir tun wollen, und auch uns selbst, sollen wir uns in einem positiven inneren Bild vorstellen. Die sinnbildliche Anweisung von Jesus lautet: »Alles, worum ihr betet und bittet – glaubt nur, dass ihr es **schon erhalten** habt, dann wird es euch zuteil.«[710] Derart klare Aussagen findet man bei allen vier Evangelisten des Neuen Testaments.[711] Im Zusammenhang mit dem Gleichnis vom Himmelreich auf Erden sagt Jesus: »Denn wer da hat, dem wird gegeben; und er wird die Fülle haben. Wer aber nicht hat, dem wird auch [das], was er hat, genommen werden.«[712]

Hier geht es eindeutig nicht um finanziellen Reichtum, sondern um unser geistig-seelisches Vermögen im Rahmen der bewussten Anbindung an das omnipräsente Feld. Durch die Imagination, die **bildhafte** Vorstellung, das Gewünschte bereits hier und jetzt empfangen zu haben, kann man allerdings materielles Vermögen manifestieren. Die Sprachwurzel »magh« von Vermögen bedeutet vermögen im Sinne von können. Vermögen steht daher primär für **Fähigkeit** und Kraft.[713] Gemeint ist die Fähigkeit, durch innere Bilder im Hier und Jetzt einen künftigen Erfolg herzustellen. Die Saat ist das innere Bild, die Ernte der reale Zustand in der materiellen Welt. Also formuliert man anstatt »Nicht-Rauchen« ab sofort lieber positiv »Ich atme nur noch gesunde Luft ein!« Dabei kann man sich bildlich vorstellen, wie man im Wald stehend tief ein- und ausatmet. So programmiert man das Unterbewusstsein darauf, dass es alles tun wird, damit man künftig wirklich nur noch gesunde Luft inhaliert. Die Wandlung oder Heilung wird durch die bildliche Imagination im Hier und Jetzt in Gang gesetzt und erfolgt sodann automatisch bzw. intuitiv.

Jagd auf feindliche U-Boote. Im Selbsttest wichtige Ziele aufzuschreiben, empfiehlt Vera F. Birkenbihl. Danach sollen wir uns in einem Tagtraum zehn Minuten lang ununterbrochen ein und dasselbe Ziel, also den Sollzustand, vor dem geistigen Auge ansehen. Wenn dabei keine inneren Störungen auftreten, wir also das Bild die ganze Zeit positiv aufrechterhalten können, dann ist davon auszugehen, dass das Unterbewusstsein einverstanden ist und uns voll bei der Umsetzung des Ziels unterstützt. Möglicherweise beobachten wir aber, dass ein unbewusstes **Anti-Programm** unseren schönen Tagtraum stört, wie etwa durch dauernde Ablenkungen mit Nebensächlichkeiten, Freudlosigkeit, Selbstzweifel oder plötzliche Übelkeit. Sollte ein solches feindliches U-Boot im unendlichen Hoheitsgewässer unseres Unbewussten sein Unwesen treiben, dann müssen wir annehmen, dass wir unser Ziel niemals erreichen, weil wir es selbst torpedieren. Folglich ist darauf zu achten, was uns das unterbewusste U-Boot mit seiner Präsenz sagen will: Sollen wir das Anti-Programm oder das Ziel hinterfragen?[714]

Klarheit und Abhilfe kann die weiter oben beschriebene Handhabung von Gedankenmustern und Ängsten bringen. Hilfreich ist daher bestimmt auch, die eigenen **Grenzen zu bezweifeln**.[715] Denn »das Bekannte zu bezweifeln«, kann laut dem deutschen Naturforscher Alexander von Humboldt kühner sein, »als das Unbekannte zu erforschen.«[716] Hierzu empfehle ich einen doppelten Ansatz: Bezweiflung des uns bekannten Egos und gleichzeitige Erforschung des wahren Selbst. Zur Erinnerung: Sämtliche Teilnehmer der FREIHEUT-Seminare haben einstimmig festgestellt, dass sich alle persönlichen Schattenseiten wie Trägheit, Glaubenssätze, Ängste, Scham und Schuldgefühle auf ein Wort mit drei Buchstaben reduzieren lassen: Ego.

Abhilfe schafft die Beobachtung, dass das Ego und sein Schmerzkörper nur in den Verstand eingetrichterte Illusionen sind. Das Festhalten an Illusionen verdeutlicht uns, dass wir nach einer Gewohnheit streben, die uns eine vermeintliche Sicherheit bietet. Auch die Gewöhnung an das Destruktive erzeugt vertraute Gefühle. Das äußere Dunkle transformieren wir durch den Selbstexorzismus im eigenen Inneren, sprich durch die bewusste Imagination des bildhaft Positiven in Liebe und Freude.

Denkrezepte. Zur Auflösung der Identifikation mit dem Ego und seinem einseitigen Denken existieren neben Meditationen auch jede Menge hilfreiche Denkkonzepte. Wärmstens zu empfehlen sind die Bücher und Videos der leider schon verstorbenen Vera F. Birkenbihl, besonders folgende zwei: In der Einstiegslektüre *Stroh im Kopf?* wird vermittelt, wie man vom bloßen Gehirn-Besitzer zum Gehirn-Benutzer wird.[717] Ein zwar intensives, aber freudvolles Programm zur geistigen Selbstentfaltung bietet *Der Birkenbihl Power-Tag,* das Buch zum damaligen Seminar.[718]

Eher einfache, im Alltag anwendbare Denkrezepte enthält *Tiger in High Heels*: Absichtliches Allesdenken bis zur absoluten Erkenntnisunmöglichkeit, Gegenteile mitdenken, Beobachtung ichbezogener Gedanken, sofortiger Ausgleich eines mangelhaften Selbstwerts.[719] Die private Anwendung der Zweck-Ziele-Mittel-Relation wird hier im Kapitel *Selbstbestimmung* behandelt.

Depress-Wehen

Nachdem mir »Depression als Chance« zu wenig pointiert und ich mit dem Grübeln nach einer besseren Überschrift am Ende war, ist mir spontan der Begriff »Depress-Wehen« eingefallen. Auch und gerade **Depressionen** können starke Wehen bei der Geburt des inneren Kindes sein. Depression steht für Niedergeschlagenheit. Die deutsche Übersetzung für das lateinische Verb »deprimere« lautet niederdrücken oder hinabdrücken. Folglich bedeutet deprimieren auch bedrücken und entmutigen.[720] Demnach ist ein depressiver Mensch mutlos, etwas an seiner Situation zu verändern, weil er den aktiven Impuls dazu zu lange nach unten gedrückt bzw. **hinuntergeschluckt** hat. Meines Erachtens kann daher die Heilung nicht darin bestehen, noch mehr hinunterzuschlucken – schon gar nicht Medikamente, deren Dauereinnahme Depressive unauffälliger für die anderen Häftlinge der Matrix und handzahmer für ihre Wächter machen soll. Gemäß meiner beruflichen und persönlichen Erfahrung kann einzig und allein die **Bergung** dessen heilen, was jemand in sich verschüttet hat.

Volkskrankheit Nummer eins. Depressionen werden von der Schulmedizin – typisch für ihre Wächterfunktion in der Matrix – weniger als Chancen für persönliches Wachstum erkannt, sondern vielmehr ausdrücklich als **Störungen** bezeichnet und als solche behandelt, vorwiegend medikamentös.[721] Schon lange vor der C-Diktatur galten Depressionen und »Burnout« von den deutschen Großstädten bis ins alpine Österreich offiziell als »Volkskrankheit Nummer eins«.[722] Damit ist öffentlich bestätigt, dass Depressionen die größte Zivilisationskrankheit sind. Gemäß einer Information des deutschen Bundesgesundheitsministeriums vom Januar 2022 gehören »depressive Störungen [...] zu den häufigsten und hinsichtlich ihrer Schwere am meisten unterschätzten Erkrankungen. Schätzungsweise 16 bis 20 von 100 Menschen erkranken« daran, wobei Frauen und ältere Menschen öfter betroffen sind als Männer und junge Menschen.[723] Demnach sind jährlich zwischen 16 und 20 Prozent Deutsche depressiv, im Durchschnitt sohin 18 Prozent, also rund **15 Millionen**. Gemäß demselben Durchschnitt von 18 Prozent müsste die jährliche Anzahl der österreichischen Depressiven etwa **1,6 Millionen** betragen. Diese hohe Zahl ist auch deshalb plausibel, weil in Österreich gemäß einer Studie aus 2011 jährlich etwa 900.000 Menschen wegen einer psychischen Erkrankung behandelt wurden.[724] Bei ohnehin schon sehr hoher Dunkelziffer ist ja die Tendenz insbesondere seit der Corona-Plandemie überall stark steigend.[725] In Österreich hat sich die Anzahl der offiziell bekannten Depressiven verfünffacht, wobei Jugendliche am stärksten betroffen sind.[726] Universitären Studien zufolge litten 2021 sage und schreibe **56 Prozent** der Schüler »unter einer depressiven Symptomatik, die Hälfte unter Ängsten, ein Viertel unter Schlafstörung und 16 Prozent haben suizidale Gedanken.«[727] Demzufolge sind von 100 Schülern 56 depressiv, 16 werden von Selbstmordgedanken geplagt.

Zur Systemkrankheit der Ego-Identifikation hat also in der geplanten »Pandemie« zusätzlich die situativ forcierte Entmenschlichung – durch Psychoterror, Distanz,

Isolation – so zu Buche geschlagen, dass weit mehr als die Hälfte der Jugendlichen die Blüte ihres bisherigen Lebens nicht mehr genießen kann. Diese traurige Bilanz ist der Anlass für vorliegende Abhandlung.

Verdrängte Impulse. Jede Depression ist das Symptom einer unterdrückten Aggression und Lebensenergie, die sich gegen den Depressiven selbst richtet, also eine unbewusste Autoaggression. Dahinter stecken ein »Mangel an Inhalt und Sinn im Leben, fehlender Antrieb, fehlender Gefühlsbezug zum Leben, unterdrückte Trauer, Unterdrückung der Lebensenergie an einem **Wendepunkt** des Lebens, Flucht vor dem Druck« und vieles mehr. Ein wichtiges Thema ist auch die »unerlöste Form der Umkehr auf dem Lebensweg« bzw. die »Angst vor der Verantwortung«. Das bereits erwähnte Handbuch der Psychosomatik und Integralen Medizin *Krankheit als Symbol* empfiehlt folgende Bearbeitung bzw. Therapie: Rückzug vom Alltag, Abbau der Eigenblockade durch Selbsterkenntnis, mehr Zeit fürs Wesentliche, Meditation, bewusste Umkehrmaßnahmen, Aussöhnung mit dem Rhythmus des Lebens, Vertrauen auf die eigene **Berufung**, Beschreiten des Wegs der Individuation.[728] Hierzu ist es laut dem ebenfalls schon erwähnten Lexikon über die seelischen Ursachen der Krankheiten wichtig, seine inneren Konflikte herauszufinden und aufzulösen.[729]

Verschlimmernde Medikamente. Gemäß meiner Beurteilung verbessert die Verabreichung von »Antidepressiva« und ähnlicher Arznei die Symptome einer Depression nur zu Beginn und auch das nur eher oberflächlich. In der Akutphase schwerer Fälle scheint die Einnahme noch irgendwie begründbar zu sein. Die Entscheidung darüber muss natürlich jeder Betroffene **selbst** treffen. Dass sich bei längerer Einnahme die Antriebslosigkeit der Betroffenen dermaßen verschlimmert, dass sie auf ihr Umfeld wie Zombies wirken, weiß ich von ehemaligen Klienten. Ihre eigenen Angaben bestätigten, dass sie so gut wie nichts mehr spürten. Eine Klientin, ein Extrembeispiel, merkte nur noch dumpf, dass sie innerlich tot war. Vom Herzen her war sie überhaupt nicht aufnahmefähig, vom Gehirn her nur lückenhaft. Über längere Zeit warf sie täglich zeitgleich sechs verschiedene Pillen ein. Im Zuge meiner unverbindlichen Prüfung ihrer Medikation wurde zum Entsetzen der Betroffenen festgestellt, dass sich gemäß den vielen Beipackzetteln einige der schädlichen Wirkungen gegenseitig verstärken. Folglich hat sie sich unter der Aufsicht eines verantwortungsbewussten Arztes auf **Medikamentenentzug** begeben. Danach konnte die gesprächszentrierte Therapie im Zuge der Lebensberatung bei vollem Bewusstsein reibungslos stattfinden: Betrachtung der verdrängten Ursachen, Finden und Befolgen des Eigenimpulses zur Veränderung. Bis heute geht es dieser Dame wieder gut. Sie ist kein Einzelfall.

Meine persönliche Einschätzung anhand der Fakten lautet, dass die Verabreichung von Arznei wie Psychopharmaka an Depressive grundsätzlich stark kontraindiziert ist und sie daher nur der Pharmabranche nützt. Gemäß meinem Dafürhalten bewirkt die längere Einnahme derartiger Medikation, dass nicht nur der zur Heilung hilfreiche Schmerz betäubt wird, sondern jegliches Gefühl **versiegelt** und damit jede Chance auf Heilung zubetoniert wird. Mit anderen Worten: Eine ausschließliche und obendrein gesundheitsschädliche Bekämpfung der Symptome verhindert den durch sie angezeigten Heilungsprozess. Das ist im übertragenen Sinn etwa so, als würde man unmittelbar bei einer realen Geburt die Presswehen mittels Injektionen unterbinden und den schon herausschauenden Kopf des Babys wieder in den Mutterleib zurückdrücken.

Achtung! Ich betone hiermit erneut, dass dies meine persönliche Einschätzung ist. Betroffene sollten immer selbst entscheiden und im Zweifel einen verantwortungsbewussten Arzt des Vertrauens hinzuziehen.

Selbstheilung: Ein Erfahrungsbericht. Da der biographische Teil in *Tiger in High Heels* 2012 endet, erzähle ich hiermit erstmals schriftlich von meiner schweren Depression ab 2018 und ihrer Selbstheilung bis 2020. Für eine Offizierin gibt es Probleme nur, um sie zu lösen. Ein »Geht nicht!« gibt es nicht. Die Ehre gebietet es, nicht zu jammern und nur über Erfolge zu berichten. Nachdem aber die Schlacht gewonnen ist und ich mich zur Kriegerin entwickelt habe, wird hier auch über die Schattenseiten reiner Wein eingeschenkt. Um den Rahmen nicht zu sprengen, erfolgt nur die stark komprimierte Fassung eines äußerst komplexen und langjährigen Lebensabschnitts.

* Ursachen und Symptome. Obwohl ich vom Naturell her lebensfroh und alles andere als depressiv bin, wurde bei mir Mitte 2018 eine schwere Depression diagnostiziert. Ab 2008, also ab der öffentlichen Aufdeckung von Verfassungsbrüchen (OP-Zwang, demontierte Neutralität, wehrloses Bundesheer), wurde mir von verschiedensten Interessenten und Organisationen mit 17 dokumentierten Verfolgungshandlungen massives Unrecht und seelisches Leid zugefügt. Dabei kamen, ausgenommen körperliche Gewalt, viele widerwärtige Mittel zum Einsatz: von sexistischen Übergriffen und Diskriminierungen, Morddrohungen und Rufmord in

Form von medialen Hetzartikeln, denunzierenden »Kritiken« drei Monate **vor (!)** dem Erscheinen des Buchs *Krieg, Terror, Weltherrschaft (Band 1)* und konstruierten Strafanzeigen über finanzielle Schikanen und eine parlamentarische Anfrage an den Verteidigungsminister zwecks meiner Kündigung bis hin zur mutwilligen Zerstörung des Beratungsverhältnisses mit meinem Coach.

Besonders schlimm für mich war der teuflische Umgang mit meinen korrekten Analysen, die ich neben dem fordernden Hauptjob als Referatsleiterin im Verteidigungsministerium privat verfasst und mit tausenden Quellen belegt hatte, um der Öffentlichkeit besonders ab der Ukraine-Krise 2014 zu zeigen, dass unser Heimatland systematisch an die Wand gefahren wird. Gerade weil ich bis dahin mehrfach für besondere Leistungen im Bundesdienst ausgezeichnet worden war, bin ich – sehr naiv – davon ausgegangen, dass meine Verbesserungsempfehlungen zumindest teilweise umgesetzt werden. Weit gefehlt. Auf den Inhalt meiner Analysen ist man gar nicht eingegangen. Weil die Botschaft unwiderlegbar korrekt ist, hat man stattdessen die Überbringerin attackiert. Meine persönliche Hölle war, dass mein gesamtes Wesen in den Dreck gezogen wurde, indem man mich in ein anrüchiges Eck gestellt hat, in das ich absolut nicht hingehöre. Die Lügenkrönung der gegen mich eingesetzten Kampfbegriffe war »rechtsextreme Verschwörungsideologin«. Als freiheitsliebender und rechtstreuer Mensch ohne parteipolitische Anbindung habe ich mich also in die politisch-mediale Schlangengrube hinab begeben, wo gegen aufrichtige Menschen mit den unfairen Mitteln der Denkebenen 3 und 4 gekämpft wird. Empathielose Menschen glauben anscheinend, sie dürfen mit Personen des öffentlichen Lebens alles machen, weil sie angeblich keine Gefühle haben ...

Zwar ist spätestens seit der NTE 2012 meine Identifikation mit dem Ego aufgelöst, jedoch habe ich mich von 2014 bis 2018 bewusst in einen permanenten Abwehrkampf verstrickt, um durch die öffentliche Spiegelung der negativen Energie der Gegenseite mehr Aufmerksamkeit für das eigentliche Thema zu gewinnen. Das ist zwar gelungen, jedoch hat es mich mehr und mehr aus meiner inneren Ruhe gerissen. Ich war wütend auf die Vergangenheit (Missstände, Unrecht) und besorgt um die Zukunft des Landes. Ab 2018 war die letzte Zentriertheit beim Teufel. Die Gedanken wirbelten in Dauerschleife, dazu gesellten sich Schlaflosigkeit, Herzrasen und Übelkeit. Weil der Dienst zur Qual wurde, köderte ich mich selbst mit täglichen Radtouren ins Büro, 40 Kilometer pro Richtung. Bald musste ich mich auf halber Strecke nach Wien übergeben.

*Therapie. Erst auf den Hinweis zweier freundlicher Kollegen, dass ich nicht mehr lache und nicht mehr ich selbst sei, habe ich mich in einen Langzeitkrankenstand abgemeldet. Ab Mitte 2018 habe ich dem System mehr oder weniger bewusst meine Energie entzogen, um zu mir selbst zurückzufinden. Den Therapieplan habe ich intuitiv selbst festgelegt. Bei der Heilung war die größte Kraftquelle das gesicherte Wissen über die Existenz meiner Seele. Dieses Bewusstsein hatte mich einige Jahre in der Schlangengrube vor dem totalen Untergang bewahrt. Eine riesige Hilfe war auch die liebevolle Nähe zwischen Jasmin und mir, sowie unzählige therapeutisch wirkende **Gespräche**, auch mit meiner Mutter, dem Schwiegervater, engsten Freunden und einer systemischen Therapeutin. Konsequent habe ich mich in **Bewegung** gehalten: lange Bergwanderungen und Fahrten auf den extra fetten Reifen des Fatbikes, natürlich mit reiner Muskelkraft. Geholfen hat mir selbstverständlich auch der Kraftsport, der meinen Körper schon in der Jugend zu jener Burg gemacht hat, in der ich ruhig wohnen kann. Jeden Tag, auch im Winter, bin ich morgens zur Erdung barfuß in den Garten gegangen.

Der **kreative** Ausgleich waren selbst gebaute Möbel aus Vollholz sowie, man glaubt es kaum, die Errichtung einer riesigen Modellbahnanlage. Als mich Jasmin im Schwarzwald zum Bestaunen einer Anlage in Spur 1 (Maßstab 1:32) überredet hatte, waren wir völlig von den Socken. Kurz danach fauchten auch bei uns zuhause ca. 80 Zentimeter lange und 10 Kilogramm schwere, weil nur aus Metall gefertigte Dampflokomotiven über die langen Gleise. Unter Dampf und mit authentischen Geräuschen ziehen sie, wie sollte es anders sein, selbst gebaute Schwerlastwagen mit vorschriftsgemäß verzurrten Panzern drauf. Die wichtigsten elektrischen Fertigkeiten und das Löten hat mir Karl beigebracht, mein Schwiegervater. Gemeinsam mit Jasmin haben wir das größte Geschütz der Welt in Spur 1 nachgebaut: den »schweren Gustav«, das zweispurige Eisenbahngeschütz, mit ferngesteuert beweglichem Kanonenrohr aus Aluminium, fahrbaren Munitionsaufzügen, Akustik und Beleuchtung. Allein für die Geländer wurden von mir mehr als 20 Meter Schweißdraht gebogen und verlötet. In die geschotterte Schießkurve geschoben wird der ca. 25 Kilogramm schwere Gigant natürlich von den dazu gehörenden zwei Doppeldieselloks von Märklin.

Das Kind in uns hat gejubelt, vor allem meines. Die Begeisterung liegt in der Kombination aus Beständigem (Gleise, Metall) und Mobilität. Bei voller Konzentration auf Planung und Durchführung des **eigenen** Vorhabens, in das einem keiner dreinredet und das man Stück für Stück wachsen sieht, war ich auch in schweren depressiven Phasen doch hin und wieder voll im Hier und Jetzt. Genau darauf kommt es an. Nach dem Grundsatz »Fake it till you make it!« habe ich mir das meditative warme Gefühl im Hier und Jetzt so lange »vorgetäuscht«, bis es tatsächlich da war. Von Anfang an habe ich **kein einziges** Psychopharmakon oder ähnliches Medikament geschluckt. Als mir ein Kontrollarzt derartige Pillen aufschwatzen wollte, habe ich ihn angefaucht: »Ich bin nicht das Problem, ich zeige es nur auf. Den Dreck können sie denen verschreiben, die mich quälen!« Das hat gesessen und war ein guter **aggressiver** Schritt zur vollständigen Heilung.

Selbige ist während des ersten Lockdowns im März 2020 fast automatisch eingetreten. Als sich Politdarsteller endgültig selbst demaskiert haben, indem sie der verängstigten Bevölkerung auch noch Masken aufgezwungen haben, spürte ich, dass meine Stunde nahte: Bald würden viel mehr Menschen verstehen, wovon ich schon seit langem rede: individuelle **Freiheit**. Pathetisch gesprochen, bin ich dank der Corona-Blödemie wie der Phönix aus der Asche gestiegen. Deshalb braucht mir auch niemand für meinen Einsatz für unsere Freiheit zu danken. Das ist schließlich meine Aufgabe, die ich mir bei der NTE 2012 selbst ausgesucht habe.

* Erkenntnisse. Aus der Depression hat mich jene Mischung aus Sanftheit und Stärke geführt, die mich schon als Kind ausgemacht hat. Bin ich gestolpert und hingefallen, habe ich mir innerlich gesagt: »Aufstehen, Krone wieder aufsetzen, weitergehen!« Im Nachhinein bzw. aus der nunmehrigen Vogelperspektive stelle ich selbstsicher fest: Meine Voraussicht, Kraft und Geschwindigkeit sind meine Gaben. Wer damit nicht umgehen kann, hat ein Problem, das er selbst lösen darf. Schon in der Ausbildung zur Lebensberaterin wurde mir ab 2004 vorgeworfen, mein Tempo sei »Gewalt« für andere. Darauf habe ich nur gesagt, dass meine Geschwindigkeit mein Bonus ist. Ich beschwere mich ja auch nicht über die lähmende Langsamkeit der anderen. Verstärkt gilt das seit der NTE und sogar noch mehr seit 2020. Mein Tempo ist mein Tempo. Und wenn ich einmal langsam sein oder ausspannen möchte, wird sich die Welt trotzdem weiterdrehen. Diese Lektionen habe ich in der Schlangengrube gelernt. Das Negative musste ich durchmachen. Der beste Lehrmeister ist und bleibt das Leben.

Nun aber auch zu einer kleinen »Abrechnung« mit mir selbst. Schon ab 2008 war in *Tiger in High Heels* zu lesen: »Meine Stunden in der Armee scheinen aber gezählt zu sein.«[730] Warum bin ich dann bis 2022 weitere **14 Jahre** im Bundesdienst geblieben? Zum einen habe ich das Bundesheer geliebt. Sogar noch in einer dienstlichen Beurteilung von 2014 ist zu lesen: »Sie identifizieren sich uneingeschränkt mit Ihren Aufgaben [...].« Oder: »Ihre uneingeschränkte Loyalität dem Dienstgeber, der

Truppe und mir als Vorgesetztem gegenüber war auch in schwierigen Situationen ein sehr verlässlicher Pfeiler unserer Zusammenarbeit.« Zum einen muss Loyalität stets in zwei Richtungen gehen. Diesem Prinzip war ich als Truppenoffizier in Oberösterreich stets treu geblieben. In Wien gelten aber andere Regeln. Hier war ich also naiv, das heißt nicht in der traurigen Realität angekommen, wodurch ich mir selbst untreu wurde. Zum anderen wollte mein großes Ego unbedingt die Retterin spielen und ein sterbendes Pferd heilen, aus dem sich gewisse Leute noch ungestört die besten Stücke herausschneiden wollten. Ganz offensichtlich hatte ich mich in *Tiger in High Heels* mit folgender Aufforderung an spirituelle Meister unterbewusst selbst herausgefordert: »Raus aus den Tempeln und rein mit euch in die Hallen der Politik. Dort charakterlich zu bestehen, darf als Beweisprobe für die Echtheit des Erleuchtungszustands gesehen werden.«[731] In der Schlangengrube wurde meine gesamte Kreativität und spirituelle Energie ausschließlich für den Abwehrkampf verpulvert. Es war nichts mehr übrig für die Vermittlung dessen, was mir wirklich am Herzen liegt, nämlich die individuelle Freiheit. Ein weiterer Grund für mein Kleben im System war die eigene **Bequemlichkeit**, nicht auf das monatliche Fixgehalt verzichten zu wollen. Das damals nebenberufliche Standbein stand noch nicht fest. Außerdem wollte ich mich nicht schuldlos verdrängen lassen, sondern zu einem von mir bestimmten Zeitpunkt aus freien Stücken gehen.

Wenn ich gefragt werde, ob ich aus heutiger Sicht etwas anders machen würde, muss ich schmunzeln. Natürlich nicht! Die Aufklärung über politische Mängel war und ist »nur« die Stelle, an der ich Menschen abhole, um das Wesentliche ansprechen zu können: Freiheit. Gerade dass ich bis 2022 Ministerialrätin war, hat meinem öffentlichen Wirken für die Freiheit mehr Substanz verliehen. In einer phantasierten Vergangenheit würde ich daher inhaltlich nichts anders machen, wohl aber die hohen Erwartungshaltungen an mein Umfeld bezüglich Interesse an der Wahrheit, Anstand, Ehrlichkeit und Mut deutlich herunterschrauben.

Wie Medienberichten ab 2021 zu entnehmen ist, wurde seit dem Erscheinen von *Corona-Diktatur* und meinen ersten Demo-Reden erneut versucht, mich mit medialen Hetzartikeln, konstruierten Strafanzeigen, einer parlamentarischen Anfrage und anderen »Nettigkeiten« aus dem Amt zu drängen. Aber dank jahrelanger Erfahrung und aufgetankter Kraft konnte mich diesmal nicht einmal der Versuch erschüttern, mich nach 32 Dienstjahren zu entlassen, also fristlos und unter Verlust sämtlicher Ansprüche auf die Straße zu setzen. Der Tiger lag schon auf der Lauer. Wie ebenfalls Medienberichten zu entnehmen ist, habe ich mich gerichtlich zur Wehr gesetzt, was zur einvernehmlichen Auflösung des Dienstverhältnisses geführt hat. Nach mehr als drei Jahrzehnten beim Bund gab es keine formale Verabschiedung. Dafür wurde ich schriftlich, ohne Grußformel und persönliche Anrede, dazu aufgefordert, »Ihr Büro bis 31.03.2022 zu räumen. Persönliche Gegenstände, welche sich ab 01.04.2022 noch in der dienstlichen Kanzleiräumlichkeit befinden, werden ohne Anspruch auf Rückerstattung entsorgt.« Unterschrieben für die Bundesministerin von einem »Offizierskameraden«, der mir 20 Jahre lang relativ nahestand. Das bedeutet also Ehre: nichts. Kurz darauf wurde mir von Mag. Paul Poet, dem Regisseur von *Der Soldat Monika,* die Antwort auf seine Anfragen an das Verteidigungsministerium mitgeteilt: »Das Heer wünscht keinerlei Kooperation bei einem Film über dich.« Das bedeutet also Anstand: nichts.

Inoffiziell haben sich jedoch einige echte Kameraden, vorwiegend weibliche Mitarbeiterinnen und Unteroffiziere, herzlich von mir verabschiedet und sich für meinen Einsatz für Heer und Freiheit bedankt. Und durch den begleitenden Medienrummel hat es *Corona-Diktatur* immerhin im Februar 2022 in den ORF geschafft, sogar in Nahaufnahme und mit Bestelldetails. Natürlich kein Wort über den Inhalt. Der verwirrte Kritikerdarsteller beschränkte sich, wie gewohnt, allein auf mich als Autorin und vermeinte nur, ich sei »jetzt hauptberufliche **Schutzmantelmadonna** der Verwirrten und Verhetzten.« Hiermit danke ich dem öffentlich-rechtlichen Fernsehen für die kostenlose Werbung. Jedoch ist noch die Höhe meines Honorars für die fürsorgliche Betreuung des ORF-Personals auszuhandeln. Wer sonst sollte mit den Verwirrten und Verhetzten gemeint sein?

Ich habe keinen Job verloren, sondern Zeit fürs Wesentliche gewonnen. Eine Tür ist zwar für immer zugegangen, dafür haben sich aber Scheunentore aufgetan: Vertrieb meiner Bücher im nunmehr eigenen Verlag, Vorträge, Seminare, Lebensberatung, Kinofilm und, vielleicht hast du es schon geahnt, bald auch Donnerbahn Modellbau. Allerdings ist es manchmal immer noch eine Herausforderung, mein inneres Tempo den äußeren Gegebenheiten anzupassen. Oder ist es umgekehrt?

Selbstbestimmung

> *Es gibt nichts Gutes. Außer man tut es.*
> Erich Kästner[732]

> *Etwas nicht-tun heißt etwas tun.*
> Shunryû Suzuki[733]

Wer an dieser Stelle eine Art Checkliste erwartet, die genau vorgibt, was inhaltlich zu tun ist, der muss ent-täuscht werden, weil er den Begriff Selbstbestimmung nicht verstanden hat. Betreutes Denken ist nicht angebracht, zumal es das glatte Gegenteil von Selbstbestimmung ist. Hier geht es darum, **selbst** zu bestimmen, wie es konkret weitergeht. Hierzu bietet dieses kurze Kapitel lediglich Hilfe zur Selbsthilfe in Form von Anregungen und Hilfsmitteln.

Anregungen

Selbstbestimmte Selbstbefreiung. Ein sehr wichtiger oder vielleicht sogar der wichtigste Schritt in ein selbstbestimmtes Leben ist, sich im Zuge der eigenen Selbstbefreiung freundlich, aber konsequent gegen jene Mitmenschen **durchzusetzen**, die den Tiger wieder in den Käfig locken wollen. Wie wir im Kapitel *Gefängnis für den Verstand* festgestellt haben, halten viele Insassen die goldenen Gitterstäbe für bequeme Haltegriffe (siehe Abb. 30).

Eine indianische Geschichte handelt von einem Eimer voller Krebse: Jedes Mal, wenn einem Krebs beinahe die Flucht über den Rand gelingt, wird er von den anderen zurück nach unten in den Eimer gezogen.[734] Im Käfig befinden sich einige Neider, Narzissten und Psychopathen, die deine Selbstbefreiung als Bedrohung für ihren Ego-Status in der Matrix empfinden. Man könnte sie als soziale Bremsen bezeichnen. Je freier du bist, je mehr du dein eigenes Leben lebst und je empathischer du wirst, desto eher versuchen die Sozialbremsen, dich in ihrer gewohnten Angstabwehr durch Projektion offen zu bekämpfen. Einerseits geistig-seelisch für die Welt offen zu bleiben und sich andererseits selbst zu schützen, kann zur schwierigen Gratwanderung werden. Es ist eine Lebensaufgabe, beim bewussten Einklinken in

Abb. 30

die Matrix mit sich selbst und dem Positiven in Resonanz zu bleiben. Um sich, wenn nötig, die sozialen Bremsen auf Distanz zu halten, sind erfahrungsgemäß **Liebe** und **Humor** die stärksten »Waffen«.

Achtung Lichtfallen! Besondere Vorsicht geboten ist bei Vergewaltigern des inneren Kindes, die sich gerne als »Freunde« und »Helfer« tarnen. Zu denken ist zum Beispiel an egozentrische »spirituelle Lehrer«, »Energetiker« und andere Quacksalber, die zuerst schleimig dein Ego streicheln und sich dann anmaßen, deine ureigensten Aufgaben zu erledigen, wie etwa deine Träume zu deuten, deine familiäre Aufstellungen zu interpretieren, deine Erlebnisse bei der sogenannten Reinkarnationstherapie zu manipulieren und zu deuten oder dir ungefragt »Licht zu schicken«, um deine angeblichen Schattenseiten zu heilen. Vor solchen skrupellosen Spinnern, die an ihrem eigenen Leben vorbeileben, macht man am besten einen großen Bogen. Sie sind nichts anderes als Lichtfallen im Kleinformat. Wenn du Zeit und Energie dafür aufwenden möchtest, kannst du ihr Verhalten **humorvoll** spiegeln und sie anhand ihrer eigenen Methoden als Scharlatane vorführen. Präventiv, zum Schutz anderer Menschen.

Wir selbst sind der Wandel. Einfach wir selbst zu sein, unseren eigenen Weg zu gehen, ist gelebte Selbstbestimmung. Dadurch, dass wir uns selbst treu bleiben, wirken wir gleichzeitig – quasi als Vorbilder – positiv anziehend auf jene Menschen, die selbst nach Freiheit streben. Wir vermitteln, dass man sich seit der C-Diktatur nicht mehr vom äußeren Irrsinn abhängig machen sollte. Wer erkannt hat, dass er endloses Bewusstsein ist und dass er die Realität miterschafft, der wartet nicht länger darauf, dass sich die Welt zum Besseren verändert. Stattdessen denkt und handelt der selbstbestimmte Mensch ähnlich wie Mahatma Gandhi, der große Freiheitskämpfer, der völlig friedlich, aber selbstbewusst Indiens Unabhängigkeit von der grausamen britischen Kolonialmacht bewirkt hat. Gandhi wird folgendes Zitat zugeordnet:

> *»Sei du selbst die Veränderung,*
> *die du dir wünschst für diese Welt.«*[735]

Der selbstbefreite Mensch setzt sein ganzes Schöpferpotenzial gezielt dafür ein, dass er selbst jener Wandel ist, den er draußen sehen möchte. Dadurch

sind wir der personifizierte Wandel, durch den sich das System nach und nach positiv verändert. Hierbei kann es erforderlich sein, etwas aktiv zu tun oder es bewusst zu unterlassen.

Diesen Wandel von innen heraus versteht man als **spirituelle Rebellion**. Sie ist friedlich und nachhaltig, weil nur auf die Befreiung selbst gerichtet und von selbstbewussten Menschen getragen. Davon unterscheidet sich, wie schon Hannah Arendt herausgearbeitet hat, das Prinzip der Revolution grundlegend. Denn Revolution setzt lediglich auf den Umsturz der äußeren Strukturen.[736] Daher bringt sie gewöhnlich Gewalt mit sich und hebt, wie die Geschichte beweist, jene Egozentriker auf den Thron, die ihre Macht nicht mehr freiwillig aufgeben und oft schlimmer als ihre Vorgänger sind. Für die spirituelle Rebellion spricht auch, dass gemäß der erwähnten Expertise von Prof. Dr. Erica Chenoweth zur 3,5-Prozent-Schwelle die **friedliche** Nichtkooperation ohnehin die effizienteste Methode des Massenwiderstands ist (siehe Kapitel *Wachsende Parallelgesellschaft*).

Wer unbedingt die Gesellschaft äußerlich verändern will, sollte sich zuerst seine eigene Verantwortung am Zustandekommen der bisherigen C-Diktatur bewusst machen. In diesem Kontext empfehle ich das lehrreiche Büchlein *Was heißt persönliche Verantwortung in einer Diktatur?* von Hannah Arendt. Darin stellt sie unmissverständlich klar, dass das Abwälzen der Schuld für die unsagbar grausamen NS-Verbrechen auf einen einzigen Führer genauso sinnlos ist wie die Verdammung eines ganzen Volks: »Wo alle schuldig sind, da ist niemand schuldig.« Nur der auf konkrete **Individuen** angewendete Schuldbegriff hat Sinn, denn »so etwas wie kollektive Schuld oder kollektive Unschuld gibt es nicht.«[737] Dass Arendt bis heute Recht behält, verdeutlichen die in diesem Buch beleuchteten Experimente betreffend Gehorsam und Konformität: Nicht alle, aber sehr viele haben jede Quälerei bis zum Schluss mitgemacht (siehe Kapitel *Gefängnis für den Verstand*). Demzufolge müssten sich heute mindestens zwei Drittel bis zu drei Viertel der Bevölkerung selbst verändern, bevor sie überhaupt daran denken, äußere soziale Strukturen umzugestalten.

Aus den bisherigen Ausführungen geht eindeutig hervor, dass jede äußere Veränderung von einem inneren Wandel getragen sein **muss**, wenn sie positiv und beständig sein soll. Dieser Linie entsprechen seit 2008 meine öffentlichen Aussagen in Wort, Bild und Ton. Folglich ist die im Buch *Corona-Diktatur* skizzierte freie Weltordnung zum einen als konstruktiver Anhalt gemeint und zum anderen an drei Arten von Empfehlungen in folgender Reihenfolge gebunden:

1. Selbsthilfe
2. Ich-Reform
3. Wir-Reform

Seit ihrer Veröffentlichung werden diese Empfehlungen[738] von einigen selbstbestimmten Akteuren herangezogen, für ihre Bedürfnisse adaptiert und zum Wohle aller weiterentwickelt. Zur Abrundung erfolgen hier ausgewählte Anregungen zur eigenverantwortlichen praktischen Umsetzung.

Ad 1. Selbsthilfe. Im gesicherten Wissen über unsere Seele als individueller Selbstausdruck Gottes erfährt die uralte Lebensweisheit »Hilf dir selbst, dann hilft dir Gott« einen besonders praxisrelevanten Charakter. Dennoch kann und muss man nicht alles selber wissen. Räder, die schon rollen, muss man nicht neu erfinden.

* Selbstversorgung. Für Selbstbestimmte bedeutet Krisenvorsorge Selbstversorgung, sprich eine von der öffentlichen Hand weitestgehend unabhängige Verfügbarkeit überlebenswichtiger Dinge. Wer auf einen mehrwöchigen Stromausfall gut vorbereitet ist, der zwar vielleicht nie kommt, ist aber auch für längere Lieferengpässe und kriegsähnliche Zustände gerüstet. Zum Thema **Blackout-Krisenvorsorge** hat Oberst iR Gottfried Pausch, ein Freund und Kamerad von mir, bis Ende Juni 2022 mehr als 220 Vorträge in Österreich und Deutschland gehalten. Die von Gottfried Pausch erstellte Fallstudie *Blackout und seine Folgen* kann kostenlos bei ihm angefordert werden.[739] Eine sehr gute Kurzfassung inklusive einer Liste von konkreten Vorbereitungsmaßnahmen befindet sich auf den Internetseiten der Offiziersgesellschaft Salzburg.[740]

Ergänzend ist anzumerken, dass eine sinnvolle materielle Vorbereitung den Geist beruhigt. Gelagerte Nahrungsmittel konsumiert man am besten vor dem Ablaufdatum, um sie sogleich nachzufüllen. Auf diese Weise »prepared« (englisch), also vorbereitet, haben unsere Vorfahren das Überleben der Menschheit gesichert. Unsere Altvorderen waren also »Prepper«, sprich auf Katastrophen vorbereitete Menschen. Obwohl ihnen dafür auch heutige Verwirrte dankbar sein müssten, betrachten sie »Prepper« als dumm. Dass Prepper klug vorgehen, liegt aber auf der Hand. Ihre »Kritiker« sind in der Regel wohlstandsverwahrloste Dummköpfe.

Vor allem für Stadtmenschen ist es sinnvoll, rechtzeitig eine kleine Fluchtburg im Grünen vorzubereiten (zum Beispiel bei Freunden) und den Fluchtrucksack stets gepackt zu haben. Weil man mich oft danach fragt, empfehle ich hiermit folgende Grundausstattung: taktischer Rucksack, ordentliches Überlebensmesser wie etwa der Tracker »Tom Brown« von Tops Knives oder »Papa Bear« von Scar Blades, mobiler Wasserfilter »Katadyn Pocket« mit Edelstahlgehäuse und Keramikfilter, Feldflasche mit angestecktem Trinkbecher aus Edelstahl, Mini-Faltkocher von Esbit, Feuermittel inklusive Funkenstab (Magnesium), etwas Nahrung, guter Schlafsack wie etwa von Carinthia, Zeltplane mit Ösen, Expander, Ersatzkleidung, Mini-Überlebensfibel *SAS Survival Guide*.[741]

Auch wenn wir diese Dinge hoffentlich nie für den Ernstfall brauchen, so finden sie doch bei langen Wanderungen oder beim Camping gute Verwendung. Es ist immer besser, anlassfrei gut vorbereitet zu sein, als nachher wegen der eigenen Trägheit dumm dazustehen.

* Selbstverteidigung. Angemessene Notwehr ist überlebenswichtig und daher immer legal. Im Kalten Krieg hat die Schweizerische Unteroffiziersgesellschaft erstmals 1957 die von Major Hans von Dach verfasste Lehrbroschüre *Der totale Widerstand* herausgegeben. Gemäß dem Untertitel handelt es sich ausdrücklich um eine Kleinkriegsanleitung für jedermann, welche der Zivilbevölkerung gegen eine sowjetische Besetzung der Schweiz vorwiegend paramilitärische Mittel näherbringt. Dennoch sind auch einige Maßnahmen enthalten, die man bis heute in kriegsähnlichen Zuständen zur Organisation und Koordinierung der zivilen Selbstverteidigung heranziehen kann. Zu nennen sind etwa die Verpflegungsergänzung in Notlagen, die verdeckte Kommunikation und Nachrichtenübermittlung, das Verhalten im Verhör und die Methoden des **passiven** Widerstands.[742]

Ein vorbildliches Handbuch für die zivile Selbstverteidigung kommt ebenfalls aus der Schweiz: *Zivilverteidigung* aus dem Jahr 1969. Es kann heute noch beim Libenter Verlage erworben oder als PDF kostenfrei heruntergeladen werden.[743] Das praktische Handbuch wurde während des Kalten Kriegs im Auftrag des Bundesrates vom Eidgenössischen Justiz- und Polizeidepartment in Anlehnung an Soldatenbücher erstellt und an jeden Haushalt in der Schweiz kostenlos verteilt. Neben Tipps zur Krisenvorsorge für den Kriegsfall enthält das gut strukturierte Büchlein auch Empfehlungen für die zivile Verteidigung der Heimat gegen eine illegale Machtübernahme (durch Kommunisten). Bemerkenswert ist daher, dass das Schweizerische Nationalmuseum ausgerechnet Mitte Juni 2022, also mitten in der

C-Diktatur, in einem längeren Artikel über *Zivilverteidigung* daraus die Definition der Gefahr einer Revolution im Inneren wortgetreu zitiert: »Die zweite Form des Krieges ist darum so gefährlich, weil sie äußerlich nicht als Krieg erkannt wird. Der Krieg ist getarnt. Er spielt sich in den äußeren Formen des Friedenszustandes ab und kleidet sich in die Gestalt einer inneren Umwälzung. Die Anfänge sind klein und scheinbar harmlos – das Ende ist so bitter wie der Krieg selbst.«[744] Zitiert wird auch die damalige Aussendung von 1969, jeder Bürger solle sich von Zeit zur Zeit vergewissern, »ob alles vorbereitet sei, und tragen Sie dazu bei, dass wir **zuversichtlich** den kommenden Zeiten entgegensehen können.«[745] Die Lage ist zwar heute etwas anders als im damaligen Kalten Krieg, jedoch hat sich an der Sinnhaftigkeit der persönlichen Vorbereitung nichts geändert – und zwar unabhängig davon, ob sich im schlimmsten Fall bis 2025 die digitale Diktatur oder eine andere staatsfeindliche Revolution durchsetzt.

Im besagten Artikel wird zudem korrekt angeführt, dass *Zivilverteidigung* damals durchwegs kritisch betrachtet wurde, insbesondere von politisch links verordneten Bürgern, die sich mit voller Berechtigung darüber beschwert haben, dass sie im Handbuch wie Staatsfeinde betrachtet werden. Folglich kam es zu öffentlichen Bücherverbrennungen.[746] Völliger Unsinn ist hingegen die gänzliche Herabwürdigung des im Kerngehalt wertvollen Handbuchs als »Imperativ aller Verschwörungstheorien« in der *Neuen Zürcher Zeitung* im Juli 2019. Derart unsachliche Meinungen entstammen anscheinend einem falsch verstandenen »Antifaschismus« und der völlig unangebrachten Verniedlichung des Kommunismus, der nachweislich Dutzende Millionen Menschenleben auf dem Gewissen hat.[747]

Lange Rede, kurzer Sinn: Wer in der Demokratie schläft, wacht erwiesenermaßen in der Diktatur auf. Wachsam zu bleiben für Freiheit, Demokratie und Rechtsstaat ist daher **immer** sinnvoll. Dasselbe gilt für die angemessene Vorbereitung der legalen Selbstverteidigung gegenüber verfassungsfeindlichen Ambitionen oder gar einem Putsch – egal von welcher Seite. Für die **gewaltfreie** Revolution hat der US-amerikanische Politikwissenschaftler Prof. Dr. Gene Sharp handlungsorientierte Ansätze erarbeitet. Sharp war Gründer der Albert Einstein Institution. Sein schlankes Buch *Von der Diktatur zur Demokratie* präsentiert einen sehr guten Leitfaden für die Befreiung der unterdrückten Bevölkerung. Neben der zugrundeliegenden Theorie nennt Prof. Sharp in Summe 198 praktische Methoden des gewaltfreien Vorgehens. Dabei geht es um Protest und Überredung, um soziale, wirtschaftliche und politische Nichtzusammenarbeit sowie um gewaltlose Intervention.[748]

Selbstverteidigung ist auch auf der **rechtlichen** Ebene angebracht. Gegen Verwaltungsstrafen zum Beispiel wegen der Missachtung epidemiologisch sinnloser Anordnungen (Maske, Test etc.) wehrt man sich am besten durch zeitgerechtes Einlegen eines Rechtsmittels. In der Regel muss der Einspruch nicht sofort begründet werden. In Österreich findet man hilfreiche Erläuterungen und Schriftsatzmuster beispielsweise auf der Homepage der Rechtsanwälte für Grundrechte bzw. Anwälte für Aufklärung zum kostenfreien Download.[749] In der ersten Instanz kann man sich also angemessen selbst verteidigen. Eine Anwaltspflicht besteht erst ab der Befassung des Verwaltungsgerichts. Die rechtliche Selbstverteidigung ist aus mehreren Gründen wichtig: zum einen psychologisch sowohl für uns selbst als auch als Signal der Bürger an die Verwaltung. Zum anderen trägt jedes einzelne Rechtsmittel dazu bei, dass die Verwaltung schneller an ihre technischen Grenzen kommt.

Unter die **geistige** Selbstverteidigung fällt der Selbstschutz vor politisch-medialer Propaganda durch Nichtkonsum und Abmeldung diverser Medien. Trotzdem dafür zu zahlen wäre so, als würde ein Buddhist die katholische Kirchensteuer berappen. Ganz allgemein kann man dem System friedlich und legal jede Menge der eigenen Energie entziehen. Wie man rechtskonform Steuerzahlungen spart, vermittelt der an der Universität von Harvard ausgebildete und vormals bei J.P. Morgan tätige »Investment-Punk« Gerald Hörhan.[750] Außerdem können wir das unterdrückende System schwächen, indem wir es durch rechtskonforme Eingaben überlasten. Das obige Muster bei Rechtsmitteln lässt sich in nahezu allen sozialen Bereichen anwenden: Zurückschicken von Impfwerbungen, Tests und Masken an die jeweilige Behörde, schriftliche Beschwerden an die Regierung gegen die von uns finanzierten Impfkampagnen, schriftliche Proteste an Schulen, Verkehrsbetriebe, Geschäfte und so weiter. Auch hierfür stellen die Rechtsanwälte für Grundrechte Musterschreiben zur Verfügung.[751]

Diese und weitere bereits real existierende Konzepte dürfen uns dazu ermutigen, **selbst** kreativ zu sein und so zu handeln, dass es zu unserer eigenen Ich-Reform passt.

Ad 2. Ich-Reform. Die Grundlagen der Ich-Reform haben wir bereits ausgiebig in den Kapiteln *Selbsterkenntnis* und *Selbstbefreiung* behandelt. In *Selbstbestimmte Selbstbefreiung* wird das alles entscheidende Bindeglied zum selbstbestimmten Leben beleuchtet: die ruhige und selbstsichere Durchsetzung des eigenen Wandels gegenüber den sozialen Bremsen. Nun geht es darum, ins selbstbestimmte **Tun** zu kommen, also um ein freiwilliges Selbstexperiment in Echtzeit, sprich um Erfolgs-erlebnisse, die Freude machen.

Durch die Nutzung des individuellen Schöpfungspotenzial kann der neue Beruf zur **Berufung** werden. So verbringen wir künftig die schönste Zeit des Tages an Or-ten, an denen wir gerne sind, um Dinge zu verrichten, die wir mit Freude machen, damit wir uns Dinge leisten können, die wir wirklich brauchen. Nicht jeder ist zum Dichter geboren. Gerade in der nahen Zukunft werden wir wieder mehr tra-ditionelle Berufe brauchen, insbesondere naturverbundene Bauern bzw. Landwirte, Handwerker und Erfinder, menschenfreundliche Ärzte, Pfleger und Lehrer, um nur einige zu nennen.

Einer Cherokee-Weisheit zufolge sollen nicht wir die Maschinen bedienen, sondern sie uns: »Diese Maschinen entstammen unseren Gehirnen, wir wollen sie mit kla-rem Denken dirigieren.«[752] Dem Prinzip der Selbstversorgung folgend, kann eine neue, umweltschonende Technik zur Stromerzeugung, zum Heizen und zur Fort-bewegung entwickelt werden.

Aus diesem Gedanken heraus ist eine sensationelle, sowohl individuell spannende als auch sozial nützliche und umweltschützende Errungenschaft entstanden: eine angeblich echte Freie-Energie-Maschine, nämlich die Erfindung des **Magnetmo-tors** durch den ehemaligen Polizisten Muammer Yildiz. Ausschließlich aus magne-tisch bedingter Rotation erzeugt diese Maschine, welche die Größe und Form einer Waschtrommel hat, echten Strom mit einer Leistung von rund 7,5 KW. Berufsskep-tiker zweifeln immer noch an der Funktionstüchtigkeit, obwohl das Patent bereits 2009 veröffentlicht wurde,[753] es seither zahlreiche Beweisvideos über die technische Prüfung durch unabhängige Experten gibt,[754] etliche schriftliche Expertisen die me-chanische Funktion des Magnetmotors und insbesondere das problemlose Erhitzen von 1.000 Litern Wasser in einem Boiler bestätigen[755] und sowohl Händlerlisten als auch technische Bauanleitungen in Buchform vorliegen. Die Weiterentwicklung und flächendeckende Anwendung derartiger Maschinen könnte Verbrennungsmo-toren, Kohle- und Atomkraftwerke für immer überflüssig machen. Gemäß einem Buchtitel stellt sich daher nur noch folgende Frage: Magnetmotor selber bauen oder fertig kaufen?[756]

Je weiter das Individuum in der Ich-Reform vorankommt, desto mehr kann die **Vernetzung** mit anderen Freigeistern zur Wir-Reform beitragen.

Ad 3. Wir-Reform.

Persönliche Autonomie. Seiner Eigenverantwortung für die Gesundheit kann man durch Mitgliedschaft, Unterstützung oder Mitarbeit in der Langzeitstudie *Ungeimpft Gesund* Ausdruck und soziale Substanz verleihen. Mit Stand von Mitte 2022 hatte dieser innovative Verein mehr als 165.000 Mitglieder großteils im deutschsprachigen Raum. Dort werden gegenüber dem üblichen Krankheitssystem realistische und gesunde Alternativen geboten.[757]

Selbstbestimmte und kindergerechte Lernformen hat nicht nur Vera F. Birkenbihl (siehe Kapitel *Selbstbefreiung*) herausgearbeitet, sondern auch Ricardo Leppe, ein junger Mann aus Österreich. Wo man im etablierten Schulsystem einige Monate braucht, um vorgekaute Informationen freudlos meist nur im Kurzzeitgedächtnis abzuspeichern, da vermittelt Leppe Methoden, mit denen man denselben Lernstoff in wenigen Wochen in das Langzeitgedächtnis bekommt und dabei auch noch Spaß hat. Nach dem Grundsatz »**Wissen schafft Freiheit**« setzt sich die gleichnamige Organisation im Sinne einer besseren Zukunft für die Dezentralisierung der Bildungsmacht, den freien Zugang zu Bildung und freie Bildungsentscheidung auf allen Ebenen ein.[758]

Hierbei bietet auch der Wiener Verein *Souverän Leben* eine wichtige Plattform zur Vernetzung von Menschen, die sich für die Spiel- und Lernfamilie und häuslichen Unterricht begeistern. Generell vereint *Souverän Leben* Menschen, »die gemeinsam etwas Neues schaffen und eine Welt bauen, deren Individuen im Wir leben und empathisch, selbstbewusst und auf Augenhöhe miteinander interagieren.«[759]

Meine Cousine Cordula Heller war eine der ersten Lehrerinnen, die wegen Nichtbefolgung der epidemiologisch nutzlosen Maskenpflicht entlassen wurden. Danach hat Cordula, weil es ihr wirklich um das Wohl der Kinder und Jugendlichen geht, in einer TV-Sendung von AUF1 die kluge Empfehlung abgegeben, Kinder sollten ihre Begleiter selbst aussuchen dürfen. Dadurch würde rasch eine natürliche Auslese unter den Lehrkräften erfolgen.[760] Gemeinsam kommen Cordula und ich zu folgender Anregung: Statt Schüler zu unterrichten, das heißt das Niveau im Klassenzimmer auf dem niedrigsten Niveau einzuebnen, sollte das **Selbststudium** auf der Tagesordnung stehen: Schüler bilden sich selbst. Hierzu wählen sie statt eines gewöhnlichen Lehrers einen Coach aus, der ihnen zwar Grundfertigkeiten wie Lesen, Schreiben und Rechnen vermittelt, sie aber ansonsten dazu ermutigt, selbst zu forschen, relevante Sachverhalte zu prüfen, eigenständig zu denken und ihre

Sichtweise selbstbewusst zu präsentieren. Ein neues Bildungssystem sollte Kinder und Jugendliche darin fördern, ihr Schöpferpotenzial voll zu entfalten, indem die Stärken gestärkt werden und die Schwächen eher am Rande mitlaufen. Auf diese Weise wird es jungen Menschen ermöglicht, jenen Beruf zu wählen, welcher der inneren Berufung entspricht.

Auch hier können wir viel von den sogenannten primitiven Naturvölkern lernen, besonders von den amerikanischen Ureinwohnern. Gemäß den Lehren der Cherokee sind wir Menschen »die Kinder des Lichts, die Stimme der Schöpfung«. Um sich dessen stets bewusst zu sein, sollten Erwachsene täglich mit ihren Kindern beten und ihnen vermitteln, aufrichtig zu sprechen und zu leben.[761] Wenn eines seiner 11 Kinder und 30 Enkelkinder in Schwierigkeiten steckt, spricht ihm Mitch Walking Elk Mut zu: »Du kannst es schaffen, aber du musst beten.«[762] Kinder werden also bei den Indianern hochgehalten, was sich bei den Cherokee wie folgt ausdrückt: »Lasst uns die **Kinder würdigen**, die künftige Generation. So schaffen wir Frieden.« Es ist wichtig, großzügig zu sein, Rücksicht auf zukünftige Generationen und die Natur zu nehmen: »Wer Bäume fällt, pflanzt auch verantwortungsbewusst neue an.«[763]

Auf der Plattform *Einheit* waren mit Stand von Mitte 2022 mehr als 8.800 Unternehmen aus Österreich vertreten, die sich für das gelungene »Miteinander der Gesellschaft, für Freiheit und Selbstbestimmung« einsetzten. Gerade in Krisenzeiten sollte man genau diese Unternehmen unterstützen oder als Unternehmer selbst mitmachen. Sämtliche beteiligte Unternehmen sind nach Bundesländern gelistet.[764]

Regionale Autonomie. Die überwiegende Mehrheit der Teilnehmer der FREIHEUT-Seminare ist übereingekommen, dass die regionale Autonomie der Schlüssel zur Lösung sowohl staatlicher als auch globaler Probleme ist. Dabei wurden folgende Teilziele umschrieben: Autarkie in familiärer, sozialer, landwirtschaftlicher und finanzieller Hinsicht; gelebte Wertegemeinschaft; Schutz für Kinder, Schwache und Alte; Vorbildwirkung für andere Gruppierungen; Vernetzung mit diesen. Wie eine solche regionale Autonomie zuerst im Familienverband und dann in der Dorfgemeinde aussehen könnte, wird im Roman *Normal war gestern* vor der idyllischen Kulisse des Waldviertels beschrieben.[765]

Was die finanzielle Unabhängigkeit von ruinösen Bankkrediten betrifft, ist Heini Staudinger mit den ökologisch einwandfreien Schuhen aus seiner Waldviertler Schuhwerkstatt ein europaweiter Vorreiter. Das Geld für die Entwicklung des Unternehmens hat er »weitgehend von Freunden und nicht von der Bank« geliehen.

Nachdem er 2012 wegen »illegaler Bankgeschäfte« belangt wurde, hat sich der mutige Mann gegen die Republik Österreich durchgesetzt und eine Gesetzesänderung bewirkt. Bereits 2016 umfasste das Unternehmen Gea sage und schreibe 55 Filialen, davon 35 in Österreich, 19 in Deutschland und eine in der Schweiz.[766]

Regionale Autonomie ist auf **vielen** Ebenen machbar. Eine Entwicklung von der Familie und Sippe über Vorzeigegemeinden bis zur Landesebene erscheint sinnvoll und bei reger Teilnahme leicht möglich. Aus der regionalen Sanierung der Nationalstaaten könnte sich eine globale Dezentralisierung bzw. dezentrale Globalisierung ergeben.

Regierung der Klügsten. Eine echte Volksherrschaft beruht auf Wahrheit, Recht und Freiheit. Meine diesbezüglichen Ausführungen über die freie Weltordnung[767] werden durch das Konzept der **Sapientokratie** ergänzt. Darunter versteht man eine optimale Gesellschaftsform, in der keine machthungrigen Basisideologen, sondern »die Klügsten aus dem Volk« aufgrund einer wissenschaftlich fundierten Ethik die Politik bestimmen. Daraus resultieren eine friedvolle Weltordnung, Kooperation statt Konfrontation, Förderung der Evolution, Optimierung der Lebensqualität bei gleichzeitiger Schonung aller Ressourcen, Übergang vom Scheingeld zum Wertgeld sowie Geld nur gegen Leistung für das Gemeinwohl. Falls du jetzt Appetit auf mehr hast, kannst du die Broschüre *SAPI: Sapientokratie* und weiterführendes Informationsmaterial kostenfrei herunterladen.[768]

Aus meiner Sicht ist eine neue Gesellschaft erstrebenswert, in der Ideologien und Ismen keine Rolle mehr spielen, weil das Gemeinwesen auf der verantwortungsbewusst gelebten Freiheit des Individuums aufbaut. Da freie Individuen leistungsfähiger sind, würde auch das Gemeinwesen davon profitieren. Mit der Strophe des bayrischen Urgesteins Hans Söllner »Hey Staat, heute sag ich dir einmal, was ich alles mach´ für dich!« im Hinterkopf ist es höchste Zeit, endlich die Wahrheit anzuerkennen: Die einzige Realität im Staat ist der **Mensch**.

Hilfsmittel

Franz von Assisi soll gesagt haben: »So viel hat der Mensch vom Wissen, wie er in die Tat umsetzt.« In *Wilhelm Meisters Wanderjahre von* Johann Wolfgang von Goethe heißt es: »Es ist nicht genug, zu wissen, man muss auch anwenden. Es ist nicht genug, zu wollen, man muss auch tun.«[769]

Lösung im Visier. Wie die Kästchen in Abbildung 31 zeigen, gibt es neben der Resignation vor dem Problem auch folgende konstruktive Lösungen: die Veränderung der Einstellung und/oder der Situation. Betrachten wir Probleme oder Fehler als Herausforderungen, dann haben wir nicht das Problem, sondern die Lösung im Visier.

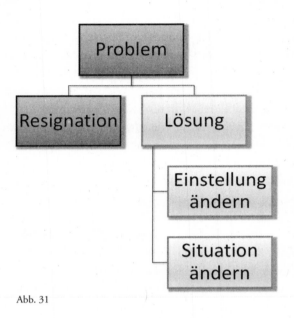

Abb. 31

Selbstbestimmt zu leben bedeutet, über unsere Zeit und Energie selbst zu bestimmen, der Autor der eigenen Lebens- und Erfolgsgeschichte zu sein. Da wir sowieso in jedem Fall Erfolg haben, können wir ihn gleich möglichst energieschonend verursachen. Wenn es eher schnell gehen muss, empfehlen sich die RUF-Formel sowie zwei Ansätze aus der systemischen Therapie: Wunderfrage und Hohlweg.

* **RUF-Formel.** Ein alter militärischer und daher denkbar einfacher Lösungsansatz lautet: Ruhe bewahren, Ursache feststellen, Fehler beheben. Kurz: RUF.

* **Wunderfrage.** Wenn sich, was nur ganz selten passiert, ein Problem mit den verschiedensten Denkansätzen nicht lösen lässt, dann hilft gewöhnlich die systemische Wunderfrage: »Wenn ich die Lösung wüsste, was würde ich dann sagen?«

*Hohlweg. Sollte nicht einmal die Wunderfrage helfen, dann schafft es deine Intuition. Stell dir in deiner Phantasie völlig entspannt vor, wie du über eine Wiese und dann in den Wald gehst. Aus dem flachen Weg wird ein Hohlweg, dessen Erdbegrenzung links und rechts immer höher wird, bis du in einem tiefen Graben gehst. Plötzlich taucht das Problem vor dir auf wie ein Hindernis. Betrachte seine Position und Form, bis dir spontan einfällt, wie du das Hindernis überwindest. Alles ist erlaubt ...

Zweck-Ziele-Mittel-Relation. Wenn wir genügend Zeit haben, ist ein sehr gutes Werkzeug, um unsere Ziele effizient zu erreichen, das heißt mit relativ geringem Aufwand viel zu bewirken, die im Kapitel *Zweck, Ziele, Mittel* erklärte strategische Achse, sprich die Zweck-Ziele-Mittel-Relation. Während wir als lediglich passiver Beobachter von den Mitteln auf die Ziele und den Zweck schließen, ist die Abfolge bei der aktiven Anwendung genau umgekehrt (siehe auch Abb. 32).

Zweck-Ziele-Mittel-Relation

Zweck ⟹	Ziele ⟹	Mittel
Klares Bild vom Sollzustand	Meilensteine bis zum Sollzustand	Instrumente zur Ziele-Erreichung
Warum?	Was?	Wie?

Abb. 32

Ad Zweck. Beim Zweck kommt idealerweise die Intuition zum Zug, also das Herz gemeinsam mit der rechten Reichshälfte des Gehirns, wo im Überblick bzw. in der Synthese gedacht wird. Die **Herzensvision** entsteht, indem wir uns das Warum des Vorhabens, den Zweck, einfach in unserer Phantasie vorstellen. Diese in Ruhe und Entspannung erzeugte Imagination ist das klare Bild vom Sollzustand: Wir sehen deutlich vor uns, wie der gewünschte Zustand aussieht. Das ist sozusagen der Rückblick vom Ergebnis aus, der vor uns wie ein Standbild hingestellte Wunschzustand. Das Herz ist der Chef, das Gehirn der Angestellte. Kapitän Herz gibt den Zweck vor, Steuermann Gehirn navigiert in diesem Rahmen. Königin Intuition befiehlt intuitiv die Vision, König Verstand setzt sie rational um. Dazu legt er die Ziele und Mittel fest.

Simples Beispiel für Frischluftatmer: Du sitzt entspannt im Wald auf einem Baumstumpf und atmest tief ein und aus. Dabei hast du das klare innere Bild, dass du überall, wo immer du auch bist, nur noch saubere Luft ein- und ausatmest.

Ad Ziele. Die analytische linke Reichshälfte des Gehirns übersetzt dein klares Bild vom Frischluftatmen in Wörter und Sätze. Dabei stellst du realistische, sprich erreichbare und messbare Ziele auf. Sie sollen keine Negationen enthalten. Anders gesagt: Ziele müssen positiv formuliert sein. Dabei kannst du dir einen Zeitpunkt vorgeben, ab wann du öfter raus in die Natur gehst, du dein Heim und deinen Arbeitsplatz natürlicher gestaltest. Falls du bisher Raucher warst, kannst du schon einmal festlegen, dass du deine Rauchwaren entsorgst. Und so weiter.

Ad Mittel. Hier geht es um die Details der Ziele-Erreichung: sinnvolle Tätigkeiten in der Natur, Motivation dazu, Befreiung vom häuslichen Elektrosmog, Art der Entsorgung der Rauchwaren, Entwöhnungsbelohnung und vieles mehr.

Auch die Lehre der Cherokee hebt hervor, dass Ziele und Mittel generell starke Affirmationen enthalten sollen. Wir sollen aber auch zum Wohle aller denken: »In dem Heiligtum des eigenen Geistes erwägt man dann die derzeit möglichen Mittel und überlegt die Ziele, die erreicht werden sollen – in drei Tagen, drei Monaten, drei Jahren, einem Leben –, um dem **Wohle** der Familie, des Klans, der Nation, des Planeten und zukünftigen Generationen zu dienen.«[770]

Liebe zum Quadrat. Ein lebenspraktisches Denkkonzept wurde vom Betriebswirtschaftler und Ökonom René Egli entwickelt: das LOL^2A-Prinzip. »LO« bedeutet Loslassen im Sinne von Akzeptieren des Ist-Zustands, das gefasste Ziel loslassen wie der Bogenschütze den Pfeil. »L^2« steht für Liebe zum Quadrat, sprich das auf Selbstliebe beruhende Vertrauen auf die stärkste Kraft im Universum. Der Buchstabe »A« entspricht der daraufhin durchgeführten Aktion / Reaktion im konsequent positiven und freudvollen Denken.[771]

Einfach wissen. Wenn die Herzensvision klar ist, braucht man nicht an Zielen und Mitteln zu klammern. Sobald sie formuliert sind, unternimmt das Unterbewusstsein gewöhnlich alles, damit sie das innere Bild vom Sollzustand äußerlich herstellen. Morpheus, der Menschenfischer in der Filmtrilogie *Matrix*, empfiehlt dem Helden Neo: »Nicht denken, wissen!« Dieser Spruch könnte Franz Klammer entlehnt sein. Schließlich hat den erfolgreichsten Skirennläufer in der Geschichte des Abfahrt-Weltcups folgendes Motto 25 Mal auf das Siegerstockerl gestellt:

»Nicht hoffen, nicht wollen, wissen!«[772]

Ein anderer Star aus Österreich, die Schauspielerin Romy Schneider, hat gesagt: »Talent ist nichts weiter als **Liebe** zur Sache.«[773] Wer etwas vermag und es liebt, kann so entspannt sein, dass er den künftigen Erfolg schon im Hier und Jetzt klar vor sich sieht. Wie erwähnt, hat Jesus empfohlen, so zu bitten, als habe man es bereits erhalten.

Schutzhund im Kopf. Wenn trotz allem Ängste bzw. feindliche U-Boote auftauchen, kann man ihnen Form und Namen geben. Bei mir heißt die Angst gelegentlich Wotan. Das ist mein leider schon verstorbener Rottweiler. Weil er mich noch immer vor Gefahren warnen möchte, knurrt und bellt er halt in meinem Schädel. Und weil er aufs Wort gehorcht, legt er sich auf das Kommando »Platz!« brav vor mir auf den Boden. Bei leichtem Nachknurren streichle ich ihn, bis er sich ganz beruhigt hat. Dann erzähle ich ihm meine Herzensvision, worauf er bisher nur selten Bedenken geäußert hat. Gewöhnlich wedelt er freudig mit der Rute, worauf ich meinen Schutzhund mit einem »Hopp!« wieder in meinen Kopf hineinlasse ...

SCHLUSSWORTE

Wie die Natur beweist, gedeihen an den dunkelsten Orten die schönsten Pflanzen. Wohl deshalb ist die aus dem Schlamm wachsende Lotusblüte ein Symbol für die bewusste Selbstwerdung. Manche sprechen davon, den inneren Diamanten zu reinigen, also etwas Hochkarätiges, das aus Kohlenstoff besteht. Um unserer eigenen Natur treu zu bleiben und das innere Kind zu schützen, kann es erforderlich sein, dass der innere Tiger sein Revier abgrenzt oder die Krallen ausfährt. Wir sollen klug sein wie Schlangen und arglos wie Tauben (Jesus)[774] bzw. rein wie Seide und scharf wie Stahl (Shunryû Suzuki). Gelegentlich ist es angebracht, das Ego bewusst an- und abzulegen wie eine Ritterrüstung. Im russischen Endzeitszenario *The Blackout* lautet die nüchterne Feststellung des außerirdischen Kommandanten Eid: »Jene, die dem Tod ins Gesicht lachen, sind schwer zu besiegen.«[775] Das trifft auch im realen Leben zu. In diesem Geiste sagt der schon in der Kindheit schwer misshandelte Indianer Mitch Walking Elk noch im hohen Alter erhobenen Hauptes: »Es spielt keine große Rolle, was mit mir passiert. Ich gebe niemals auf und ich werde mich dem System niemals ergeben.«[776] Als ich das gelesen habe, sind mir die Tränen waagrecht aus den Kanälen geschossen. Es waren Tränen der Ergriffenheit, der Wahrheit und der Liebe zum Leben.

Zum Abschluss seien mir ähnliche Worte wie am Ende von Vorträgen oder Seminaren gestattet. Wenn ich mir etwas wünschen darf, dann ist es die Erfüllung folgender Herzensvision: Ich sehe ein riesiges, aber führerloses Heer von selbstbestimmten Menschen, die auf ihr Herz hören und im richtigen Moment das Richtige tun. In einer Szene des mitreißenden Films *Braveheart* über den schottischen Freiheitskämpfer und Nationalhelden William Wallace liegt dessen Vater auf der Totenbahre. Im Traum sagt der Vater zu seinem jungen Sohn William:

»Dein Herz ist frei.
Habe den Mut, ihm zu folgen!«

ABBILDUNGSVERZEICHNIS

Alle Tabellen, Diagramme (außer Abb. 07), Graphiken und Fotos stammen von der Autorin. Datenquellen (Fn) werden im Kerntext genannt. Sämtliche Zeichnungen (Abb. 03, 04, 09, 12, 13, 18, 19, 20, 23, 25, 26, Muschel in 27, 30) wurden von Jasmin Donner händisch angefertigt.

ABKÜRZUNGSVERZEICHNIS

Abb.	Abbildung
AKE	Außerkörperliche Erfahrung(en)
bspw.	beispielsweise
bzw.	beziehungsweise
ca.	circa
CBDC	Central Bank Digital Currency (digitale Zentralbankwährung)
CIA	Central Intelligence Agency (US-Auslandsgeheimdienst)
EMA	Europäische Arzneimittelagentur
EMF	Elektromagnetische Felder
et. al.	und andere (et alii)
etc.	etcetera (und so weiter)
EU	Europäische Union
ICD	International Statistical Classification of Diseases and Related Health Problems (Internationale statistische Klassifikation der Krankheiten und verwandter Gesundheitsprobleme)
IT	Informationstechnologie
KI	Künstliche Intelligenz
NATO	North Atlantic Treaty Organization
NS	Nationalsozialismus
NTE	Nahtoderfahrung(en)
NWO	Neue Weltordnung
QR-Code	Quick Response Code (Schneller Antwort-Code)
RKI	Robert Koch Institut
UNO	United Nations Organization (Vereinte Nationen)
WASP	White Anglo-Saxon Protestants (Weiße Angel-Sächsische Protestanten)
WEF	World Economic Forum (Weltwirtschaftsforum)
WHO	World Health Organization (Weltgesundheitsorganisation)

LITERATURVERZEICHNIS

Ala07	Aland, Barbara und Kurt (Hrsg.): *Das Neue Testament: Griechisch und Deutsch* (Deutsche Bibelgesellschaft – Katholische Bibelanstalt, 2007, 5. Auflage)
Are12	Arendt, Hannah: *Eichmann in Jerusalem: Ein Bericht von der Banalität des Bösen* (Piper, e-book, 2012, 3. Auflage; Erstauflage 1964)
Are20	Arendt, Hannah: *Was heißt persönliche Verantwortung in einer Diktatur* (Piper, 2020, 5. Auflage)
Asc51	Asch, Salomon Elliot: *Effects of Group Pressure upon the Modification and Distortion of Judgments* in Guetzkow, Harold: Groups, *Leadership and Men – Research in Human Relations* (Carnegie Press, 1951), S. 177-190
Baa89	Baader, F.H.: *Die Geschriebenen: DaBhaR-Übersetzung aus dem Masoretischen Text, 2. Gesamtausgabe* (Schömberg, F.H. Baader, 1989)
Bec96	Beck, Don und Cowan, Christopher: *Spiral Dynamics: mastering Values, leadership, and change* (Blackwell Publishing, 1996)
Ber20a	Berndt, Stephan: *Alois Irlmaier: Ein Mann sagt was er sieht. Der Seher – Die Prophezeiungen – Neueste Recherchen* (Reichel, 2020, 7. Auflage)
Ber20b	Berndt, Stephan: *Refugium: Sichere Gebiete – Nach Alois Irlmaier und anderen Sehern* (Reichel, 2020, 3. Auflage)
Bie20	Bielau, Klaus: *Wendezeit der Medizin: Die Erneuerung der Heilkunst 1* (Zeitenwende, 2020, 5. Auflage)
Bir00	Birkenbihl, Vera F.: *Der Birkenbihl Power-Tag: Das Buch zum erfolgreichen Journal-Seminar mit den Schwerpunkten Gedächtnis, Kommunikation, Erfolg* (mvg, 2020, 5. Auflage)
Bir99	Birkenbihl, Vera F.: *Stroh im Kopf? – Vom Gehirn-Besitzer zum Gehirn-Benutzer* (mvg, 1999, 34. Auflage)
Ble09	Bleckmann, Bruno: *Die Germanen: Von Ariovist bis zu den Wikingern* (C.H. Beck, 2008)
Blu73	Blumrich, Josef: *Da tat sich der Himmel auf: Die Raumschiffe des Propheten Ezechiel und ihre Bestätigung durch modernste Technik* (Econ, 1973)
Bra00	Bradshaw, John: *Das Kind in uns: Wie finde ich zu mir selbst* (Droemer Knaur, 2000)
Bri29	Britische und Ausländische Bibelgesellschaft (Hrsg.): *Die Bibel oder die ganze Heilige Schrift des Alten und Neuen Testamens nach der deutschen Übersetzung Dr. Martin Luthers* (Berlin, 1929)
Bro08	Brown, Ellen Hodgson: *Der Dollar-Crash: Was Banker Ihnen nicht erzählen: Die schockierende Wahrheit über die US-Notenbank, unser Währungssystem und wie wir uns von ihm befreien können* (Kopp, 2008)
Bro17	Broers, Dieter: *Die Macht der Zirbeldrüse: Wie ich meine Zirbeldrüsenfunktionen nachhaltig verbessern kann* (Dieter Broers Verlag, 2017)
Bro22	Broers, Dieter: *Verschlusssache Zirbeldrüse: Wie wir uns das Tor zur Quelle trotzdem erfolgreich erschließen können* (Dieter Broers Verlag, 2022, 2. Auflage)
Brz16	Brzeziński, Zbigniew: *The Grand Chessboard: American Primacy and Its Geostrategic Imperatives* (Basic Books, Fassung 1997 mit Epilog 2016)
Buc20	Buchter, Heike: *BlackRock: Eine heimliche Weltmacht greift nach unserem Geld* (Campus, 2020, 2. Auflage)
Che13	Chenoweth, Erica und Stephan, Maria J.: *Why civil resistance works: The strategic logic of nonviolent conflict* (Columbia University Press, 2013)
Che21	Chenoweth, Erica: *Civil Resistance: What everyone needs to know* (Oxford University Press, 2021)
Cho04	Chomsky, Noam: *Language and Politics* (AK Press, 2004, 2. Auflage; Erstauflage 1988)
Cou99	Courtois, Stéphane et. al.: *Das Schwarzbuch des Kommunismus: Unterdrückung, Verbrechen und Terror* (Piper, 1999, 2. Auflage)

Dac66   Dach, Hans von: *Der totale Widerstand – Kleinkriegsanleitung für jedermann* (Schweizerischer
             Unteroffiziersverband, 1966, 3. Auflage; Erstauflage 1957): https://archive.org/details/Der_
             Totale_Widerstand_Major_H._von_Dach_German

Dah09   Dahlke, Ruediger: *Die Schicksalsgesetze: Spielregeln fürs Leben – Resonanz, Polarität, Bewusstsein*
             (Arkana, 2009, 13. Auflage)

Dah14   Dahlke, Ruediger: *Krankheit als Symbol: Handbuch der Psychosomatik und Integralen Medizin –
             Symptome, Bedeutung, Bearbeitung, Einlösung* (C. Bertelsmann, 2014, 29. Auflage)

Des50   Descartes, René: *Les Passions de l'âme* (A. Amsterdam, 1650):
             https://archive.org/details/bub_gb_2O05ZS1k7i8C/mode/2up

Don14   Donner, Monika und Hajek, Peter: *Normal war gestern* (Berger, 2014)

Don18   Donner, Monika: *Tiger in High Heels: Zweimal Käfig und zurück* (Monithor, 2018, 5. Auflage;
             Erstauflage 2009)

Don19   Donner, Monika: *Krieg, Terror, Weltherrschaft – Band 1: Warum Deutschland sterben soll* (Moni-
             thor, 2019, 2. Auflage; Erstauflage 2017)

Don21   Donner, Monika: *Corona-Diktatur: Wissen, Widerstand, Freiheit* (Monithor, 2021)

Don22   Donner, Monika: *God bless you, Putin! – Strategische Analyse inklusive rechtlicher Beurteilung der
             sicherheitspolitischen Lage Europas am Beispiel Österreich* (Monithor, 2022, 3. Auflage; Erstaufla-
             ge 2015)

Dud07g   *Duden, Band 7: Das Herkunftswörterbuch* (Dudenverlag, 2007, 4. Auflage)

Ecc87   Eccles, John C.: *Gehirn und Seele: Erkenntnisse der Neurophysiologie* (Serie Piper, 1987; origina-
             le Erstausgabe 1970)

Ecc94   Eccles, John C.: *Die Evolution des Gehirns: Die Erschaffung des Selbst* (Piper, 1994, 3. Auflage)

Eid69   Eidgenössisches Justiz- und Polizeidepartement im Auftrag des Bundesrates (Hrsg): *Zivilver-
             teidigung* (Miles, 1969); als PDF zum Downloaden beim Libenter Verlag: http://www.libenter.
             ch/index.xhtml bzw. http://www.libenter.ch/090610_zivilverteidigung_1969_v1.4_de.pdf
             sowie bei Periodica:
             https://www.e-periodica.ch/cntmng?pid=zbk-002%3A1969%3A35%3A%3A298

Egl21a   Egli, René: *Das LOL²A-Prinzip – Teil 1: Die Vollkommenheit der Welt* (Editions d'Olt, 2021,
             46. Auflage)

Eyb19   Eybl, Björn: *Die seelischen Ursachen der Krankheiten: Nach den 5 Biologischen Naturgesetzen,
             entdeckt von Dr. med. Mag. theol. Ryke Geer Hamer – Lexikon der Krankheiten für Therapeuten
             und Patienten mit über 500 Fallbeispielen* (Ibera, 2019, 8. Auflage)

Fri90   Friend, Ronald et. al.: *A puzzling misinterpretation of the Asch »conformity« study* in *European
             Journal of Social Psychology*, Nr. 20, S. 29-44: http://dx.doi.org/10.1002/ejsp.2420200104

Gal21   Galke, Matthias: *Intelligente Unendlichkeit* (Das Gesetz des Einen-Verlag, 2021)

Goe77   Goethe, Johann Wolfgang von: *Faust: Eine Tragödie: Erster und zweiter Teil* (Artemis, 1977)

Gre10   Greenhill, Kelly M.: *Weapons of Mass Migration: Forced Displacement, Coercion, and Foreign
             Policy* (Cornell University Press, 2010)

Hah13   Hahn, Hans-Joachim et. al.: *Höllensturz und Hoffnung: Warum unsere Zivilisation zusammen-
             bricht und wie sie sich erneuern kann* (Olzog, 2013)

Han66   Hanish, Otoman Zar-Adusht; *Ever-creative Thought: A translation into English of 10 Talks given
             by Otoman Zar-Adusht in Leipzig. December, 1931* (Health Research, 1966; Reprint vom Ori-
             ginal aus 1933)

Har84   Harenberg, Bodo (Hrsg.): *Chronik der Menschheit* (Chronik Verlag, 1984)

Has17   Hastings, Robert: *UFOs & Nukes: Extraordinary Encounters at Nuclear Weapon Sites* (Second
             Edition, 2017)

Hof12   Hoffmann, Nils: *Renaissance der Geopolitik? Die deutsche Sicherheitspolitik nach dem Kalten
             Krieg* (VS, 2012)

Hüt13   Hüther, Gerald: *Jedes Kind ist hoch begabt: Die angeborenen Talente unserer Kinder und was wir
             aus ihnen machen* (btb, 2013)

Jak08   Jakoby, Bernard: *Wir sterben nie: Was wir heute über das Jenseits wissen können* (Nymphenbur-
             ger, 2008, 3. Auflage)

Kas09   Kashiwakura, Dagmar und Remde, Dominik: *KörperIntelligenz nutzen: Die Kunst stressfrei zu*

	leben (Goldegg, 2009)
Kra10	Kraus, Wolfgang und Karrer, Martin (Hrsg.): *Septuaginta Deutsch: Das griechische Alte Testament in deutscher Übersetzung* (Deutsche Bibelgesellschaft, 2010, 2. Auflage)
Küb21	Kübler-Ross, Elisabeth: Über den Tod und das Leben danach (Silberschnur, 2021, 44. Auflage)
Lec98d	Lectorium Rosicrucianum: *Pentagramm* (August 1998, Nr. 4)
Lex19	Lexer, Alexander: *SAPI: Sapenokratie – Was ist das? Was soll das?* (30.08.2019): http://www.lexal.at/
Lom22	Lommel, Pim van: *Endloses Bewusstsein: Neue medizinische Fakten zur Nahtoderfahrung* (Patmos, 2022, 2. Auflage)
Lon10	Long, Jeffrey mit Perry, Paul: *Beweise für ein Leben nach dem Tod: Die umfassende Dokumentation von Nahtoderfahrungen aus der ganzen Welt* (Goldmann, 2010, 14. Auflage)
Lüd06	Lüdemann, Gerd: *Das Judas-Evangelium und das Evangelium nach Maria: Zwei gnostische Schriften aus der Frühzeit des Christentums* (Radius, 2006)
Lüd97	Lüdemann, Gerd und Janßen, Martina: *Bibel der Häretiker: Die gnostischen Schriften aus Nag Hammadi* (Radius, 1997)
Mac04	Mackinder, Halford: *The Geographical Pivot of History* (The Geographical Journal, Vol. XXIII, No. 4, April 1904, S. 421-437)
Mac18	Mackinder, Halford: *Democratic Ideals and Reality: The Geographical Pivot of History* (Origami, 2018)
Mac19	Mackinder, Halford: *Democratic Ideals and Reality: A Study in the Politics of Reconstruction* (Constable and Company Ltd, 1919)
Mai03	Maier, Bernhard: *Die Religionen der Germanen: Götter, Mythen, Weltbild* (C.H. Beck, 2003)
Mar09	Marrs, Jim: *Der Aufstieg des Vierten Reiches: Geheime Gesellschaften übernehmen die Macht in den USA* (Kopp, 2009)
McC15	McCraty, Rollin: *Science of the Heart: Exploring the Role of the Heart in Human Performance – Volume 2* (HeartMath Institute, 2015): http://dx.doi.org/10.13140/RG.2.1.3873.5128
Mea72	Meadows, Donella et. al.: *The Limits to Growth – A Report for the Club of Rome's Project on the Predicament of Mankind* (Universe Books, 1972)
Mee21	Meerlo, Joost: *The Rape of the Mind: The Psychology of Thought Control, Menticide, and Brainwashing* (Martino Publishing, 2021)
Mee56	Meerlo, Joost: *The Rape of the Mind: The Psychology of Thought Control, Menticide, and Brainwashing* (Grosset & Dunlap, 1956)
Mil74	Milgram, Stanley: *Obedience to Authority: An Experimental View* (Harper & Row, 1974)
Mil21	Milgram, Stanley: *Das Milgram-Experiment: Zur Gehorsamsbereitschaft gegenüber Autorität* (Rowohlt, 2021, 22. Auflage)
Moo18	Moody, Raymond A.: *Das Licht von drüben: Neue Fragen und Antworten* (Rowohlt, 2018, 9. Auflage)
Moo21	Moody, Raymond A.: *Leben nach dem Tod: Die Erforschung einer unerklärlichen Erfahrung* (Rowohlt, 2021, 22. Auflage der erweiterten Neuausgabe 2001)
Neu97a	Neuhold, Hanspeter et. al. (Hrsg.), Österreichisches Handbuch des Völkerrechts – Band 1: Textteil (Manz, 1997, 3. Auflage)
Ney21	Neyer, Andreas: *Wissenschaft und Glaube: Quantenphysik und Nahtod-Erfahrungen* (Rotona, 2021)
NIC18	National Intelligence Council: *Die Welt im Jahr 2035 gesehen von der CIA und dem National Intelligence Council – Das Paradox des Fortschritts* (C. H. Beck, 2018, 3. Auflage)
Oer08	Oerter, Rolf und Montada, Leo: *Entwicklungspsychologie* (Beltz PVU, 2008, 6. Auflage)
Olo98	Olof, Gigon (Hrsg.): *Marcus Tullius Cicero: Gespräche in Tusculum – Tusculanae Disputationes – Lateinisch-deutsch* (Artemis & Winkler, 1998, 7. Auflage)
Oma19	O'Mara, Margaret: *The Code: Silicon Valley and the Remaking of America* (Penguin Press, 2019)
Pop21	Popper, Karl R. und Eccles, John C.: *Das Ich und sein Gehirn* (Piper, 2021, 14. Auflage)
Pöt13	Pötzl, Norbert (Hrsg.): *Die Germanen: Geschichte und Mythos* (Deutsche Verlags-Anstalt, 2013)

Ras19   Raßelenberg, Ingrid: *Ich bin einfach göttlich: Ein zahlenphysikalischer Leitfaden zur heilsamen Selbsterkenntnis* (BoD, 2019)

Reu17   Reuther, Gerd: *Der betrogene Patient: Ein Arzt deckt auf, warum Ihr Leben in Gefahr ist, wenn Sie sich medizinisch behandeln lassen* (Riva, 2017)

Rie97   Riemann, Fritz: *Grundformen der Angst: Eine tiefenpsychologische Studie* (Ernst Reinhardt, 1997)

Rin91   Rinpoche, Gendün: *Wir haben vergessen, dass wir Buddhas sind* (Kagyü-Dharma, 1991)

Rom20   Romains, Jules: *La Vision extra-rétinienne et le sens paroptique* (Gallimard, 1930)

Sas79   Sassoon, George und Dale, Rodney: *Die Manna-Maschine* (Pabel-Moewig, 1979)

Sha14   Sharp, Gene: *Von der Diktatur zur Demokratie: Ein Leitfaden für die Befreiung* (C.H. Beck, 2014)

Sit10   Sitchin, Zecharia: *Das verschollene Buch ENKI: Erinnerungen und Prophezeiungen eines außerirdischen Gottes* (Kopp, 2010)

Sti18   Stiller, Anja: *Kleine Germanenkunde* (Regionalia, 2018, 3. Auflage)

Sun05   Sun Bear und Wabun, *Das Medizinrad: Eine Astrologie der Erde* (Goldmann, 2005, 13. Auflage)

Suz01   Suzuki, Shunryû: Zen-Geist – *Anfänger-Geist: Unterweisungen in Zen-Meditation* (Theseus, 2001)

Suz06   Suzuki, Shunryû: *Seid wie reine Seide und scharfer Stahl: Das geistige Vermächtnis des großen Zen-Meisters* (Heyne, 2006, 4. Auflage)

Suz09   Suzuki, Shunryû: *Leidender Buddha – Glücklicher Buddha: Zen-Unterweisungen zum Sandokai* (Theseus, 2009)

Ste77   Stevenson, Ian: *Reinkarnation: Der Mensch im Wandel von Tod und Wiedergeburt: 20 überzeugende und wissenschaftlich bewiesene Fälle* (Aurum, 1977, 2. Auflage)

Tre21   Trevor, Allan: *Der Tunnel des Lichts: Wo sich Wissenschaft und Spiritualität bei Nahtoderfahrungen treffen* (BoD, 2021)

Var09   Varusschlacht im Osnabrücker Land GmbH (Hrsg.): *Varusschlacht* (Philipp von Zabern, 2009)

VfZ99c   Bracher, Karl Dietrich et. al. (Hrsg.): *Vierteljahreshefte für Zeitgeschichte, 47. Jahrgang, 1999, 3. Heft / Juli* (Institut für Zeitgeschichte / Oldenbourg, 1999): https://www.ifz-muenchen.de/heftarchiv/1999_3.pdf

Via85   Viallet, Francois-Albert: *Einladung zum Zen* (Walther, 1985)

Wal12   Walking Elk, Mitch: *There will be no surrender: Ich werde mich nie ergeben* (Traumfänger, 2012)

War20   Warnke, Ulrich: *Quantenphilosophie und Spiritualität: Der Schlüssel zu den Geheimnissen des menschlichen Seins* (Scorpio, 2020, 6. Auflage)

Wei18   Weinand-Diez, Patrick und Weinand, Sonja: *Magnetmotor selber bauen oder fertig kaufen?* (epubli, 2018, 6. Auflage)

Wil04   Wild, Dietrich: *Der Tigerbericht: Übermittelt und erläutert von Shunryû Suzuki, aufgeschrieben und erzählt von Dietrich Wild* (Sheema, 2004)

Wil21   Wilber, Ken: *Integrale Psychologie: Geist, Bewusstsein, Psychologie, Therapie* (Arbor, 2021, 6. Auflage)

Wis10   Wiseman, John »Lofty«: *SAS Survival Guide* (Collins gem, 2010)

Ywa98   Ywahoo, Dhyani: *Am Feuer der Weisheit – Lehren der Cherokee Indianer* (Theseus. 1998)

Zar22   Zaraska, Marta: *Was uns jung hält: Wie Freundschaft, Optimismus und Freundlichkeit helfen, 100 Jahre alt zu werden* (Riva, 2022)

Zim17   Zimbardo, Philip: *Der Luzifer-Effekt: Die Macht der Umstände und die Psychologie des Bösen* (Springer, 2017)

VIDEOVERZEICHNIS

V-01   Yoav Shamir: *10% – What makes a hero?* (Yoav Shamir Films, 10.08.2013): https://vimeo.com/ondemand/10percent/

V-02   *Das Asch-Experiment: So manipuliert uns die Gruppe – Quarks* (Quarks, 21.10.2018): https://youtu.be/I40g6U3K7hc

V-03   *Minister Lauterbach über die neue GOÄ und das Duale System – Ganze Rede der Jahrestagung 2022 – PKV* (PKV – Verband der Privaten Krankenversicherung, 03.06.2022): https://youtu.be/xd6coIDyOBg

V-04   *2021 may 22 Nobel Laureate Luc Montagnier confirms that all vaccinated people will die within 2 yrs* auf CBK News vom 25.05.2021: https://archive.org/details/2021-may-22-nobel-laureate-luc-montagnier-confirms-that-all-vaccinated-people-will-die-within-2-yrs bzw. Sicherung auf dem Telegram-Kanal *Monika Donner* im Video vom 29.09.2021: https://t.me/monika_donner/71

V-05   *»Wir stehen an den Pforten der Hölle« – Ex-Vizepräsident von Pfizer packt aus* (Gloria TV, 16.09.2021): https://gloria.tv/post/YHQbzuX63bf73pc4N2Gvk8YfL#25

V-06   *Dr. Geert Vanden Bossche: ADE, Evolution of the Virus & Expected Excess Deaths* (mariazeee, 18.05.2022): https://rumble.com/v155h7f-dr.-geert-vanden-bossche-ade-who-pandemic-treaty-and-expected-excess-deaths.html

V-07   *MFG-Chef Brunner zum Impfpflicht-Beschluss* (OE24-TV, 21.01.2022): https://youtu.be/kQB-FC2_ONAw

V-08   *BlackRock: Die unheimliche Macht eines Finanzkonzerns – Doku HD Reupload – ARTE* (ARTE-de, 15.06.2022, Produktion 2019): https://youtu.be/C-MzdyL1_6w

V-09   *Ray Kurzweil: The Top 3 Supplements for Surviving the Singularity* (Big Think, 20.05.2010): https://youtu.be/jcbbr8ZhoFs

V-10   *Global Shapers – Klaus Schwab* (Political Incorrectness, 24.02.2022): https://www.bitchute.com/video/Jnfibm705jGv/ sowie https://youtu.be/h0NlCEhhMTU

V-11   *The success of nonviolent civil resistance: Erica Chenoweth at TEDxBoulder* (TEDx Talks, 04.11.2013): https://youtu.be/YJSehRlU34w

V-12   *22.02.2022: Der Anfang vom Ende – Ingrid Raßelenberg* (Anja Bielmeier, 28.02.2022): https://youtu.be/jwHr1UwhSMg

V-13   *Initiation in eine neue Weltmacht – Ingrid Raßelenberg* (Anja Bielmeier, 16.03.2022): https://youtu.be/3BIms3xyBkg

V-14   *12. April 2022: Chymische Hochzeit des Menschen* (Akademie Energetische Spagyrik, 24.01.2022): https://youtu.be/ix7c8H2I5DM

V-15   *Bist du bereit? – Silke Schäfer zu wichtigen Konstellationen ab Ende Juli 2022* (Silke Schaefer Astrologie, 05.07.2022): https://youtu.be/W2kt-tGZ0EY

V-16   *Es läuft noch bis 2025: Bedrohung der Lebenssubstanz-Achse?* (Astrodings, 14.08.2022): https://youtu.be/VVJWqX8a5pI

V-17   *George Friedman: »Europe: Destined for Conflict?«* (Chicago Council on Global Affairs, 04.02.2015): https://youtu.be/QeLu_yyz3tc

V-18   Mark Bartalmai, *Ukrainian Agony: Der verschwiegene Krieg* (NuoViso, 17.12.2015): https://youtu.be/sy759dlJWYE

V-19   *Davos Agenda Week: Rede von Wladimir Putin am 27.01.21* (Phoenix, 27.01.2021): https://youtu.be/WbyQKFsZ4qU

V-20   *Ukraine President Zelenskyy delivers impassioned speech at MSC 2022 – DW News* (DW News, 19.02.2022): https://youtu.be/IVAExDHaKcc

V-21   *Wladimir Putin: Ukraine-Krieg! Und dann spricht der russische Präsident über ausländische Geiseln* (Welt Nachrichtensender, 03.03.2022): https://youtu.be/HM37BYaVIX0

V-22   Siehe *Kriegsverbrechen in der Ukraine? So sammeln Ermittler Beweise – ZDFheute live* (ZDF heute Nachrichten, 14.04.2022): https://youtu.be/xjed3vBf3VA

V-23   *Krieg in der Ukraine: Die Schlacht um den Donbass* (Österreichs Bundesheer, 06.05.2022): https://youtu.be/QJiuc4KWmQo

V-24   *Schwere Waffen für die Ukraine: Heavy Metal & Rock 'n' Roll* (Österreichs Bundesheer, 17.06.2022): https://youtu.be/JIlFj8AEbOY

V-25   *Wenn Wissenschaft zu Ideologie wird – Kann Religion aus dem totalitären Anspruch lösen?* (MAKA, 08.09.2022): https://youtu.be/TiPndDBBDwA

V-26   *Monika Donner: »Ich wurde gekündigt. Doch jetzt greife ich an!«* (AUF1, 14.11.2021): https://auf1.tv/stefan-magnet-auf1/monika-donner-ich-wurde-gekuendigt-doch-jetzt-greife-ich-an/

V-27   *Vortrag: Quantenphilosophie und Spiritualität: VIA MUNDI* (VIA MUNDI e.V., 31.08.2019): https://youtu.be/KNrYumIZcRc

V-28   *Kinder mit Superkräften? Sehen ohne Augen* (Matrixwissen, 11.05.2018): https://youtu.be/mwOrmr6f60g

V-29   *Verschwörungstheorien – Ein Fall für Lesch & Steffens | Ganze Folge Terra X* (Terra X, 18.10.2020): https://youtu.be/f7UvligKPCE

V-30   *Der Magnetmotor funktioniert – Hier ist der Beweis* (Das geht anders – Blog für Freie Energie, 20.08.2019): https://youtu.be/VDy6i4DyB2Y

DANKSAGUNG

Wie regelmäßig bei öffentlichen Auftritten erwähnt, bin ich nur das Gesicht nach außen, quasi die Außenministerin. Mindestens wo wichtig ist die Innenministerin: meine liebe Frau Jasmin Donner. Ihr danke ich daher wie immer an erster Stelle für die große Hilfe beim Recherchieren, Mitlesen und Korrigieren. Weiters hat Jasmin das gesamte Layout gemacht, also den Buchsatz. Für die aus unserer Sicht geniale Umsetzung meiner Idee zum Buch-Cover spreche ich hiermit Luise Hofer Dank und Anerkennung aus. Die Zusammenarbeit mit ihr ist erfrischend kreativ und reibungslos. Für freundliche, fleißige und geistig flexible Kooperation danke ich auch Erwin Geiersberg von Riedel Druck im Weinviertel. Herzlichen Dank auch an meine Cousine und Testleserin Cordula Heller für ihre stets ehrlichen und konstruktiven Rückmeldungen. Ich hab' dich lieb, du alte Schastrommel! Außerdem danke ich meinen beiden Event-Managerinnen Petra Grasinger und Sabine Böhler sowohl für die beherzte und wohldurchdachte Organisation unserer Veranstaltungen als auch für ihre inhaltlichen Anregungen zu diesem Buch. Sabine sei besonders für die Vermittlung der indianischen Lebensweise gedankt. Es ist eine hohe Auszeichnung, dass die Vorarlbergerin von vier Stämmen der First Nation in den USA quasi adoptiert wurde und Konzerte von Mitch Walking Elk organisiert. Aufrichtiger Dank gebührt auch meinen Freunden und Offizierskameraden Oberst des Generalstabsdienstes Mag. Thomas Reiter und Oberst iR Gottfried Pausch für den regen Austausch in strategischen Belangen. Thomas hat insofern den wichtigsten äußeren Impuls zu diesem Buch gegeben, als er sich schon ab 2018 ein ähnliches Werk von mir gewünscht hat. Dazu hat es aber noch der C-Diktatur bedurft. Zu hoffen bleibt, dass ich deine Erwartungen erfüllt habe, lieber Thomas! Für die vielen bereichernden und gegenseitig ergänzenden Gespräche in sensiblen Bereichen wie Spiritualität, Numerologie und Astrologie danke ich Theresia Braun, Birgit Aurell, Helga Tripes-Apath, Mag. Margot Moric, Dr. Klaus Bielau, Elisabeth W., Ingrid Raßelenberg und Silvia Grübl. Zuletzt möchte ich meinen herzlichen Dank den vielen Mitstreitern bei der erfolgreichen Bekämpfung der illegalen Corona-Maßnahmen sowie all jenen Menschen aussprechen, die ich vielleicht zu erwähnen vergessen habe.

Alles Liebe, *Monika*

ÜBER DIE AUTORIN

Mag. Monika Donner wurde 1971 in Linz geboren. Sie ist diplomierte Lebensberaterin, Juristin und strategische Analystikerin. Ebenfalls ist sie wissenschaftliche Leiterin des Instituts für freie Forschung und Förderung der Menschenrechte (IFM) und Leiterin der Akademie für strategische Bildung (Monithor). Die vormalige Offizierin und Ministerialrätin kämpft schon seit 2008 für die Freiheit in all ihren Facetten. Donners Biographie ist im Buch *Tiger in High Heels* sowie teilweise im Buch *Freiheut* und auf folgender Homepage enthalten:

www.monika-donner.at

Seit Monika Donner ihr inneres Kind umarmt bzw. den Tiger befreit hat, findet ihr Leben außerhalb von sozialen Schachteln statt, sprich »outside all boxes«. So lautet es auch in der Beschreibung des Kinofilmprojekts *Der Soldat Monika* (2024). Es ist eine Mischung aus Dokumentation, Psychogramm und Vision. In Donners Mittelpunkt steht jedenfalls die gerade jetzt so wichtige gelebte Individualität. Mehr Informationen zum öffentlich geförderten Film gibt es unter folgendem Link:

www.monika-donner.at/kinofilm/

ENDNOTEN

Hervorhebungen im Kerntext stammen von der Autorin. Bei Mehrfachnennungen wird die Quelle nur beim ersten Mal vollständig angeführt. Sämtliche Quellen aus dem Internet wurden zuletzt am 31.08.2022 abgerufen. Zitate aus den Büchern der Autorin – Don14, Don18, Don19, Don21, Don22 – verstehen sich inklusive der dortigen Quellenangaben. Zitate aus dem Alten Testament entsprechen, sofern nicht anders angegeben, der Übersetzung gemäß Kra10. Zitate aus dem Neuen Testament stammen, sofern nicht anders angegeben, aus der Übersetzung gemäß Ala07. Zitate aus dem Thomasevangelium beziehen sich immer auf Lüd97.

1	Siehe den Beitrag *Zentrale Gedenkveranstaltung zum 08. Mai auf dem Ohlsdorfer Friedhof* vom 12.05.2020 auf *Hamburg Volksbund*: https://hamburg.volksbund.de/aktuell/nachrichten/detailseite/zentrale-gedenkveranstaltung-zum-08-mai-auf-dem-ohlsdorfer-friedhof
2	Siehe Don18, insb. S. 369ff., insb. 391
3	Siehe Mee21, S. 188, 182
4	Siehe Mee56
5	Siehe Mee21, S. 179-192, insb. 184, 191
6	Siehe ebendort, S. 89-91
7	Siehe ebendort, S. 95
8	Siehe Don18, S. 44ff., 365ff.
9	Siehe Don21, S. 435ff.
10	Siehe ebendort, S. 437f.
11	Siehe Don19, insb. S. 47ff. und 70ff.
12	Siehe Don21, S. 435-453
13	Siehe Don19, S. 47-55
14	Siehe Kristi Eaton, *Is There an Altruism Gene?* (Greater Good Magazine, 26.01.2011): https://greatergood.berkeley.edu/article/item/is_there_an_altruism_gene
15	Laut Studie 73 %: 24% Val/Val und 49% Val/Met; siehe Martin Reuter et. al., *Investigating the genetic basis of altruism: The role of the COMT Val158Met polymorphism* (Oxford Academic, Social Cognitive and Affective Neuroscience, Band 6, Ausgabe 5, Oktober 2011), S. 665: https://doi.org/10.1093/scan/nsq083
16	Siehe V-01, Min. 19:00-22:30
17	Siehe ebendort, Min. 07:00-19:00
18	Siehe Oer08, S. 261
19	Siehe Hüt13
20	Siehe die Sendungsankündigung *Hirnforscher Gerald Hüther in »Menschen im Gespräch«* in *ORF* vom 13.04.2017: https://wien.orf.at/v2/radio/stories/2832283/#:~:text=98%25%20aller%20Kinder%20kommen%20hochbegabt,ist%20Kindern%20angeboren%20sagt%20H%C3%BCther
21	Siehe Oer08, S. 719
22	Siehe Don18, S. 78ff.
23	Siehe Unabhängige Beauftragte für Fragen des sexuellen Kindesmissbrauchs, *Wer sind die Täter und Täterinnen?*: https://beauftragte-missbrauch.de/themen/definition/wer-sind-die-taeter-und-taeterinnen
24	Siehe Rolf Haubl et. al., *Ich – Zentrum der Angst und der Angstabwehr* in *Struktur und Dynamik der Person – Einführung in die Persönlichkeitspsychologie* (WV Studium, 1986), S. 167-204: https://link.springer.com/chapter/10.1007/978-3-322-97125-8_5
25	Ähnlich Mil74, S. 123; Mil74 gibt es auch auf Deutsch: Mil21
26	Zitiert in Zim17, S. 270
27	Siehe Are12, S. 140
28	Siehe ebendort, S. 59

29 Siehe Mil74, S. 14f., 47
30 Siehe ebendort, S. 3ff., 20, 35 (Tabelle 2)
31 Siehe Zim17, S. 9
32 Siehe Mar09, S. 237
33 Siehe bspw. Zim17, 262ff.
34 Siehe ebendort, S. 267f.
35 Siehe ebendort, S. 266
36 Siehe ebendort, insb. S. xiii, 200-204, 209, 2012f., 333, 421
37 Siehe Mil74, S. xii, 1, 145-147
38 Siehe Don21, insb. S. 221ff, 470ff.
39 Siehe Mil74, S. 147, 152
40 Siehe Asc51
41 Siehe bspw. Fri90, S. 34, 37f.
42 Siehe V-02, ab Min. 04:20
43 Siehe Mee21, S. 13f., 208-231
44 Siehe Patrick Spät, *Abgebrannt im Ruhestand* in *Zeit Online* vom 06.08.2016: https://www.zeit.de/karriere/2016-07/rente-zukunft-soziale-gerechtigkeit-generationen-rentensystem/komplettansicht
45 Siehe OECD, *Taxing Wages 2022: Impact of COVID-19 on the Tax Wedge in OECD Countries* (OECD Publishing, Paris, 2022): https://doi.org/10.1787/047072cd-en
46 Siehe den Artikel *224 Tage lang arbeiten Österreicher für den Staat* in *Salzburger Nachrichten* vom 12.08.2014: https://www.sn.at/politik/innenpolitik/224-tage-lang-arbeiten-oesterreicher-fuer-den-staat-3286114
47 Siehe Cho04, S. 138
48 Siehe den Artikel *Kurds within the Arab spring and the Middle East Crisis: Noam Chomsky interviewed by Haidar Nasih* (chomsky.info, 30.12.2012): https://chomsky.info/20121230/
49 Siehe Dirk Koch, *Die Brüsseler Republik* in *Spiegel* vom 26.12.1999 (Nr. 52/1999, Artikel 20/91): https://www.spiegel.de/politik/die-bruesseler-republik-a-3d75c854-0002-0001-0000-000015317086?context=issue
50 Siehe Don21, S. 179-182
51 Siehe ebendort, S. 179ff, insb. 222-233
52 Siehe Artikel 6 *Vertrag von Lissabon zur Änderung des Vertrags über die Europäische Union und des Vertrags zur Gründung der Europäischen Gemeinschaft*, C2007/306/01, unterzeichnet in Lissabon am 13.12.2007: https://eur-lex.europa.eu/legal-content/DE/TXT/?uri=CELEX:C2007/306/01
53 Siehe Artikel 52 (3) *Charta der Grundrechte der Europäischen Union* (2000/C 364/01) in *Amtsblatt der Europäischen Gemeinschaften*, C 364/01-22 vom 18.12.2000: https://www.europarl.europa.eu/charter/pdf/text_de.pdf
54 Siehe *Grundrechte der Europäischen Union* (Österr. BKA): https://www.bundeskanzleramt.gv.at/agenda/verfassung/grund-und-menschenrechte/grundrechte-europaeischen-union.html
55 Siehe Artikel 2 *Charta der Grundrechte der Europäischen Union* gem. Fn 53
56 Siehe *Erläuterungen zur Charta der Grundrechte* (2007/C 303/02) in *Amtsblatt der Europäischen Union*, C 303/17-35 vom 14.12.2007, S. 1f., Erläuterung zu Artikel 2 — Recht auf Leben 3.a) a) b), c) und b) b): https://eur-lex.europa.eu/legal-content/DE/TXT/PDF/?uri=uriserv:OJ.C_.2007.303.01.0017.01.DEU
57 Siehe Don22, S. 70ff.
58 Siehe NIC18, S, 21ff, 35ff.
59 Siehe Mil74, S. 152
60 Siehe Mee21, S. 91
61 Siehe Don21, S. 55-58, 75ff., 490ff.
62 Siehe Don18, insb. S. 471-508
63 Siehe Donner, Monika: *Buddha Jesus* in *Connection Spirit* Nr. 2/2012, S. 12-15: https://www.monithor.at/wp-content/uploads/2021/05/20120114-ConnectionSpirit_BuddhaJesus_S12-15.pdf
64 Siehe Har84, S. 209
65 Siehe Don18, insb. S. 385ff.

66 Siehe Sti18, S. 20-27

67 Siehe Pöt13, S. 75

68 Siehe Ble09, S. 24 und 95

69 Siehe Sti18, S. 34-36

70 Siehe Mai03, S. 26 und 32

71 Siehe Var09, S. 12 und 29ff.

72 Siehe Sti18, S. 15 und 58-63

73 Siehe Don18, S. 391ff.

74 Siehe ebendort, S. 195

75 Siehe Dirk Eidemüller, *Alles schwingt: Quantenfelder sind die Grundlage unserer Welt* in *Spektrum* vom 20.04.2018: https://www.spektrum.de/video/alles-schwingt-quantenfelder-sind-die-grundlage-unserer-welt/1560068

76 Siehe Zitate von Nikola Tesla in *Zitate berühmter Personen*: https://beruhmte-zitate.de/autoren/nikola-tesla/universum/

77 Siehe den Beitrag *Schumann-Frequenz* auf *Sonnen-Sturm* (Stand: 31.07.2022): https://ascension.eu/de/schumannfrequenz-der-erde/

78 Siehe Dr. med. h.c. Günther W. Amann-Jennson, *Alpha, Beta, Delta & Theta – Gehirnwellen und ihre Bedeutung* (*Einfach Gesund Schlafen*, 29.08.2019): https://www.einfach-gesund-schlafen.com/allgemein/alpha-beta-delta-theta-gehirnwellen-und-ihre-bedeutung

79 Siehe Kevin S. Saroka und Michael A. Persinger, *Quantitative Shifts in the Second Harmonic (12-14 Hz) of the Schumann Resonance Are Commensurate with Estimations of the Sleeping Population: Implications of a Causal Relationship* (International Journal of Science, Ausgabe 5, Juni 2016), S. 102-107: https://www.ijsciences.com/pub/article/1063

80 Siehe Dieter Broers, *Unsere Gehirnwellen schwingen mit den Schumann-Wellen der Erde synchron: Was bedeutet das für uns?* (07.08.2018): https://dieterbroers.com/unsere-gehirnwellen-schwingen-mit-den-schumann-wellen-der-erde-synchron-was-bedeutet-das-fuer-uns/

81 Siehe Don18, S.174-199, 449-457

82 Siehe Rin91

83 Siehe den Beitrag *Overkill (Mehrfachvernichtungskapazität): Mit Kanonen auf Spatzen schießen* in *Atomwaffen A-Z* (August 2005): https://www.atomwaffena-z.info/heute/die-atomare-welt/overkill.html

84 Siehe Michael Miersch, *Die Wahrheit über das große Artensterben* in *Zeit* vom 27.01.2010: https://www.welt.de/wissenschaft/article6004624/Die-Wahrheit-ueber-das-grosse-Artensterben.html

85 Siehe Don18, S. 61-67, insb..64

86 Siehe 1. Mose 1:26

87 Siehe 5. Mose 32:8f.

88 Siehe 1. Mose 2:21

89 Siehe 1. Mose 2:21f. in Baa89, S. 9f.

90 Siehe Sit10

91 Siehe 1. Mose 2:5

92 Siehe Hesekiel 1:16-18, 10:9-13

93 Siehe Blu73, insb. S.59ff., 229ff.

94 Siehe U.S. Patentnummer 3.789.947 vom 05.02.1974: http://www.spaceshipsofezekiel.com/other/US_Patent_3789947-omnidirectional_wheel.pdf

95 Siehe Hesekiel 1:1-28

96 Siehe Blu73, S. 39ff., 256ff.

97 Siehe Sas79

98 Siehe 2. Mose 25:10-28, 38:1-12

99 Siehe 2. Mose 25:22, 30:6; 3. Mose 16:2; 4. Mose 7:89

100 Siehe Zohar, KHV 592 bspw. in Sas79, S. 208

101 Siehe Reinhard Prahl, *Rätsel um die Bundeslade?* in *Efodon-Synesis*, Nr. 4/2003, S. 6: http://docplayer.org/storage/76/73934411/1655230682/q-eSR69LxCGsMoRIVr3B_w/73934411.pdf

102 Siehe den Brief von Gordon Cooper an die UNO vom 09.11.1978: http://www.leespeigel.com/index.

php?ptp=un

103   Siehe den Artikel *Der Ex-NASA-Astronaut glaubt die Wahrheit zu kennen – Edgar Mitchell: Außerirdische sind unter uns* in *Hamburger Abendblatt* vom 22.04.2009: https://www.abendblatt.de/vermischtes/article107499682/Edgar-Mitchell-Ausserirdische-sind-unter-uns.html

104   Siehe bspw. Aaron Reich, *Former Israeli space security chief says aliens exist, humanity not ready* in *Jerusalem Post* vom 10.12.2020: https://www.jpost.com/omg/former-israeli-space-security-chief-says-aliens-exist-humanity-not-ready-651405 sowie Nathan Jeffay, *Israeli space chief says aliens may well exist, but they haven't met humans* in *The Times of Israel* vom 10.12.2020: https://www.timesofisrael.com/israeli-space-chief-says-aliens-may-well-exist-but-they-havent-met-humans/

105   Siehe Michael Thaidigsmann, *Außerirdische bereits in Kontakt mit Erde* in *Jüdische Allgemeine* vom 08.12.2020: https://www.juedische-allgemeine.de/israel/israelischer-experte-ausserirdische-bereits-in-kontakt-mit-erde/

106   Siehe Has17

107   Siehe Robert Hastings, *Researcher Urges U.S. Military Veterans to Divulge Their UFO Sightings at Nuclear Weapons Sites* in *Cision PR News* vom 30.01.2013: https://www.prnewswire.com/news-releases/researcher-urges-us-military-veterans-to-divulge-their-ufo-sightings-at-nuclear-weapons-sites-188990431.html

108   Siehe Courtney Kennedy und Arnold Lau, *Most Americans believe in intelligent life beyond Earth; few see UFOs as a major national security threat* (Pew Research Center, 30.06.2021): https://www.pewresearch.org/fact-tank/2021/06/30/most-americans-believe-in-intelligent-life-beyond-earth-few-see-ufos-as-a-major-national-security-threat/

109   Siehe den Artikel *Jeder zweite Deutsche soll an Aliens glauben* in *Spiegel* vom 23.09.2015. https://www.spiegel.de/wissenschaft/weltall/aliens-jeder-zweite-deutsche-glaubt-laut-umfrage-daran-a-1054328.html

110   Siehe Don19, S. 185ff., 293ff.

111   Siehe Mac04, S. 436 bzw. Mac19, S. 186

112   Siehe Don19, S. 88f.

113   Siehe Hof12, S. 35

114   Siehe Mac04, S. 431-434 bzw. Mac19, S. 179-184

115   Siehe Mac18. S. vi, 92 bzw. Mac19, S. 143, 270

116   Siehe Mac18, S. 121 bzw. Mac19, S. 194

117   Siehe Don19, S. 134-139, 216-221

118   Siehe ebendort, insb. S. 159-205, 293-300

119   Siehe Don22, insb. S. 17ff.

120   Siehe Don19, S. 84ff., 278

121   Siehe ebendort, S. 128-142, 353-649, 665ff.

122   Siehe ebendort, S. 70-73

123   Siehe Monika Donner, *Krieg, Terror, Weltherrschaft – Band 2* (Monithor, erscheint 2023)

124   Siehe Don19, S. 301-615

125   Siehe ebendort, S. 671-709, 737-755

126   Rund 140 Millionen Tote weltweit: ca. 80 Millionen ohne Sowjetunion gemäß Cou99, S. 16 sowie mindestens 60 Millionen in der Sowjetunion gemäß VfZ99c, S. 346f.

127   Siehe Don21, S. 552ff.

128   Siehe Don19, S. 724-737

129   Siehe ebendort, S. 737-742

130   Siehe Monika Donner gem. Fn 123

131   Siehe Don21, S. 486-548

132   Siehe Don21

133   Siehe ebendort, S. 61-178

134   Siehe ebendort, S. 33-61

135   Siehe ebendort, insb. S. 195, 221, 334, 539, 652

136   Siehe ebendort, S. 196-221

137   Siehe Steffen Löhnitz: *Die Manipulation der Corona-Zahlen in Österreich am Beispiel des Landes Vorarl-*

berg: Erläutert, dokumentiert und bewiesen für den Zeitraum von 25.10.2021 bis 23.12.2021 (Visionär, 01/2022): https://www.verlag-visionär.at/

138 Siehe Don21, S. 102-105

139 Siehe den Artikel Über Krankenhauskeime spricht aktuell niemand: Ein Interview mit Thomas Meyer in *Management & Krankenhaus* vom 23.03.2021: https://www.management-krankenhaus.de/news/ueber-krankenhauskeime-spricht-aktuell-niemand

140 Siehe Don21, S. 90-92, 95f.

141 Siehe das COVID-Dashboard der WHO: https://covid19.who.int/region/euro/country/de

142 Siehe Don21, S. 358

143 Siehe Europäische Kommission, Resolution 2361: *COVID-19 vaccines: ethical, legal and practical considerations* (27.01.2021), Punkt 7.3.1 und 7.3.2: https://pace.coe.int/en/files/29004/html

144 Siehe Don21, S. 238ff.

145 Siehe Sivan Gazit et. al., *Comparing SARS-CoV-2 natural immunity to vaccine-induced immunity: reinfections versus breakthrough infections* (MedRxiiv, 25.08.2021), S. 3 u. 6: https://doi.org/10.1101/2021.08.24.21262415 bzw. https://www.medrxiv.org/content/10.1101/2021.08.24.21262415v1.full.pdf

146 Siehe Sivan Gazit et. al., *SARS-CoV-2 Naturally Acquired Immunity vs. Vaccine-induced Immunity, Reinfections versus Breakthrough Infections: a Retrospective Cohort Study* (05.04.2022), S. 2: https://academic.oup.com/cid/advance-article/doi/10.1093/cid/ciac262/6563799?login=false bzw. https://academic.oup.com/cid/advance-article-pdf/doi/10.1093/cid/ciac262/43288555/ciac262.pdf

147 Siehe Don21, S. 221-418

148 Siehe ebendort, S. 61-119, 240-247

149 Siehe ebendort, S. 222-254, 464f.

150 Siehe ebendort, S. 255-264

151 Siehe ebendort, S. 27f.

152 Siehe ebendort, S. 357-418

153 Siehe Lea Krutzke et. al., *Process-related impurities in the ChAdOx1 nCov-19 vaccine* (Research Square, 26.05.2021): https://doi.org/10.21203/rs.3.rs-477964/v1 bzw. https://www.uni-ulm.de/home/uni-aktuell/article/verunreinigungen-im-astrazeneca-impfstoff-gefundenproteine-koennten-qualitaet-des-vakzins-beeintraechtigen/

154 Siehe BMG: *Alles Wichtige über den Impfstoff von AstraZeneca* (zuletzt aktualisiert am 07.04.2022): https://www.zusammengegencorona.de/impfen/wie-wirksam-ist-der-impfstoff-von-astrazeneca/#id--1257657388

155 Siehe Don21, S. 385

156 Siehe ebendort, S. 386-389

157 Siehe Lea Krutzke et. al. gem. Fn 158, S. 2f.

158 Siehe Sivan Gazit et. al. gem. Fn 146

159 Siehe Joseph Fraiman et. al., *Serious adverse events of special interest following mRNA COVID-19 vaccination in randomized trials in adults* (Science Direct, 31.05.2022; angenommen 01.08.2022), S. 1: https://doi.org/10.1016/j.vaccine.2022.08.036

160 Siehe Hui Jiang und Ya-Fang Mei, *SARS–CoV–2 Spike Impairs DNA Damage Repair and Inhibits V(D)J Recombination In Vitro* (MDPI, 13.10.2021), S. 1: https://doi.org/10.3390/v13102056

161 Siehe Jiping Liu et. al., *Comprehensive investigations revealed consistent pathophysiological alterations after vaccination with COVID-19 vaccines* (Nature, 26.10.2021): https://www.nature.com/articles/s41421-021-00329-3

162 Siehe Rogert & Ulbrich, *Was ist V-Aids nach einer Impfung? Wie wird V-Aids diagnostiziert?* in *Presseportal* vom 16.06.2022: https://www.presseportal.de/pm/119896/5249692

163 Siehe RKI, Wöchentlicher COVID-19-Lagebericht vom 30.12.2021, S. 13f.: https://www.rki.de/DE/Content/InfAZ/N/Neuartiges_Coronavirus/Situationsberichte/Wochenbericht/Wochenbericht_2021-12-30.pdf?__blob=publicationFile

164 Siehe den Artikel *CoV-Politik: Greil fordert »lockdown-ähnliche« Verschärfung* in *ORF* vom 03.11.2021: https://salzburg.orf.at/stories/3128378/

165 Siehe RKI, Wöchentlicher COVID-19-Lagebericht vom 03.03.2022, S. 19: https://www.rki.de/

DE/Content/InfAZ/N/Neuartiges_Coronavirus/Situationsberichte/Wochenbericht/Wochenbericht_2022-03-03.pdf?__blob=publicationFile

166 Siehe den Artikel *COVID-19: Anteil von Geboosterten auf den Intensivstationen nimmt rasant zu* in *MDR* vom 09.03.2022: https://www.mdr.de/wissen/corona-covid-anteil-von-geboosterten-auf-intensivstationen-nimmt-rasant-zu-100.html

167 Siehe V-03, ab Min. 09:20

168 Siehe ebendort, ab Min. 05:00 und 10:00

169 Siehe RKI, *Täglicher COVID-19-Lagebericht* vom 03.03.2022, S. 1: https://www.rki.de/DE/Content/InfAZ/N/Neuartiges_Coronavirus/Situationsberichte/Maerz_2022/2022-03-03-de.pdf?__blob=publicationFile

170 Siehe AGES-Dashboard COVID19, *Datenstand des Epidemiologischen Meldesystems 06.06.2022, 14:02:01*: https://covid19-dashboard.ages.at/dashboard_Hosp.html

171 Siehe EMA – Europäische Datenbank gemeldeter Verdachtsfälle von Arzneimittelnebenwirkungen (Stand vom 04.06.2022, Abfrage vom 25.06.2022): https://www.adrreports.eu/de/search_subst.html#

172 Siehe den Artikel »*Die Dunkelziffer bei den Impfschäden ist enorm hoch*« in *Cicero* vom 01.11.2021: https://www.cicero.de/innenpolitik/debatte-um-impfskepsis-ich-wurde-kimmich-verstandnis-signalisieren-erich-freisleben

173 Siehe die Expertise *PEI: Todesfälle nach COVID-Impfung 21-fach so viel gemeldet wie bei anderen Impfstoffen* (Transparenztest, 06.01.2022): https://www.transparenztest.de/post/pei-todesfaelle-nach-covid-impfung-21fach-so-viel-wie-bei-anderen-impfstoffen

174 Siehe Rogert & Ulbrich, *Impfschäden schwerwiegender als erwartet – Mandantenklagen über Hilflosigkeit der Ärzteschaft* in *Presseportal* vom 25.05.2022: https://www.presseportal.de/pm/119896/5231195

175 Siehe KBV, *Impfstoffe gegen COVID-19: Vergleich Anzahl der Impfungen mit Anzahl der codierten Impfnebenwirkungen 2016-2021* (16.06.2022): https://www.epochtimes.de/assets/uploads/2022/06/2022-06-16_Anfrage-_codierte-Impfnebenwirkungen-Covid-19.pdf

176 Siehe *Graphs and maps* (EUROMOMO, 35. Kalenderwoche 2022, abgerufen am 31.08.2022): https://www.euromomo.eu/graphs-and-maps

177 Siehe V-04 (mit irreführendem Titel)

178 Siehe V-05

179 Siehe den Artikel *mRNA-Impfstoff Erfinder versetzt das Internet in Aufruhr: »Der Anstieg der COVID-Welle in den am meist geimpften Ländern macht mir Sorgen!*« in *Uncut News* vom 18.07.2021: https://uncutnews.ch/mrna-impfstoff-erfinder-versetzt-das-internet-in-aufruhr-der-anstieg-covid-welle-in-den-am-meist-geimpften-laendern-macht-mir-sorgen/

180 Siehe Luigi Warren auf Twitter am 26.05.2021: »Incidentally, a more credible idea than ›vaccine-induced spike shedding causing disease in bystanders‹ is that some vaccine recipients transiently become virus superspreaders owing to lymphocytopenia, ADE or the fact the vaccines only express a subset of viral antigens«: https://twitter.com/luigi_warren/status/1397670844126531585?lang=de

181 Siehe V-06 sowie den Artikel *Top-Virologe prophezeit tödlichere COVID-Varianten für die Geimpfte in den nächsten zwei Monaten – »Krankenhausaufenthalte werden ins Unermessliche steigen*« in *Uncut News* vom 16.06.2022: https://uncutnews.ch/top-virologe-prophezeit-toedlichere-covid-varianten-fuer-die-geimpfte-in-den-naechsten-zwei-monaten-krankenhausaufenthalte-werden-ins-unermessliche-steigen/

182 Siehe Rhoda Wilson, *Canada: FOI Shows More Covid Injections Cause More Hospitalisations and More Deaths* in *The Exposé* vom 26.06.2022: https://expose-news.com/2022/06/26/foi-shows-covid-injections-cause-more-deaths/

183 Siehe Maria Ziminsky und Linnea Wahl, *3.816 Babies Died After Their Mothers Were Vaccinated – Report* in *Daily Clout* vom 08.06.2022: https://dailyclout.io/3816-babies-died-after-their-mothers-were-vaccinated-report/

184 Siehe Statistisches Bundesamt, *Datenbank 12612-0002: Lebendgeborene: Deutschland, Monate, Geschlecht* (1950-2022 jeweils Monate 01-03, Abfrage vom 30.06.2022): https://www-genesis.destatis.de/genesis/online?operation=find&suchanweisung_language=de&query=12612-0002#abreadcrumb

185 Siehe Don21, S. 402-418

186 Siehe ebendort, S. 42-44, 278f.

187 Siehe ebendort, S. 415-417

188 Siehe Hah13, S, S. 57

189 Siehe J. Rudnicka, *Entwicklung der Weltbevölkerungszahl von Christi Geburt bis zum Jahr 2021 (in Milliarden)* in *Statista* vom 27.07.2022: https://de.statista.com/statistik/daten/studie/1694/umfrage/entwicklung-der-weltbevoelkerungszahl/#professional

190 Siehe den laufend aktualisierten Zähler *Weltbevölkerung* der *DSW (Deutsche Stiftung Weltbevölkerung)*: https://www.dsw.org/weltbevoelkerung/

191 Siehe Fn 188

192 Siehe Don21, S. 512f.

193 Siehe ebendort

194 Siehe Mea72, insb. S. 25ff., 45ff.

195 Siehe Hah13, S. 59, 63

196 Siehe ebendort, insb. S. 53-65

197 Siehe ebendort, insb. S. 61f., 65ff.

198 J. Rudnicka gem. Fn 189

199 Siehe Don21, S. 513

200 Siehe Shabnam Palesa Mohamed, *Africa takes a stand to protect health and sovereignty from WHO* in *TS News* vom 18.06.2022: https://www.trialsitenews.com/a/africa-takes-a-stand-to-protect-health-and-sovereignty-from-who-a60e4ed1

201 Siehe Don21, S. 435-453, 485-458

202 Siehe ebendort, S. 174-178

203 Siehe Don18, S. 419

204 Siehe Don21, S. 399-401

205 Siehe The Nobel Prize, *Physiology or Medicine 2015 – Press release* (05.10.2015): https://www.nobel-prize.org/prizes/medicine/2015/press-release/

206 Siehe den Artikel *Corona-Kosten lassen Staatsschulden um 111 Milliarden Euro steigen* in *Handelsblatt* vom 22.12.2021: https://www.handelsblatt.com/politik/deutschland/pandemie-corona-kosten-lassen-staatsschulden-um-111-milliarden-euro-steigen/27916690.html

207 Siehe österr. BMF, *Corona-Hilfsmaßnahmen: Infos, Entlastungen und Vereinfachungen* (Stand: 31.05.2022): https://www.bmf.gv.at/public/informationen/corona-hilfsmassnahmen.html

208 Siehe Don21, S. 287-303

209 Siehe ebendort, S. 62-66, 100-102, 303-311

210 Siehe ebendort, S. 214, 507f., 542f.

211 Siehe Mee21, S. 147

212 Siehe Don21, S. 418-434

213 Siehe BMSGPK, *Armutsbetroffene und die Corona-Krise 2.0 – Eine zweite Erhebung zur sozialen Lage aus der Sicht von Betroffenen* (August 2021): https://www.armutskonferenz.at/media/armutskonfe-renz_erhebung_armutsbetroffene_corona-krise_2_2021.pdf

214 Siehe den Beitrag *Aktuelle Armutszahlen: Daten aus EU-SILC 2021* (Die Armutskonferenz, April 2022):: https://www.armutskonferenz.at/armut-in-oesterreich/aktuelle-armuts-und-verteilungszahlen.html

215 Siehe den Artikel *Armut in Deutschland erreicht neuen Höchststand* in MDR vom 16.12.2021: https://www.mdr.de/nachrichten/deutschland/politik/armut-corona-pandemie-bericht-100.html

216 Siehe Statistisches Bundesamt, *Lieferengpässe bremsen Industrie und treiben Preise* https://www.destatis.de/DE/Themen/Wirtschaft/Konjunkturindikatoren/lieferketten.html

217 Siehe Don21, S. 432

218 Siehe Elizabeth Dilts Marshall und Niket Nishant, *Dimon says brace for U.S. economic »hurricane« due to inflation* in *Reuters* vom 02.06.2022: https://www.reuters.com/markets/us/fed-would-struggle-achieve-soft-landing-wells-fargo-ceo-warns-2022-06-01/

219 Siehe Deutscher Bundestag / Wissenschaftliche Dienste, WD 4 - 3000 - 041/20, *Verfassungsmäßig-keit einer Vermögensabgabe zur Bekämpfung der wirtschaftlichen Folgen der Corona-Pandemie*, (09. 04. 2020), S. 4f.: https://www.bundestag.de/resource/blob/691376/2feb28d7057bf918bd18254ab06d95ad/WD-4-041-20-pdf-data.pdf

220 Siehe Artikel 21 des Gesetzes zur Regelung des Sozialen Entschädigungsrechts (SozERG), G. v.

12.12.2019 BGBl. I S. 2652 (Nr. 50); zuletzt geändert durch Artikel 89 G. v. 20.08.2021 BGBl. I S. 3932: https://www.buzer.de/gesetz/13714/a232818.htm

221 Siehe CDU-CSU, *Fachgespräch digital: Bilanz der Aussiedler- und Vertriebenenpolitik – 23.06.2021*: https://www.cducsu.de/veranstaltungen/fachgespraech-digital-bilanz-der-aussiedler-und-vertriebenen-politik

222 Siehe Don21, S. 462-473

223 Siehe IPPNW, *Nünberger Kodex 1997*, Pkt. 1.: http://www.ippnw-nuernberg.de/aktivitaet2_1.html

224 Siehe ebendort, Pkt. 2.ff.

225 Siehe Don21, S. 566

226 Siehe OGH, GZ 13Os130/21y vom 16.02.2022, Absatz 14: https://www.ris.bka.gv.at/Dokumente/Justiz/JJR_20220216_OGH0002_0130OS00130_21Y0000_002/JJR_20220216_OGH0002_0130OS00130_21Y0000_002.pdf sowie https://www.ogh.gv.at/entscheidungen/entscheidungen-ogh/husten-einer-nicht-infizierten-person-strafbarkeit-nach-%c2%a7-178-stgb/

227 Siehe COVID-19-Impfpflichtgesetz, BGBl. I. Nr. 4/2022 vom 20.01.2022: https://www.ris.bka.gv.at/Dokumente/BgblAuth/BGBLA_2022_I_4/BGBLA_2022_I_4.pdfsig

228 BGBl. I. Nr. 4/2022 vom 20.01.2022, geändert mit BGBl. I Nr. 22/2022 vom 24.02.2022: https://www.ris.bka.gv.at/GeltendeFassung.wxe?Abfrage=Bundesnormen&Gesetzesnummer=20011811

229 Siehe die Verordnung des BMSGPK über die vorübergehende Nichtanwendung des COVID-19-Impfpflichtgesetzes und der COVID-19-Impfpflichtverordnung BGBl. II Nr. 103/2022 vom 11.03.2022: https://www.ris.bka.gv.at/eli/bgbl/II/2022/103/20220311

230 Siehe Parlamentskorrespondenz Nr. 570 vom 25.05.2022: *COVID-19-Impfpflicht bleibt bis Ende August 2022 ausgesetzt*: https://www.parlament.gv.at/PAKT/PR/JAHR_2022/PK0570/index.shtml#

231 Siehe bspw. den Artikel *Impfpflicht ausgesetzt: Gemischte Reaktionen* in *ORF* vom 09.03.2022: https://oesterreich.orf.at/stories/3146654/

232 Siehe bspw. § 42 Verwaltungsgerichtsverfahrensgesetz, BGBl. I Nr. 33/2013 vom 13.02.2013: https://www.ris.bka.gv.at/eli/bgbl/i/2013/33/P42/NOR40147955

233 Siehe V-07

234 Siehe Parlamentskorrespondenz Nr. 843 vom 07.07.2022, *Nationalrat beschließt einstimmig Aus für COVID-19-Impfpflicht*: https://www.parlament.gv.at/PAKT/PR/JAHR_2022/PK0843/index.shtml?utm_source=dlvr.it&utm_medium=twitter#

235 Siehe den Artikel *Regierung schafft Impfpflicht ab* in *ORF* vom 23.06.2022: https://orf.at/stories/3272671/

236 Siehe den Beitrag *Risikomanagement mit Aladdin* auf *BlackRock* (Juli 2022): https://www.blackrock.com/at/finanzberater-und-banken/uber-blackrock/risk-management-with-aladdin

237 Siehe V-08, ab Min. 22:30

238 Siehe Buc20, insb. S. 9ff.

239 Siehe Christina Wilkie und Thomas Franck, *Biden appoints Brian Deese, architect of auto industry bailout, to lead National Economic Council* in *CNBC* vom 03.12.2020: https://www.cnbc.com/2020/12/03/biden-taps-brian-deese-to-lead-national-economic-council.html

240 Siehe Robin Wigglesworth, *The ten trillion dollar man: how Larry Fink became king of Wall St* in *Financial Times* vom 07.10.2021: https://www.ft.com/content/7dfd1e3d-e256-4656-a96d-1204538d75cd

241 Siehe den Eintrag *BlackRock* in *WEF*: https://www.weforum.org/organizations/blackrock-inc

242 Siehe den Artikel *Prof. Martin Schmalz: Warum BlackRock und Co zur Gefahr werden können* in *Institutional Money* vom 20.06.2017: https://www.institutional-money.com/news/theorie/headline/prof-martin-schmalz-warum-blackrock-und-co-zur-gefahr-werden-koennen-134536/

243 Siehe Arlene Weintraub, *Leading Pfizer and AstraZeneca shareholder BlackRock wants the megamerger* in *Fierce Pharma* vom 23.05.2014: https://www.fiercepharma.com/m-a/leading-pfizer-and-astrazeneca-shareholder-blackrock-wants-megamerger

244 Siehe Finadium Editorial Team, *FT: BlackRock's Aladdin under scrutiny for crowding risk as assets pass $20tr* in *Finadium* vom 24.02.2020: https://finadium.com/ft-blackrocks-aladdin-under-scrutiny-for-crowding-risk-as-assets-pass-20tr/

245 Siehe Don21, S. 520

246   Siehe Peter Bofinger und Robert Schmidt, *Wie gut sind professionelle Wechselkursprognosen? – Eine empirische Analyse für den Euro/US-Dollar-Wechselkurs* (ifo Schnelldienst 17/2003, 56. Jahrgang), S, 10f.: https://www.wiwi.uni-wuerzburg.de/fileadmin/12010100/Projekte/Behavioural_Economics/Wie_gut_sind_professionelle_Wechselkursprognosen.pdf

247   SieheV-08, ab Min. 14:30, 27:00, 40:00, 44:00, 69:00, 89:00

248   Siehe Bro08, S. 176ff.

249   Siehe den Artikel *Der echte »Wolf of Wall Street« über Drogen und Huren: Es war viel härter als im Film* in *Business Insider* vom 25.10.2019: https://www.businessinsider.de/wirtschaft/wenn-ihr-dachtet-der-film-waere-hart-die-realitaet-war-noch-haerter-2019-4/

250   Siehe Don21, S. 485-548

251   Siehe ebendort, S. 438ff., insb. 490-492, Abb. 49, S. 505ff.

252   Siehe https://www.younggloballeaders.org/

253   Siehe zu alldem Don21, S. 439ff.

254   Siehe ebendort, S. 490-540, insb. 491, 520-527 in Verbindung mit 411-444, 533-538

255   Siehe ebendort, S. 129-169, insb. 146-154

256   Siehe Gal21, S. 270f.

257   Carol Hiltner, *Interview with Alexander V. Trofimov: Kozyrev's Mirror and Electromagnetic Null Zones – Reflections of Russian Cosmic Science* (Altai Mir University, 2009): https://www.aetherforce.energy/kozyrevs-mirror-and-electromagnetic-null-zones-reflections-of-russian-cosmic-science/

258   Siehe Dieter Broers, *Die Abnahme des Erdmagnetfeldes und ihre Folgen* in *Allversum* vom 10.11.2015: https://www.allversum.com/aktueller-realitaetenwandel-die-abnahme-des-erdmagnetfeldes-und-ihre-folgen/

259   ESA, *Umpolung des Magnetfeldes*: https://www.esa.int/Space_in_Member_States/Germany/Umpolung_des_Magnetfeldes

260   Nadja Podbregar, *Erdmagnetfeld: Keine Umpolung in Sicht – Rekonstruktion enthüllt periodische Schwankungen des Magnetfelds* (Scinexx, 09.06.2022): https://www.scinexx.de/news/geowissen/erdmagnetfeld-keine-umpolung-in-sicht/

261   Siehe Don21, S. 519

262   Siehe ebendort, S. 538-540

263   Siehe Ken Yeung, *Inventor Ray Kurzweil believes we'll be able to extend our lives »indefinitely«* in *VentureBeat* vom 27.03.2016: https://venturebeat.com/2016/03/27/inventor-ray-kurzweil-believes-well-be-able-to-extend-our-lives-indefinitely/

264   Siehe Aaron Saenz, *Kurzweil: 3 Supplements To Let You Live Until The Singularity (video)* in *Singularity Hub* vom 03.05.2011: https://singularityhub.com/2011/05/03/kurzweil-3-supplements-to-let-you-live-until-the-singularity-video/

265   Siehe V-09

266   Siehe Don21. S. 520-522, 530f.

267   Siehe Markus Hengstschläger et. al., *Der Traum vom ewigen Leben* in *Der Pragmaticus*, Ausgabe. 04/2022: https://www.derpragmaticus.com/d/ewig-leben/

268   Siehe Thomas Hahn, *Roboter: Er predigt, obwohl er nicht lebendig* ist in *Süddeutsche Zeitung* vom 7.12.2019: https://www.sueddeutsche.de/panorama/roboter-japan-mensch-buddhismus-2019-1.4725379

269   Siehe den Artikel *Sündenbekenntnisse im Internet stoßen auf Begeisterung Beichten per Mausklick* in *Kirchenzeitung* vom 26.09.2012: https://www.kiz-online.de/content/beichten-mausklick

270   Siehe bspw. Siehe Dorothee Vögeli, *Der Segensroboter ist eine Weltneuheit und steht in Zürich. Der Theologieprofessor Thomas Schlag sagt: »Als ich davorstand, begann ich zu staunen«* in *NZZ* vom 02.04.2022: https://www.nzz.ch/amp/zuerich/religion-und-digitale-welt-theologe-ueber-sinn-von-segensroboter-ld.1677455

271   Siehe Jonah McKeown, *Hat künstliche Intelligenz eine Seele? Was die Kirche über Roboter und KI sagt* in *CNA* vom 16.06.2022: https://de.catholicnewsagency.com/story/hat-kuenstliche-intelligenz-eine-seele-was-die-kirche-ueber-roboter-und-ki-sagt-11115

272   Siehe Oma19

273   Siehe Klaus Schwab, *This is what a new model of governance could look like* (WEF, 17.01.2022):

https://www.weforum.org/agenda/2022/01/this-is-what-governance-4-0-could-look-like/

274   Siehe Klaus Schwab, *Governance 4.0: Diese drei Aspekte machen die neue Form des Führens aus* in *Handelsblatt* vom 20.01.2022: https://www.handelsblatt.com/meinung/gastbeitraege/gastkommentar-governance-4-0-diese-drei-aspekte-machen-die-neue-form-des-fuehrens-aus/27989084.html

275   Siehe V-10, ab Min. 00:40

276   Siehe Don21, S. 435-453

277   Siehe Siegfried Hofmann, *100 Milliarden Dollar Zusatzumsatz: Corona-Boom beschert Pharmabranche Rekordwachstum* in *Handelsblatt* vom 22.02.2022: https://www.handelsblatt.com/unternehmen/industrie/arzneimittel-100-milliarden-dollar-zusatzumsatz-corona-boom-beschert-pharmabranche-rekordwachstum/28088122.html

278   Siehe Rainer Radtke, *Weltweiter Arzneimittelumsatz nach Produktionstechnologie in den Jahren von 2006 bis 2026* (*Statista*, 24.01.2022): https://de.statista.com/statistik/daten/studie/311777/umfrage/weltweiter-arzneimittelumsatz-nach-produktionstechnologie/

279   Siehe Supreme Court of the United States, Nr. 12–398, 13.06.2013, S. 1 und 4 (PDF): https://www.supremecourt.gov/opinions/12pdf/12-398_1b7d.pdf

280   Siehe den Artikel *mRNA-Impfstoffe für Schutzimpfungen* in *vfa* vom 16.06.2022: https://www.vfa.de/de/arzneimittel-forschung/coronavirus/rna-basierte-impfstoffe-in-entwicklung-und-versorgung

281   Siehe Don21, S. 450f.

282   Siehe ebendort. S. 204-208

283   Siehe Markus Sulzbacher, *Beamtin des Verteidigungsministeriums trat vor Neonazis und Impfgegnern auf* in *Standard* vom 13.09.2022: https://www.derstandard.at/story/2000129593781/beamte-des-verteidigungsministeriums-trat-vor-neonazis-und-impfgegnern-auf

284   Europäische Kommission, *Digitales COVID-Zertifikat der EU*: https://ec.europa.eu/info/live-work-travel-eu/coronavirus-response/safe-covid-19-vaccines-europeans/eu-digital-covid-certificate_de

285   Siehe Rat der EU, *COVID-19: Rat erzielt Einigung über die Verlängerung der Geltungsdauer der Verordnung über das digitale COVID-Zertifikat der EU* (11.03.2022): https://www.consilium.europa.eu/de/press/press-releases/2022/03/11/covid-19-council-agrees-to-extend-the-regulation-establishing-the-eu-digital-covid-certificate/

286   Siehe Matthias Reiche, *Impfnachweise in der EU Was bedeutet die Verlängerung der COVID-Zertifikate?* (ARD, 14.06.2022): https://www.tagesschau.de/ausland/europa/covid-zertifikat-verlaengerung-101.html

287   Siehe Atlantic Council, *Central Bank Digital Currancy Tracker* (Stand Mai 2022): https://www.atlanticcouncil.org/cbdctracker/

288   Siehe Jens Weidmann, Überlegungen zu einem digitalen Euro: Eröffnungsrede anlässlich der digitalen Konferenz »Fintech and the global payments landscape – exploring new horizons« in *Deutsche Bundesbank Eurosystem* vom 14.09.2021: https://www.bundesbank.de/de/presse/reden/ueberlegungen-zu-einem-digitalen-euro-875460#tar-2

289   Siehe den Artikel *Forschungsprojekt erkundet Blockchain-Technologie für Anleiheemissionen und Abwicklung in Echtzeit mit Wholesale CBDC* in Österreichische Nationalbank vom 30.06.2021: https://www.oenb.at/Presse/Pressearchiv/2021/20210630.html

290   Siehe Anna Hornik et. al.: *Studie (Kurzfassung): Zukunft von Wertvorstellungen der Menschen in unserem Land – Die wichtigsten Ergebnisse und die Szenarien im Überblick* (August 2020), S. 33f.: https://www.vorausschau.de/SharedDocs/Downloads/vorausschau/de/BMBF_Foresight_Wertestudie_Kurzfassung.pdf?__blob=publicationFile&v=1

291   Siehe Thomas Oysmüller, *Wien als Labor für Sozialkreditsystem* in *TKP* vom 22.04.2022: https://tkp.at/2022/04/22/wien-als-labor-fuer-sozialkreditsystem/

292   Siehe Europäische Kommission, *COVID-19 – Sustaining EU Preparedness and Response: Looking ahead* (27.04.2022): https://ec.europa.eu/commission/presscorner/detail/en/FS_22_2663

293   So auch der Artikel *Corona: Die EU nimmt nach dem Sommer gezielt Ungeimpfte ins Visier* in *Überdenken* vom 29.05.2022: https://www.ueberdenken.com/corona-die-eu-nimmt-nach-dem-sommer-gezielt-ungeimpfte-ins-visier/

294   Siehe den Artikel *US-Behörde erlaubt Impfung für Kleinkinder* in *Tagesschau* vom 17.06.2022: https://www.tagesschau.de/ausland/amerika/corona-impfstoff-usa-kinder-101.html

295 Siehe Rat der EU, *Rat gibt grünes Licht für die Aufnahme von Verhandlungen über einen internationalen Pandemievertrag* (03.03.2022): https://www.consilium.europa.eu/de/press/press-releases/2022/03/03/council-gives-green-light-to-start-negotiations-on-international-pandemic-treaty/

296 Siehe Rat der EU, *Internationaler Vertrag zur Pandemieprävention und -vorsorge* (25.03.2022): https://www.consilium.europa.eu/de/policies/coronavirus/pandemic-treaty/

297 Siehe Peter F. Mayer, *Offener Brief zum WHO Pandemievertrag der Ärzte von »Gesundheit für Österreich«* in *TKP* vom 07.03.2022: https://tkp.at/2022/03/07/offener-brief-zum-who-pandemievertrag-der-aerzte-von-gesundheit-fuer-oesterreich/

298 Siehe den Artikel *Druml: Impfpflicht auch für Masern oder Grippe denkbar* in *Kurier* vom 29.01.2022: https://kurier.at/politik/inland/corona-leiterin-der-bioethik-kommission-druml-haelt-impfpflicht-auch-fuer-influenza-oder-masern/401887913

299 Siehe Don21, S. 397

300 Siehe den Artikel *Union stellt eigenen Antrag zur Impfpflicht* in *Tagesspiegel* vom 11.02.2022: https://www.tagesspiegel.de/politik/impfregister-zeitnah-einrichten-union-stellt-eigenen-antrag-zur-impfpflicht/28061320.html

301 Siehe Future Operations, *COVID-19: Szenarien für Herbst/Winter 2022 – und darüber hinaus* (April 2022), S. 7, 4a Ungünstiges Szenario: http://go.apa.at/QSUtAiWk

302 Siehe Parlamentskorrespondenz Nr. 417 vom 27.04.2022: *Nationalrat beschließt Verlängerung des COVID-19-Maßnahmengesetzes bis Ende Juni 2023*: https://www.parlament.gv.at/PAKT/PR/JAHR_2022/PK0417/index.shtml#

303 Siehe Corona-ExpertInnenrat der Bundesregierung, *Pandemievorbereitung auf Herbst/Winter 2022/23: 11. Stellungnahme des ExpertInnenrates der Bundesregierung zu COVID-19* (08.06.2022), S-8 und 17: https://www.bundesregierung.de/resource/blob/975196/2048684/8385333ea3b10b524d7d3d92e56aae6d/2022-06-08-stellungnahme-expertinnenrat-data.pdf?download=1

304 Siehe den *Artikel Lauterbach zu Corona im Herbst: Bund will allen zweiten Booster ermöglichen in Tagesschau* vom 18.05.2022: https://www.tagesschau.de/inland/corona-herbst-lauterbach-101.html

305 Siehe V-03, ab Min. 01:30 und 09:20

306 Siehe Abänderungsantrag vom 07.06.2022 betreffend §§ 7 (1a) und § 7b Epidemiegesetz gemäß *1503 der Beilagen XXVII. GP – Ausschussbericht NR – Gesetzestext, Bundesgesetz, mit dem das Epidemiegesetz 1950 und das COVID-19-Maßnahmengesetz geändert werden:* https://parlament.gv.at/PAKT/VHG/XXVII/I/I_01503/fname_1451368.pdf

307 Siehe den Artikel *FPÖ – Kaniak: »ÖVP und Grüne setzen auf Willkür und Schikanen per Verordnung und Gesetz«* in OTS0120, vom 08.06.2022: https://www.ots.at/presseaussendung/OTS_20220608_OTS0120/fpoe-kaniak-oevp-und-gruene-setzen-auf-willkuer-und-schikanen-per-verordnung-und-gesetz

308 Siehe § 1 (2) Epidemiegesetz 1950, BGBl. Nr. 186/1950, zuletzt geändert durch BGBl. I Nr. 80/2022: https://www.ris.bka.gv.at/eli/bgbl/1950/186/P1/NOR40079906

309 Siehe Abänderungsantrag vom 07.06.2022 betreffend § 4g Epidemiegesetz gem. Fn 306

310 So auch der Artikel gem. Fn 307

311 Siehe Berliner Senatsverwaltung für Wissenschaft, Gesundheit, Pflege und Gleichstellung, *Berlin bekämpft Ausbreitung der Asiatischen Tigermücke* (Pressemitteilung vom 08.04.2022): https://www.berlin.de/sen/wgpg/service/presse/2022/pressemitteilung.1195064.php

312 Siehe den Artikel *Immer mehr Fälle in Europa: Was wir über das Affenpocken-Virus wissen* in *Salzburg 24* vom 09.05.2022: https://www.salzburg24.at/news/welt/affenpocken-was-wir-ueber-das-seltene-virus-wissen-121578106

313 Siehe NTI, *Strengthening Global Systems to Prevent and Respond to High-Consequence Biological Threats –Results from the 2021 Tabletop Exercise Conducted in Partnership with the Munich Security Conference* (November 2021); insb. S. 6, 10 und die dortige Abb. 1: https://www.nti.org/wp-content/uploads/2021/11/NTI_Paper_BIO-TTX_Final.pdf

314 Siehe Sarah Newey, *Monkeypox upgraded to same severity level as leprosy and plague* in *The Telegraph* vom 07.06.2022: https://www.telegraph.co.uk/global-health/science-and-disease/monkeypox-upgraded-severity-level-leprosy-malaria/

315 Siehe bspw. Matthias Fuchs, *EU warnt: Affenpocken könnten endemisch werden* in *Krone* vom

22.06.2022: https://www.krone.at/2715949

316 Siehe den Artikel *WHO erklärt Affenpocken-Ausbruch zur Notlage* in *Tagesschau* vom 23.07.2022: https://www.tagesschau.de/ausland/europa/who-affenpocken-109.html

317 Siehe Don21. S. 440

318 Siehe Fouad Alshammari et. al., *Bullous pemphigoid after second dose of mRNA-(Pfizer-Bion-Tech) COVID-19 vaccine: A case report* (NHI, 01.03.2022): https://pubmed.ncbi.nlm.nih.gov/35251600/#affiliation-1

319 Siehe Markus Tiedke, *Pöbeln, prügeln, plündern – Österreichische Jäger stemmen sich gegen den Mob* (Bundeswehr, 29.11.2021): https://www.bundeswehr.de/de/aktuelles/meldungen/poebeln-pruegeln-pluendern-oesterreichische-jaeger-gegen-mob-5293094

320 Siehe den Beitrag *Ausbildungsübung Eisenerz 11.07.-22.07.2022* (Theresianische Militärakademie): https://www.milak.at/eisenerz2022/uebungsszenario

321 Siehe die Pressemitteilung *Bundeswehr stellt Territoriales Führungskommando auf* (BMVg, 13.06.2022): https://www.bmvg.de/de/presse/bundeswehr-stellt-territoriales-fuehrungskommando-auf-5446786

322 Siehe Che21, S. 114 sowie V-11, ab Min. 04:40

323 Siehe Michelle Nicholasen, *Nonviolent resistance proves potent weapon* (*The Harvard Gazette*, 04.02.2019): https://news.harvard.edu/gazette/story/2019/02/why-nonviolent-resistance-beats-violent-force-in-effecting-social-political-change/

324 Siehe Che13, insb. S. 59, 61, 193, 222

325 Siehe bspw. den *Artikel Faktencheck: Keine 450.000 Teilnehmer bei Demo gegen Corona-Maßnahmen in Wien* in *Standard* vom 29.12.2021: https://www.derstandard.at/story/2000132219854/faktencheck-keine-450-000-teilnehmer-bei-demo-gegen-corona-massnahmen

326 An drei Tagen insgesamt 2,7 Millionen Besucher: Siehe den Artikel *2,7 Millionen Besucher beim Donauinselfest* in *Die Presse* vom 24.06.2019: https://www.diepresse.com/5648670/27-millionen-besucher-beim-donauinselfest

327 Siehe Dud07g, S.590

328 Siehe ebendort, S. 617

329 Siehe Friedrich-Ebert-Stiftung, *Studie: Vertrauen in Demokratie* (2019): https://www.fes.de/studie-vertrauen-in-demokratie bzw. http://www.fes.de/cgi-bin/gbv.cgi?id=15621&ty=pdf

330 Siehe Don21, S. 15, 204f., 457-459

331 Siehe Felix Huesmann, *Umfrage: Vertrauen in Demokratie sinkt* in *Frankfurter Rundschau* vom 21.03.2022: https://www.fr.de/politik/vertrauen-in-demokratie-sinkt-91426178.html

332 Siehe Katharina Gilles und Maurice Zurstraßen, *Beteiligung bei gut 55 Prozent: Historisch niedrige Wahlbeteiligung bei NRW-Landtagswahl* in *RP Online* vom 17.05.2022: https://rp-online.de/nrw/landespolitik/landtagswahl-nrw/landtagswahl-nrw-2022-wahlbeteiligung-historisch-niedrig-55-prozent_aid-69732993

333 Erich Vogl, *Kaum noch Vertrauen – Heftige Watsche für Österreichs gesamte Politik* in *Krone* vom 19.06.2022: https://www.krone.at/2737650

334 Siehe mit Quellen Monika Donner, *MFG: diktatorisch und unwählbar?* in *Fischundfleisch* vom 31.05.2022: https://www.fischundfleisch.com/monika-donner/mfg-diktatorisch-und-unwaehlbar-78427

335 Siehe Reuters Institute for the Study of Journalism, *Digital News Report 2022,* S. 9, 64f., 80f.: https://reutersinstitute.politics.ox.ac.uk/sites/default/files/2022-06/Digital_News-Report_2022.pdf

336 Siehe bspw. Michael Mannheimer, *UN-Beschluss: Das gesamte genetische Material auf der Erde gehört BigTech/Pharma – und darf nach Belieben ausgebeutet werden* (18.02.2022): https://michael-mannheimer.net/2021/10/30/un-beschluss-das-gesamte-genetische-material-auf-der-erde-gehoert-bigtech-pharma-und-darf-nach-belieben-ausgebeutet-werden/

337 Siehe den Artikel *Christoph Waltz über Corona-Leugner »Eine Gruppe von asozialen Vollidioten«* in *Spiegel* vom 17.02.2021: https://www.spiegel.de/kultur/kino/christoph-waltz-ueber-corona-leugner-eine-gruppe-von-asozialen-vollidioten-a-8ef3cae3-5336-42d4-8f6e-3278476a2077

338 Siehe den Artikel *Papst sieht Impfen als moralische Pflicht* in *ORF* vom 10.01.2022: https://religion.orf.at/stories/3210815/

339 Siehe den Artikel *Vatikan gibt COVID-Impfmünze heraus* in *Katholische Nachrichten* vom 21.06.2022:

https://www.kath.net/news/78738

340 Siehe Lukas 17:11-19

341 Siehe Matthäus 15:2ff., Markus 7:2-5, Lukas 11:38ff.

342 Siehe Matthäus 21:12f., Markus 11:15-17, Lukas 19:45f., Johannes 2:13-17

343 Siehe den Artikel *Gutes Beispiel: Dalai Lama bekommt erste Corona-Impfung* in *ORF* vom 08.03.2021: https://www.rnd.de/promis/gutes-beispiel-dalai-lama-bekommt-erste-corona-impfung-R7P5QGU-Q4XYM5KZNEC3ZWIUJFY.html

344 Siehe Don21, S. 15

345 Siehe die graphische Zusammenfassung der statistischen Daten von BMSGPK und Statistik Austria (*Impfung in Österreich, Stand 21.6*). in *ORF* vom 21.06.2022: https://orf.at/corona/daten/impfung

346 Siehe RKI, *Tabelle mit den gemeldeten Impfungen nach Bundesländern und Impfquoten nach Altersgruppen* (21.06.2022): https://www.rki.de/DE/Content/InfAZ/N/Neuartiges_Coronavirus/Daten/Impfquotenmonitoring.xlsx?__blob=publicationFile

347 Siehe Linda Staude, *Corona in Afrika: Wenig Geimpfte, aber keine Krise* in *Tagesschau* vom 30.12.2021: https://www.tagesschau.de/ausland/afrika/corona-581.html

348 Siehe Don21, S. 195f., 221ff., 334ff., 539f., 562f.

349 Siehe ebendort, S. 507ff., 521

350 Siehe https://www.zahlenphysik.at/

351 Siehe V-12, insb. ab Min. 12:00

352 Siehe V-13, insb. ab Min. 22:00

353 Siehe V-14, insb. ab Min. 24:00

354 Siehe *2022 Enthüllungen & Revolution*: https://silkeschaefer.com/de/2022

355 Siehe V-15, insbesondere ab Minute 06:00

356 Siehe https://www.stressabbau.at/astrologie/

357 Siehe V-16, insb. ab Min. 03:00 bis 13:30

358 Siehe bspw. ebendort, ab Min. 13:30

359 Siehe Ras19, S. 298-300, 329-332

360 Siehe Bro22, S. 112

361 Siehe Henry A. Kissinger, *How the Ukraine Crisis Ends* für *The Washington Post* vom 06.03.2014: https://www.henryakissinger.com/articles/how-the-ukraine-crisis-ends/

362 Siehe Jan Krikke, *Ukraine and the battle for Eurasia: From the Heartland Theory, to the Cold War, to the Belt and Road, to the new Iron Curtain* in *Asia Times* vom 26.04.2022: https://asiatimes.com/2022/04/ukraine-and-the-battle-for-eurasia/

363 Siehe Brz16, S. 57ff, insb. 59

364 Siehe Don22, S. 40-62

365 Siehe NATO, *Lord Ismay*: https://www.nato.int/cps/en/natohq/declassified_137930.htm

366 Siehe Don22, S. 77-105

367 Siehe Don19, S. 39-46, 77-104

368 Siehe Brz16, S. 38f.

369 Siehe ebendort, S. xiv

370 Siehe ebendort, S. 66f.

371 Siehe ebendort, S. 73f.

372 Siehe Don22, S. 7, 9, 19f., 30, 44

373 Siehe Fn 112 sowie V-17

374 Siehe Bundeswehr, *Bündnisverteidigung: Für Sicherheit und Stabilität: Deutschland in der NATO*: https://www.bundeswehr.de/de/aktuelles/meldungen/verteidigungsbereit-kurze-zeit-nato-response-force

375 Siehe NATO, *Was ist die NATO?*: https://www.nato.int/nato-welcome/index_de.html

376 Siehe Statistisches Bundesamt, *Europa: EU und Eurozone im Zeitverlauf*: https://www.destatis.de/Europa/DE/Staat/EU-Staaten/_EU_EZ_Zeitverlauf.html;jsessionid=FE78D3BB59F4527230CB40EF6BFFD94C.live742?nn=217324

377 Siehe Henry A. Kissinger gem. Fn 361

378 Siehe V-18, ab Min. 09:40

379 Siehe auch Don22, S. 41-43

380 Siehe V-18, ab Min. 01:30

381 Siehe Don19, S. 724-730

382 Siehe Heiko Pleines, *Analyse: Die Referenden in Donezk und Luhansk* (BPB, 16.05.2014): https://www.bpb.de/themen/europa/ukraine/184520/analyse-die-referenden-in-donezk-und-luhansk/

383 Siehe James Bell et. al., *Despite Concerns about Governance, Ukrainians Want to Remain One Country: Many Leery of Russian Influence, as Putin Gets Boost at Home* (Pew Research Center, 08.05.2014), S. 5-7: https://www.pewresearch.org/wp-content/uploads/sites/2/2014/05/Pew-Global-Attitudes-Ukraine-Russia-Report-FINAL-May-8-2014.pdf

384 Siehe Don22, S. 45

385 Siehe den Artikel *Russland respektiert Referendum* in *Welt* vom 12.05.2014: https://www.welt.de/newsticker/dpa_nt/infoline_nt/thema_nt/article127895989/Russland-respektiert-Referendum.html

386 Siehe Heiko Pleines gem. Fn 382

387 Siehe den Artikel *Volker says so-called People's Republics in Donbas should be eliminated* in *Kiew Post* vom 04.03.2018: https://www.kyivpost.com/ukraine-politics/112-ua-volker-says-called-peoples-republics-donbas-eliminated.html

388 Siehe Neu97a, S. 353, Rn 1895

389 Siehe bspw. Artikel I *Internationaler Pakt über bürgerliche und politische Rechte 1966*, BGBl. Nr. 591/1978: https://www.ris.bka.gv.at/GeltendeFassung.wxe?Abfrage=Bundesnormen&Gesetzesnummer=10000627

390 Siehe Neu97a, S. 353, Rn 1900

391 Siehe UNO-Resolution 2625 (XXV) *Erklärung über Grundsätze des Völkerrechts betreffend freundschaftliche Beziehungen und Zusammenarbeit zwischen den Staaten im Einklang mit derCharta der Vereinten Nationen* (24.10.1970), S. 6: https://www.un.org/depts/german/gv-early/ar2625.pdf

392 Siehe Eva Maria Barki, *Ukraine-Krise: Rechtliche Stellungnahme unter Berücksichtigung des Völkerrechts* in *Wegwarte* vom Juni 2022 (32.Jahrgang, Folge 3) bzw. https://heimat-und-umwelt.at/uploads/pdfs/Stellungnahme-Ukraine-2022.pdf

393 Siehe UNO-Resolution 2625 (XXV) gem. Fn 391

394 Siehe Statistisches Kommittent der Ukraine, Über die Zahl und Zusammensetzung der Bevölkerung der Ukraine nach den Ergebnissen *der gesamtukrainischen Volkszählung 2001*: http://2001.ukrcensus.gov.ua/results/general/nationality/

395 Siehe James Bell et. al. gem. Fn 383, S. 10-12

396 Siehe bspw. Rita Katz, *Neo-Nazis are exploiting Russia's war in Ukraine for their own purposes* in *The Washington Post* vom 14.03.2022: https://www.washingtonpost.com/outlook/2022/03/14/neo-nazi-ukraine-war/

397 Siehe V-18, insb. Min. 20:30-33:00, 42:30-85:00

398 Siehe Florian Kellermann, *Kiew und der Donbass: Wachsende Entfremdung fördert Korruption* in *Deutschlandfunk* vom 15.05.2015: https://www.deutschlandfunk.de/kiew-und-der-donbass-wachsende-entfremdung-foerdert-100.html

399 Siehe V-18, ab Min. 85

400 Siehe Henry A. Kissinger gem. Fn 361

401 Siehe Don22, S. 18-20

402 Siehe Jan Krikke gem. Fn 362

403 Siehe den Artikel *Украина определила своим военным противником РФ* in *Interfax* vom 24.09.2015: https://interfax.com.ua/news/political/292422.html

404 Siehe den Artikel *Украина реформирует сектор нацбезопасности для будущего членства в ЕС и НАТО* in *Interfax* vom 24.09.2015: https://interfax.com.ua/news/political/292423.html

405 Siehe Yury Kubasov, *The fate of Ukraine nobody cares* in *Top War* vom 16.06.2014: https://en.topwar.ru/52075-sudba-ukrainy-nikogo-ne-volnuet.html und http://www.dal.by/news/1/14-05-14-14/

406 Siehe Steffen Munter, *Thurn und Taxis: Grüner Traum von der Deindustrialisierung Deutschlands* in *The Epoch Times* vom 02.07.2022: https://www.epochtimes.de/politik/deutschland/thurn-und-taxis-gruener-traum-von-der-deindustrialisierung-deutschlands-a3880143.html

407 Siehe Don22, S. 44f.

408 Siehe V-19, ab Min. 08:00

409 Siehe Mathias Brüggmann, *Weltwirtschaftsforum: Russlands Präsident warnt vor »einseitiger Gewaltan-wendung ohne begründeten Anlass«* in *Handelsblatt* vom 27.01.2021: https://www.handelsblatt.com/politik/international/weltwirtschaftsforum-russlands-praesident-warnt-vor-einseitiger-gewaltanwen-dung-ohne-begruenden-anlass/26857742.html

410 Siehe den Artikel *Meeting with World Economic Forum Executive Chairman Klaus Martin Schwab* (Kremlin, 27.11.2019): http://en.kremlin.ru/events/president/news/62145

411 Siehe Ekaterina Zolotova, *Russische Währung im Höhenflug – Das Rubel-Paradoxon* in *Cicero* vom 24.06.2022: https://www.cicero.de/wirtschaft/russische-rubel-waehrung-im-hoehenflug-sanktionen-paradoxon

412 Siehe den Artikel *Russland äußert sich widersprüchlich zu Bindung des Rubel an Gold* in *Handelsblatt* vom 29.04.2022: https://www.handelsblatt.com/finanzen/maerkte/devisen-rohstoffe/waehrung-russland-aeussert-sich-widerspruechlich-zu-bindung-des-rubel-an-gold/28291710.html

413 Siehe Jan Krikke gem. Fn 362

414 Siehe Daniel Säwert, *Russland führt digitalen Rubel ein* in *Moskauer Deutsche Zeitung* vom 17.03.2021: https://mdz-moskau.eu/russland-fuehrt-digitalen-rubel-ein/

415 Siehe Lennard Merten, *Russland fördert digitalen Rubel* in *Blockchainwelt* vom 18.12.2021: https://blockchainwelt.de/news/russland-foerdert-digitalen-rubel/

416 Siehe Eva Steinmetz, *Kommt 2023 der digitale Rubel?* in *Blockchainwelt* vom 18.12.2021: https://blockchainwelt.de/news/kommt-2023-der-digitale-rubel/

417 Siehe den Arikel **Президент утвердил Стратегию деоккупации и реинтеграции временно оккупированного Крыма** (*Президент Украины*, 24.03.2021): https://www.president.gov.ua/ru/news/prezident-zatverdiv-strategiyu-deokupaciyi-ta-reintegraciyi-67321

418 Siehe V-20, ab Min 13:30

419 Siehe Michael Amdi Madsen, *IAEA Grossi at Davos: Nuclear Power, Climate Change and Ukraine* (IAEA, 25.05.2022): https://www.iaea.org/newscenter/news/iaea-grossi-at-davos-nuclear-power-climate-change-and-ukraine

420 Siehe Tim Hains, *Undersecretary of State Victoria Nuland: If There Is A Chemical Or Biological Weapons Incident In Ukraine, »No Doubt« The Russians Are Behind It* in *Real Clear Politics* vom 08.03.2022: https://www.realclearpolitics.com/video/2022/03/08/undersecretary_of_state_victoria_nuland_us_working_to_keep_russian_forces_out_of_ukraines_biological_research_facilities.html

421 Siehe bspw. Ralf Caspary, *Ukraine: Was über die Gefahren von Bio-Laboren bekannt ist* in *SWR* vom 14.03.2022: https://www.swr.de/wissen/ukraine-gefahren-von-biolaboren-100.html

422 Siehe Don21, S. 107f.

423 Siehe Don19, S. 261f.

424 Siehe V-21

425 Siehe Don19, S. 578ff., 624ff.

426 Siehe Nikolai Klimeniouk, *Krim-Krise aus russischer Sicht: Putin ist verrückt* in *Frankfurter Allgemeine* vom 15.03.2014: https://www.faz.net/aktuell/feuilleton/krim-krise-aus-russischer-sicht-putin-ist-verrueckt-12848243.html

427 Siehe Christian Stör, *Wladimir Putin – ein »wahnsinnig gewordener Zar«* in *Frankfurter Rundschau* vom 02.03.2022: https://www.fr.de/politik/wladimir-putin-ukraine-krieg-praesident-russland-psyche-verfassung-wahnsinn-news-zr-91383018.html

428 Siehe Theo Sommer, *Fünf vor acht – Wladimir Putin: Lügner, Täuscher, Hasardeur* in *Zeit* vom 01.03.2022: https://www.zeit.de/politik/ausland/2022-02/wladimir-putin-ukraine-russland-krieg-5vor8

429 Siehe Katrin Brand, *Krieg gegen die Ukraine Biden wirft Putin Völkermord vor* in *ARD Tagesschau* vom 13.04.2022: https://www.tagesschau.de/ausland/europa/ukraine-biden-russland-putin-genozid-voelkermord-101.html

430 Siehe V-22

431 Siehe Don19, S. 108-111

432 Siehe mit Quellen Monika Donner, *Verlogene Volksverhetzerin im Parlament?* in *Fischundfleisch* vom 20.08.2022: https://www.fischundfleisch.com/monika-donner/verlogene-volksverhetzerin-im-parla-ment-79334

433 Siehe bspw. V-23, ab Min. 15:30

434 Siehe V-24

435 Siehe den Artikel *Krieg gegen die Ukraine: Kiew verkündet Rückzug aus Lyssytschansk* in *Tagesschau* vom 03.07.2022: https://www.tagesschau.de/newsticker/liveblog-ukraine-sonntag-159.html

436 Siehe Stephan Ueberbach, *EU-Gipfel Ukraine und Moldau sind Beitrittskandidaten* in *Tagesschau* vom 23.06.2022: https://www.tagesschau.de/ausland/europa/eu-ukraine-moldau-beitrittskandidaten-101.html

437 Siehe Daniel Brössler, *Selenskij: »Was ist noch nötig?«* in *Süddeutsche Zeitung* vom 30.06.2022: https://www.sueddeutsche.de/politik/nato-beitritt-ukraine-selenskij-1.5612066

438 Siehe den Artikel *Schweden und Finnland: NATO unterzeichnet Beitrittsprotokolle* in *ZDF* vom 05.07.2022: https://www.zdf.de/nachrichten/politik/nato-finnland-schweden-ukraine-krieg-russland-100.html

439 Siehe den Artikel *Im Falle eines Angriffs Johnson sichert Schweden und Finnland Unterstützung zu* in *NTV* vom 11.05.2022: https://www.n-tv.de/politik/Johnson-sichert-Schweden-und-Finnland-Unterstuetzung-zu-article23325523.html

440 Siehe NATO, *Der Nordatlantikvertrag, Washington DC, 4. April 1949*: https://www.nato.int/cps/en/natohq/official_texts_17120.htm?selectedLocale=de

441 Siehe *Zwei-plus-Vier-Vertrag: Artikel 2* (BPB, 13.06.2002): https://www.bpb.de/themen/deutsche-einheit/zwei-plus-vier-vertrag/44114/artikel-2/

442 Siehe Horst Frohlich, *EU beginnt die Blockade von Kaliningrad* in *Voltaire* vom 23.06.2022: https://www.voltairenet.org/article217427.html

443 Siehe den Artikel *Kaliningrad: Moskau bereitet sich auf »das Schlimmste vor«* in *Puls4* vom 07.07.2022: https://www.puls24.at/news/politik/kaliningrad-moskau-bereitet-sich-auf-das-schlimmste-vor/269674

444 Siehe Monika Donner gem. Fn 123

445 Siehe den Artikel *Von 40.000 auf 300.000 Soldaten Stoltenberg: »Speerspitze« der NATO wird massiv gestärkt* in *NTV* vom 29.06.2022: https://amp.n-tv.de/mediathek/videos/politik/Stoltenberg-Speerspitze-der-NATO-wird-massiv-gestaerkt-article23431229.html

446 Siehe Jack Mendelsohn, *NATO's Nuclear Weapons: The Rationale for »No First Use«* (Arms Control Association): https://www.armscontrol.org/act/1999-07/features/natos-nuclear-weapons-rationale-first-use#authorbios

447 Siehe Daryl G. Kimball, *A Turning Point on Nuclear Deterrence* (Arms Control Association, 01.07.2022): https://www.armscontrol.org/act/2022-07/focus/turning-point-nuclear-deterrence

448 Siehe FuturEU-Team, *Europa und die Migration: Ukraine-Krieg verschärft Probleme* in *APA* vom 08.06.2022: https://www.ots.at/presseaussendung/OTS_20220608_OTS0192/europa-und-die-migration-ukraine-krieg-verschaerft-probleme-foto

449 Siehe Don22, S. 67

450 Siehe Gre10, S. 131ff.

451 Siehe Don19, S. 30, 42-46

452 Siehe mit Quellen Monika Donner, *Massenmigration 2015: Warnung, Maulkorb, Lösung* (Monithor): https://www.monithor.at/analysen/massenmigration/

453 Siehe Dominik Bechlarz, *Angespannte Rohstofflage – Update 07.07.2022: Alles zur Rohstoffknappheit in der Kunststoffindustrie* in *Plastverarbeiter* vom 07.07.2022: https://www.plastverarbeiter.de/markt/alles-zur-rohstoffknappheit-in-der-kunststoffindustrie-258.html

454 Siehe Bundesministerium für Klimaschutz, Umwelt, Energie, Mobilität, Innovation und Technologie, *Rechtsgutachten bestätigt: Kernenergie ist keine »grüne« Investition*: https://www.bmk.gv.at/themen/klima_umwelt/nuklearpolitik/aikk/warum.html

455 Siehe WEF, *Nuclear energy can be the turning point in the race to decarbonize* (22.05.2022): https://www.weforum.org/agenda/2022/05/nuclear-energy-decarbonization/

456 Siehe Astrid Corall, *EU-Parlament Erdgas und Atomkraft erhalten Ökolabel* in *Tagesschau* vom 06.07.2022: https://www.tagesschau.de/wirtschaft/eu-taxonomie-107.html

457 Siehe Frank Grotelüschen, *Über Transmutation: Die Verharmlosung des Atommülls* in *Deutschlandfunk* vom 21.05.2018: https://www.deutschlandfunk.de/ueber-transmutation-die-verharmlosung-des-atommuells-100.html

458 Siehe Michael Grytz, *Forschung in Belgien: Löst Transmutation das Atommüll-Problem?* in *Tagesschau* vom 04.09.2021: https://www.tagesschau.de/ausland/europa/belgien-forschungsreaktor-myrrha-101.html

459 Siehe Zitate von Noam Chomsky in *Zitate berühmter Personen*: https://beruhmte-zitate.de/zitate/1975702-noam-chomsky-die-mehrheit-der-gewohnlichen-bevolkerung-versteht/

460 Siehe Markus 4:22

461 Siehe V-25, insb. ab Min. 16:30

462 Siehe Don21, S. 553f.

463 Ähnlich ebendort, S. 427, 511f.

464 Siehe Ralph Keyes, *Ask Not Where This Quote Came From* in *The Washington Post* vom 04.06.2006: https://www.washingtonpost.com/archive/opinions/2006/06/04/ask-not-where-this-quote-came-from/ca3a139f-0060-477e-9693-48b08f6d0e20/

465 Siehe Don21, S. 168, 350, 357, 540f., 569f.

466 Siehe ebendort, S. 421ff.

467 Siehe *subhuman* in *Vocabulary*: https://www.vocabulary.com/dictionary/subhuman

468 Siehe Don21, S. 445, 533f., 538, 540ff.

469 Siehe ebendort. S. 563

470 Siehe ebendort, S. 507f. und die dortige Abb. 51

471 Siehe Don19, S. 23

472 Siehe den Eintrag *Wenn die Deutschen zusammenhalten, so schlagen sie den Teufel aus der Hölle - v. Bismarck* in *Deutsche Digitale Bibliothek*: https://www.deutsche-digitale-bibliothek.de/item/DRCDN-ZWW4ZS4W2YJRYOGQO53DOWCXF2G

473 Siehe Dud07g, S. 133

474 Siehe Lüd06, S. 61

475 Siehe auch Don21, S. 540

476 Siehe dazu Don19, S. 18f., 665-667

477 Siehe Don21, S. 547, S. 557ff.

478 Siehe den Beitrag *Was bedeutet CO2-neutral?* in *Wärme aus Holz*: https://www.waermeausholz.at/info/faqs/was-bedeutet-co2-neutral/

479 Siehe Ber20a, S. 30-73, insb. 49

480 Siehe ebendort, S. 19ff.

481 Siehe ebendort, S. 75ff.

482 Siehe ebendort, insb. S. 299-324

483 Zu den Details siehe Ber20b

484 Siehe George, *Standing Rock is Everywhere by Chief Arvol Looking Horse, Standing Rock, SD* in *Agape Community*, Ausgabe, 26 Nr. 2, Winter 2018 (verfasst am 08.12.2017): https://agapecommunity.org/2017/12/08/standing-rock-is-everywhere-by-chief-arvol-looking-horse-standing-rock-sd/

485 Siehe Dud07g, S. 709

486 Siehe den Beitrag *World Hunger: Key Facts and Statistics 2022* in *Action Against Hunger*: https://www.actionagainsthunger.org/world-hunger-facts-statistics

487 Siehe Zitate von Albert Einstein in *Zitate berühmter Personen*: https://beruhmte-zitate.de/zitate/1958100-albert-einstein-die-definition-von-wahnsinn-das-gleiche-immer-und/

488 Siehe V-26, ab Min. 12:00

489 Siehe Goe77, S. 43

490 Siehe Dud07g, S. 926f.

491 Siehe Lom22, S. 172ff.

492 Siehe ebendort, S. 144

493 Siehe Lon10, S. 10, 15

494 Siehe Küb21, S. 5f., 111ff.

495 Siehe Moo21

496 Siehe Lom22, S. 311

497 Siehe Sam Parnia et. al.: *AWARE-AWAreness during REsuscitation-a prospective study* (Researchgate, 07.09.2014), S. 1: https://www.researchgate.net/publication/267755643_AWARE-AWAreness_dur-

ing_REsuscitation-a_prospective_study
498   Siehe Lom22, S. 35
499   Siehe Lon10, S. 10 sowie Moo18, S. 19
500   Siehe Lom22, S. 117
501   Siehe Lon10, S. 16
502   Siehe https://www.nderf.org/index.htm
503   Siehe Lon10, S. 16-36; ähnlich Lom22, S. 44-71
504   Siehe Moo21, S. 50
505   Siehe Lon10, S. 106-114; ähnlich Lom22, S. 47f.
506   Siehe Sam Parnia et. al. gem. Fn 497, S. 4
507   Siehe Lom22, S. 49-51
508   Siehe Lon10, S. 110f.
509   Siehe Jak08, S. 218
510   Siehe Lom22, S. 101ff.
511   Siehe ebendort, S. 47, 52 sowie Lon10, S. 127-139
512   Siehe Lom22, S. 51f.
513   Siehe ebendort, S. 49
514   Siehe Moo18, S. 23
515   Siehe Lon10, S. 20f.
516   Siehe ebendort, S. 196-201 sowie Lom22, S. 61f.
517   Siehe Lom22, S. 107
518   Siehe Don18, S. 49
519   Siehe ebendort, S. 102
520   Siehe ebendort, S. 243f.
521   Siehe ebendort, S. 359
522   Siehe Anja Rau und Maria Poursaiadi, *Durch Krankheit zu neuem Leben gefunden* in *Gesünder Net* vom 12.05.2012: https://www.gesuendernet.de/gesundheit/koerper-a-geist/item/399-durch-krank-heit-zu-neuem-leben-gefunden.html
523   Siehe Don18, S. 347-356, insb. 355f.
524   Siehe ebendort, S. 443-447
525   Siehe Anja Rau und Maria Poursaiadi gem. Fn 522
526   Siehe Lom22, S. 72-100
527   Siehe Küb21, S. 31ff.
528   Siehe V-27, ab Min. 14:00
529   Siehe War20, S. 97f.
530   Siehe Rom20
531   Siehe V-27, ab Min. 37:00
532   Siehe V-28
533   Siehe https://novavision.at/ sowie https://www.sehen-ohne-augen.de sowie https://viendoporel-mundoac.com/Instructores1.html
534   Siehe Lygia Simetzberger, *Sehen ohne Augen: Ein Lern- und Intuitionstraining für Kinder in Gerersdorf* in *MeinBezirk* vom 11.03.2018: https://www.meinbezirk.at/guessing/c-lokales/sehen-ohne-augen-ein-lern-und-intuitionstraining-fuer-kinder-in-gerersdorf_a2433236
535   Siehe *Zitat von Jonathan Swift (Zitat Nr. 9923)*: https://www.nur-zitate.com/zitat/9923
536   Siehe Dud07g, S. 921 (weisen)
537   Siehe Olo98, I, 30
538   Siehe die Zusammenfassung *Thomas von Aquin: Die fünf Wege – Summa Theologiae, I, q. 2, a. 3*: http://www.hoye.de/gottesbeweise/gb5viae.pdf
539   Siehe Pop21, S. 199
540   Siehe ebendort, S. 202-211
541   Siehe ebendort, S. 56
542   Siehe ebendort, S. 210-212
543   Siehe 1. Mose 2:7

544 Siehe Matthäus 10:28
545 Siehe Matthäus 22:37-39; Markus 12:30f.; Lukas 10:27
546 Siehe Johannes 1:18; 1. Johannes 4:12
547 Siehe Johannes 1:1-12, 3:21, 8:12; 1. Johannes 1:5
548 Siehe 1. Timotheus 1:17, 6:16
549 Siehe Thomasevangelium Logion 50
550 Siehe Don18, S. 197ff.
551 Siehe Johannes 4:24
552 Siehe 1. Timotheus 1:17
553 Siehe 1. Korinther 3:17
554 Siehe Lukas 17:20f.
555 Siehe Lukas 17:21 in Bri29, NT S. 84
556 Siehe Lukas 17:21 in Baa89, S. 560
557 Siehe Thomasevangelium Logion 3
558 Siehe Thomasevangelium Logion 113
559 Siehe Matthäus 5:48; ähnlich Lukas 6:36
560 Siehe Thomasevangelium Logion 1
561 Siehe Don18, S. 486f.
562 Siehe Galater 6:8
563 Siehe Thomasevangelium Logion 111
564 Siehe 1. Johannes 4:16
565 Siehe Don18, insb. S. 51ff., 187ff., 397ff.
566 Siehe Artikel 4 in Des50, S. 5f.
567 Siehe Artikel 5 in Des50, S. 6f.
568 Siehe Artikel 30 in Des50, S. 43f.
569 Siehe Artikel 31 in Des50, S. 45f.
570 Siehe Artikel 33 in Des50, S. 48f.
571 Siehe McC15, S. 1-3, 36
572 Siehe John Andrew Armour, *Potential clinical relevance of the »little brain« on the mammalian heart* (The Physiological Society, 16.01.2008), S. 1: https://doi.org/10.1113/expphysiol.2007.041178
573 Siehe McC15, S. 51
574 Siehe Ulrike Gebhardt, *Rhythmen des Menschen: das Herz: Ein Fakten-Sammelsurium* in *RiffReporter* vom 13.07.2019: https://www.riffreporter.de/de/wissen/herz
575 Siehe Mark E. Silverman and Arthur Hollman, *Discovery of the sinus node by Keith and Flack: on the centennial of their 1907 publication* (National Library of Medicine, Oktober 2007), S. 1: https://www.ncbi.nlm.nih.gov/pmc/articles/PMC2000948/
576 Siehe Han66, S. 10, 20f., 108
577 Siehe Bro22, S. 31-33
578 Siehe Eyb19, S. 80
579 Siehe Bro22, S. 107-109
580 Siehe Bro17, S. 5-9
581 Siehe Bro22, S. 44ff. und 66ff.
582 Siehe Bro17, S. 18
583 Siehe ebendort
584 Siehe ebendort, S. 9ff. sowie Bro22, S. 263ff.
585 Siehe Johannes 6:63
586 Siehe Don18, S. 68f., 474ff.
587 Siehe Suz06, S. 118-121
588 Siehe Don18, S. 193ff.
589 Siehe Lom22, S. 22 in Verbindung mit 222-256, 311
590 Siehe Ney21, S. 59, 136f., 147, 154, 130, 151, 157 (in dieser Reihenfolge)
591 Siehe Offenbarung 1:8
592 Siehe Don18, S. 194

593 Siehe den Beitrag *Das Experiment* in *Quantec*: https://www.quantec.eu/deutsch/weisses_rauschen/weisses_rauschen_kueken.html

594 Siehe Ecc94, S. 389

595 Siehe Ecc87, S. 241f.

596 Siehe Tre21, S. 136f., 187

597 Siehe Ecc94, S. 391

598 Siehe War20, S. 67, 146, 142ff. (in dieser Reihenfolge)

599 Siehe Ste77, S. 9, 384-387

600 Siehe Fn 597

601 Siehe Wal12, S. 243

602 Siehe Lec98d, S. 39-44

603 Siehe John Lennon, *Tame birds sing of freedom. Wild birds fly.* in goodreads: https://www.goodreads.com/quotes/11069497-tame-birds-sing-of-freedom-wild-birds-fly

604 Siehe das Lied *Free born soul* vom Album *I can feel the change* (2017)

605 Siehe Wal12

606 Siehe V-29, ab Min. 07:30

607 Siehe Don19, S. 36-39, 761ff.

608 Siehe Emily, *Ensō – Der Ausdruck des Moments* in *Plus Perfekt* vom 28.01.2022: https://www.plusperfekt.de/enso-der-ausdruck-des-moments/

609 Siehe Sun05, S. 16f., 10

610 Siehe ebendort, S. insb. 201ff. sowie Franz Bujor, *Das Medizinrad der Indianer: Aufbau und Bedeutung* in *Lebensabenteuer* vom 01.10.2017: https://lebensabenteurer.de/medizinrad/

611 Siehe Sun05, S. 8f.

612 Siehe Suz09, S. 28, 47, 75

613 Siehe ebendort, S. 57, 87, 151

614 Siehe Sun05, S. 20

615 Siehe Ecc87, S. 60

616 Siehe Duden: https://www.duden.de/rechtschreibung/Polaritaet

617 Siehe das Lied *Heaven is hell* vom Album *Russian Roulette* (1986)

618 Siehe Matthäus 18:2-4

619 Siehe Matthäus 19:14

620 Siehe Markus 10:15

621 Siehe Lukas 18:17

622 Siehe Thomasevangelium Logion 22 Satz 1 und 2

623 Siehe Don18, S. 374

624 Siehe Oer08, S. 210

625 Siehe Johannes 3:3-7

626 Siehe Thomasevangelium Logion 22 ab Satz 3

627 Siehe ActaPetr Vers 38 und ActaPhil Vers 140 in Lüd97, S. 136, Fn 302

628 Siehe Galater 3:28

629 Siehe Thomasevangelium Logion 114

630 Siehe Don18, S. 474ff

631 Siehe ebendort, insb. S. 305-364

632 Siehe https://www.monika-donner.at/kinofilm/

633 Siehe auch Don18, S. 371ff.

634 Siehe *ICD-11: Internationale statistische Klassifikation der Krankheiten und verwandter Gesundheitsprobleme, 11. Revision*: https://www.bfarm.de/DE/Kodiersysteme/Klassifikationen/ICD/ICD-11/_node.html

635 Siehe Don18, S. 323

636 Siehe *Corpus Hermeticum I, Erstes Buch: Pymander und Hermes*, Pymander 19: https://www.rosenkreuz.de/literatur/corpus-hermeticum-i-2

637 Siehe Dah09, S. 346

638 Siehe ebendort, S. 347

639 Siehe Don18, S. 129

640 Siehe Lom22, S. 50

641 Siehe George Gordon Byron, *Childe Harold's Pilgrimage [There is a pleasure in the pathless woods]*: https://poets.org/poem/childe-harolds-pilgrimage-there-pleasure-pathless-woods

642 Siehe Don18, S. 171ff.

643 Siehe bspw. Bie20

644 Siehe Reu17

645 Siehe Don18, S. 369ff., 414ff.

646 Siehe Eyb19

647 Siehe Dah14

648 Siehe Ywa98, S. 195, 248

649 Siehe Zar22

650 Siehe War20, S. 183ff., insb. 184

651 Siehe Dud07g, S. 359

652 Siehe Bro22, S. 146ff., 211ff. sowie Bro17, S. 24ff.

653 Siehe Kas09, S. 15, 22-25, 31, 73

654 Siehe Suz01, S. 31ff.; zitiert auch in Don18, S. 499

655 Siehe Thomasevangelium Logion 42

656 Siehe Matthäus 11:19

657 Siehe bspw. Lukas 5:30, 7:34, 15:2; 19:7

658 Siehe Suz06, S. 12-15

659 Siehe Wil04, S. 27

660 Siehe Suz09, S. 12, 25

661 Siehe Suz06, S. 51, 126, 121

662 Siehe ebendort, S. 120

663 Siehe ebendort, S. 178f., 181

664 Siehe ebendort, S. 183, 185, 189, 201, 206

665 Siehe ebendort, S. 70f.

666 Siehe ebendort, S. 70f

667 Siehe ebendort, S. 123, 208ff.

668 Siehe ebendort, S. 166, 170

669 Siehe Suz09, S. 15, 20, 34

670 Siehe Suz06, S. 218

671 Siehe Via85, S. 124

672 Siehe Ras19, S. 19

673 Siehe Thomasevangelium Logion 3

674 Siehe Dud07g, S. 671

675 Siehe Don18, S. 439ff.

676 Siehe Thomasevangelium Logion 77

677 Siehe Sun05, S. 9, 19

678 Siehe ebendort, S. 533-546

679 Siehe Bec96

680 Siehe Maria Cooper, *Spiral-dynamics.jpg* in *Global Ecovillage Network* vom 25.09.2017: https://ecovillage.org/solution/spiral-dynamics-2/spiral-dynamics-jpg/

681 Siehe Wil21, S. 64-71, aufgelistet auch in Don18, S. 158f.

682 Siehe ebendort, S. 66-70

683 Siehe Don18, S. 158f.

684 Siehe Don21, S. 452f.

685 Siehe Don18, S. 159

686 Siehe Dud07g, S. 656f.

687 Siehe ebendort, S. 487

688 Siehe Don21, S. 550-555

689 Siehe Rie97, S. 15 iVm 12

690 Siehe ebendort, S. 208
691 Siehe ebendort, S. 20
692 Siehe Don18, insb. S. 294ff.
693 Siehe Rie97, S. 156
694 Siehe ebendort, S. 109 iVm 105
695 Siehe ebendort, S. 154
696 Siehe *Zitate berühmter Personen / Walter Slezak*: https://beruhmte-zitate.de/zitate/2003429-walter-slezak-zur-illustration-seien-folgende-worte-slezaks-ange/
697 Siehe Rie97, S. 60f.
698 Siehe Bra00
699 Siehe Don14
700 Siehe ebendort, S. 290ff.
701 Siehe Dud07g, S. 230
702 Siehe Don18, S. 78-81
703 Siehe Bir00, S. 168-170
704 Siehe Ywa98, S. 231
705 Siehe *Zitat zum Thema Schicksal*: https://www.aphorismen.de/zitat/19331
706 Siehe *Zitat von Albert Einstein*: https://gutezitate.com/zitat/102158
707 Siehe Bir99, S. 155f.
708 Siehe ebendort, S. 31ff.
709 Siehe Don18, S. 159
710 Siehe Markus 11:24
711 Siehe auch Matthäus 7:7, 18:19, 21:22; Lukas 11:9; Johannes 14:13, 15:7, 16:24
712 Siehe Matthäus 25:29
713 Siehe Dud07g, S. 535f.
714 Siehe Bir00, S. 271-273
715 Siehe ebendort, S. 19
716 Siehe *Zitat von Alexander von Humboldt*: https://gutezitate.com/zitat/262714
717 Siehe Bir99
718 Siehe Bir00
719 Siehe Don18, S. 546-548
720 Siehe Dud07g, S. 141
721 Siehe bspw. Elisabeth Wallner und Karin Hofer, *Psychische Erkrankungen in Österreich: Neue Volks-krankheit oder angebotsinduzierte Nachfrage?* (Österreichische Sozialversicherung, 04/2012, letzte Aktualisierung 09.03.2022): https://www.sozialversicherung.at/cdscontent/?contentid=10007.844616&portal=svportal
722 Siehe bspw. Süleyman Artiisik, *Die Volkskrankheit Nummer eins* in *Spiegel* vom 10.05.2001: https://www.spiegel.de/wissenschaft/mensch/depressionen-die-volkskrankheit-nummer-eins-a-195324.html sowie Judith Sam, *35.000 Tiroler betroffen: »Depression wird Volkskrankheit Nummer eins«* in *Tiroler Tageszeitung* vom 20.04.2019: https://www.tt.com/artikel/15556010/35-000-tiroler-betroffen-depression-wird-volkskrankheit-nummer-eins
723 Siehe den Artikel *Depression* (Deutsches BMG, 03.01.2022): https://www.bundesgesundheitsministerium.de/themen/praevention/gesundheitsgefahren/depression.html
724 Siehe Österreichische Sozialversicherung, *Psychische Gesundheit: Strategie der Österreichischen Sozialversicherung* (vermutlich 04/2012), S. 4: https://www.sozialversicherung.at/cdscontent/load?contentid=10008.715358&version=1391184577 sowie Fn 721
725 Siehe bspw. den Beitrag *Totgeschwiegene Volkskrankheit: Depression und Burnout* in *BR24* vom 14.06.2021: https://www.br.de/br-fernsehen/sendungen/sehen-statt-hoeren/depressionen-burn-out-100.html
726 Siehe den Artikel *Corona: Häufigkeit von Depressionen während Pandemie verfünffacht* in *Standard* vom 12.03.2021: https://www.derstandard.de/story/2000124983427/haeufigkeit-von-depressionen-waehrend-pandemie-verfuenffacht
727 Siehe die Pressemitteilung *16 Prozent der SchülerInnen haben suizidale Gedanken* (Medizinische

Universität Wien, 02.03.2021): https://www.meduniwien.ac.at/web/ueber-uns/news/news-im-maerz-2021/16-prozent-der-schuelerinnen-haben-suizidale-gedanken/

728   Siehe Dah14, S. 304f.
729   Siehe Eyb19, S. 327
730   Siehe Don18, S. 20
731   Siehe ebendort, S. 139f.
732   Siehe *Zitat von Erich Kästner* in Gute Zitate: https://gutezitate.com/zitat/269155
733   Siehe Suz01, S. 32
734   Siehe Wal12, S. 13
735   Siehe *Zitat von Mahatma Gandhi*: https://gutezitate.com/zitat/269673
736   Siehe Don18, S. 392ff.
737   Siehe Are20, S. 14, 24
738   Siehe Don18, S. 548-568
739   E-Mail: gottfriedpausch@gmx.at, Telefon: 0043–6506802670
740   Siehe den Beitrag *Oberst Pausch: Fallstudie Blackout* (Offiziersgesellschaft Salzburg, 06.09.2018): https://ogs.oeog.at/blackout/#Studie
741   Siehe Wis10
742   Siehe Dac66, insb. S. 44, 142ff., 173-177
743   Siehe Eid69
744   Siehe ebendort, S. 227
745   Siehe Dominik Landwehr, *Das Zivilverteidigungsbuch von 1969: Der Krieg in den Köpfen* (Nationalmuseum, 20.06.2022, aktualisiert am 15.07.2022): https://blog.nationalmuseum.ch/2022/06/zivilverteidigungsbuch-kontroverses-werk/
746   Siehe ebendort
747   Siehe Daniel Di Falco, »Wach bleiben!«: Wie kam es, dass der Bundesrat 1969 an alle Haushalte eine Verschwörungstheorie verschicken ließ? *Ein Kapitel aus dem Kalten Krieg, in dem die Schweiz antikommunistischer war als jedes andere Land im Westen* (NZZ, 15.07.2019): https://www.nzz.ch/geschichte/krieg-oder-frieden-wir-wissen-es-nicht-ld.1495011?reduced=true
748   Siehe Sha14, insb. S. 101ff.
749   Siehe https://www.afa-zone.at/kostenlose-info-downloads/
750   Siehe https://www.investmentpunk.com/
751   Siehe Fn 749
752   Siehe Ywa98, S. 79
753   Siehe Patent WO2009019001A3, veröffentlicht am 12.02.2009: https://patentimages.storage.googleapis.com/b7/3e/96/3aed42a63387f4/WO2009019001A3.pdf oder https://de.scribd.com/document/435051832/WO2009019001A3-pdf
754   Siehe bspw. V-30
755   Siehe bspw. den Beitrag *Der Magnetmotor funktioniert – Hier ist der Beweis*: https://gehtanders.de/magnetmotor-funktioniert-der-beweis/
756   Siehe Wei18
757   Siehe https://www.ungeimpft-gesund.info/
758   Siehe https://www.wissenschafftfreiheit.com/
759   Siehe http://souveraenleben.org; E-Mail: a.lechner@souveraenleben.org
760   Siehe *Wir haben alle Grenzen überschritten! – Jetzt wird's Heller!* in *AUF1* vom 11.08.2021: https://auf1.tv/klartext-mit-edith-auf1/wir-haben-alle-grenzen-ueberschritten-jetzt-wird-s-heller/
761   Siehe Ywa98, S. 79., 81f.
762   Siehe Wal12, S. 238, 249f.
763   Siehe Ywa98, S. 80., 209
764   Siehe https://einheit.at/
765   Siehe Don14, insb. S. 317ff.
766   Siehe *Eine bewegte Geschichte – Grenzenlos glücklich, absolut furchtlos, immer in Schwierigkeiten*: https://gea-waldviertler.de/unternehmen/geschichte/
767   Siehe Don21, S. 548ff.

768 Siehe Lex19
769 Siehe Johann Wolfgang von Goethe, *Wilhelm Meisters Wanderjahre* (1821/1829), *Aus Makariens Archiv*, S. 584: http://www.zeno.org/Literatur/M/Goethe,+Johann+Wolfgang/ Aphorismen+und+Aufzeichnungen/Maximen+und+Reflexionen/Aus+%C2%BBWilhelm+Meisters+ Wanderjahren%C2%AB/Aus+Makariens+Archiv
770 Siehe Ywa98, S. 69
771 Siehe Egl21a, insb. S. 101, 140f., 170f., 103ff. (in dieser Reihenfolge)
772 Siehe den Film *Klammer – Chasing the Line* (2021), ab Min. 82:30 und 98:30
773 Siehe *Zitat von Romy Schneider*: https://gutezitate.com/zitat/200982
774 Siehe Matthäus 10:16
775 Siehe die Serie *The Blackout* (2020), Staffel 1, Episode 3, ab. Min. 36:05
776 Siehe Wal12, S. 252

Monithor - Akademie für strategische Bildung

Monithor, die Akademie für Strategische Bildung, setzt sich für Wahrheit, Recht und Freiheit ein, indem sie das geistige Rüstzeug für ein möglichst freies, selbstbestimmtes und verantwortungsbewusstes Leben der Menschen und Völker in Europa vermittelt. Die Themenschwerpunkte sind:

- **Freiheit:** Hilfestellung bei der individuellen geistigen Selbstverteidigung
- **Recht:** Empfehlung zu gestärkten Nationalstaaten in einem geeinten Europa
- **Wahrheit**: Geostrategisch-historische Aufarbeitung ab dem Ersten Weltkrieg

Besagte Themenschwerpunkte werden sowohl mit Video-Dokumentationen und gefilmten Vorträgen als auch mit den zugrundeliegenden Büchern vermittelt. Über diese Bücher informieren die folgenden Seiten. Besuchen Sie uns auch im Internet auf

www.monithor.at

- **Events/Vorträge/Seminare:**
  - www.monithor.at/events/
  - md.drudenwegstudios.at/
  - t.me/donner_events
- **Bücher:**
  - www.monithor.at/buecher/
- **Videos:**
  - www.monithor.at/videos/

Monika Donner
Tiger in High Heels – Zweimal Käfig und zurück

2018, 5. Auflage
Hardcover, 576 Seiten
16 Abbildungen und 18 Illustrationen
Format: ca. 21 x 15 x 3 cm
Preis: 29,90 Euro

ISBN 978-3-9503314-3-1

Warum werden Tiger in Käfige gesteckt?

Weil sie sonst eine Gefahr für die gezähmte Gesellschaft darstellen. Uns Menschen geht es im Grunde genauso. Tief drinnen sind wir frei wie Raubkatzen. Aber schon als Kind werden wir in soziale Käfige voller Normen, Rollen und Zwänge eingesperrt. Sie machen uns zu angepassten Marionetten des Systems. Die Autorin holt den Menschen wieder in den Vordergrund bzw. hilft ihm, seinen Käfig zu erkennen. Dies macht sie anhand ihrer Biographie, die jedoch nur als Trojanisches Pferd dient, um den Leser zur Beschäftigung mit sich selbst anzuregen. Man taucht ein in eine einzigartige Kombination aus biographischen, psychologischen, rechtlichen und auch spirituellen Abhandlungen.

Bestellung:
www.buchhandlung-stoehr.at

Monithor – Akademie für Strategische Bildung
Mag.a Monika Donner
Carl-Appel Straße 7/31/4
1100 Wien
www.monithor.at

www.monithor.at

Monika Donner

CORONA-DIKTATUR

Wissen, Widerstand, Freiheit

Monika Donner
Corona-Diktatur: Wissen, Widerstand, Freiheit

2021, 1. Auflage
Hardcover, 641 Seiten
54 Abbildungen und 1.637
Quellenangaben
Format: ca. 21,5 x 15 x 4 cm
Preis: 29,90 Euro

ISBN 978-3-9503314-4-8

Für Österreich und Deutschland

- Ratgeber
- Nachschlagewerk
- Vollständiger Faktencheck

Bestellung:
www.buchhandlung-stoehr.at

Alle Corona-Maßnahmen sind hochgradig verfassungswidrig. Die Verantwortlichen haben sich anscheinend gleich mehrfach strafbar gemacht. Daher hat die Bevölkerung das Recht zum Widerstand. Die Beamten haben die Pflicht zur Verweigerung des Gehorsams. Ziemlich sicher wird die Lage bis 2025 schlimmer. Aber wir können unsere Freiheit zurückgewinnen. Und die Zukunft besser gestalten. Wie das geht, lesen Sie in diesem Buch!

Monithor – Akademie für Strategische Bildung
Mag.a Monika Donner
Carl-Appel Straße 7/31/4
1100 Wien
www.monithor.at

www.monithor.at

Topaktuelle strategische Analyse aus dem Jahr 2015

Ihre Strategische Analyse, die sie in Form dieses Buchs der Regierung und dem Parlement vorgelegt hat, kommt zu folgenden Ergebnissen und Empfehlungen:

• Durch den Ukraine- und Nahost-Konflikt droht der Dritte Weltkrieg - USA und NATO sind die wahre Bedrohung des Friedens - Die EU ist ein Handlanger von USA und NATO (Finanzdiktatur) - Echte Demokratie ist ohne Neutralität undenkbar - Österreich muss sich erstmals wirklich NEUTRAL verhalten - Erforderlich ist eine massive Stärkung des Bundesheeres - **Frieden in Europa gibt es nur MIT Russland**

Monika Donner
God bless you, Putin! - Strategische Analyse

2022, 3. Auflage
Softcover, 128 Seiten
Format: ca. 19 x 12,5 x 1 cm
Preis: 15,90 Euro

ISBN 978-3-9503314-5-5

Monithor – Akademie für Strategische Bildung
Mag.a Monika Donner
Carl-Appel Straße 7/31/4
1100 Wien
www.monithor.at

www.monithor.at

Monika Donner
**Krieg, Terror, Weltherr-
schaft – Band 1: Warum
Deutschland sterben soll**

2019, 2. Auflage
Hardcover, 826 Seiten
88 Abbildungen und 2.262
Quellenangaben
Format: ca. 21,5 x 15 x 5 cm
Preis: 34,90 Euro

ISBN 978-3-9503314-1-7

Dieses Buch beweist unwiderlegbar, dass der Erste Weltkrieg – die europäische Urkatastrophe – ab 1906 und damit bereits acht Jahre vor Kriegsbeginn in London akribisch geplant, von dort aus militärstrategisch vorbereitet und sodann diplomatisch ausgelöst wurde, um das deutsche Kaiserreich und Österreich-Ungarn zu zerstören, die geplante mitteleurasische Allianz, einschließlich ein deutsch-jüdisches Palästina, zu verhindern und die globale Kapitaldiktatur zu implementieren. Die Deutschen trifft keinerlei Verantwortung! Schuldig sind anglo-amerikanische Globalisierer.

- Auslösung des Ersten Weltkriegs 1914
- Versenkung der Lusitania 1915

Bestellung:
www.buchhandlung-stoehr.at

**Monithor – Akademie für Stra-
tegische Bildung**
Mag.a Monika Donner
Carl-Appel Straße 7/31/4
1100 Wien
www.monithor.at

www.monithor.at

Monika Donner

**Krieg, Terror, Weltherr-
schaft – Band 2: Warum
Deutschland leben muss**

**Erscheint 2023
Hardcover, ca . 830 Seiten
Zahlreiche Abbildungen und
Quellenangaben
Format: ca. 21,5 x 15 x 5 cm
Preis: 34,90 Euro**

ISBN 978-3-9503314-2-4

Auf der logischen Struktur des ersten Bands aufbauend, werden jene verdeckten Operationen von
der Zeit nach dem Ersten Weltkrieg bis heute aufgedeckt, die den anglo-amerikanischen Globalisierern zum Ausbau und Erhalt ihrer Macht über
Eurasien und die Welt dienen:

- Reichstagsbrand 1933
- Reichspogromnacht 1938
- Auslösung des Zweiten Weltkriegs 1939
- Pearl Harbor 1941
- Ermordung John F. Kennedys 1963
- Zweites Pearl Harbour 2001: 9/11
- Beginn der Ukraine-Krise 2014
- Massenmigration nach Europa ab 2015
- »Islamistischer« Terror in Europa

**Bestellung:
www.buchhandlung-stoehr.at**

**Monithor – Akademie für Stra-
tegische Bildung**
Mag.a Monika Donner
Carl-Appel Straße 7/31/4
1100 Wien
www.monithor.at

www.monithor.at

Monika Donner &
Peter Hajek
**Normal war gestern
(Roman)**

**2014
Verlag Berger
Hardcover, 376 Seiten
Format: ca. 18,5 x 11,5 x 3 cm
Preis: 19,90 Euro**

ISBN 978-3-85028-646-6

Ein humorvoller, provokanter und zugleich tief-
gründiger Roman, der den Blick auf den Urgrund
unserer modernen Gesellschaft zu richten vermag.
Ehrlich, schonungslos und obsessiv wird das Leben
der Protagonisten durchleuchtet.

Zwei Elternpaare wollen ihre pubertierenden
Sprösslinge vom Anderssein heilen, erkennen
jedoch ausgerechnet mithilfe der jugendlichen
Rebellen und einer transsexuellen Therapeutin,
dass der Schlüssel zum Glück in der eigenen
Besonderheit liegt. Im Therapiezentrum auf der
Ritterburg fallen schnell die Masken. Jenseits aller
gesellschaftlichen Schubladen erscheint die Man-
nigfaltigkeit des Menschseins und am Ende auch
die wahre Bestimmung.

Bestellung:
www.verlag-berger.at

**Monithor – Akademie für Stra-
tegische Bildung**
Mag.a Monika Donner
Carl-Appel Straße 7/31/4
1100 Wien
www.monithor.at

www.monithor.at

Raum für Notizen

Raum für Notizen

Raum für Notizen

Raum für Notizen